Helmut H. Koch/Marlene Kruck

"Ich werd's trotzdem weitersagen!"

Arbeitsbücher für Schule und Bildungsarbeit

Herausgegeben von

Vera Bücker, Bernhard Nadorf und Markus Potthoff

Band 2

LIT

Helmut H. Koch/Marlene Kruck

"Ich werd's trotzdem weitersagen!"

Prävention gegen sexuellen Mißbrauch
in der Schule (Klassen 1– 10)

Theorie, Praxisberichte, Literaturanalysen, Materialien

LIT

Zu den AutorInnen:

Prof. Dr. Helmut H. Koch, Jahrgang 1941, Professor für Literaturwissenschaft am Institut für Deutsche Sprache und Literatur und ihre Didaktik der WWU Münster, Leiter der Arbeitsstelle Randgruppenkultur/-literatur, weitere Arbeits- und Forschungsschwerpunkte: Literatur von MigrantInnen, interkulturelle Erziehung, dazu auch verschiedene Publikationen im wissenschaftlichen und literaturdidaktischen Bereich sowie Herausgabe von Jugendbüchern.

Marlene Kruck, Jahrgang 1972, Erstes Staatsexamen Lehramt Primarstufe, promoviert über Kinder- und Jugendliteratur zum Thema sexuelle Gewalt, Mitarbeiterin der Arbeitsstelle Randgruppenkultur/-literatur und des Forschungsprojekts zur Prävention gegen sexuelle Gewalt an Mädchen und Jungen.

Umschlaggestaltung:Ursula Jüngst, Nürnberg, unter Verwendung ihrer Skulptur "Knilche"

Illustration des Projektteils: Silke Butke

Die Deutsche Bibliothek – CIP-Einheitsaufnahme

Koch, Helmut H.; Kruck, Marlene
"Ich werd's trotzdem weitersagen!" : Prävention gegen sexuellen Mißbrauch in der Schule (Klassen 1 – 10) ; Theorie, Praxisberichte, Literaturanalysen, Materialien / Helmut H. Koch, Marlene Kruck. – Münster : LIT, 2000
    (Arbeitsbücher für Schule und Bildungsarbeit ; 2.)
    ISBN 3-8258-4310-6

NE: GT

© LIT VERLAG Münster – Hamburg – London
    Grevener Str. 179   48159 Münster   Tel. 0251–23 50 91   Fax 0251–23 19 72

Inhalt

An unsere LeserInnen!	1
1. Informationen zum sexuellen Mißbrauch	3
1.1 Definitionen	3
1.2 Formen sexueller Gewalt an Mädchen und Jungen	7
1.3 Das Ausmaß sexuellen Mißbrauchs	9
1.4 Die Täter	12
Fakten und Daten	12
Täter-Opfer-Beziehung	13
Täterstrategien	13
1.5 Ursachen des sexuellen Mißbrauchs	15
Der feministisch-gesellschaftliche Erklärungsansatz	15
Der familientheoretische Erklärungsansatz	17
1.6 Die Opfer	20
Geschlecht	20
Alter	20
Dauer des Mißbrauchs	21
Schwere des Mißbrauchs	21
Auswirkungen des Mißbrauchs	22
2. Prävention	33
2.1 Zum Präventionsbegriff	33
2.2 Frühe Präventionsansätze	34
Die Umsetzung traditioneller Präventionsgedanken in Aufklärungsbroschüren und Schulbüchern	37
2.3 Weiterentwicklungen der Präventionsansätze	40
2.3.1 Das US-amerikanische Präventionsprojekt CAPP (als Beispiel für die Entwicklung schulischer Präventionsarbeit Ende der 70er Jahre)	42
2.3.2 Kritik an CAPP	46
2.4 Zur Wirksamkeit der Prävention gegen sexuellen Mißbrauch	47
2.4.1 Evaluationsstudien	47
2.4.2 Kritik an neueren Präventionsansätzen	50

2.5 Formen und Inhalte neuerer Präventionsansätze   55

2.6 Zwischenresümee   64

2.7 Interventionsschritte bei der Vermutung eines sexuellen Mißbrauchs   69

2.8 Überlegungen und Anregungen zur Elternarbeit   71
       Wie wichtig ist Elternarbeit im Rahmen präventiver Erziehung?   71
       Welches Interesse bzw. welches Wissen ist bei Eltern zu erwarten?   72
       Wie informiere und beteilige ich die Eltern?   74

3. Präventives Arbeiten in der Schule - Erfahrungsberichte   82

3.1 „Gefühle sind wie Farben" - ein Präventionsprojekt im **1. Schuljahr**   82
Projektgruppe Münster unter der Leitung von Prof. Dr. Helmut H. Koch

3.2 Präventionsarbeit im **3. Schuljahr** - Anregungen aus verschiedenen Projekten   119
Durchführende: Rebecca Böhner, Claudia Kindermann, Marlene Kruck,
Kerstin Stolbrink

3.3 „Nele - Ein Mädchen ist nicht zu gebrauchen" (M. Steenfatt)   129
- Darstellung eines Präventionsprojektes im **7. Schuljahr**
Erfahrungsbericht von Annette Dohrmann-Burger

3.4 „Gute Nacht, Zuckerpüppchen" (H. Hassenmüller) - Darstellung eines   146
Präventionsprojektes im **9. Schuljahr**
Erfahrungsbericht von Marie-Theres Ex

4. Analyse und Bewertung von Kinder- und Jugendbüchern
     zum Thema „Sexueller Mißbrauch"   162

4.1 Kriterien und Fragestellungen zur Analyse von Kinder- und
Jugendbüchern zum Thema „Sexuelle Gewalt gegen Kinder"   163

4.2 Exemplarische Bilderbuchanalyse des Buches
     „Das Familienalbum" (S. Deinert/T. Krieg)   170

4.3 Exemplarische Jugendbuchanalyse des Buches
     „Herzsprung" (B. Blobel)   192

5. Materialien zur Präventionsarbeit   228

5.1 Materialsammlungen   228

5.2 Musik und Lieder   229
5.2.1 Musik für Spiele   229
5.2.2 Kinderlieder   229
5.2.3 Lieder für die Arbeit mit Jugendlichen   230

5.3 Videofilme - Theaterstücke - Weitere Medien   231
    Filme   231
    Theaterstücke   231
    Weitere Medien   232

5.4 Bücher zur Sexualerziehung   233
    Bilder- und Kinderbücher   233
    Jugendbücher   233

5.5 Bilder- und Kinderbücher für die Präventionsarbeit   234
5.5.1 Bilder- und Kinderbücher zur allgemeinen Selbststärkung   234
5.5.2 Bilder- und Kinderbücher für die Präventionsarbeit
    (ohne explizites Thema „Sexueller Mißbrauch")   235
5.5.3 Bilder- und Kinderbücher, die den sexuellen Mißbrauch zum Thema haben   236
5.5.4 Broschüren/Cartoons/Comics für Kinder und Jugendliche   239

5.6 Jugendbücher zum Thema „Sexueller Mißbrauch"   239

5.7 Präventionsreihen   250

6. Verwendete und weiterführende Literatur   251

Anlaufstellen - AnsprechpartnerInnen   263

An unsere LeserInnen!

„Die Vertragsstaaten treffen alle geeigneten Gesetzgebungs-, Verwaltungs-, Sozial- und Bildungsmaßnahmen, um das Kind vor jeder Form körperlicher oder geistiger Gewaltanwendung, Schadenszufügung oder Mißhandlung, vor Verwahrlosung oder Vernachlässigung, vor schlechter Behandlung oder Ausbeutung einschließlich des sexuellen Mißbrauchs zu schützen (...)."
(Erklärung der Rechte des Kindes - Artikel 19)

Fast zehn Jahre sind seit der Mit-Unterzeichnung der UN-Kinderrechts-Konvention durch die Bundesrepublik Deutschland vergangen.
Doch werden weiterhin die Rechte der Kinder mißachtet. Einen besonders verachtenswerten Angriff Erwachsener auf die Rechte der Kinder stellt der sexuelle Mißbrauch an Mädchen und Jungen dar. Sexueller Mißbrauch ist ein Angriff auf die Integrität des kindlichen Körpers und der Seele des Kindes und erniedrigt das Kind zum Objekt. Überwiegend Männer, aber auch Frauen und Jugendliche nutzen ihre Machtstellung, die sie gegenüber Kindern haben, zu ihrer eigenen Befriedigung aus.
Es ist dem Mut von betroffenen Frauen in Selbsthilfegruppen zu verdanken, daß das Thema vor rund zwanzig Jahren in die Öffentlichkeit gekommen ist und mehr und mehr das Tabu, über sexuellen Mißbrauch zu sprechen, gebrochen wurde. Inzwischen haben die Medien das Thema „sexueller Mißbrauch" für sich entdeckt, und in heftigen Auseinandersetzungen zwischen Politikern, Fachleuten und Laien bekommt man den Eindruck, daß sich kaum ein Thema so gut dazu eignet, ge- und ‚mißbraucht' zu werden.
Es liegt in der Verantwortung der Erwachsenen, Kindern in Not Schutz und Hilfe zukommen zu lassen und, soweit es in ihrer Macht steht, dafür zu sorgen, daß Kinder nicht in Notsituationen geraten.

In diesem Buch geht es darum, Erfahrungen und Möglichkeiten aufzuzeigen, die sich für die präventive Arbeit mit Kindern und Jugendlichen im schulischen Rahmen bieten.
Auch wenn in Deutschland seit etwa zehn Jahren Wege und Möglichkeiten gesucht werden, um Kindern Hilfe geben zu können und sexuellen Mißbrauch zu verhindern: Die schulische Präventionsarbeit steht immer noch ganz am Anfang! Es wird höchste Zeit, daß in diesem Bereich weitere Konzepte erstellt, erprobt und ausgewertet werden.
Wir stellen in diesem Buch eine Mischung aus theoretischen Informationen und praktischen Anregungen vor, wobei wir auch an eigene Erfahrungen mit der schulischen Präventionsarbeit anknüpfen.
Zunächst geben wir einen **Überblick über den gegenwärtigen Diskussionsstand** (Kapitel 1 und 2). Die Forschung zum sexuellen Mißbrauch ist in Deutschland noch wenig entwickelt, so daß die Ergebnisse entsprechend im Fluß sind. In manchen Punkten sind Revisionen notwendig (Väter sind nicht überwiegend die Täter, Fremdtäter gibt es

noch immer in erheblicher Zahl, die Faszination gegenüber US-amerikanischen CAP-Projekten ist pädagogischer Differenzierung gewichen, die Erklärungsmodelle zu den Ursachen des sexuellen Mißbrauchs differenzieren sich, über den Einsatz unterschiedlicher Interventionsschritte wird gestritten). Uns scheint es für die präventive Arbeit nötig, diesen theoretischen Hintergrund zu vermitteln, damit die praktische Arbeit auf den neusten Forschungsergebnissen basiert.

Der zentrale Schwerpunkt dieses Buches besteht in der **Vorstellung praktischer Unterrichtsprojekte** (Kapitel 3). Es gibt inzwischen vielfältige praktische Erfahrungen, die oft für Pädagogen nur schwer greifbar sind. Wir stellen Projekte aus Grundschulen und aus weiterführenden Schulen in Form von Erfahrungsberichten vor, die anregend für die gegenwärtige Praxis sein könnten. Es zeigt sich bei allen Projekten, daß sie spannend waren, Spaß gemacht haben und in den einschlägigen Unterricht integrierbar sind.

Um für die Präventionsarbeit möglichst konkrete Anregungen zu bieten, haben wir einen Teil der in den Projekten verwendeten **Arbeitsmaterialien** in die Erfahrungsberichte mit aufgenommen. Weitere Materialien für die präventive Arbeit (Musik, Filme/Theaterstücke, Kinder- und Jugendbücher zur Sexualerziehung und zum sexuellen Mißbrauch) stellen wir in Kapitel 5 vor, wo wir zudem Hinweise auf publizierte Präventionsreihen geben. Zusätzlich stellen wir **exemplarische Analysen von Kinder- und Jugendbüchern zum Thema „sexueller Mißbrauch"** (Kapitel 4) vor. In den letzten Jahren ist eine große Anzahl von Kinder- und Jugendbüchern zur Thematik erschienen. Diese bieten vielfältige Möglichkeiten zur präventiven Anwendung, sind jedoch zum Teil auch nicht unproblematisch. Wir stellen einen Kriterienkatalog zur Beurteilung solcher Bücher vor und wenden diesen exemplarisch an zwei Büchern, einem Bilder- und einem Jugendbuch, an. Wir hoffen, daß diese Analysen zur Sicherheit im Umgang mit der Literatur zum Thema des sexuellen Mißbrauchs beitragen.

Seitdem wir 1995 mit der praktischen Präventionsarbeit in Schulen begonnen haben, hat sich unser Blickwinkel durch vielerlei Kontakte und Anregungen erweitert. Wir befinden uns nach wie vor in einem Prozeß, in dem wir für weitere Anregungen und Vorschläge sowie einen Austausch untereinander dankbar sind.

Wir danken Ursula Jüngst für die Gestaltung des Titelbildes, Silke Butke für die Zeichnungen im Projektteil und dem Autonomen Frauenreferat des AStA der Westfälischen Wilhelms-Universität Münster für die finanzielle Unterstützung.

Münster, im Februar 2000
Helmut H. Koch und Marlene Kruck

1. Informationen zum sexuellen Mißbrauch

1.1. Definitionen

In den Publikationen zum Thema „sexueller Mißbrauch", die seit Mitte der achtziger Jahre auch in Deutschland in größerem Umfang veröffentlicht werden, finden sich verschiedene Versuche, den sexuellen Mißbrauch wissenschaftlich zu definieren. Dennoch gibt es bis heute keine allgemein anerkannte Definition. Die Gründe hierfür liegen auf verschiedenen Ebenen. „Einerseits unterliegt das Verständnis sexueller Ausbeutung einem historischen Wandel, [zudem] (...) sind kulturelle Unterschiede festzustellen."[1]
Die unterschiedlichen historischen und kulturellen Einstellungen zu sexuellen Kontakten von Erwachsenen bzw. Jugendlichen mit Kindern erschweren das Aufstellen einer Definition, die den Anspruch erhebt, längerfristig und kulturübergreifend Gültigkeit zu haben.
Eine weitere Schwierigkeit, zu einer allgemeingültigen Definition zu gelangen, ist durch die unterschiedlichen Forschungs- und Erklärungsansätze bedingt. In der Beschäftigung mit dem Thema des sexuellen Mißbrauchs werden verschiedene Aspekte in den Mittelpunkt der Betrachtung gestellt, wodurch sich ergibt, daß auch die einzelnen Definitionen „immer von den verschiedenen theoretischen, wissenschaftlichen, ethischen und weltanschaulichen Orientierungen der jeweiligen AutorInnen geprägt sein"[2] werden. So gewinnt man bei vielen der vorhandenen Definitionen aufgrund der verwendeten Kriterien, mit denen sie eine Handlung als sexuellen Mißbrauch zu bestimmen versuchen, zugleich einen Einblick in die Forschungsansätze und die individuellen Einstellungen der jeweiligen AutorInnen.[3]
Im folgenden werden die häufigsten Kriterien, die zur Bestimmung des sexuellen Mißbrauchs angewendet werden, vorgestellt und erläutert und aus der Vielzahl vorhandener Definitionen einige ausgewählte Beispiele dargestellt.
Das Vorhandensein einer sexuellen Handlung an bzw. vor einem Kind - soweit besteht Einigkeit - ist ein Kriterium, das erfüllt sein muß, um die Situation als sexuellen Mißbrauch zu werten. Da jedoch keine Einigkeit darüber besteht, was genau unter einer sexuellen Handlung zu verstehen ist - das Spektrum reicht von Blicken und Worten bis zur Vergewaltigung -, sind weitere Kriterien notwendig, mit deren Hilfe sexueller Mißbrauch möglichst genau gefaßt werden kann sowie möglichst alle Formen sexuellen Mißbrauchs berücksichtigt werden können. In einigen Definitionen wird als Kriterium die **Art der sexuellen Handlung** festgelegt; es werden z.B. nur Handlungen, bei denen es zu Körperberührungen kommt, berücksichtigt. Von vielen AutorInnen wird jedoch eine solche Einschränkung, die zwangsläufig eine Reihe von mißbräuchlichen Situationen ausschließt, abgelehnt und es werden stattdessen andere Kriterien angeführt.
In einer Mißbrauchssituation nutzt der Erwachsene/Jugendliche seine Autorität und Macht gegen das Kind in extremer Weise aus. Ein in vielen Definitionen auftauchendes Kriterium ist demnach auch der **Machtmißbrauch**, der mit dem sexuellen Mißbrauch einhergeht.
„Der Begriff ‚sexuelle Gewalt' ist in seinem Kerngehalt weder dem Bereich der Sexualität zuzuordnen, noch beschreibt er eine Form aggressiver Sexualität, sondern es handelt sich vielmehr um sexualisierte Gewalt."[4] Es geht dem Täter[5] bei sexuellem Mißbrauch nicht ausschließlich um die Befriedigung seiner sexuellen Bedürfnisse, sondern auch darum, seine Be-

dürfnisse nach Körperkontakt, Anerkennung und vor allem nach Macht zu befriedigen. Dies geschieht auf Kosten des Kindes, das zum Objekt degradiert wird und dessen Gefühle vom Mißbraucher nicht mehr wahrgenommen werden. Sexueller Mißbrauch ist Machtmißbrauch, der durch die Ausnutzung eines Abhängigkeitsverhältnisses gekennzeichnet ist.

Das beschriebene Machtungleichgewicht und Abhängigkeitsverhältnis wird in einigen Definitionen durch eine Festschreibung eines **Altersunterschiedes** zwischen Täter und Opfer noch präzisiert.

Wie dieses Kriterium des Altersunterschieds zur Bestimmung einer Handlung als sexueller Mißbrauch angewendet wird, ist jedoch uneinheitlich. So gibt es Definitionen, bei denen der Altersunterschied auf 5 Jahre festgelegt ist, während andere Definitionen von einem Unterschied von plus/minus 2 Jahren ausgehen. In anderen Definitionen wiederum wird bewußt auf die Festschreibung eines Altersunterschieds verzichtet, da auch Kinder gleichen Alters in ihrer Entwicklung derart erhebliche Unterschiede aufweisen können, daß es durchaus unter Gleichaltrigen zu einem Mißbrauch kommen kann.[6] Berücksichtigt man darüber hinaus die große Anzahl sexuell mißbrauchter behinderter Kinder und Jugendlicher, so erscheint die Festlegung auf eine Altersdifferenz, bei der davon ausgegangen wird, daß das Opfer jünger und somit wehrloser als der Täter ist, erneut fragwürdig.

Ein Vorteil des Kriteriums der Altersdifferenz ist sicherlich, daß im Gegensatz zu früheren Annahmen, daß sexuelle Gewalt nur zwischen Erwachsenen und Kindern stattfindet (und diese Annahme somit als Definitionskriterium verwendet wurde), der erhebliche Anteil der Mißbrauchsfälle jugendlicher Täter, von dem man durch die neueren Forschungen weiß, berücksichtigt werden kann.

Oft wird betont, daß Kinder durch das beschriebene Machtungleichgewicht sowie ihren Entwicklungsstand grundsätzlich nicht in der Lage sind, einer sexuellen Handlung mit einem Erwachsenen/Jugendlichen „wissentlich" zuzustimmen. In einigen Definitionen wird dann auch das Kriterium der **wissentlichen Zustimmung** verwendet. Andere AutorInnen halten es für bedenklich, die Feststellung als Definitionskriterium anzusetzen, daß jede „sexuelle Handlung, die ein Erwachsener an einem Kind gegen dessen Willen durchführt, als sexueller Mißbrauch anzusehen ist"[7]. Denn welche Handlungen gegen den Willen des Kindes geschehen, ist von anderen Personen nur schwer zu beobachten. Es sei falsch, davon auszugehen, daß Kinder in der Lage sind, ihren Widerwillen gegen Handlungen des sexuellen Mißbrauchs deutlich zu benennen. Sowohl das Abhängigkeitsverhältnis, in dem sie sich befinden, als auch das Geheimhaltegebot kann sie daran hindern, sich zu äußern. Kinder können aufgrund eigener Schuldgefühle durch die Unsicherheit, was eigentlich mit ihnen geschehen ist, durch ihren Entwicklungsstand oder durch das auferlegte Geheimhaltungsgebot, das mit Drohungen verbunden sein kann, unfähig sein, ihren Gefühlen Ausdruck zu verleihen.[8]

Für andere Kinder ist es eine Überlebensstrategie, zu glauben, sie hätten die sexuellen Handlungen auch gewollt. „Dies zielt darauf ab, ihre Machtlosigkeit und das verletzende Verhalten des Täters umzudeuten."[9] Die Kinder schaffen sich somit eine Möglichkeit, die Opferrolle, der sie in Wirklichkeit nicht entkommen können, abzulegen.

Obwohl sexueller Mißbrauch also eindeutig eine sexuelle Handlung gegen den Willen des Kindes darstellt, wird es von einigen AutorInnen abgelehnt, dies als Definitionskriterium zu verwenden.

Zudem ist es gar nicht möglich, daß ein Kind sexuellen Handlungen mit einem Erwachsenem wissentlich und willentlich zustimmt, denn es hat aufgrund seines emotionalen, kognitiven und sprachlichen Entwicklungsstands nicht den gleichen Informationsstand wie Erwachsene.[10] Auch ist ein Kind von der Liebe, der Zuneigung und der sozialen Fürsorge Erwachsener abhängig und ihnen zudem rechtlich unterstellt. Aus diesen Tatbeständen läßt sich ein strukturelles Machtgefälle ablesen.[11] Dieses Machtgefälle macht es unmöglich, Kinder bei sexuellen Handlungen mit Erwachsenen als gleichberechtigte Partner zu betrachten. Die Voraussetzungen für ein wissentliches Einverständnis seitens der Kinder sind nicht gegeben. Die unterschiedlichen Standorte von Erwachsenen und Kindern bewirken, „daß ein Kind in eine sexuelle Beziehung mit einem Erwachsenen überhaupt nicht einwilligen kann."[12] Daraus ergibt sich, daß jede vom Erwachsenen bewußt geplante sexuelle Handlung mit einem Kind sexueller Mißbrauch ist. Es ist die Aufgabe des Erwachsenen, die *Zustimmungsunfähigkeit des Kindes* wahrzunehmen. Er ist verantwortlich für sein Verhalten, egal, wie das Kind reagiert.

In vielen Definitionen wird auch der **Gewaltaspekt** explizit benannt, der im sexuellen Mißbrauch beinhaltet ist. Dieser ist - wieder bedingt durch das Macht- und Abhängigkeitsverhältnis - meist psychischer Art. Das Kind wird zur Geheimhaltung verpflichtet, (der **Druck zur Geheimhaltung** läßt sich in einigen Definitionen ebenfalls als Kriterium finden) und dieser Forderung wird mit Drohungen, Erpressungen und Mitschuldzuweisungen Nachdruck verliehen. Oft ist das Kind derart hilflos, verängstigt und abhängig, daß der Einsatz von physischer Gewalt für den Täter zum Erreichen seiner Ziele nicht notwendig ist. „Wie häufig gleichwohl physische Gewalt und Bedrohung eine Rolle spielt, ist aus den Berichten Betroffener hinlänglich bekannt."[13]

Weitere Definitionskriterien sollen nun lediglich erwähnt werden. Es sind dies z.B.
- **die Absicht des Täters**
- **Ausmaß und Dauer der sexuellen Handlung**
- **die Folgen der sexuellen Handlung**
- **kulturelle Hintergründe der Tat**

Es dürfte an dieser Stelle deutlich sein, daß auch diejenigen Schwerpunkte, die bei den Definitionen des sexuellen Mißbrauchs am häufigsten vorkommen, in einzelnen Unterpunkten voneinander abweichen. Es ist daher sinnvoll, durch eine Zusammenfügung verschiedener Definitionsansätze einen Gesamteindruck von der Komplexität des Mißbrauchs zu erlangen. Eine Kombination verschiedener Ansätze ist notwendig, doch auch dann wird es nicht möglich sein, alle Fälle sexueller Gewalt zu erfassen. Es werden immer Grenzfälle auftreten, in denen nicht eindeutig geklärt werden kann, ob sexueller Mißbrauch vorliegt oder ob nicht.[14]

Grundsätzlich lassen sich enge und weite Definitionen des sexuellen Mißbrauchs voneinander unterscheiden. Enge Definitionen versuchen durch präzise Formulierungen eine Handlung des sexuellen Mißbrauchs gegenüber anderen Handlungen eindeutig abzugrenzen. Sie werden beispielsweise bevorzugt bei empirischen Untersuchungen verwendet, mit dem Ziel, eine möglichst homogene und trennscharfe Stichprobe zu garantieren.[15] Weiter gefaßte Definitionen bieten den Vorteil, auch diejenigen Mißbrauchshandlungen zu erfassen, die von einer engen Definition negiert würden, weil sie beispielsweise ohne körperlichen Kontakt stattfinden oder weil nicht nachgewiesen werden kann, daß die Handlung gegen den Willen des Kindes geschehen ist. Andererseits ist hier durchaus die Gefahr gegeben (z.B. in retrospektiven Befra-

gungen), daß mögliche sexuelle Gewalthandlungen als tatsächlich stattgefunden gewertet werden, ohne daß es hierfür eine Sicherheit gibt.
Ebenso ist eine Unterscheidung nach Definitions-Klassen möglich, wie sie beispielsweise von Wipplinger/Amann durch die Einteilung in gesellschaftliche, feministische, entwicklungspsychologische und klinische Definitionen vorgenommen wird.[16]

Mehrere Definitionsversuche des sexuellen Mißbrauchs, die uns aussagekräftig und differenziert erscheinen, werden wir nun vorstellen:

„Sexuelle Gewalt ist immer dann gegeben, wenn ein Mädchen oder Junge von einem Erwachsenen oder älteren Jugendlichen als Objekt der eigenen sexuellen Bedürfnisse benutzt wird. Kinder und Jugendliche sind auf Grund ihrer kognitiven und emotionalen Entwicklung nicht in der Lage, sexuellen Beziehungen zu Erwachsenen und älteren Jugendlichen wissentlich zuzustimmen. Fast immer nutzt der Täter ein Macht- oder Abhängigkeitsverhältnis aus." (U. Enders)[17]

„Unter dem sexuellen Mißbrauch versteht man die Beteiligung noch nicht ausgereifter Kinder und Jugendlicher an sexuellen Aktivitäten, denen sie nicht verantwortlich zustimmen können, weil sie deren Tragweite noch nicht erfassen. Dabei benutzen bekannte oder verwandte (zumeist männliche) Erwachsene Kinder zur eigenen sexuellen Stimulation und mißbrauchen das vorhandene Macht- und Kompetenzgefälle. Sexueller Mißbrauch umfaßt alle möglichen vaginalen, oralen und analen Praktiken, anzügliche Bemerkungen, Berührungen, Exhibitionismus, Mißbrauch von Kindern zur Herstellung pornographischen Materials, auch die Anleitung zur Prostitution." (A. Engfer)[18]

„Sexuelle Ausbeutung von Kindern durch Erwachsene (oder ältere Jugendliche) ist eine sexuelle Handlung eines Erwachsenen mit einem Kind, das aufgrund seiner emotionalen und intellektuellen Entwicklung nicht in der Lage ist, dieser Handlung informiert und frei zuzustimmen. Dabei nutzt der Erwachsene die ungleichen Machtverhältnisse zwischen Erwachsenen und Kindern aus, um das Kind zur Kooperation zu überreden und zu zwingen. Zentral ist dabei die Verpflichtung zur Geheimhaltung, die das Kind zur Sprachlosigkeit, Wehrlosigkeit und Hilflosigkeit verurteilt."
(S. M. Sgroi)[19]

„Inzest liegt vor, wenn ein Familienmitglied (d.h. eine Person, die ständig oder nur zeitweise diese Rolle innehat) in einer Machtposition ein Bedürfnis (z.B. Machtbedürfnis, nach Körperkontakt oder Anerkennung) bei einem anderen Familienmitglied in einer schwächeren Position durch Sexualisierung zu befriedigen versucht. Sexualisierung kann hier alles sein, von der Liebkosung, dem Kuß, wiederholten verbalen Bemerkungen über Brüste oder andere Körperteile einer Person bis hin zum oralen, analen oder genitalen Geschlechtsverkehr und Masturbation mit dem Opfer oder vor den Augen des Opfers." (E. Hildebrand)[20]

„Sexueller Mißbrauch an Mädchen [und Jungen] ist körperliche und psychische Gewaltanwendung und Machtausübung mittels sexueller Handlungen am Körper und an der Seele eines Mädchens [oder eines Jungen]." (G. Stanzel)[21]

Die bundesdeutsche Rechtsprechung stützt sich zur Beschreibung und Verfolgung sexueller Gewalttaten an Kindern auf folgende Paragraphen:
§ 173 StGB stellt den vollendeten Beischlaf unter Verwandten unter Strafe.
§ 174 - §184 StGB beschäftigen sich mit allen anderen sexuellen Handlungen an Kindern.
§176 StGB (Sexueller Mißbrauch von Kindern) ist der am häufigsten angewandte Paragraph.

In dem internationalen „Übereinkommen über die Rechte des Kindes", das 1992 auch von der Bundesrepublik Deutschland unterzeichnet wurde, heißt es in Artikel 34:
„Die Vertragsstaaten verpflichten sich, das Kind vor allen Formen sexuellen Mißbrauchs zu schützen. Zu diesem Zweck treffen die Vetragsstaaten insbesondere alle geeigneten innerstaatlichen, zweiseitigen oder mehrseitigen Maßnahmen, um zu verhindern, daß Kinder
a) zur Beteiligung an rechtswidrigen sexuellen Handlungen verleitet oder gezwungen werden;
b) für die Prostitution oder andere rechtswidrige sexuellen Praktiken ausgebeutet werden;
c) für pornographische Darbietungen und Darstellungen ausgebeutet werden."[22]

1.2 Formen sexueller Gewalt an Mädchen und Jungen

Sexueller Mißbrauch kommt in vielfältiger Form und mit unterschiedlichen Begleitumständen vor. „Je nach Art und Begleitumständen und auch im Hinblick auf die möglichen Folgen kann man den *intrafamiliären* vom *extrafamiliären* sexuellen Mißbrauch unterscheiden, der jeweils wiederum *mit* oder *ohne* [physische] Gewaltanwendung erfolgen kann."[23]
Innerhalb dieser verschiedenen Kategorien reichen die Formen des sexuellen Mißbrauchs von subtilen Grenzüberschreitungen bis hin zum gewaltsam erzwungenen Geschlechtsverkehr. Dadurch gibt es neben den eindeutigen Handlungen sexueller Gewalt einen Grenzbereich, in dem durch die Handlung selbst nicht deutlich ist, ob es sich um sexuellen Mißbrauch handelt. Gerade bei intrafamiliärer sexueller Gewalt ist es für Außenstehende schwierig, Grenzüberschreitungen wahrzunehmen. Die Grenze zwischen notwendigen und förderlichen Körperkontakten zu einem Kind, die durch liebevolle Zärtlichkeit gekennzeichnet sind, einerseits und der andererseits beginnenden sexuellen Ausbeutung, die lediglich der Bedürfnisbefriedigung des Täters dient, ist meist fließend.[24] Man kann nur von Fall zu Fall entscheiden, ob diese Grenze überschritten wurde. Zur Beurteilung solcher fraglichen Fälle sollten vor allem zwei Kriterien herangezogen werden. Zum einen sind die in der jeweiligen Familie geltenden Regeln und die Sexualnormen zu beachten, und zum anderen ist die Absicht und die Motivation des Täters, soweit diese erkennbar ist, zu berücksichtigen.[25] In einer Familie, in der Eltern und Kinder es gewöhnt sind, sich voreinander nackt zu zeigen, zusammen zu baden o.ä., wird es demnach wahrscheinlich eine normale und alltägliche Situation sein, wenn sich ein älteres Familienmitglied gemeinsam mit einem jüngeren Familienmitglied im Badezimmer aufhält.
Die gleiche oder eine ähnliche Situation kann jedoch in einer Familie, in der sehr strikte und rigide Verbote und Regeln bezüglich der Nacktheit herrschen, eine Grenzverletzung darstellen. Schämt das Kind sich und bittet darum, alleine im Badezimmer zu sein, und entspricht der Erwachsene diesem Wunsch nicht, so entwickelt sich die Handlung von einer eventuell unbe-

absichtigten Grenzüberschreitung zum sexuellen Mißbrauch. Der Erwachsene handelt dann zur Befriedigung seiner eigenen Bedürfnisse, nutzt seine Macht aus und ignoriert das Recht des Kindes auf Selbstbestimmung.[26]

Es liegen sicherlich nicht jeder Grenzüberschreitung sexuell motivierte Empfindungen zugrunde. Eine z.B. von vielen Kindern als grenzüberschreitend empfundene Handlung ist das Ritual des Begrüßungs- und Abschiedskusses durch Verwandte und Bekannte. Dieses Verhalten ist, wenn es gegen den Willen des Kindes geschieht, als eine eindeutige Grenzverletzung zu werten, es ist jedoch noch nicht als sexueller Mißbrauch zu definieren, da die Motivation des/der „Küssenden" wohl selten einer sexuellen Bedürfnisbefriedigung entstammen wird. Das heißt natürlich nicht, daß ein Kind ein Verhalten, das unangenehm, unerwünscht und sogar widerlich ist, dulden muß, weil es „lieb" gemeint ist. Es ist im Gegenteil wichtig, daß Kinder unterstützt und ermutigt werden, Grenzüberschreitungen zu benennen und sich gegen diese zu wehren. „Nur wenn ein Kind bereits in derartig ‚harmlosen' Situationen seine Rechte auf Selbstbestimmung wahrnehmen und verteidigen darf, kann es sich im Ernstfall, also in einer regelrechten Mißbrauchssituation, bewußt und aktiv wehren."[27] Die Strukturen ähneln sich sehr: Nicht das Kind entscheidet über den Austausch von Zärtlichkeiten, sondern der Erwachsene, und zudem wird dem Kind die Verantwortung für das Empfinden des Erwachsenen zugeschoben („Oma ist aber ganz traurig, wenn Du ihr kein Küßchen gibst.").

Neben den durch dieses Beispiel verdeutlichten Grenzüberschreitungen, die nicht als sexueller Mißbrauch zu verstehen sind, gibt es jedoch vergleichbare Situationen, in denen die Grenze zur sexuellen Ausbeutung überschritten wird. „Die Grenze wird durch die Absicht des Täters eindeutig festgelegt. Sexueller Mißbrauch entsteht *nicht* fließend aus dem liebevollen Körperkontakt mit einem Kind. Es ist ein bewußtes Vorgehen."[28] Betroffene können die Entscheidung, ob die Grenze überschritten wurde, meist sehr genau treffen. „Kinder haben ein sehr sensibles Gespür dafür, ob sie uneigennützige, zärtliche Zuwendung bekommen oder ob sie zur Befriedigung erwachsener Bedürfnisse ‚benutzt' werden."[29] Die Mädchen und Jungen merken dabei nicht unbedingt, daß sie sexuell mißbraucht werden. Oft empfinden sie die Handlungen oder die ganze Situation einfach als komisch, verwirrend und unangenehm. Auch bei sexuellen Grenzüberschreitungen, die im Spiel stattfinden oder als Spiel, Aufklärung, Zauberei etc. getarnt sind, merken Kinder intuitiv, daß etwas nicht stimmt.[30]

Die verschiedenen Formen und Handlungen des sexuellen Mißbrauchs haben eine fast unvorstellbare Bandbreite.

Eine Einteilung und Zuordnung der Formen der sexuellen Ausbeutung in verschiedene Kategorien erscheint deshalb sinnvoll. H. Saller unterscheidet drei Bereiche der sexuellen Gewalt gegen Kinder:[31]

1. Formen sexuellen Mißbrauchs, die unmißverständlich sind:
- genital-oraler Verkehr (Cunnilingus, Fellatio[32])
- Eindringen in den After des Kindes mit Finger(n), Penis oder Fremdkörper(n)
- Eindringen in die Scheide des Kindes mit Finger(n), Penis oder Fremdkörper(n)

2. Andere ausbeutende Formen sexueller Handlungen an einem Kind sind:
- Berührung oder Manipulierung der Genitalien des Kindes
- Veranlassung des Kindes, die Genitalien des Erwachsenen zu berühren oder zu manipulieren
- Masturbation bei Anwesenheit des Kindes
- Veranlassung des Kindes, im Beisein des Erwachsenen zu masturbieren
- Reiben des Penis am Körper des Kindes
- Zeigen von pornographischen Abbildungen

3. Grenzwertige Verhaltensweisen, die in der Retrospektive oft zu Beginn sexueller Ausbeutung festgestellt werden, sind:
- Der Erwachsene zeigt sich nackt vor dem Kind
- Der Erwachsene zeigt dem Kind seine Genitalien
- Der Erwachsene möchte den Körper des Kindes „begutachten"
- Beobachtung des Kindes beim Ausziehen, Baden, Waschen, auf der Toilette; eventuell „Hilfsangebote" dazu
- Küssen des Kindes auf intime Weise („Zungenküsse")
- Altersunangemessene Aufklärung des Kindes über Sexualität, die nicht dem kindlichen Interesse entspricht, sondern dem exhibitionistischen und/oder voyeuristischen Bedürfnis des Erwachsenen dient.

1.3 Das Ausmaß sexuellen Mißbrauchs

Über das Ausmaß des sexuellen Mißbrauchs an Kindern herrscht nach wie vor auch unter Fachleuten Uneinigkeit und es kommt immer wieder zu heftigen Kontroversen um die „richtigen" Zahlen.
Sexueller Mißbrauch ist über Jahrhunderte hinweg tabuisiert und totgeschwiegen worden, so daß das Ausmaß der sexuellen Gewalt gegen Kinder lange kein Gegenstand wissenschaftlicher Betrachtungen war. Erst seit dem Öffentlichmachen des Mißbrauchs-Skandals - in Deutschland vor ungefähr 20 Jahren, als durch die Unterstützung der Frauenbewegung immer mehr Frauen ihr Schweigen brachen und von ihren Mißbrauchserfahrungen berichteten - rückte auch die Frage nach dem Ausmaß der sexuellen Ausbeutung von Mädchen (und mit einigen Jahren Verspätung auch die Frage nach der Anzahl mißbrauchter Jungen) verstärkt ins Blickfeld. 1984 schreckte die Zahl von 300.000 Kindern, die in Deutschland jährlich Opfer des sexuellen Mißbrauchs würden, die Bevölkerung auf. Diese Zahl, erstmals von B. Kavemann und I. Lohstöter in dem Buch „Väter als Täter" veröffentlicht, wurde in den 80er Jahren in vielen Schriften zum sexuellen Mißbrauch ungeprüft übernommen, ist jedoch schon bald kritisiert worden, da sich die Art der Berechnung als fehlerhaft herausstellte.
Inzwischen existieren eine Reihe von Statistiken über das Ausmaß des sexuellen Mißbrauchs, die hauptsächlich aus dem amerikanischen Raum stammen. In den letzten Jahren läßt sich jedoch auch in der BRD eine beginnende empirische, experimentelle Forschung über sexuellen Mißbrauch beobachten.[33]

Gerade die amerikanischen Untersuchungen kommen zum Teil zu Ergebnissen, die sich stark voneinander unterscheiden.[34] Die Schwankungen der Zahlen sind auf die in den Untersuchungen verwendeten unterschiedlichen Definitionen, auf die Stichprobenauswahl und auf Befragungsperspektiven und -methoden zurückzuführen.
Unterschiede in den Definitionen, die den Untersuchungen zugrunde liegen, finden sich vor allem in der Spannweite der Handlungen, die als sexuelle Gewalt eingestuft werden, und in der Festlegung des Altersunterschieds zwischen Opfer und Täter.
Kommen Untersuchungen durch Zufallsstichproben zustande, können die Ergebnisse durch den äußeren Aufbau der Untersuchung beeinflußt sein. Zufallsstichproben können in der Gesamtbevölkerung oder in regional begrenzten Gebieten durchgeführt werden; sie können sich zudem auf selektive Gruppen (z.B. nur StudentInnen) beschränken.[35]
Die meisten Untersuchungen ziehen durch retrospektive Befragungen Rückschlüsse auf die Häufigkeit der erlebten sexuellen Gewalt in der Kindheit. Hierbei muß beachtet werden, daß ein Überlebensmechanismus von mißbrauchten Kindern die Verdrängung des Mißbrauchs ist. Eine Erinnerung an den in der Kindheit stattgefundenen Mißbrauch muß demnach beim Erwachsenen nicht unbedingt vorhanden sein. Andererseits gibt es retrospektive Untersuchungen, in denen unklare Erinnerungen an Kindheitsgeschehnisse zu schnell als verdrängte Mißbrauchserinnerungen gewertet werden.
Die Untersuchungen unterscheiden sich auch in der Befragungsart voneinander, am häufigsten werden Fragebögen, Tiefeninterviews oder Telefoninterviews als (Befragungs-) Material verwendet.
Häufig werden Angaben über das Ausmaß des sexuellen Mißbrauchs auch mittels Dunkelfeldschätzungen erlangt (so auch die Zahl der 300.000 jährlich mißbrauchten Kinder). Dunkelfeldschätzungen versuchen durch Multiplikation (bislang noch nach uneinheitlichen Faktoren) der jährlich angezeigten Fälle die aktuelle Zahl des sexuellen Mißbrauchs zu errechnen.
Angezeigt werden in Deutschland jährlich zwischen 10.000 und 20.000 Fälle. 1996 wurden in der Polizeilichen Kriminalstatistik 19.522 Anzeigen gegen den §176 StGB registriert.[36] Die angezeigten Fälle beziehen sich jedoch überwiegend auf Delikte mit Fremdtätern und Exhibitionisten; sexuelle Übergriffe im sozialen Nahfeld werden viel seltener angezeigt.[37] Dementsprechend liegt die Hell-/Dunkelfeldrelation im Bereich von sexueller Gewalt durch Familienmitglieder und Bekannte im Vergleich zu anderen Straftaten sehr hoch. Das Bundeskriminalamt schätzt die Dunkelziffer auf 1:12 bis 1:15 [38], was bedeutet, daß von 12 bis 15 Fällen von sexueller Ausbeutung an Kindern nur einer bei der Polizei angezeigt wird.
Die oben genannte Zahl von 300.000 jährlich mißbrauchten Kindern basiert auf einer retrospektiven Untersuchung von Baurmann (1978), aus der sich, nach Angaben von Kavemann/Lohstöter eine Dunkelfeldziffer von 1:18 bis 1:20 ergab. Diese Dunkelfeldziffer wurde dann von den Autorinnen mit der offiziellen Zahl der 1980 bis 1981 angezeigten Fälle von Kindesmißbrauch und Vergewaltigung und sexueller Nötigung von Mädchen unter 18 Jahren multipliziert, und so entstand die Zahl von schätzungsweise 300.000 jährlich mißbrauchten Kindern.[39]
Baurmann selbst betonte inzwischen mehrfach, daß seine Quellenangaben zum Dunkelfeldmultiplikator falsch übernommen wurden; dieser liege nicht bei 1:18 bis 1:20 sondern bei 1:2 bis 1:18. Zudem weist er darauf hin, daß die von Kavemann/Lohstöter als „offizielle" Zahl

eingesetzte Größe übertrieben war. Es wurde eine Zahl verwendet, die sich aus Straftaten sexueller Gewalt gegen *Kinder und* gegen *Frauen* zusammensetzte.[40]
Berücksichtigt man diese Berechnungsfehler, so reduziert sich die Zahl, laut Baurmann von 300.000 mißbrauchten Kindern auf 50 - 60.000 Kinder jährlich.
Von der Bundesregierung wurde 1985 als Antwort auf die Große Anfrage der Fraktion der Grünen zum sexuellen Mißbrauch die Zahl von 150.000 oder mehr Kindern genannt, die jährlich von sexueller Ausbeutung betroffen sind.[41]
Der Deutsche Kinderschutzbund gab die Zahl der Kinder, „die im Bundesgebiet im Jahr 1991 voraussichtlich von Eltern, Bekannten, Freunden oder Fremden sexuell bedrängt oder genötigt werden, mit geschätzten 80.000 an."[42]

Die Angaben zu der Zahl der jährlich mißbrauchten Kinder in der Bundesrepublik sind - wie dargestellt - in einem hohen Maße uneinheitlich. Einigkeit besteht überwiegend darin, daß vorwiegend Mädchen mißbraucht werden und die Taten zumeist von Männern verübt werden. Läßt man die Studien mit extrem hohen und niedrigen Ergebnissen außer acht, so bewegt sich das Ausmaß des sexuellen Mißbrauchs bei Mädchen im Rahmen von 15 bis 33 % und bei Jungen zwischen 6 und 9 %.[43] Anders ausgedrückt heißt das, daß insgesamt gesehen „auch unter Berücksichtigung ausländischer Untersuchungen davon ausgegangen werden [muß], daß etwa jedes vierte bis fünfte Mädchen und jeder zwölfte bis vierzehnte Junge in der BRD sexuelle Mißbrauchshandlungen erlebt.[44]
Bezogen auf die Häufigkeit des Mißbrauchs kommen die meisten Untersuchungen zu dem Ergebnis, daß es sich bei ungefähr 2/3 der Taten um einen einmaligen sexuellen Mißbrauch handelt, während in den anderen Fällen Kinder mehrmals, zum Teil über Jahre hinweg mißbraucht werden. Letzterer Fall tritt überwiegend bei Mißbrauchsfällen im unmittelbaren Nahfeld des Kindes auf.
Im Hinblick auf die genannten Zahlen zum sexuellen Mißbrauch und der damit verbundenen, teils sehr heftigen Diskussion um deren Richtigkeit, darf nicht der Blick auf das einzelne Kind verloren gehen. Jeder Fall von sexueller Ausbeutung eines Kindes verdient Aufmerksamkeit und verlangt nach besseren Schutzmöglichkeiten.
Sexueller Mißbrauch ist ein Verbrechen gegen das Kind, und gerade diejenigen Menschen, die mit Kindern arbeiten, sind in besonderem Maße dazu aufgefordert, zum Schutz der Kinder einzutreten. Auch wenn es wohl nicht so ist, daß in jeder Schulklasse mindestens drei mißbrauchte Kinder zu finden sind[45], wie es in mancher „erregten" Diskussion[46] behauptet wird, so ist es doch sehr wahrscheinlich, daß LehrerInnen im Laufe ihrer Tätigkeit mehrfach mit mißbrauchten Kindern zusammentreffen.
Es ist erschreckend, daß einem Skandal wie dem sexuellen Mißbrauch erst dann ausreichend Aufmerksamkeit zukommt, wenn die Zahlenangaben extreme Höhen erreichen und die Medien Schreckensbilder und -meldungen verbreiten. Allzu oft scheinen Zahlen dann eher dazu instrumentalisiert zu werden, um die Bedeutung des Themas zu betonen oder herunterzuspielen, und weniger dazu, um Hilfsmöglichkeiten für das betroffene Kind zu eröffnen.
Sexueller Mißbrauch ist kein neues Delikt des 20. Jahrhunderts. Hinweise auf sexuelle Handlungen zwischen Erwachsenen und Kindern finden sich in vielen historischen Quellen.

Neu ist die öffentliche Anklage dieser Ausbeutung und der Mut der Betroffenen, sich zu Wort zu melden.

Eine intensive Debatte über den sexuellen Mißbrauch ist nach wie vor sehr wichtig, da noch vielen Einzelaspekten dieses Problems nicht genügend Aufmerksamkeit gewidmet wird. Die Debatte darf jedoch nicht im Streit über Zahlen stehen bleiben, sondern muß sich um Mittel und Wege bemühen, Kinder vor sexueller Gewalt zu schützen und modernen Kinderschutz zu praktizieren.

1.4 Die Täter

Fakten und Daten

Zum überwiegenden Teil geht sexuelle Gewalt gegen Kinder von Männern, bzw. männlichen Jugendlichen aus, auch dann, wenn Jungen die Opfer sind. Der Anteil der mißbrauchenden männlichen Täter schwankt bei den deutschen Untersuchungen bei Mädchen zwischen 94 und 100 % und bei Jungen zwischen 83 und 92 %.[47]

Diese Ergebnisse entsprechen ungefähr den ausländischen Untersuchungen. „Der Anteil der Frauen, die Mädchen mißbrauchen, liegt meist zwischen null und sechs Prozent, bei zwei Studien allerdings bei 10 und 15 Prozent. Jungen werden dagegen wesentlich häufiger von Frauen mißbraucht, die Prozentzahlen streuen in den Studien zwischen 14 und 75 Prozent."[48]

Demnach ist es wohl realistisch, auch für Deutschland von einem Prozentsatz zwischen 20 und 30% für den Mißbrauch von Jungen durch Frauen auszugehen. Doch trotz des in den letzten Jahren nach oben hin korrigierten Prozentsatzes mißbrauchender Frauen bleibt unbestritten, daß in der Mehrzahl der Fälle der Mißbrauch durch männliche Täter geschieht.

Eine relativ neue Erkenntnis ist, daß sexueller Mißbrauch nicht nur von Erwachsenen verübt wird. Das Bild des Täters als „dirty *old* man" ist nicht zutreffend. „In den Dunkelfeldstudien liegt das Durchschnittsalter der Täter bei etwa 30 Jahren."[49] In den deutschen Untersuchungen von Dortmund und Homburg liegt das Durchschnittsalter nur für Männer sogar noch niedriger, nämlich zwischen 24 und 27 Jahren.[50] Die Ergebnisse der Untersuchungen weisen darauf hin, daß ein erheblicher Teil der Täter Jugendliche sind.

Bisher fast vollständig aus der Diskussion ausgeklammert wird das Problem der sogenannten „Kindertäter". „Gemeint sind damit Kinder, vom Vorschulalter bis zur Adoleszenz, die jüngeren Kindern sexuelle Gewalt antun, die aber nicht wie ein Erwachsener die Verantwortung für ihr Handeln übernehmen können, sondern die unbedingt als Kinder, fast ausnahmslos auch als Opfer, gesehen werden müssen, die der Hilfe bedürfen."[51]

Ebenso wie inzwischen bekannt ist, daß der Mißbrauch selten durch eine dem Kind unbekannte Person verübt wird (s.u.), weiß man heute, daß die Mißbraucher in den allermeisten Fällen keine „abartigen Triebtäter" sind, sondern oft unauffällig wirkende Menschen. Sexueller Mißbrauch ist entgegen früheren Annahmen kein schichtspezifisches Delikt.

Die Täter sind auch „unauffällige und anständige Bürger"[52]; sie bekleiden auch angesehene Posten und Berufe, sind z.B. Lehrer (Lehrerinnen), Ärzte (Ärztinnen) oder Pfarrer (Pfarrerinnen), engagieren sich für die Allgemeinheit und oft in einem besonderen Maße für Kinder und Jugendliche. Bei Bekanntwerden des Mißbrauchs ist es dann für viele Leute unvor-

stellbar, daß „dieser nette Mann" oder „diese nette Frau" *das* getan haben soll. Andererseits schließt das nicht aus, daß die Täter bisweilen auch aus sozial problematischen Milieus stammen.
Ein Großteil (80 %) der Männer, die zu Sexualstraftätern geworden sind, ist nach einer amerikanischen Studie von Groth (1986) als Kind selbst mißbraucht worden.[53] Dieses Ergebnis darf jedoch weder dazu führen, daß männliche Mißbrauchsopfer als zukünftige Täter stigmatisiert werden, noch dazu, das Verhalten der mißbrauchenden Männer mit deren eigenen Mißbrauchserfahrungen zu „entschuldigen". „Es gibt genügend (...) Beispiele, die belegen, daß eben nicht jedes männliche Opfer sexueller Gewalt selbst zum Täter wird."[54] Umgekehrt gibt es viele Männer, die Kinder mißbrauchen, selbst aber nie sexuelle Gewalt erlitten haben.

Täter-Opfer-Beziehung

Bei den Tätern handelt es sich in den meisten Fällen nicht, wie lange geglaubt wurde, um den Kindern fremde Personen. Sexueller Mißbrauch geschieht eben nicht am häufigsten durch den fremden Mann mit der Bonbontüte im Park. Durch Dunkelfelduntersuchungen und retrospektive Studien weiß man heute, daß ein Großteil der Kinder den Täter schon vor dem sexuellen Mißbrauch kennt.
Das dadurch entstandene Urteil, daß die hauptsächlichen Täter beim sexuellen Mißbrauch die Väter seien, ist durch neuere Untersuchungen ebenfalls als Mythos entlarvt worden. Dazu G. Deegener: „Man muß wohl zwei Vorurteile korrigieren: Es ist einmal der alte Mythos, daß es meist fremde Täter seien, zum anderen die spätere Annahme, sexueller Mißbrauch erfolge ganz überwiegend durch Familienangehörige."[55]
Man kann wohl davon ausgehen, daß bei Mädchen die Täter zu 25-30 % aus der Familie kommen (und hier sind in erster Linie die Onkel und erst dann Stiefväter, Väter, Brüder, Mütter, Großväter etc. zu nennen), zu 50 % aus dem Bekanntenkreis und zu 15-20 % Fremde sind. Bei den Jungen ist der Täteranteil aus dem Familienumfeld etwas geringer (15 %), im Bekanntenkreis ungefähr gleichhoch (50 %) und bei den Fremdtätern etwas höher (35 %).[56]
Somit muß auch eine dritte Fehleinschätzung korrigiert werden, denn daß der Anteil der Fremdtäter mit 6 % fast verschwindend gering ist, wird von den neueren Zahlen widerlegt.
Faßt man die neueren Untersuchungen zusammen, so läßt sich folgendes Bild aufzeigen: In den meisten Mißbrauchsfällen sind Täter und Kind schon vor Beginn des Mißbrauchs miteinander bekannt. In ungefähr einem Viertel der Fälle ist eine verwandtschaftliche Beziehung zwischen ihnen gegeben. Neben diesen ungefähr 75% ausmachenden Übergriffen im Bekannten- und Verwandtenbereich, gibt es jedoch bei ebenfalls einem Viertel der Taten keinen vorherigen Kontakt zwischen Opfer und Täter.

Täterstrategien

So unterschiedlich die Ursachen für eine sexuelle Orientierung Erwachsener zu Kindern sein können[57], so ähnlich sind die Vorgehensweisen der Täter beim Mißbrauch.
Sexuelle Übergriffe gegen Mädchen und Jungen sind vom Täter geplant und vorbereitet. Die sexuelle Ausbeutung beginnt, „- abgesehen von Ausnahmefällen - nicht mit der Vergewaltigung des Opfers, sondern fast immer mit besonderer ‚Zuwendung'."[58]
Meist sind die Täter sehr geschickt darin, Zugang zu Kindern zu finden und „geeignete Opfer" auszuwählen.[59]

Bevorzugt werden Kinder ausgewählt, die leicht zu manipulieren sind, die sich unsicher und einsam fühlen, zuhause wenig Aufmerksamkeit bekommen und nur wenige Freunde haben. Zu diesen Kindern baut der Täter langsam eine immer intensiver werdende Beziehung auf. Er beschenkt das Kind, schmeichelt ihm und beschäftigt sich mit ihm in auffällig intensiver Weise. Oft finden Täter heraus, „was dem Kind zuhause und in der Schule Kopfschmerzen bereitet, und entwickeln die Rolle des Ratgebers, dem das Mädchen /der Junge vertraut."[60]
Das Kind erfährt so Aufmerksamkeit und Zuwendung, die ihm eventuell in der Familie bisher versagt geblieben sind, und orientiert sich deshalb immer stärker auf den Täter hin. Diese Fixierung auf eine Person treibt das Kind dann immer weiter in die Isolation, es verliert den Kontakt zu Gleichaltrigen und ist oft auch innerhalb der Familie den anderen Familienmitgliedern entfremdet.
Dadurch, daß das Kind mehr und mehr den Kontakt zu anderen Personen verliert, wird es immer abhängiger vom Täter. Dieser nutzt die kindliche Abhängigkeit dahingehend aus, daß er das Verhältnis mit viel Fingerspitzengefühl in eine sexuelle Beziehung verwandelt.[61] Doppeldeutige Gespräche, zaghafte und wie zufällig erscheinende sexuelle Berührungen und „Spiele" werden immer stärker in die Begegnungen mit dem Kind integriert. „Typisch ist ein fortschreitender Verlauf von weniger intimen Formen sexueller Aktivitäten bis hin zu oralem, analem und vaginalem Geschlechtsverkehr."[62]
Spätestens mit Beginn der sexuellen Handlungen achtet der Täter in der Regel auf eine strikte Geheimhaltung der Vorgänge. Die Handlungen erklärt der Mißbraucher zu einem ganz besonderen „gemeinsamen Geheimnis", das nur er und das Kind teilen, und suggeriert damit dem Mädchen/dem Jungen eine aktive Beteiligung.[63] Der Täter erpreßt das Kind mit Liebe und Zuneigung, indem er z.B. immer wieder sagt: „Du hast mich doch lieb. Du willst doch nicht, daß ich ins Gefängnis muß." Reicht in den meisten Fällen das Abhängigkeitsverhältnis, in dem sich das Kind befindet, aus, um dieses zum Schweigen zu bringen, droht in anderen Fällen der Täter dem Kind mit extremen Folgen („Wenn du etwas erzählst, kommst du ins Heim; ..., töte ich dein Meerschweinchen; ..., verlasse ich deine Mutter; ...") und mit Gewalt („Wenn du was sagst, schlage ich dich tot."). Zuweilen erpreßt der Mißbraucher das Kind aufgrund vorangegangener, zum Teil materieller Zuwendungen und spricht von einer Schuldigkeit, die das Kind ihm gegenüber habe. Oder aber er erweckt Schuldgefühle bei dem Kind, indem er ihm vermittelt, daß es selbst die Beziehung gewollt habe. Hat der Täter das Kind für pornographische Fotos oder Filme mißbraucht, setzt er dieses Material zuweilen später ein, um das Kind zum Schweigen zu erpressen. Das Kind wird alles tun um zu verhindern, daß der Täter diese erniedrigenden Fotos FreundInnen oder Verwandten zeigt. Einige Täter vermitteln ihren Opfern auch ganz deutlich, daß ihnen keiner glauben wird, wenn sie von dem Mißbrauch erzählen würden, und belegen dies sogar mit Zeitungsausschnitten o.ä., in denen die Glaubwürdigkeit der Aussagen von Kindern bezweifelt wird.[64] Aber auch physische Gewalt wird von einer Reihe der Mißbrauchstäter angewendet, damit ihre Opfer schweigen und ihnen gefügig bleiben. In vielen Biographien berichten Frauen von Schlägen und anderen körperlichen Gewalttaten.
Mißbraucher erklären und rechtfertigen ihre Taten sich selbst und anderen gegenüber mit vielen Gründen, sie übernehmen nur in den seltensten Fällen die Verantwortung für die von

ihnen verübte Gewalt.[65] Viele Täter behaupten, das Kind habe sie verführt und habe selbst Gefallen an den sexuellen Handlungen gehabt. Andere schieben ihren Partnerinnen die Schuld für den Mißbrauch zu, mit der Begründung, diese hätten sich ihnen sexuell versagt und sie dadurch *in die Arme des Kindes getrieben*.[66] Einige Inzest-Täter fühlen sich berechtigt, über ihr Kind zu bestimmen; sie betrachten es als ihr „Eigentum", über das sie jederzeit, auch sexuell, verfügen dürfen.[67] Für manche Täter scheint es kaum vorstellbar, daß die sexuellen Handlungen, die ihnen Lust verschaffen, für das Kind eine gegenteilige Wirkung haben und zu schwersten Traumatisierungen führen können.

1.5 Ursachen des sexuellen Mißbrauchs

Hinsichtlich der Ursachen sexueller Gewalt gegen Kinder lassen sich verschiedene Erklärungsansätze unterscheiden.
Aus feministisch-gesellschaftlicher Perspektive wird ein Zusammenhang zwischen gesamtgesellschaftlichen Faktoren, hier insbesondere der patriarchalischen Gesellschaftsordnung, und sexueller Gewalt thematisiert.[68]
Der familiendynamische Ansatz sieht die Ursache für den sexuellen Mißbrauch in der Beziehungsdynamik zwischen den Familienmitgliedern, in deren Familie es zum sexuellen Mißbrauch kommt, begründet.[69]
Ein weiteres Erklärungsmodell ist die materialistische Sicht der Ursachen (Mädchen und Frauen seien der Herrschaft des Kapitals unterlegen.)[70]; ein andere Ansatz beschäftigt sich mit den biographischen Faktoren (z.B. eigene Mißbrauchserfahrungen des Täters)[71]; noch ein anderer Ansatz sieht sexuellen Mißbrauch in erster Linie durch soziale Ungerechtigkeit verursacht (z.B. soziale Deklassierung, beengte Wohnsituation, Arbeitslosigkeit).[72]
Im folgenden werden der feministische und der familiendynamische Erklärungsansatz näher erläutert, da diese Ansätze am häufigsten zur Ursachenanalyse herangezogen werden.

Der feministisch - gesellschaftliche Erklärungsansatz

Der feministische Erklärungsansatz ist kein klar formuliertes und einheitliches Gebilde, sondern setzt sich aus verschiedenen Aspekten und Forschungsergebnissen zusammen. Es wäre demnach falsch, von *der* feministischen Theorie zu sprechen, denn diese existiert mit diesem Vollkommenheitsanspruch nicht. Die nun dargestellten Aspekte feministischer Ursachenanalyse sind daher auch nur als Bruchstücke der gesamten feministischen Analyse zu verstehen. Diese hat ihren Ursprung bereits Anfang der 70er Jahre in den USA und wird seitdem ständig weiterentwickelt.[73]
„Der feministische Ansatz zum Verständnis sexueller Gewalt (...) setzt an der Stelle an, die in traditionellen Ursachenerklärungen durchgängig vernachlässigt wird: bei den gesellschaftlichen Machtstrukturen zwischen den Geschlechtern."[74]
Es geht um diejenigen gesamtgesellschaftlichen Faktoren, die Einfluß auf sexuelle Gewalt haben und diese begünstigen. Gesamtgesellschaftliche Faktoren sind Bedingungen, die eine Gesellschaft prägen und jedes Mitglied dieses Systems mehr oder weniger beeinflussen, und, denn

es handelt sich hier um einen wechselseitigen Prozeß, auf die jedes Mitglied verändernd einwirken kann, indem es sie weiterentwickelt.[75]

Aufgrund kulturhistorischer Analysen kamen VertreterInnen des feministischen Erklärungsansatzes zu dem Schluß, daß sexuelle Gewalt ein integraler Bestandteil patriarchaler Gesellschaften sei.[76] Daraufhin entwickelte sich folgende feministische Grundthese: „Sexuelle Gewalt gegen Mädchen und Frauen[77] ist wesentlich durch eine patriarchale Kultur bedingt und trägt gleichzeitig dazu bei, eben diese patriarchale Kultur aufrecht zu erhalten."[78]

Zentraler Bedingungsfaktor sexueller Gewalt ist nach dem feministischen Ansatz, wie bereits erwähnt, das Ungleichgewicht der Machtverteilung unter den Geschlechtern. Die feministische Sicht weist darauf hin, daß Männer aufgrund patriarchaler Strukturen in unserer Gesellschaft eine doppelte Machtstellung haben; sie sind sowohl gegenüber Frauen als auch gegenüber Kindern in einer Machtposition. „Dabei ist jedoch zu berücksichtigen, daß *Machtinnehaben* nicht - quasi zwangsläufig - *Machtmißbrauchen* bedeutet."[79]

Doch kommt es immer wieder zum Machtmißbrauch, der dann häufig im sexuellen Mißbrauch seinen Ausdruck findet. Sexueller Mißbrauch wird im feministischen Erklärungsansatz weniger als sexuelles, sondern vielmehr als Machtproblem definiert. „Es geht bei sexuellem Mißbrauch um die Befriedigung eines Bedürfnisses, nicht dem nach sexueller Lust sondern dem nach Macht, Herrschaft, Überlegenheit, Omnipotenz, Gewalt."[80] Die Sexualität wird nur noch als Mittel zum Zweck, als „Werkzeug" des Mannes verstanden, mit dessen Hilfe er sein Machtbedürfnis zu befriedigen versucht.

Nach der feministischen Theorie lassen sich konkrete Bedingungen benennen, durch die das Machtungleichgewicht beibehalten wird und die dadurch sexuelle Gewalt möglich machen: so z.B. die geschlechtsspezifische Erziehung und Sozialisation, die geschlechtsspezifische Arbeitsteilung, traditionelle Familienstrukturen und auch die Sexualisierung von Beziehungen.

Die feministischen Grundgedanken zur Ursache sexueller Gewalt gegen Frauen und Kinder werden von verschiedenen Seiten kritisiert.

Die schwerwiegendste Kritik richtet sich gegen die These, daß sexueller Mißbrauch ausschließlich Machtmißbrauch sei.[81] Obwohl der Machtmißbrauch eine wichtige Dimension des sexuellen Mißbrauchs beschreibt, darf nicht übersehen werden, daß dieser sich in Form *sexueller* Gewalt ausdrückt.

Ein anderer Kritikpunkt bezieht sich auf das vom feministischen Ansatz vertretene Männerbild. Es ist zu kritisieren, daß Ursachen für die sexuelle Unterdrückung von Frauen und Kindern darin gesehen werden, daß Männer scheinbar kritik- und gedankenlos die gesellschaftlichen Strukturen übernehmen und zu ihrer Befriedigung ausnutzen. Männern wird die Fähigkeit zu einem reflektierenden Handeln und zur Entwicklungsmöglichkeit abgesprochen, wenn es heißt: „Wir glauben nicht, daß wir Männer ändern können, aber wir wissen, daß wir uns selbst ändern können."[82]

Die Ursache für diese und ähnliche Verallgemeinerungen könnte darin liegen - und dies ist ein weiterer Kritikpunkt -, daß sich die feministische Ursachenanalyse bislang kaum mit der persönlichen Motivation des Täters beschäftigt hat.[83] Doch gibt es hier bereits Versuche, diesem Kritikpunkt gerecht zu werden. Eine Weiterentwicklung des feministischen Ansatzes, in dem das „Ätiologiemodell"[84] von D. Finkelhor als Anstoß für die Entwicklung eines eigenen Perspektiven-Modells verwendet und so die Tätermotivation berücksichtigt wird, ist von U. Brockhaus und M. Kolshorn erstellt worden.[85]

Zudem müssen sich VertreterInnen des feministischen Erklärungsansatzes vorwerfen lassen, daß sie zur Aufrechterhaltung ihrer Theorie lange Zeit den Mißbrauch an Jungen sowie die Täterschaft von Frauen ignoriert haben.

Dennoch darf nicht übersehen werden, daß die feministische Ursachenanalyse den ersten Erklärungsansatz darstellte, der deutlich machte, daß sexueller Mißbrauch kein unvorhersehbares Ereignis, ausgeführt von nicht zurechnungsfähigen Menschen, darstellt, sondern eng mit den gesellschaftlichen Strukturen verbunden ist.

Der familientheoretische Erklärungsansatz

Der Kerngedanke des familientheoretischen oder auch familiendynamischen Ansatzes ist, daß die Ursache für den sexuellen Mißbrauch in einer Dysfunktion der Familie zu finden ist. Die Familientheorie betrachtet demnach lediglich innerfamiliären Mißbrauch.

Eine Familie mit gestörter und zerrütteter Familienstruktur, so die Theorie, „errichtet starre Grenzen nach außen, d.h. sie isoliert sich von anderen Menschen, während innerhalb der Familie die Grenzen eher diffus sind."[86] Die Diffusität äußert sich sowohl in der intrafamiliären Rollenverteilung als auch bezüglich der Generationsgrenzen.

Die familiendynamische Analyse beschäftigt sich vorwiegend mit dem Verhalten der einzelnen Familienmitglieder sowie mit deren Position innerhalb der Familie. Die Dysfunktion der Familie ist laut dieser Theorie darin begründet, daß die Familienmitglieder ihre Rollenerwartungen nicht erfüllen können.

Folgende Merkmale sieht der familientheoretische Ansatz als typisch für eine „Inzesttriade" zwischen Eltern und Kind an:

Der Vater (und Täter) erscheint auf der Verhaltensebene dominant, in der emotionalen Beziehungsebene aber unreif und abhängig. Aus diesem Grunde sieht er in seiner Partnerin einen Mutterersatz und ist dadurch nicht in der Lage, sich von ihr zu trennen und andere Sexualbeziehungen außerhalb der Familie einzugehen.[87]

Die Mutter entspricht nach Ansicht des familiendynamischen Erklärungsansatzes nicht ihrer Rolle als Partnerin, da sie „nicht in der Lage oder willens [ist], die sexuellen Forderungen ihres Mannes zu erfüllen"[88]: Dadurch komme es, nach diesem Erklärungsansatz, zu einem ungelösten Sexualkonflikt zwischen den Partnern, der sekundär zum Mißbrauch führt.

Das dysfunktionale Beziehungsmuster der Familie komme auch durch eine gestörte Mutter-Tochter-Beziehung zum Ausdruck. Diese wird als mißbrauchsbegünstigend angesehen. Umgekehrt zieht T. Fürniss folgenden Schluß: „Langfristiger Inzest und innerfamiliäre sexuelle Kindesmißhandlung sind unwahrscheinlich vor dem Hintergrund einer vertrauensvollen und protektiven Mutter-Tochter-Beziehung."[89]

Intrafamiliärer Mißbrauch wird, so die Familientheorie, auf ein bestimmtes Ziel hin „eingesetzt". Er kann die Funktion der Konfliktvermeidung (die sexuellen Probleme bleiben tabuisiert) oder aber der Konfliktregulierung (der sexuelle Mißbrauch wird als „Lösung" der Probleme „anerkannt") haben.[90]

„Die sexuellen Handlungen sind nach diesem Denken ein Überlebensmechanismus, der dafür sorgt, das System Familie in dieser Form aufrecht zu erhalten."[91]

Das familientheoretische Ursachenerklärungsmuster ist stark umstritten und wird heftig kritisiert. Folgende Kritikpunkte sind die häufigsten:
Dadurch, daß die Familientheorie nur innerfamiliären sexuellen Mißbrauch betrachtet und die sexuelle Gewalt gegen Kinder außerhalb der Familie unberücksichtigt läßt, bietet sie für den größten Teil der Mißbrauchsfälle keine Erklärung.[92] Durch diese Festlegung wird zudem suggeriert, daß außerfamiliärem Mißbrauch andere Ursachen zugrundeliegen als dem inzestuösen Mißbrauch.
Zudem bleibt völlig unberücksichtigt, daß Familienväter, die nach der familiendynamischen Erklärung sich deshalb an ihren Kindern vergehen, weil sie sich nicht trauen, Sexualkontakte außerhalb der Familie einzugehen, oft neben dem eigenen Kind noch andere, nicht zur Familie gehörende Kinder mißbrauchen. Nach amerikanischen Forschungsergebnissen mißbraucht etwa jeder zweite Mann, der seiner Tochter oder/und seinem Sohn sexuelle Gewalt zufügt, zusätzlich weitere Kinder und Jugendliche aus dem Bekannten- und Verwandtenkreis.[93]
In keinerlei Weise beschäftigt sich der familientheoretische Ansatz mit dem sexuellen Mißbrauch durch Frauen.

Die Familientheorie nimmt eine Konstellation gleichgestellter Familienmitglieder an, die alle daran interessiert sind, das System Familie aufrechtzuerhalten und angeblich über ein gleiches Maß an Wissen und Macht verfügen.[94] Insofern geht die Theorie davon aus, daß alle Mitglieder einen *Nutzen* von dem Symptom haben und sogar in gewisser Weise an dessen Fortbestand interessiert sind - selbst das ausgenutzte Kind.[95]
Durch diese Denkweise gleichgestellter Familienmitglieder wird dem mißbrauchten Kind der Opferstatus aberkannt und zugleich die Schuldfrage des Täters negiert.[96] Die Verantwortung für den sexuellen Mißbrauch wird auf alle Familienmitglieder verteilt.
Oft findet man jedoch die Person der Mutter in den Vordergrund der Betrachtung gerückt, wodurch versucht wird, „die Schuldfrage durch die Hintertür wieder einzuschmuggeln und statt des Vaters die Mutter auf die Anklagebank zu setzen, nicht selten in Gesellschaft ihrer sexuell mißbrauchten Tochter."[97]
Die Mutter wird mit einer Fülle von Vorwürfen überschüttet. Es wird behauptet, daß sie nicht willig oder fähig sei, sich den sexuellen Forderungen ihres Mannes „zu fügen". Da der familiendynamische Ansatz anscheinend sexuelle *Forderungen* eines Mannes für dessen Recht hält, gibt er der Frau die Verantwortung dafür, daß sich der Mann - bedingt durch ihre Verweigerung - dem Kind zuwendet. Mehr noch, es wird den Frauen unterstellt, sie würden ihre Töchter mit Absicht „opfern", indem ihnen folgendes nachgesagt wird: Mütter „ziehen sich mit chronischer Erschöpfung oder einem anderen Leiden auf ihr Zimmer zurück und überlassen es der Tochter, ‚Frau des Hauses' und Partnerin des Mannes zu werden."[98]
Des weiteren wird den Frauen eine gestörte Mutter-Tochter-Beziehung angelastet. Es wird suggeriert, daß ein intaktes Verhältnis zwischen Mutter und Tochter eine „Versicherung" gegen sexuellen Mißbrauch sei.
Der Tochter selbst schreibt der familiendynamische Ansatz eine aktive und provozierende Rolle bezüglich der sexuellen Handlungen zu.[99] Das mißbrauchte Kind profitiere von dem

Rollentausch, habe somit Interesse an dessen Aufrechterhaltung[100] und besitze sogar eine Machtposition gegenüber dem von ihm abhängigen Vater.[101]
Dem Vater hingegen wird von dem familientheoretischen Erklärungsansatz der Opferstatus eines willensschwachen Täters zuerkannt.[102] Er wird als von seiner Frau als Mutterfigur abhängig dargestellt, und sein Mißbrauchsverhalten wird als Lösungsversuch für seine Partnerschaftsprobleme entschuldigt.

Betrachtet man den gesamten Ansatz der familiendynamischen Ursachenerklärung, so stellt sich die Frage, ob die als *Ursachen* für den sexuellen Mißbrauch beschriebenen Symptome häufig nicht viel eher *Folgesymptome* des Mißbrauchs darstellen. Aufgrund neuerer Forschungsergebnisse gehen die meisten Fachleute davon aus, daß sowohl eine gestörte Mutter-Tochter-Beziehung als auch die Übertragung der Mutterrolle auf das Kind oder die Isolierung und Abgrenzung der Familie von der Außenwelt häufig als Folgeerscheinungen eines sexuellen Mißbrauchs auftreten.[103]
Zusätzlich ist der Familientheorie vorzuwerfen, daß sie bei der Beschreibung der Familienbeziehungen die Erscheinungsebene nicht überwindet[104] und insgesamt gesellschaftliche Ursachen völlig ausklammert.[105]

Trotz der vielfältigen Kritik an dem familientheoretischen Ansatz sollte dieser nicht ganz aus dem Blick geraten. Denn die von ihm aufgegriffenen Punkte liefern zum einen Anregungen für die weitere Forschungsarbeit bezüglich der Familiensituation sexuell mißbrauchter Kinder. Zum anderen kann den Beziehungen innerhalb einer Familie eine gewisse Relevanz im Mißbrauchsfall nicht abgesprochen werden.
So können z.B. gute und vertrauensvolle Beziehungen unter den Geschwistern oder auch zu dem nicht-mißbrauchenden Elternteil dem Kind einen gewissen Halt geben und dadurch z.B. die Folgeschäden des Mißbrauchs verringern helfen.
Die familiären Hintergründe der sexuellen Gewalt gegen Kinder sind demnach als ein wichtiger Teil des Bedingungsgefüges sexuellen Mißbrauchs zu verstehen. Sie sollten nicht mehr Bedeutung erhalten, aber auch nicht weniger.[106]

Einigkeit herrscht bezüglich der Entstehungsanalyse der sexuellen Gewalt gegen Kinder darüber, daß die Ursachen des sexuellen Mißbrauchs vielschichtig sind.
„Dem multifaktoriellen Erklärungsmodell von Finkelhor (1984) zufolge müssen zum einen die Bedingungen berücksichtigt werden, die bei Individuen dazu führen, innere Hemmungen abzubauen und sexuell zu mißbrauchen. Zum anderen sind familiendynamische, aber auch gesellschaftliche Faktoren dafür verantwortlich, daß Täter von ihrer Umgebung nicht an ihrem Tun gehindert werden. Und schließlich sind die Faktoren im Kind und seiner Umwelt zu berücksichtigen, die es anfälliger und schutzloser gegenüber sexuellen Übergriffen machen."[107]
Ursachenanalysen sind gerade im Hinblick auf präventives Arbeiten gegen sexuellen Mißbrauch von großer Bedeutung. Nur dann kann sexuelle Gewalt gegen Kinder grundlegend verhindert werden, wenn die Ursachen, die sie bedingen und ermöglichen, bekämpft und verändert werden. Mit Blick auf das multifaktorielle Erklärungsmodell von Finkelhor sieht man, daß es vier Ansatzpunkte zur Prävention gegen sexuellen Mißbrauch gibt. „Sinnvolle

Prävention sollte immer von allen möglichen Ansatzpunkten her - wenngleich nicht durch ein und dieselbe Person oder Gruppe - betrieben werden."[108]
Nur im vierten Faktor des Modells bietet sich unmittelbar eine Ansatzmöglichkeit für die Arbeit mit den Kindern. Mittelbar ist die Präventionsarbeit mit Kindern jedoch sowohl in Hinblick auf die Veränderung gesellschaftlicher Strukturen, die von jedem Individuum mit bedingt wird, als auch auf die Verhinderung einer potentiellen Täterschaft und auch auf die Handels- und Hilfsfähigkeit von Personen aus dem Umfeld des Mißbrauchsgeschehens von Bedeutung.

1.6 Die Opfer

Geschlecht

Von sexueller Gewalt kann jedes Kind betroffen werden, egal ob Baby oder Schulkind, ob behindert oder nicht, ob auffallend hübsch oder unscheinbar normal, ob Mädchen oder Junge.
Die Angaben über die Anzahl und auch über das Geschlecht der mißbrauchten Kinder sind, wie bereits erläutert, schwankend. Viele AutorInnen gehen davon aus, daß zu etwa 80 Prozent Mädchen von sexuellem Mißbrauch betroffen sind und zu 20 Prozent Jungen.[109] Einige Wissenschaftler nehmen jedoch an, daß wesentlich mehr Jungen, als bisher bekannt geworden ist, mißbraucht werden. Wegen einer stärkeren Tabuisierung von sexueller Gewalt gegen Jungen als gegen Mädchen hätten bisher viele Jungen und Männer noch nicht den Mut gefunden, über den Mißbrauch zu reden. So gibt es Schätzungen, nach denen der Anteil der mißbrauchten Jungen genauso hoch wie derjenige der mißbrauchten Mädchen ist.[110]
Diese Annahme findet sich jedoch in den meisten Untersuchungen nicht bestätigt, so daß nach wie vor davon auszugehen ist, daß überwiegend Mädchen zum Opfer sexuellen Mißbrauchs werden. Besonders gefährdet scheinen isolierte, extrem angepaßte und unterwürfige Kinder aus strengen Familien mit wenigen Bezugspersonen und FreundInnen zu sein,[111] wobei eben auch geschlechtsspezifische Kriterien mit eine Rolle spielen.

Alter

Sexueller Mißbrauch ist nicht festgelegt auf eine spezielle Altersgruppe von Kindern, sondern wird an Kindern jeden Alters verübt. Kinder werden als Säuglinge, als Kleinkinder, im Kindergarten- und Grundschulalter sowie in der Pubertät sexuell mißbraucht.[112] Lange bestand das Vorurteil, daß sexuelle Mißhandlungen bei Kindern erst in der Pubertät beginnen, doch inzwischen weiß man, daß der Mißbrauch in den allermeisten Fällen vor dem zehnten Lebensjahr des Kindes geschieht.[113] Für manche Täter werden die Kinder sogar mit beginnender Geschlechtsreife und sobald eine Körperbehaarung sichtbar wird, uninteressant.[114] „Aus der BKA-Studie geht hervor, daß, statistisch gesehen, Kinder im Alter zwischen sieben und dreizehn Jahren am stärksten betroffen sind. (Baurmann, 1985)"[115]
Häufig beginnt der sexuelle Mißbrauch aber auch schon im Säuglings- und Kleinkindalter. Da die Kinder zu diesem Zeitpunkt nicht in der Lage sind, die erlebte Gewalt auszudrücken, und dadurch der Mißbrauch relativ selten aufgedeckt wird, liegt die Dunkelziffer für diese Altersgruppe höher als bei anderen Altersgruppen.[116]

Aufgrund seiner klinischen Erfahrungen kommt T. Fürniss (1986) zu dem Ergebnis, „daß bezüglich des Mißbrauchbeginns Kinder von null bis fünf Jahren mit 27,2 Prozent die zweitgrößte PatientInnengruppe darstellten."[117] Die größte Gruppe stellten die sechs bis zehnjährigen Kinder dar, wo der Mißbrauchsbeginn mit 42,8 Prozent angegeben wird.[118] Vergleicht man die Altersangaben nach dem Geschlecht der Kinder, so wird deutlich, daß die Altersmittelwerte für Mädchen und Jungen gleichermaßen zutreffend sind.[119]
Kinder im Grundschulalter bilden demnach die am häufigsten betroffene Gruppe.

Dauer des Mißbrauchs

Bei den doch sehr hohen Zahlen zur Häufigkeit des sexuellen Mißbrauchs muß berücksichtigt werden, daß es sich bei ca. 60 - 70% der Fälle um einmaligen Mißbrauch handelt. Dieses (auch in ausländischen Studien bestätigte) Verhältnis von 2 : 1 von einmaligen zu mehrmaligen sexuellen Mißbrauch trifft für Mädchen und Jungen gleichermaßen zu. Dieses Verhältnis ist erwartungsgemäß von dem Bekanntschaftsgrad zwischen Opfer und Täter abhängig: Fremde mißbrauchen ihre Opfer zu 95 % einmal, während bei Tätern aus dem Angehörigenkreis zu ca. 70 % mehrmaliger Mißbrauch auftritt.[120]

Je früher im Leben eines Kindes der sexuelle Mißbrauch durch Täter aus dem Verwandten- und Bekanntenkreis beginnt, um so länger dauert er an. „Die durchschnittliche Dauer betrug 6,7 Jahre, wenn [der Mißbrauch] vor dem zehnten Lebensjahr begann; setzten die ersten Übergriffe nach dem zehnten Lebensjahr ein, so dauerten sie im Durchschnitt 3,8 Jahre."[121]

Untersuchungen zeigen, daß vor allem diejenigen Kinder, die von Personen aus dem nahen Verwandten- und Bekanntenkreis mißbraucht werden, die Mißhandlungen meist jahrelang erleiden müssen.[122] Der Mißbrauch im Nahfeld ist fast immer eine Wiederholungstat über einen längeren Zeitraum. Die Übergriffe auf das Kind geschehen meist in kürzeren Abständen und in stärker sadistischer Form als bei sexueller Gewalt durch Täter aus dem weiteren Umfeld.

Schwere des Mißbrauchs

„Relativ unklar ist derzeit noch, wieviele der sexuell mißbrauchten Kinder anal, oral oder vaginal vergewaltigt werden [sehr intensiver sexueller Mißbrauch], wie viele von ihnen genitale Manipulationen erdulden müssen [intensiver sexuelle Mißbrauch]und wie häufig der sexuelle Mißbrauch aus erzwungenen Zungenküssen, Anfassen der Brust u.ä. [weniger intensiver sexueller Mißbrauch] besteht."[123] Ebenfalls unklar ist, wieviele Kinder durch sogenannte „Hands off" Handlungen sexuell belästigt werden, z.B. durch Exhibitionisten, durch das erzwungene Anschauen von Pornofilmen, durch Blicke und Kommentare (sexueller Mißbrauch ohne Körperkontakt).

In den Untersuchungen in Dortmund und Homburg kam man zu folgenden Ergebnissen: „Knapp ein Fünftel aller Betroffenen gaben versuchte oder vollendete anale, orale oder vaginale Vergewaltigung, also ‚sehr intensiven sexuellen Mißbrauch' an, über ein Drittel ‚intensiven sexuellen Mißbrauch' mit meist genitalen Manipulationen, fast ein Drittel ‚weniger intensiven sexuellen Mißbrauch', und in etwa 10 Prozent kam es zu keinem Körperkontakt (Exhibitionismus, Voyeurismus, Anschauen pornographischer Bilder)."[124]

Auswirkungen des Mißbrauchs
Die Folgen sexuellen Mißbrauchs können sehr unterschiedlich sein und hängen von vielen verschiedenen Faktoren ab. Nach Einschätzung der meisten AutorInnen sind die Schädigungen um so schwerwiegender
„- je größer der Altersunterschied zwischen Täter und Opfer [ist], und besonders beim Generationsunterschied;
- je größer die verwandtschaftliche Nähe [ist], und besonders bei Autoritäts- und Vaterfiguren;
- je länger der Mißbrauch andauert;
- je jünger das Kind bei Beginn des Mißbrauchs [ist];
- je mehr Gewalt angedroht und angewendet wird;
- je vollständiger die Geheimhaltung [ist];
- je weniger sonstige schützende Vertrauensbeziehungen, etwa zur Mutter oder einer anderen Person bestehen."[125]

Da es bei sexuellem Mißbrauch an Kindern im Gegensatz zur körperlichen Mißhandlung oft zu keiner massiven physischen Gewalteinwirkung auf das Kind kommt, sind körperliche Verletzungen bei mißbrauchten Kindern eher selten festzustellen. Gleichwohl gibt es auch eine Reihe von Mißbrauchsfällen, in denen die Mädchen und Jungen brutale Gewalt und körperliche Verletzungen erleiden müssen.
Ihnen werden Verletzungen im Genitalbereich zugefügt, z.B. Bißwunden, Risse am After oder im Vaginalbereich. „Striemenartige Spuren an der Innenseite der Oberschenkel"[126] lassen ebenfalls sexuellen Mißbrauch vermuten. Hämatome, „Rötungen an der Vulva, hervorgerufen durch Masturbation, Fissuren an Scheide und After durch übermäßige Dehnung mit Gegenständen oder Penis" [127] können Hinweise auf sexuelle Gewalt sein. Die körperlichen Verletzungen können teilweise so schwerwiegend sein, daß sie zum Tode führen.[128]
Doch auch wenn durch den Mißbrauch körperliche Verletzungen entstanden sind, sind diese für Außenstehende schwer zu entdecken, da sie von den Kindern aus Scham oder aufgrund von Drohungen bewußt verheimlicht werden und sich zumeist auf Körperregionen beschränken, die selbst im Sportunterricht kaum den Blicken anderer ausgesetzt werden.

So wird ein Hauptaugenmerk, wenn es um die Auswirkungen des sexuellen Mißbrauchs geht, weniger auf die körperlichen Verletzungen, als vielmehr auf Verhaltensweisen und -auffälligkeiten der Kinder gelegt, die im Zusammenhang mit erlebter sexueller Gewalt stehen (können).
„Eindeutige Verhaltenshinweise auf die Erfahrung sexueller Ausbeutung und Gewalt gibt es nicht. Die Gefühls- und Verhaltensreaktionen reichen von totalem Rückzug und Verstummen bis hin zum offenen Ausagieren, von selbstdestruktivem Verhalten (Suizidversuch eingeschlossen) bis hin zu massiven Aggressionen anderen gegenüber."[129]

An dieser Stelle bietet sich nun ein kurzer Exkurs zur **Psychodynamik der mißbrauchten Kinder** an.
Jedes Kind wird, wie oben bereits dargestellt, die an ihm vollzogene sexuelle Ausbeutung anders erleben und verarbeiten. Gerade auch der individuelle Entwicklungsstand und die Persönlichkeit des Kindes beeinflussen den Grad der Gefühlsverletzungen und die Schwere der Folge-

schäden.[130] Dennoch finden sich in den Berichten sexuell mißbrauchter Kinder „immer wieder bestimmte Grundgefühle, die Einblick in die durch einen Mißbrauch ausgelösten innerpsychischen Konflikte geben."[131]
Folgende Grundgefühle werden sowohl in der Fachliteratur als auch in autobiographischen Berichten durchgängig als zentral beschrieben:

Vertrauensverlust
Durch sexuelle Gewalt kann das Vertrauen des Kindes in andere Menschen und in die eigene Person zutiefst erschüttert werden. Besonders wenn Kinder von einer ihnen vertrauten Person mißbraucht werden (wie es in vielen Fällen geschieht), fühlen sie sich verraten, ausgenutzt und betrogen. „Ein Mensch, den sie gemocht haben, [und den sie vielleicht immer noch mögen] hat sie ausgenutzt, um seine eigenen Bedürfnisse zu befriedigen."[132] Zugleich fühlt sich das Kind auch von den anderen Menschen in seiner Umgebung enttäuscht und im Stich gelassen, da diese den Mißbrauch nicht bemerkt oder nicht verhindert und beendet haben. Wenn ein Kind immer neu erfährt, daß ihm von einer Person, der es vertraut hat, Gewalt zugefügt wird und ihm von anderen Personen keine Hilfe zukommt, mobilisiert es eigene Kräfte.
Jedes Kind versucht sich gegen den Mißbrauch zu wehren, z.B. indem es nur noch mit Kleidung ins Bett geht, Spielsachen vor dem Bett als „Schutzmauer" verteilt, sich massiv dagegen wehrt, mit bestimmten Personen alleine zu bleiben, wieder einnäßt, in der Hoffnung, mit Windeln sei es besser geschützt, oder auch indem es versucht, sich „unattraktiv" zu machen, zum Teil mittels Freß- oder Magersucht.[133]
Doch der Täter übergeht den Widerstand des Kindes, für das es unverständlich bleibt, warum der Erwachsene die stumme oder auch geäußerte Abneigung gegen die sexuellen Handlungen nicht wahrnimmt.[134] Dadurch verliert das Kind immer mehr den Glauben und das Vertrauen in sich selbst und in seine eigene Kompetenz. Viele Mädchen und Jungen glauben, daß der Mißbrauch eine Sache ist, die nur ihnen passiert, und folgern daraus, daß es an ihnen liegen muß, daß sie sich nicht gegen die sexuelle Ausbeutung wehren können, oder diese nicht, wie vom Täter immer wieder betont, als „etwas Schönes" empfinden können. Die Kinder „verlieren das Vertrauen an ihre eigene Kraft und sehen sich selbst als wehr- und wertlos an."[135] Dies gilt im besonderen Maße, wenn der sexuelle Mißbrauch durch eine in der Öffentlichkeit geachtete Persönlichkeit geschieht und über einen längeren Zeitraum dauert.

Scham- und Schuldgefühle
Die meisten mißbrauchten Kinder fühlen sich schuldig an dem Mißbrauch und glauben, sie seien für das Verhalten des Täters verantwortlich. „Irgendetwas an ihnen, an ihrem Verhalten, ihrem Aussehen oder ihrer Kleidung, so meinen sie, müsse den (...) [Täter] zu solchen Handlungen veranlaßt haben.[136] Gerade weil der Mißbrauch in der Regel schleichend und im Spiel beginnt und weil der Täter sich dem Kind mit besonderer Aufmerksamkeit zuwendet, bekommt dies den Eindruck, den Mißbrauch durch sein anfängliches Entgegenkommen und auch durch sein Genießen der gemeinsamen Situationen, bevor diese vom Täter sexualisiert wurden, mit bedingt zu haben. Durch angenommene Geschenke und Bevorzugungen z.B. gegenüber den Geschwistern fühlen sich die Mädchen und Jungen „in der Schuld" des Täters.

Kinder werfen sich oft vor, nicht direkt nach dem ersten Übergriff mit einer vertrauten Person über das Erlebte gesprochen zu haben. Läuft der Mißbrauch dann weiter, haben sie das Gefühl, inzwischen sei es zu spät, um noch etwas zu sagen.

Der Täter verstärkt die Schuldgefühle des Kindes gezielt, indem er ihm eine Mitschuld unterstellt: „Du hast es doch auch toll gefunden." oder „Du hast nie gesagt, daß du es nicht willst."[137]

Kinder schämen sich für den sexuellen Mißbrauch, weil sie glauben, sie seien die einzigen, denen „so etwas" passiert. Sie fühlen sich dreckig und beschmutzt und ekeln sich vor sich selbst.[138] Oft haben sie das Gefühl, jeder würde ihnen den Mißbrauch ansehen. Besonders schämen sich Kinder, wenn ihr Körper mit angenehmen Gefühlen auf die Stimulationen des Täters reagiert. Die Kinder haben dann das Gefühl, mitgemacht zu haben, und überschütten sich mit Selbstvorwürfen.[139]

Zweifel an der eigenen Wahrnehmung
Der sexuelle Mißbrauch bedeutet für viele Kinder eine starke Verunsicherung der eigenen Wahrnehmung und der eigenen Gefühle. Fast immer spürt das Kind intuitiv, daß das, was der Mißbraucher mit ihm tut, nicht richtig ist. „Die Tatsache jedoch, daß es den Mißbraucher kennt und ihm vertraut, lassen es an der eigenen Wahrnehmung zweifeln."[140] Zusätzlich redet der Erwachsene dem Kind Dinge ein, die im Widerspruch zu dessen Gefühlen stehen. Der Täter sagt dem Kind z.B., daß es keine Angst zu haben braucht, daß die Handlungen schön sind oder daß er das mache, weil er das Kind besonders liebe.[141]

Zuweilen wird der Mißbrauch als Pflegetätigkeit erklärt und so dem Kind eine Notwendigkeit der sexuellen Handlungen suggeriert. Findet der sexuelle Übergriff auf das Kind nachts statt, so besteht für das aus dem Schlaf gerissene Kind fast immer die Ungewißheit, ob es sich nur getäuscht hat und ob die beunruhigenden Handlungen vielleicht nur ein Traum waren.[142]

Da sexuelle Gewalt häufig ohne physische Gewalt passiert, findet das mißbrauchte Kind an sich selbst selten Anzeichen für den stattgefundenen Mißbrauch. Hinzu kommt, daß der Täter sich nach dem Übergriff so verhält, als sei nichts geschehen.

„Der für den sexuellen Mißbrauch typische Zweifel der eigenen Wahrnehmung ergänzt sich mit den öffentlichen und allgemeinen Zweifeln an den Aussagen des Kindes."[143] Vielleicht läßt der Unglaube erwachsener Menschen, die Informationen und Wissen über den sexuellen Mißbrauch haben und es sich dennoch im Einzelfall so schwer vorstellen können, daß eine ihnen bekannte Person der Täter oder die Täterin ist, erahnen, wie „unglaublich" das Erlebnis für das betroffene Kind selbst sein muß.

Angst
Angst wird für Kinder, die sexueller Gewalt ausgesetzt sind, zu dem zentralen Lebensgefühl. Eine Vielzahl verschiedener Ängste bedrücken die Mädchen und Jungen und lähmen sie. „Die Angst ist immer da, unabhängig davon, wie *gewaltsam* oder *nicht gewaltsam* der Übergriff ist."[144]

Kinder haben z.B. Angst davor,
- erneute Übergriffe zu erleben;
- physische Gewalt seitens des Täters erleiden zu müssen;
- daß die Familie auseinanderbricht;

- schwanger zu werden oder an Geschlechtskrankheiten zu erkranken;
- bei Mißbrauch durch eine gleichgeschlechtliche Person homosexuell zu werden;
- daß man ihnen ansieht, daß sie mißbraucht werden/ wurden;
- daß ihre Geschwister auch mißbraucht werden. [145]

Erwachsene, die in ihrer Kindheit in extremer Weise sexuell mißbraucht wurden, berichten von einer todesähnlichen Angst, die sie erleiden mußten. Diese ständige Angst führt bei vielen Mißbrauchsopfern zu Traumaentwicklungen.

Ohnmacht
Eng verbunden mit den Angstgefühlen der Kinder ist auch deren Gefühl der absoluten Ohnmacht. Kinder erfahren immer neu, wie sehr sie von Erwachsenen abhängig sind, und sehen keine Möglichkeit, sich gegen deren Verhalten zu wehren. Indem der Mißbraucher alle Widerstände des Kindes bewußt und ohne große Kraftanstrengung überschreitet, vermittelt dies dem Kind völlige Macht- und Wehrlosigkeit. Das starke Gefühl der Ohnmacht wird bei innerfamiliärem Mißbrauch dadurch noch verstärkt, daß die Mädchen und Jungen keinen Ausweg aus ihrer Situation sehen. Vor allem kleinere Kinder können sich ein Leben außerhalb der Familie nicht als Alternative vorstellen.[146] „Häufig beschreibt der Täter/die Täterin dem Opfer gegenüber Kinderheime als ‚Gefängnisse mit Wasser und Brot'."[147]
Auch ein ständig vorherrschendes Ohnmachtsgefühl kann bei Kindern ähnlich wie beim lähmenden Angsterleben zu gravierenden Folgeschäden führen. Deshalb „schützen" Kinder sich selbst, indem sie „Überlebensmechanismen" entwickeln, mit denen sie die reale Situation aushalten können. „Die Kinder entwickeln (...) sehr unterschiedliche Strategien, die sich in vielfältigen Verhaltensauffälligkeiten und psychischen Problemen manifestieren."[148]
Diese Überlebensmechanismen sind unter anderem die folgenden:
Verdrängung: Das Kind schafft sich die Möglichkeit, nicht wahrnehmen zu müssen, was wirklich geschieht.
Ich-Spaltung: Das Selbst (Persönlichkeit, Würde, Gefühle) und der Körper werden vom Kind nicht mehr als Einheit erlebt.
Schuldübernahme: Durch die Schuldübernahme gibt sich das Kind selbst einen vermeintlich aktiven Part in dem Mißbrauchsgeschehen, der für es scheinbar leichter zu ertragen ist als das Gefühl der absoluten Ohnmacht. Im Extremfall kann es sogar zu einer Identifikation mit dem Aggressor kommen.[149]

Sprachlosigkeit
Alle bisher genannten Grundgefühle sexuell mißbrauchter Kinder sind eng miteinander verbunden, und alle zusammen tragen dazu bei, daß das Kind eine Sprachlosigkeit für die erlebten Ereignisse empfindet.
Der *Vertrauensverlust* bewirkt, daß das Kind keine Sicherheit mehr darin sieht, daß diejenigen Menschen, die ihm nahestehen, es auch wirklich ernst nehmen. Die Mädchen und Jungen schweigen, weil sie nicht wissen, wem sie noch vertrauen können, wer ihnen glauben wird.
Die *Schuld- und Schamgefühle* geben dem Kind das Gefühl, das Geschehene vor anderen verstecken zu müssen. Sie schweigen sowohl aus Angst, für den Mißbrauch verantwortlich gemacht zu werden, wie auch aus Scham, daß sie als schmutzig und unanständig angesehen werden, wenn jemand von dem Mißbrauch erfährt.[150]

Die *Zweifel an der eigenen Wahrnehmung* verunsichern das Kind, und es schweigt aus Furcht, etwas Unwahres oder etwas, was es nicht klar benennen kann, anzuklagen.

Massiv beeinflußt die *Angst* vor dem Täter das Schweigen des Kindes. Der Täter verpflichtet sein Opfer immer wieder zur Geheimhaltung des sexuellen Mißbrauchs.[151] „Das Versprechen der Geheimhaltung löst beim Kind ein Gefühl von Komplizenschaft und Mitverantwortung aus."

Doch nicht nur aus Angst vor dem Täter schweigen Kinder, sondern auch aus Liebe zu diesem. Die meisten Mädchen und Jungen befinden sich in einer ambivalenten Gefühlslage dem Täter gegenüber: sie mögen, brauchen, fürchten ihn.

Ein weiterer Grund für das Stillschweigen der Betroffenen ist, daß es für sie absolut unüberschaubar ist, was geschieht, wenn sie ihr Schweigen brechen.

Doch abgesehen von dem Macht-, Gewalt- und Abhängigkeitsverhältnis, das Kinder an dem Sprechen über den erlebten Mißbrauch hindert, sind die Mädchen und Jungen zum Teil „sprachlos" im wahrsten Sinne des Wortes, nämlich dann, wenn die sexuellen Mißhandlungen in einem Alter beginnen, in dem die Kinder noch gar keine Worte für das Geschehene haben oder sogar noch überhaupt nicht sprechen können.[152] Wie sollen Kinder im Kindergartenalter, die häufig noch nicht einmal Worte für die Geschlechtsteile haben, sexuelle Praktiken wie z.B. eine orale Vergewaltigung ausdrücken?

Erschreckend ist, daß Kinder zum Teil erst mit der Zeit sprachlos „gemacht" werden, indem sie erfahren müssen, daß ihnen niemand glaubt oder ihre Andeutungen richtig versteht. „Kinder müssen sechs Erwachsenen von ihrer sexuellen Mißhandlung erzählen, bevor ihnen der siebte endlich glaubt."[153]

Doch trotz dieser vielen Gründe, die eine Sprachlosigkeit bei den Kindern bewirken, entwickelt jedes betroffene Kind bewußt oder unbewußt Formen, seine Umwelt auf den Mißbrauch aufmerksam zu machen.[154] Kinder drücken ihre Mißbrauchserfahrung zum Teil in Bildern oder beim Spiel mit Puppen aus. Darüber hinaus gibt es vielfältige Verhaltensauffälligkeiten bei Kindern, die Hinweise für sexuelle Gewalterfahrungen sein können.

Da eine intensive Auseinandersetzung mit allen möglichen Folgen und Verhaltensauffälligkeiten der Kinder durch sexuellen Mißbrauch den Rahmen dieses Buches sprengen würde, beschränken wir uns mit Hilfe der folgenden Auflistung[155] auf eine Benennung der verschiedenen Aspekte (Die Einteilung wurde aus Enders 1990, S. 81 f. übernommen.)

Symptome des sexuellen Mißbrauchs

Verletzungen und Krankheiten

Verletzungen an den Geschlechtsorganen oder im Analbereich / Bißwunden oder Blutergüsse am Unterleib, an der Brust, am Gesäß oder in anderen erogenen Zonen / Striemen und blaue Flecken an der Innenseite der Oberschenkel / blutige Unterwäsche / Blutungen in der Mundhöhle / Geschlechtskrankheiten, Aids / Pilzinfektionen, Juckreiz im Genital- oder Analbereich / wiederholte Entzündungen an den Geschlechtsorganen / Schwangerschaft junger Mütter (insbes. bei ungeklärter Vaterschaft)

Psychosomatische Krankheiten
Bettnässen, Einkoten / Verdauungsstörungen / Bauch- und Unterleibsschmerzen / chronische Schmerzzustände / Hautkrankheiten, Allergien / Blutungen, Menstruationsbeschwerden, Verspannungen, Haltungsschäden / Lähmungen / Ohnmachtsanfälle, Kreislaufschwächen / Angst- und Erstickungsanfälle / Asthma / Schlafstörungen, Übermüdung, Alpträume / Sprach- und Sehstörungen / Konzentrationsstörungen / Appetitlosigkeit

Emotionale Reaktionen
starke Selbstzweifel / Minderwertigkeitsgefühle / Zweifel an der eigenen Wahrnehmung / Angstzustände, Angst vor Männern, vor geschlossenen Räumen, vor Dunkelheit, vor Aids etc. / Prüfungs- und Versagensängste / starke Hilflosigkeit / extremes Machtstreben / Kontakt- und Beziehungsschwierigkeiten / Leistungsabfall oder Leistungsverweigerung, Schulleistungsstörungen / extreme Leistungsmotivation / extreme Zukunftsangst / Scham- und Schuldgefühle / Ablehnung der eigenen Geschlechtsrolle / zwanghaftes Verhalten, z.B. Waschzwang / auffälliges Kleidungsverhalten, z.B. strikte Weigerung, die Kleidung zu wechseln; bei kleinen Kindern: extreme Schwierigkeiten beim Windelwechsel / Flucht in eine Phantasiewelt / psychische Krankheiten wie Depressionen, Phobien, Psychosen / Rückfall in bereits überwundene Handlungsweisen, z.B. Babysprache, Daumenlutschen, Anklammern an die Mutter

Selbstzerstörerisches Verhalten
Schnippeln / Haare ausreißen / Zigarette auf der Haut ausdrücken / Nägelkauen / Suchtverhalten / Drogen-, Tabletten- und Alkoholabhängigkeit / Bulimie, Magersucht / Suizidversuche

Sozialverhalten
übermäßige, oft dem Alter unangemessene Geschenke, z.B. der Lippenstift für die Achtjährige/ bei innerfamilialem sexuellem Mißbrauch: besondere Stellung in der Familie, z.B. Übernahme von Haushaltspflichten, starkes Verantwortungsgefühl gegenüber Geschwistern / Mißtrauen gegenüber Nähe und Vertrauen / übersteigertes Fremdeln / Verschlossenheit / stark aggressives Verhalten / Einzelgängertum, soziale Isolation / distanzloses Verhalten / extremes Klammern an Bezugspersonen / delinquentes Verhalten / Weglaufen aus dem Elternhaus, Streunen, Trebegängertum / auffällige Reaktionen auf bestimmte Männer- oder Frauentypen

Sexualverhalten
sexualisiertes Verhalten / altersunangemessenes Sexualverhalten und Wissen über Sexualität / übersteigerte sexuelle Neugier / Distanzlosigkeit gegenüber Männern / Angst vor körperlicher Nähe, Berührungen / Wiederholen des Erlebten in Rollenspielen, intensiven Doktorspielen / exzessives Masturbieren / ständig wechselnde Sexualpartner/Innen / sexuelle Lustlosigkeit, Frigidität / sexuelle Übergriffe auf jüngere Kinder / bei Jungen: sexuelle aggressive Verhaltensweisen, abfällige Witze und Bemerkungen über Homosexualität / bei Mädchen: auffälliges Verhalten während der Menstruation, Prostitution

In Hinblick auf diese Auflistung wollen wir jedoch ausdrücklich davor warnen, eine solche Zusammenstellung ohne weitere Informationen über die Gesamtzusammenhänge als Ausgangspunkt zur Aufklärungsarbeit im Bereich des sexuellen Mißbrauchs zu verwenden. Ein derartiges Vorgehen hatte bereits mehrfach die Folge, durch vorschnelle Anzeigen und eine „Mißbrauchspanik" die gesamte Präventions- und Aufklärungsarbeit zum Mißbrauch in Verruf zu bringen. Es sei darum betont: die wahrgenommenen Verhaltensänderungen bei einem Kind müssen genauestens analysiert werden. Die beobachteten Verhaltensauffälligkeiten *können* Anzeichen für sexuellen Mißbrauch sein, müssen es aber nicht.
Um hier Fehldeutungen einerseits und ein „Übersehen" andererseits zu vermeiden, sollten die wahrgenommen Veränderungen immer in behutsamer und sensibler Art und Weise im *Dialog mit dem Kind* näher untersucht werden.[156]
Sinnvoll ist es zudem, die Beobachtungen mit anderen Personen, die das Kind kennen, zu besprechen und/oder diese zu bitten, das Kind ebenfalls zu beobachten.

Neben den hier aufgezeigten Folgen, die in einem direkten Zusammenhang mit dem Mißbrauch stehen, kann die sexuelle Gewalt bei den Opfern auch Langzeitfolgen auslösen. „Viele Betroffene bleiben ihr Leben lang durch die Mißbrauchserfahrungen geprägt und belastet."[157]
Bei anderen mißbrauchten Kindern zeigen sich die Schädigungen erst Jahre nach dem Mißbrauch, der den dann oft bereits erwachsenen Opfern zuweilen nicht mehr im Bewußtsein ist.
Doch nicht nur die Tat des sexuellen Mißbrauchs an sich kann zu gravierenden kurz- und langfristigen Folgen führen, sondern Schädigungen können auch durch eine unsensible Aufdeckungsarbeit oder durch die der Aufdeckung folgenden Geschehnisse (Strafanzeige, Vernehmungen, Gerichtsverfahren, neue Lebens- und Wohnsituation für das Kind) verursacht werden. Man unterscheidet deshalb zwischen **primären** und **sekundären Traumatisierungsfaktoren bzw. Schädigungen**. Als primär werden diejenigen Traumatisierungsfaktoren bezeichnet, die sich direkt aus dem Geschehen des sexuellen Mißbrauchs ableiten. Von sekundären Folgen wird gesprochen, wenn das Kind durch die Reaktionen der Eltern, Freunde, des Umfelds (Schule, Nachbarn etc.) oder unprofessionelle Verhaltensweisen nach Aufdeckung des sexuellen Mißbrauchs beispielsweise durch Polizei, Gericht oder Beratungseinrichtungen erneute Schädigungen erlebt.
Die sekundären Schädigungen im Zusammenhang mit sexuellem Mißbrauch werden seit einigen Jahren heftig diskutiert, wobei sich aus dieser Diskussion unterschiedliche Forderungen hinsichtlich der Vorgehensweisen von Eltern, Pädagogen und Behörden ergeben.
Als gesichert kann gelten, daß vor allem bei eher geringfügigen Mißbrauchsdelikten (z.B. Exhibitionismus) die Gefahr einer individuellen Schädigung durch einen umfangreichen Aufklärungsprozeß oftmals größer ist als die Schädigung durch die Tat selbst.[158]
Es sollte daher während der Aufklärungsarbeit immer an die Möglichkeit einer das Kind begleitenden Therapie gedacht werden, mit deren Hilfe sekundären Schädigungen vorgebeugt werden könnte.

[1] D. Bange in: B. Marquardt-Mau (Hrsg.), 1995, S. 31
[2] R. Wipplinger/G. Amann, in: G. Amann/R. Wipplinger (Hrsg.), 1997, S. 31
[3] Ebenso wie sich die Wahl der Definition in der Regel an den jeweiligen Forschungsansätzen und -schwerpunkten orientiert, lassen sich auch aufgrund der verwendeten Termini (z.B. sexueller Mißbrauch; sexuelle Mißhandlung; sexuelle Gewalt; Inzest;) Rückschlüsse auf die jeweiligen Intentionen ziehen. vgl. hierzu: R. Wipplinger/G. Amann in: G. Amann/R. Wipplinger (Hrsg.), 1997, S. 14-18
[4] B. Woltereck, 1994, S. 32
[5] Da sexueller Mißbrauch überwiegend von männlichen Tätern ausgeübt wird, benutzen wir im Unterschied zu sonstigen Personenbezeichnungen in diesem Zusammenhang die männliche Sprachform „Täter" als übergeordnete Bezeichnung.
[6] Mißbrauchshandlungen zwischen Kindern sind jedoch aus einem differenzierten Blickwinkel zu betrachten. So wird in der Regel nicht von Opfer und „Täter" gesprochen, da deutlich sein muß, daß auch das mißbrauchende Kind als Opfer (oft ebenfalls des sexuellen Mißbrauchs) anzusehen ist. (vgl. W. Wirtz-Weinrich in: H. Ulonska/H. Koch (Hrsg.), 1997, S. 124f.)
[7] D. Bange in: B. Marquardt-Mau (Hrsg.), 1995, S. 32
[8] Mehr zu der Frage, warum Kinder schweigen, siehe unter Punkt 1.6
[9] D. Bange in: B. Marquardt-Mau (Hrsg.), 1995, S. 32
[10] vgl. K. Gutjahr/A. Schrader, 1990, S. 13
[11] vgl. D. Bange in: B. Marquardt-Mau (Hrsg.), 1995, S. 32
[12] U. Wirtz, 1992, S. 16
[13] ebd., S. 18
[14] vgl. ebd., S. 56
[15] vgl. R. Wipplinger/G. Amann in: G. Amann/R. Wipplinger (Hrsg.), 1997, S. 23
[16] ebd. S. 20ff
[17] U. Enders (Hrsg.), 1995, S. 19f
[18] A. Engfer in: M. Markefka/B. Nauck, 1993, S. 622
[19] U. Wirtz zit. S.M. Sgroi in: U. Wirtz, 1992, S. 17
[20] B. Woltereck zit. E. Hildebrand in: B. Woltereck (Hrsg.), 1994, S. 33
[21] R. Steinhage zit. G. Stanzel in: R. Steinhage (Hrsg.), 1991, S. 18
[22] „Die Rechte des Kindes", R. Eichholz, Kinderbeauftragter der Landesregierung beim Ministerium für Arbeit, Gesundheit und Soziales des Landes NRW, (Hrsg.), 1993, S. 59
[23] H. Olbing et al., 1989, S. 72
[24] vgl. B. Besten, 1991, S. 18
[25] vgl. U. Enders, 1995, S. 20
[26] ebd.
[27] B. Besten, 1991, S. 20
[28] S. Braecker/W. Wirtz-Weinrich, 4. Aufl.1994, S. 21
[29] B. Besten, 1991, S.18
[30] vgl. U. Enders (Hrsg.), 1995, S. 42
[31] vgl. H. Saller in: Deutscher Kinderschutzbund (Hrsg.), 1987, S. 29f.
[32] Formen des genital-oralen Kontaktes, bei denen die weiblichen Geschlechtsorgane (Cunnilingus), bzw. die männlichen Geschlechtsorgane (Fellatio) mit dem Mund gereizt werden.
[33] vgl. G. Deegener in: H. Ulonska/H. Koch (Hrsg.), 1997, S. 52ff
[34] So lassen sich in manchen Studien aus den USA extrem geringe Prozentzahlen zum Ausmaß finden. R. Wolff führt beispielsweise eine Untersuchung von Andrea J. Sedlak an, die zu einer Pro-Tausend(!)-Rate von 2,5 kommt. vgl. R. Wolff in: K. Rutschky/R. Wolff (Hrsg), 1994, S. 85
[35] vgl. E. Burger/K. Reiter, 1993, S. 12f.
[36] Polizeiliche Kriminalstatistik 1985 - 1996
[37] D. Bange in: B. Marquardt-Mau (Hrsg.), 1995, S. 35
[38] vgl. K. Gutjahr/A. Schrader, 1990, S. 32
[39] vgl. B. Kavemann/I. Lohstöter, 1991, S. 28

[40] vgl. ebd., S. 419f.
[41] vgl. H. Saller in: Deutscher Kinderschutzbund (Hrsg.), 1987, S. 27
[42] K. Rutschky, 1992, S. 36
[43] vgl. D. Bange in: B. Marquardt-Mau (Hrsg.), 1995, S. 33f.
[44] G. Deegener in: H. Ulonska/H. Koch (Hrsg.), 1997, S. 53
[45] vgl. K. Lappe et al., 1993, S. 8f.
[46] vgl. hierzu das Buch: „Erregte Aufklärung" von K. Rutschky, 1992
[47] vgl. D. Bange in: B. Marquardt-Mau (Hrsg.), 1995, S. 37
[48] G. Deegener in: H. Ulonska/H. Koch (Hrsg.), 1997, S. 56
[49] ebd.
[50] vgl. G. Deegener in: H. Ulonska/H. Koch (Hrsg.), 1997, S. 57
[51] W. Palmowski in: Zeitschrift für Heilpädagogik 4/1994, S. 246
[52] U. Enders, 1995, S.14
[53] vgl. J. Pfeiffer et al., 1993, S. 4
[54] ebd., S. 5
[55] G. Deegener in: H. Ulonska/H. Koch, 1997, S. 63
[56] vgl. ebd.
[57] Nähere Informationen zu den Ursachen des sexuellen Mißbrauchs unter Punkt 1.5
[58] U. Enders, 1995, S. 95
[59] vgl. N. Glöer/I. Schmiedeskamp-Böhler, 3. Aufl. 1990, S. 72
[60] ebd. S. 73
[61] vgl. R. Wyre/A. Swift, 1991, S. 73
[62] B. Woltereck, 1994, S. 41
[63] vgl. U. Enders, 1995, S. 98
[64] vgl. R. Wyre/A. Swift, 1991, S. 77f.
[65] vgl. J. Pfeiffer et al., 1993, S. 5
[66] vgl. R. Wyre/A. Swift, 1991, S. 70
[67] vgl. B. Besten, 1991, S. 37
[68] vgl. D. Bange in: B. Marquardt-Mau (Hrsg.), 1995, S. 44ff
[69] vgl. D. Bange, 1992, S. 36ff
[70] vgl. K. Gutjahr/A. Schrader, 1990, S. 15ff
[71] vgl. B. Besten, 1991, S. 49ff
[72] vgl. D. Bange, 1992, S. 35f.
[73] vgl. U. Brockhaus/M. Kolshorn, 1993, S. 216f.
[74] ebd., S. 216
[75] vgl. K. Gutjahr/A. Schrader, 1990, S. 16
[76] vgl. D. Bange in: B. Marquardt-Mau (Hrsg.),1995, S. 44
[77] Aus feministischer Sicht sind sexuelle Gewaltakte gegen Mädchen und gegen Frauen keine grundsätzlich unterschiedlichen Phänomene, sondern lediglich unterschiedliche Ausprägungen eines Spektrums sexueller Gewalt.
[78] U. Brockhaus/M. Kolshorn, 1993, S. 217
[79] B. Woltereck, 1994, S. 50
[80] G. Braun in: P. Giesecke et al., 1991, S. 19
[81] Dieser Vorwurf wird selbst von Feministinnen, somit also aus den eigenen Reihen, geäußert.
[82] B. Kavemann/I. Lohstöter, 1984, S. 38
[83] vgl. B. Woltereck, 1994, S. 49
[84] D. Finkelhor beschreibt in diesem Modell das Zusammenspiel von vier Faktoren (Gruppen), welche die Voraussetzung für sexuellen Mißbrauch darstellen. Diese Faktorengruppen sind:

a) Motivation des Täters ein Kind zu mißbrauchen   b) Überwindung innerer Hemmungen des Täters
c) Überwindung äußerer Hindernisse   d) Überwindung des Widerstandes des Kindes
(vgl. Knappe/Selg, 1993, S. 9)
[85] siehe U. Brockhaus/M. Kolshorn, 1993, S. 216ff
[86] ebd., S. 211f.

[87] vgl. K. Gutjahr/A. Schrader, 1990, S. 25
[88] T. Fürniss in: I. Retzlaff (Hrsg.), 1989, S. 73
[89] ebd.
[90] ebd.
[91] U. Brockhaus/M. Kolshorn, 1993, S. 212
[92] ebd., S. 211
[93] vgl. U. Enders, 1995, S. 32
[94] vgl. D. Bange, 1992, S. 37
[95] vgl. U. Brockhaus/M. Kolshorn, 1993, S. 212
[96] vgl. U. Enders, 1995, S. 30
[97] J. Rijnaarts, 1988, S. 159
[98] Justice&Justice, 1980, S. 120 zit. in: J. Rijnaarts, 1988, S. 177
[99] vgl. K. Gutjahr/A. Schrader, 1990, S. 27
[100] vgl. U. Brockhaus/M. Kolshorn, 1993, S. 213
[101] vgl. T. Fürniss zit. in: U. Enders (Hrsg.), 1995, S. 30
[102] vgl. U. Enders, 1995, S. 30
[103] vgl. ebd., S. 31
[104] vgl. K. Gutjahr/A. Schrader, 1990, S. 26
[105] vgl. U. Enders, 1995, S. 32
[106] vgl. D. Bange, 1992, S. 36
[107] N. Wehnert-Franke/H. Richter-Appelt/Ch. Gaenslen-Jordan in: Zeitschrift für Sexualforschung, 1992, S. 43
[108] A. Knappe/H. Selg, 1993, S. 13
[109] vgl. J. Pfeiffer et al., 1993, S. 8
[110] vgl. N. Glöer/I. Schmiedeskamp-Böhler, 3. Aufl. 1990, S. 12f.
[111] Allerdings muß hier vor einer Verallgemeinerung gewarnt werden; es werden durchaus auch aktive und glückliche Kinder mißbraucht. vgl. D. Bange in: B. Marquardt-Mau (Hrsg.), 1995, S. 38
[112] vgl. D. Bange in: B. Marquardt-Mau (Hrsg.), 1995, S. 36
[113] vgl. ebd.
[114] vgl. R. Wyre/A. Swift, 1991, S. 68
[115] J. Pfeiffer et al., 1993, S. 9
[116] vgl. E. Trube-Becker, 1992, S. 21
[117] J. Pfeiffer et al., 1993, S. 9
[118] vgl. ebd.
[119] vgl. Bundesministerium für Familie und Senioren (Hrsg.), 1993, S. 21
[120] vgl. G. Deegener in: H. Ulonska/H. Koch (Hrsg.), 1997, S. 54
[121] Wildwasser Wiesbaden (1990) zit. in: R. Steinhage (Hrsg.), 1992, S. 10
[122] vgl. I. Johns in: R. Lauterbach et al., 1992, S. 172
[123] D. Bange in B. Marquardt-Mau (Hrsg.), 1995; S. 49
[124] G. Deegener in: H. Ulonska/H. Koch (Hrsg.), 1997, S. 56
[125] zusammengestellt nach M. Mitnick in: E. Bingel et al. (Hrsg.), 2. überarbeitete Aufl. 1992, S. 20
[126] U. Enders (Hrsg.), 1995, S. 77
[127] R. Steinhage, 1991, S. 21
[128] vgl. E. Trube-Becker in: M. Hirsch (Hrsg.), 2. Auflage 1990, S. 218
[129] H. Saller in: Dt. Kinderschutzbund (Hrsg.), 1987, S. 33
[130] vgl. U. Enders, 1995, S. 42
[131] D. Bange in: B. Marquardt-Mau (Hrsg.), 1995, S. 39
[132] ebd.
[133] vgl. B. Besten, 1991, S. 39
[134] vgl. Stadt Osnabrück, Jugend- und Sozialdezernent (Hrsg.), o.J., S. 6
[135] U. Enders, 1995, S. 44
[136] R. Steinhage, 1991, S. 23
[137] vgl. D. Bange in: B. Marquardt-Mau (Hrsg.), 1995, S. 31

[138] vgl. R. Steinhage, 1991, S. 22
[139] vgl. K. Gutjahr/A. Schrader, 1990, S. 97
[140] B. Ebus, o.J., S. 18
[141] vgl. Stadt Osnabrück, Jugend- und Sozialdezernent (Hrsg.), o.J., S. 7
[142] vgl. U. Enders, 1995, S. 55
[143] ebd.
[144] B. Kavemann/I. Lohstöter, 1991, S. 42
[145] vgl. B. Ebus, 1992, S. 17
[146] vgl. B. Neumann/S. Rother für Beratungsstelle Zerrspiegel e.V. (Hrsg.), 1994, S. 10
[147] U. Enders, 1995, S. 53
[148] D. Bange in: B. Marquardt-Mau (Hrsg.), 1995, S. 40
[149] vgl. Stadt Osnabrück, Jugend- und Sozialdezernent (Hrsg.), o.J., S. 7
[150] vgl. M. Weber/St. Kippen für: Ministerium für Arbeit, Gesundheit und Soziales des Landes NRW (Hrsg.), 1991, S. 13
[151] siehe auch Punkt 1.4
[152] vgl. B. Neumann/S. Rother für Beratungsstelle Zerrspiegel e.V.(Hrsg.), 1994, S. 10
[153] U. Hoffmann-Volz für das Hessische Ministerium für Jugend, Familie und Gesundheit (Hrsg.), 3. Aufl. 1994, S. 9
[154] vgl. B. Ebus, o.J., S. 18
[155] M. Weber/St.Kippen für: Ministerium für Arbeit, Gesundheit und Soziales des Landes NRW (Hrsg.), 1991, S. 17
[156] vgl. J. Pfeiffer et al., 1993, S. 8
[157] E. Bingel et al. (Hrsg.), 2. überarbeitete Aufl. 1992, S. 19
[158] vgl. E. Bingel et al. (Hrsg.), 2. überarbeitete Aufl. 1992, S. 23

2. Prävention

2.1 Zum Präventionsbegriff

Bezogen auf den sexuellen Mißbrauch an Mädchen und Jungen, werden in der Regel drei Arten der Prävention unterschieden:[1]

Primäre Prävention:
Die primäre Prävention „will flächendeckend im Vorfeld so wirken, daß es gar nicht erst zu sexuellen Übergriffen kommt: oberstes Ziel ist also das Verhindern von sexueller Ausbeutung."[2] Demnach sind alle Versuche, gesellschaftliche Strukturen und somit die Verhältnisse, die sexuellen Mißbrauch ermöglichen, zu verändern, als primäre Prävention zu verstehen. Weiterhin gehören Tätertherapieprogramme, insofern sie die Verhinderung neuer Mißbrauchsfälle anstreben, zur vorbeugenden Prävention.[3] Hauptsächlich richtet sich die derzeitige primäre Prävention jedoch an Kinder und zielt darauf ab, „die Kinder durch Information und Aufklärung in die Lage zu versetzen, sich selbst vor sexuellen Übergriffen zu schützen."[4]

Sekundäre Prävention:
Ziel der sekundären Prävention ist eine möglichst frühzeitige Aufdeckung und Beendigung konkreter Fälle sexueller Gewalt. Hierbei geht es sowohl um die Aufdeckung zurückliegender Mißbrauchsfälle als auch um die Aufdeckung, Benennung und Unterbindung von fortdauerndem Mißbrauchsgeschehen.[5] „Damit ist die sekundäre Prävention der Intervention gleichzusetzen."[6]

Tertiäre Prävention:
„Tertiäre Prävention ist untrennbar mit dem Begriff der Rehabilitation verbunden; hier geht es um die Minderung der Folgeschäden."[7] Ziel der tertiären Prävention ist die Aufarbeitung der erlebten Gewalterfahrungen. Sie kann sich in therapeutischer Begleitung und Behandlung der Kinder ausdrücken, die Opfer sexueller Gewalt geworden sind.[8] Oft wird die tertiäre Prävention mit zur sekundären Prävention gerechnet.

Im eigentlichen Sinne des Wortes *Prävention*[9] ist nur die primäre Prävention eine Vorbeugemaßnahme. Demnach sind auch alle Präventionsprogramme und Unterrichtsreihen, die an Kindergärten und Schulen zur *Verhinderung* des sexuellen Mißbrauchs durchgeführt werden, der primären Prävention zuzuordnen.
Die genannten Formen lassen sich jedoch selten streng voneinander trennen. Oft kommt es durch vorbeugende Präventionsbemühungen zur Aufdeckung eines Mißbrauchs, so daß auch, wenn mit Kindern primär präventiv gearbeitet wird, stets der Aspekt der sekundären Prävention berücksichtigt werden muß.[10] „Dazu ist es notwendig, daß Hilfsangebote vorhanden sind, um eventuell bekannt werdende Fälle von sexuellem Mißbrauch verantwortungsvoll weiterleiten zu können."[11]

Es bleibt aber festzuhalten, daß „die Aufdeckung der sexuellen Kindesmißhandlung (...) nicht zu den Aufgaben von Lehrern/-innen [gehört], sondern in die Hände von geschulten Experten/-innen."[12]

Hauptziel der schulischen Prävention ist demnach die primär präventive Arbeit mit Kindern. Hierbei beschränken sich die Konzepte bislang überwiegend auf eine Opferprävention, die sich an Kinder als potentielle Mißbrauchsopfer wendet. Weitgehend ausgeklammert wird in den derzeitigen Präventionsansätzen, „daß aus Mädchen und Jungen nicht nur Opfer, sondern auch Täter und helfende oder untätige Zeugen werden können."[13] Es ist daher notwendig, die derzeitigen primären Präventionskonzepte derart zu überarbeiten, daß sie in Zukunft sowohl Täter- als auch Opferprävention umfassen.

Es lassen sich also verschiedene Ansätze und Ebenen von Prävention unterscheiden. Auf jeder Ebene sind sowohl Kinder als auch Erwachsene mögliche Zielgruppen. „Erwachsene wie auch Kinder können in ihren potentiellen oder realen Rollen als Opfer, Täter oder Zeugen angesprochen werden."[14] „Fakt bleibt aber, daß nach wie vor die potentiellen Opfer die Hauptzielgruppe präventiver Bemühungen sind."[15]

Mit den gesellschaftlichen Bedingungen, die von Erwachsenen bestimmt werden und die mitverantwortlich für die Existenz des sexuellen Mißbrauchs sind, sowie mit den Erwachsenen selbst, die Täter sind oder zu diesen werden können, beschäftigt sich die Prävention nur ganz am Rande. „Dies erstaunt um so mehr, als mit zunehmendem Wissen über sexuellen Mißbrauch immer deutlicher wird, daß die Hauptverantwortung der Prävention nicht bei den Kindern liegen kann."[16]

Die derzeitige Prävention muß sich vorwerfen lassen, daß ihre Arbeit in der Regel „nicht diejenigen erreicht und an ihrer Tat hindert, die ihre Macht mißbrauchen und das Selbstbestimmungsrecht von Mädchen und Jungen mißachten."[17] Um dieser Kritik gerecht zu werden, müßten neue Ansätze in der Präventionsarbeit entwickelt werden, die sich schwerpunktmäßig an Erwachsene und somit an die breite Öffentlichkeit wenden. Die Prävention mit Kindern sollte in Zukunft nicht als der Hauptaspekt der gesamten Prävention, sondern als *ein* Teil von dieser gesehen werden - als ein Präventionselement, das wichtig ist, da es helfen kann, die Not der Kinder zu mindern, das jedoch alleine nicht ausreicht, um gegen sexuellen Mißbrauch wirksam zu werden.

Um die primäre Prävention mit Kindern in ein neues Gesamtkonzept von Prävention einzubetten, gilt es auch, deren Form zu überdenken. Bisher findet primäre Präventionsarbeit meist noch in Form von oft relativ isoliert durchgeführten Unterrichtsprogrammen statt. „Möglichkeiten der primären Präventionsarbeit im *alltäglichen* Umgang Erwachsener mit Kindern (im Rahmen von Familie, Kindergarten, Schule, Arztpraxis etc.) sind bisher kaum Gegenstand der Diskussion."[18]

2.2 Frühe Präventionsansätze

Pädagogische Bemühungen, Kinder vor sexuellem Mißbrauch zu schützen, gibt es nicht erst, seitdem das Problem der sexuellen Gewalt gegen Kinder in den letzten 20 Jahren in den Blick

der Öffentlichkeit geraten ist. Warnungen vor dem fremden, bösen „Schwarzen Mann" richteten sich lange Zeit vor allem an Mädchen und wurden zum Teil in der verschlüsselten Form von Sprichwörtern oder Märchen (z.B. Rotkäppchen) weitergegeben.[19]
Die Bedeutung der Schule, insbesondere der Grundschule als Ort der Prävention gegen sexuellen Mißbrauch, wurde jedoch erst in den letzten Jahren hervorgehoben. Bis dahin wurde dem Thema des sexuellen Mißbrauchs von Seiten der Schule keine große Aufmerksamkeit gewidmet (Auch heute gehört es leider noch nicht selbstverständlich zum Unterricht). LehrerInnen beschränkten sich darauf, sich den elterlichen Warnungen an die Kinder vor fremden Männern und dunklen Wäldern anzuschließen. Zusätzlich sollten an den Schulen verteilte „Aufklärungsbroschüren" zum Schutz der Kinder vor sexuellem Mißbrauch beitragen (siehe 2.3.).
Den Kindern wurden auch explizite Verhaltensregeln und Verbote auferlegt: „Bleib in der Nähe des Hauses! - Steig nicht in fremde Autos! - Nimm keine Süßigkeiten von Fremden!"[20] Noch bis vor wenigen Jahren versuchten Eltern, LehrerInnen und ErzieherInnen mit solchen oder ähnlichen Warnungen durch Angsterzeugung und Empfehlungen von Vermeidungsverhalten, Kinder vor sexuellem Mißbrauch zu schützen.[21]
Aus heutiger Sicht wissen wir, daß diese Art von Prävention kaum Schutz und wenig Hilfe für die Kinder bietet, da die vermittelten Informationen falsch, unvollständig und angsterzeugend sind. Die Warnung vor dem Täter beschränkt sich überwiegend auf den Fremden mit der Bonbontüte im Park. Wenn man jedoch bedenkt, daß nach neueren Untersuchungen 50 % der Täter aus dem sozialen Nahfeld der Kinder kommen und des weiteren 25 % aus dem familiären Bereich (insgesamt sind also ungefähr 75% der Täter den Kindern z.T. gut bekannt), dann wird deutlich, daß eine Prävention, die nur den Fremdtäter benennt, Wesentliches übersieht. Den Kindern wird somit eine Fehlinformation vermittelt, durch die die hauptsächlichen Gefahrenorte in den Hintergrund rücken.
Traditionelle Prävention gibt dem Kind keine Information über Täter im unmittelbaren Bekannten- und Verwandtenkreis und in der Familie. Den Mädchen und Jungen wird suggeriert, daß sie bei diesen Personengruppen sicher sind und es hier keinen Mißbrauch gibt.[22] Werden die so „informierten" Kinder von vertrauten Personen aus dem sozialen Nahfeld belästigt, so sind sie zusätzlich verwirrt und verunsichert und neigen stark dazu, die Schuld für die Übergriffe bei sich selbst zu suchen.
In der herkömmlichen Präventionsarbeit werden den Kindern zudem keine Informationen über mögliche Formen des sexuellen Mißbrauchs gegeben. „Es wird den Kindern vermittelt, daß etwas geschieht, worüber niemand reden kann, wofür es keine Worte gibt."[23] Einem mißbrauchtem Kind wird durch eine derartige Verschleierung des Geschehens die Möglichkeit genommen, die an ihm praktizierten Handlungen als sexuellen Mißbrauch zu begreifen. Die „Sprachlosigkeit" auf Seiten der aufklärenden Erwachsenen vermittelt dem Kind zugleich eine starke Tabuisierung des Themas und verstärkt so dessen eigene „Sprachlosigkeit".
Des weiteren erhalten Mädchen und Jungen durch traditionelle Prävention keine Informationen über konkrete Handlungsstrategien für ein betroffenes Kind.[24] Darüber, welche Möglichkeiten ein Kind hat, das sexuellen Mißbrauch erlebt hat, um nicht erneut und fortdauernd mißbraucht zu werden, wird beharrlich geschwiegen. Die sekundäre und tertiäre Prävention wird deutlich ausgeklammert.

Ein weiterer traditioneller Präventionsgedanke basiert darauf, den Aktionsradius der Kinder zu ihrem Schutz einzuschränken[25]: „Bleib immer bei Deinen Eltern! - Geh nicht so weit von zu Hause weg! - Komm pünktlich nach Hause!"[26] Durch solche Verhaltensregeln wird Kindern Selbständigkeit und Bewegungsfreiheit genommen und dadurch die Abhängigkeit zu den Eltern verstärkt. Im Rahmen traditioneller Prävention glaubte man, durch eine „sorgfältige und straffe Erziehung"[27] Kinder vor sexuellem Mißbrauch schützen zu können. Kinder erlebten sowohl in ihren Familien als auch in der Schule eine Gehorsamserziehung, in der weder ihr körperliches Selbstbestimmungsrecht noch ihre Gefühle geachtet wurden. Weiter gehörte eine geschlechtsspezifische Erziehung zum Alltag der Mädchen und Jungen.[28] Die Tatsache, daß sexueller Mißbrauch meist im sozialen und verwandtschaftlichen Umfeld - eben auch durch die Erziehenden - stattfindet, wurde dabei völlig außer acht gelassen. Inzwischen weiß man zudem, daß gerade diejenigen Kinder, die sehr autoritär erzogen werden und in einem hohen Maße von Erwachsenen abhängig sind, eher gefährdet sind, Opfer sexuellen Mißbrauchs zu werden. Von Tätern werden zum Teil bewußt diejenigen Kinder als Opfer ausgewählt, die es gewohnt sind, Erwachsenen bedingungslos zu gehorchen.

Die Freiräume der Kinder werden durch Maßregeln, die als Prävention gedacht sind, jedoch eine Schuldzuweisung an das Opfer beinhalten, noch weiter eingeschränkt, wenn es heißt: „Achte auf deine Kleidung! - Zieh dich nicht so aufreizend an!". Solche Ratschläge begründen sich in dem „Lolita-Mythos" vom verführenden Kind, durch den die Verantwortung und die Schuld für einen sexuellen Übergriff durch einen Erwachsenen dem Kind zugewiesen wird.[29] Dem Kind wird die Freiheit genommen, sich nach seinem Geschmack zu kleiden, der Täter hingegen wird damit entschuldigt, daß das Kind ihn durch die Art sich zu kleiden gereizt habe.[30]

Es scheint sowieso ein ungenanntes, aber immer wieder zu erkennendes Anliegen der herkömmlichen Prävention zu sein, sich in das Verhalten des Täters „einzufühlen" und diesen ob seiner „Krankheit" für die Tat zu entschuldigen. So heißt es z.B.: „Oft sind diese Menschen krankhaft veranlagt, geistig zurückgeblieben, dem Altersschwachsinn verfallen, noch jung und in Verwahrlosung aufgewachsen, der Hemmungslosigkeit verfallen."[31] Das Verhalten des Täters wird durch psychoanalytische und sozialpsychologische Ursachen erklärt, so daß der Täter selbst kaum Verantwortung für sein Handeln tragen muß.[32] Diese Auffassung findet sich z.B. auch in dem bekannten Film „Es geschah am hellichten Tage" nach der Romanvorlage von F. Dürrenmatt. „Hier wird dargestellt, wie der Täter ein Machtbedürfnis entwickelt, das er durch sexuellen Mißbrauch an kleinen Mädchen ausagieren ‚muß', weil er zu Hause von seiner Frau unterdrückt wird."[33]

Diese Beispiele aus der traditionalen Präventionsarbeit zeigen deutlich, daß die althergebrachte Prävention gegen sexuellen Mißbrauch versagt hat. „Die Realität hat die Effektivität dieser angst- und furchterregenden Abschreckungsprävention eindringlich widerlegt."[34] Statt Kinder zu informieren, zu stärken und selbständig zu machen, vermittelt sie Angst, verschleiert Tatsachen, weist den Kindern eine Mitschuld zu und macht diese handlungsunfähig. „Verängstigte und abhängige Kinder, die über die hauptsächlichen Gefahrenorte nicht aufgeklärt wurden, haben weniger Chancen, sich gegen sexuellen Mißbrauch im sozialen Nahbereich zu wehren: sie werden zum Opfer erzogen."[35]

Die Umsetzung traditioneller Präventionsgedanken in Aufklärungsbroschüren und Schulbüchern

Die Warnungen vor dem fremden Mann und die oben dargestellten Verhaltensmaßregeln, die zum Schutz der Kinder vor sexuellem Mißbrauch beitragen sollten, wurden nicht nur in mündlicher Form an die Kinder weitergegeben, sondern auch in Form von Faltblättern, Aufklärungsbroschüren und Schulbüchern.
Broschüren, die sich an Kinder richten und diese über sexuellen Mißbrauch informieren wollen, wurden ab den 70er Jahren von verschiedenen Verbänden herausgegeben, so z.B. von der Barmer Ersatzkasse, vom Weißen Ring, von verschiedenen Innenministerien, von der Polizei, von der Bundeszentrale für gesundheitliche Aufklärung[36] und unter anderem auch an Schulen verteilt. Für Eltern finden sich in Zeitschriften und Zeitungen warnende Hinweise und Anregungen, wie diese zum Schutz ihrer Kinder beitragen können.
Häufig beinhalten diese „Präventionsheftchen" extrem dramatische Schilderungen, und die Titel erinnern eher an Kriminalromane als an Informationsschriften. „Kinder in Gefahr - Sittlichkeitsverbrecher"[37] lautet z.B. der Titel einer Broschüre. Eine Fotoanzeige des Innenministeriums Baden-Württemberg aus dem Jahre 1976 trägt die Überschrift: „Wir kennen nicht den Mann, der ihre Tochter mißbrauchen wird. Aber seine Komplicen."[38] Auf der doppelseitigen Fotoanzeige sind zwölf verschiedene „Bestechungsgeschenke" (ein Kaninchen, ein 5DM-Stück, eine Kinokarte, ein Eis etc.) abgebildet, deren Bedeutung in einem reißerisch geschriebenen Text unter den Fotos erläutert wird. Dort heißt es: „Ein Gummibärchen ist so harmlos wie ein Rasiermesser. Bis es in die falschen Hände gerät. In die Hände, die sich an Kindern vergreifen. Der Lolli wird dann zum Werkzeug. Die Eistüte zur Waffe. Das Kaninchen zum Helfershelfer."
Die Anzeige ist als Hinweis auf eine vom gleichen Ministerium zusammen mit der Polizei herausgegebenen Broschüre mit dem Titel: „Hab keine Angst" entworfen. Die Broschüre[39] wendet sich an Kinder im Grundschulalter; im Vorwort sowie im Nachwort werden die Eltern angesprochen. Insgesamt bietet diese Broschüre ein „Musterbeispiel" für die traditionelle Prävention und leistet somit genau das Gegenteil von dem, was ihr Titel verspricht - sie macht Angst!
Anhand einiger Textbeispiele aus der Broschüre soll dies verdeutlicht werden:
Auf der zweiten und dritten Seite, die sich direkt an die Kinder richten, wird über Eltern gesprochen und die Kinder erfahren, daß diese zu den grundsätzlich guten Menschen gehören: „Daß sie gut sind, siehst Du daran, daß man sogar Tage nach ihnen benannt hat. Muttertag. Vatertag." Es wird den Kindern mitgeteilt, daß ihre Eltern sie lieb haben und sich gegenseitig lieb haben und darum Sex miteinander haben. Daraufhin folgt die Frage: „Aber was macht ein Mann, der keine Frau hat?", die folgendermaßen beantwortet wird: „Er macht sich, wenn er böse ist, an Jungen und Mädchen heran."
Die auf diesen beiden Seiten gegebenen Informationen sind zum großen Teil schlichtweg falsch. Sie suggerieren den Kindern zum einem, daß Eltern immer gut seien und nie zum Schaden ihrer Kinder handeln würden, und zum anderen, daß Männer deshalb Kinder mißbrauchen würden, weil sie keine Frau hätten. Beide Aussagen sind nicht zutreffend, denn Eltern können sehr wohl zu Tätern werden, und Täter wiederum unterhalten oft gleichzeitig sexuelle Beziehungen zu anderen Erwachsenen. Statt Kinder zu schützen, unterstützen diese

„Informationen" der Broschüre eher die Täter in ihren Argumentationen für die sexuellen Handlungen.[40] Täter argumentieren oft folgendermaßen gegenüber den Kindern: „Ich darf mit Dir machen was ich will. Du gehörst mir. - Kinder müssen ihren Eltern gehorchen." oder „Deine Mutter will nicht mit mir schlafen und deshalb kannst nur Du mich glücklich machen."
Auf den folgenden Seiten der Broschüre wird die Figur des fremden Mißbrauchers näher beschrieben, und es werden Anzeichen dafür gesucht, wie „böse Fremde" von „guten Fremden" zu unterscheiden sind. Den Kindern wird ein grundsätzliches Mißtrauen gegenüber allen Fremden empfohlen, indem folgender Rat gegeben wird: „Vorsicht ist gut gegen alle, die Dir etwas Böses tun wollen. Gegen alle, die Du nicht kennst."
Der Hinweis, daß es auch böse Leute unter denen gibt, die das Kind kennt, erfolgt unvermittelt, wird nicht näher erläutert und gerät demnach bei den Kindern (und scheinbar auch bei den „Aufklärern") leicht wieder in Vergessenheit.
Im nächsten Schritt werden Tricks aufgelistet, mit deren Hilfe sich Fremdtäter Kindern nähern und durch deren Kenntnis jene als „böse Erwachsene" erkannt werden können. Bei den Tricks handelt es sich um nahezu die gleichen „Bestechungsgeschenke", die auf der oben erwähnten Fotoanzeige abgebildet sind.
Die Aufklärungsbroschüre bekommt nun nach und nach einen immer deutlicheren Angst und Schrecken verbreitenden Charakter. So wird ein Kind in einem Wald abgebildet; die Zeichnung ist aus der Vogelperspektive angefertigt, so daß das Kind vor dem dichten, dunklen Wald einsam und verloren erscheint. In einem erklärenden Text wird das Kind als „schön dumm" bezeichnet, weil es alleine in den Wald gegangen ist. Ihm können, so ist weiter zu lesen, schreckliche Dinge passieren, wie z.B. die Begegnung mit einem Exhibitionisten. Dieser ist auf der folgenden Seite mit seinem entblößten Geschlechtsteil dargestellt.
Es folgen zwei Berichte, der eines Jungen, dem sich ein Mann sexuell genähert hat, und der einer Mutter, deren Tochter sexuell mißbraucht wurde. In beiden Fällen handelt es sich bei den Tätern um fremde Personen. Als Illustration des zweiten Berichtes dient eine Zeichnung: auf einem überdimensional großem Fahrtenmesser rennt ein nacktes Kind mit panikartigem Gesichtausdruck.
Der auf der nächsten Seite folgende Bericht - angeblich ist er aus den Polizei-Akten entnommen - stellt den „Höhepunkt" der Angstmache und Verunsicherung dieser Broschüre dar. Es wird ein Sexualmord an einem Kind geschildert und dabei weder auf eine Abbildung noch auf eine genaue Beschreibung des Tathergangs verzichtet. Ein kurzer Textauszug zur Veranschaulichung: „... Auf einer mit hohem Gras bewachsenen Wiese wollte er mit dem Mädchen geschlechtlich verkehren. Als das Kind sich wehrte und nach Hause wollte, legte er seinen Unterarm auf den Hals des Opfers und drückte zu. Nachdem das Mädchen tot war, rupfte er Gras ab und bedeckte damit ihren Körper..."
Auf der letzen Seite folgt noch ein umfangreicher Katalog an Verhaltensregeln, die Kinder beachten sollen, um so selbst für ihren Schutz zu sorgen. Es sind dies die typischen Warnungen der traditionellen Prävention, die Kindern das Recht auf Selbstbestimmung absprechen und ihre Bewegungsfreiheit in einem starken Maße einschränken.
Unserer Meinung nach, und wir schließen uns damit der Meinung etlicher AutorInnen an - denn die Kritik an der Broschüre „Hab keine Angst" ist umfangreich -, ist der Versuch von Polizei und Innenministerium, mit dieser Broschüre zum Schutz und zur Aufklärung der Kinder vor sexuellem Mißbrauch beizutragen, in jeglicher Hinsicht gescheitert.

Es bleibt zu hoffen, daß die noch existierenden Exemplare dieser Broschüre keinem Kind mehr in die Hände fallen, denn dieses würde nicht aufgeklärt, sondern verunsichert, verwirrt und verängstigt.

Ebenfalls erscheint in den didaktischen und methodischen Konzeptionen älterer Schulbücher, wenn sie das Thema bzw. Ausschnitte des Themas sexueller Mißbrauch behandeln, der „fremde Mann" als der einzige Täter.[41]
In den 1968 von der ständigen Konferenz der Kultusminister verabschiedeten „Empfehlungen zur Sexualerziehung in den Schulen" heißt es: „Auf Gefahren, die durch ‚Kinderfreunde' drohen, müssen die Schüler der ersten Jahrgänge immer wieder hingewiesen werden."[42] Diese Empfehlungen fanden Umsetzung in einigen Lesebüchern der Grundschule und in wenigen Schulbüchern des Sachkundebereiches.
In der Schulbuchreihe „Bunte Lesefolgen" findet sich in dem Lesebuch für das zweite Schuljahr ein Kapitel mit der Überschrift „Und wenn einer kommt".[43] Im Lehrerhandbuch heißt es dazu: „Die Sequenz enthält zwei narrative Umweltgeschichten [H.P. Richter: „Der Mann" ; M. Menge: „Claudia hat sich im Kaufhaus verlaufen."] und ein mehrstrophiges Gedicht [E. Borchers: „Und wenn einer kommt"], in denen zwei typische Umweltsituationen thematisiert werden, in die sieben- bis achtjährige Kinder geraten können:
1. Begegnungen mit fremden Männern und
2. Verlieren der Begleitpersonen (Vater, Mutter, Kinder u.a.) bzw. sich Verlaufen"[44]
Der hier vertretene typische Tenor der herkömmlichen Prävention, wonach die Gefahr von fremden Männern ausgeht und die Eltern dagegen Schutz garantieren, findet sich auch in den CVK-Arbeitsblättern zur Sexualerziehung aus den Jahren 1987 und 1988. Auf einem Arbeitsblatt für das erste und zweite Schuljahr sind fotografisch drei Situationen dargestellt, in denen ein Mädchen auf einem Spielplatz von einem Mann angesprochen und beschenkt wird und diesem dann zu dessen Auto folgt.[45]
Ebenfalls zwei Fotos, auf denen zu sehen ist, wie Männer in der Öffentlichkeit Kinder ansprechen, sind auf einem Arbeitsblatt für das dritte und vierte Schuljahr abgebildet.[46] Unter den Fotos befindet sich ein Text, in dem auf die Absichten der Männer hingewiesen wird. Auch wird an dieser Stelle, wenn auch nur in einem Nebensatz, erwähnt, daß die Männer den Kindern bekannt sein können.
Auch in dem Sachkundebuch „Wir entdecken unsere Welt" von 1982 geht es bei der Behandlung des Themas sexueller Mißbrauch in erster Linie um Fremdtäter.[47] Die Überschrift zu dem Kapitel heißt: „Vor falschen Freunden wird gewarnt". Es werden verschiedene Ansprechsituationen in der Öffentlichkeit durch fremde Männer dargestellt. Als Symbol für diese Unterrichtssequenz befindet sich auf allen Seiten dieses Kapitels ein gezeichnetes Bild einer Hand, die dem Betrachtenden eine Bonbontüte entgegenstreckt. Im Gegensatz zu dieser, der traditionellen Prävention verhafteten Darstellung steht ein großformatiges Schwarzweißfoto. Dieses zeigt ein Mädchen, das anscheinend mit einem Puppenwagen und einer Puppe gespielt hat, nun aber angespannt auf eine Person blickt, von der man nur einen riesigen Schatten sehen kann. Damit bleibt offen, wer sich dem Mädchen nähert (ein Fremder oder ein Bekannter) und wo dieses Zusammentreffen stattfindet (zuhause oder in einer anderen Umgebung).[48]

Festgehalten werden muß, daß eine Erziehung zur Vorsicht gegen „Fremde" durchaus ihre Berechtigung hat (ca. 20-25% der Mißbrauchsfälle geschehen durch Fremdtäter[49]) und hier nicht grundsätzlich kritisiert werden sollte. Verkehrt sind jedoch die Methodik und die Gewichtung der traditionellen Prävention.

2.3 Weiterentwicklungen der Präventionsansätze

Mit Beginn der öffentlichen Diskussion über den sexuellen Mißbrauch und mit Bekanntwerden neuerer Fakten über das Beziehungsgefüge zwischen Opfer und Täter haben sich auch die Ansätze in der Präventionsarbeit verändert. Immer deutlicher mußte realisiert werden, daß die traditionelle Prävention den Kindern keinen genügenden Schutz zu bieten vermochte.

Es wurden neue Präventionsansätze entwickelt, die nicht länger nur auf die Vermeidung der bis dahin als unabänderlich angesehenen sexuellen Gewalttaten hin angelegt waren, sondern die sich den Bedingungsformen und Ursachen sexuellen Mißbrauchs widmen mit dem Ziel, diese zu minimieren.

Die neueren Präventionsansätze unterscheiden sich demnach durch das jeweils zugrunde gelegte Ursachenverständnis der sexuellen Gewalt in ihren Konzeptionen voneinander. Bei den ersten neueren Präventionsansätzen, die allesamt in den USA entwickelt wurden, war dies durchgängig ein feministisches Ursachenverständnis. Es waren zu Beginn fast ausschließlich der Frauenbewegung angehörende Gruppen und Beratungsstellen, die sich für die Entwicklung neuer Präventionskonzepte engagierten.

Aus Sicht des feministischen Erklärungsansatzes, der den sexuellen Mißbrauch durch das starke Machtungleichgewicht zwischen den Geschlechtern bedingt sieht, muß eine sinnvolle Prävention bei diesen Machtverhältnissen, somit also bei den bestehenden patriarchalischen Strukturen ansetzen.[50] Bisher zeigt es sich jedoch, daß eine Prävention, die grundlegende gesellschaftliche Verhältnisse zu ändern beabsichtigt, indem sie die Position des Mächtigen zu schwächen versucht, nur sehr langsam vorangeht und wenig Erfolg aufweist.

Offensichtlich aus diesem - (vorhersehbaren?) - Grund richten sich auch alle nun entstehenden Präventionsansätze zum überwiegenden Teil an die Zielgruppe der Kinder, wobei diese fast ausschließlich als potentielle Opfer betrachtet werden. Festzuhalten bleibt also, daß trotz des im folgenden dargestellten Wandels in der Präventionsarbeit dieser wesentliche Aspekt der Prävention, sich weitestgehend auf die Arbeit mit Kindern zu beschränken, bisher unverändert geblieben ist.[51]

Es wird versucht, das Machtungleichgewicht aufzuheben, indem die Schwächeren, die Mädchen und Jungen also, gestärkt werden.[52]

Traditionelle Prävention war negativ: „Sie wollte verhindern und bewahren, sie erteilte Anweisungen, was nicht zu tun sei."[53] Den nun entstehenden Präventionsansätzen geht es nicht länger um Vermeidungsstrategien, sondern darum, Kinder zu stärken und selbstbewußt zu machen. Es hat ein Wechsel der Blickrichtungen in den Präventionsbemühungen stattgefunden: „Weg von dem, was verhindert werden soll, hin auf das, was angeregt werden soll."[54]

Im englischen Sprachraum wird dieses Präventionskonzept mit dem Begriff „empowerment" beschrieben, also als ein Versuch der Kraftgebung und Stärkung der Kinder. Dieser ursprünglich aus der feministischen Frauenarbeit stammende Terminus findet in der Präventionsarbeit mit Kindern Ausdruck in Grundideen wie: „Dein Körper gehört dir", „Trau deinen Gefühlen, deiner Intuition" und „Wehr dich, sag nein".[55] Die neue, positive Prävention versteht sich als „Anregung, Unterstützung, Ermutigung, Stärkung der eigenen Kräfte, der eigenen Energie, der gesamten Persönlichkeit."[56]

Die neuen Ansätze zur Prävention fanden hauptsächlich in Präventionsprogrammen und -projekten Ausdruck, die in Kindergärten und Schulen meist in Form einer einmaligen Präventionsmaßnahme durchgeführt wurden. Diese Vorgehensweise findet sich auch derzeit noch als eine gängige Form, wenn mit Kindern präventiv gearbeitet wird. Inzwischen setzt sich jedoch mehr und mehr die Erkenntnis durch, daß Prävention sich nicht in einer einmaligen Programmdurchführung erschöpfen darf, sondern eine umfassende, die gesamte Erziehungshaltung beeinflussende Einstellung sein muß.

Dirk Bange (1995) faßt die grundlegenden Ziele neuer präventiver Ansätze in der Arbeit mit Kindern folgendermaßen zusammen:

„- Kinder sollen so selbstbewußt und autonom werden, daß sie in der Lage sind, gefährliche Situationen und sexuelle Übergriffe zu erkennen.
- Kindern soll das Gefühl und das Wissen vermittelt werden, daß sie sich wehren können und dürfen.
- Kindern sollen Widerstandsformen beigebracht werden, die ihnen helfen können, einen sexuellen Mißbrauch zu vermeiden und einen laufenden aufzudecken."[57]

Um diese Ziele zu erreichen, müssen den Kindern Informationen über den Tatbestand des sexuellen Mißbrauchs gegeben und in kindgerechter Form erklärt werden. „WISSEN MACHT MUT"[58] hieß es lange Zeit auf dem Cover der Broschüren eines Fachhandels, der Medien und Materialien zum Thema „Sexueller Mißbrauch" herstellt und vertreibt. Wissen, Macht und Mut sind drei grundlegende Begriffe in der Präventionsarbeit, die zusammengenommen den Satz: „Wissen macht Mut!" bilden und somit einen wichtigen Aspekt der Prävention beschreiben. Denn nur wer aufgeklärt ist über seine Rechte und Klarheit hat über mögliche Gefahren, kann mutig sein und sich Hilfe holen.

Durch die Weiterentwicklung verschiedener Präventionselemente, sowie durch unterschiedliche Schwerpunkte in der Gewichtung und der Umsetzung der neuen Präventionsphilosophie findet die Arbeit mit den Kindern in unterschiedlicher, zum Teil auch kritisch zu betrachtender Art und Weise statt. Sechs Themenkomplexe, die sich in der US-amerikanischen Präventionsarbeit als zentral herauskristallisiert haben, finden sich jedoch auch in nahezu allen deutschsprachigen Präventionsprogrammen wieder. Diese lassen sich nach A. Lohaus und H.M. Trautner wie folgt zusammenfassen:

„(a)   **Bestimmungsrecht über den eigenen Körper:**
Den Kindern wird vermittelt, daß ihr Körper ihnen gehört und daß sie das Recht haben, über ihn zu bestimmen.

(b) **Unterscheidung zwischen „guten" und „schlechten" Berührungen:**
Die Kinder sollen aggressive und sexuelle Berührungen als solche erkennen können.

(c) **Vertrauen auf die eigene Intuition:**
Die Kinder sollen lernen, sich auf ihre eigenen Gefühle und Intuitionen zu verlassen, wenn ihnen irgend etwas bei Interaktionen mit anderen Personen nicht in Ordnung zu sein scheint.

(d) **Umgang mit Geheimnissen:**
Da viele Täter den sexuellen Mißbrauch als ein Geheimnis deklarieren, das das Kind unter keinen Umständen weitertragen darf, wird den Kindern vermittelt, daß es Geheimnisse geben kann, die man nicht für sich behalten soll.

(e) **Nein-Sagen-Können:**
Den Kindern wird vermittelt, daß sie das Recht haben, nein zu sagen, wenn sie in einer Weise berührt werden, die ihnen nicht gefällt.

(f) **Informationen über Unterstützungssysteme:**
Die Kinder erhalten Informationen über Personen und Institutionen, bei denen sie Unterstützung bekommen können, falls sie Hilfe benötigen."[59]

Diese sechs Präventionsthemen lassen sich mit den Kindern auf vielfältige Art und Weise bearbeiten und werden in den einzelnen Programmen oft durch weitere Schwerpunktthemen ergänzt. D. Bange hält es beispielsweise für wichtig, ausdrücklich zu benennen, daß kein Erwachsener das Recht hat, Kindern Angst zu machen.[60]
Ein entscheidender Unterschied zur traditionellen Prävention ist, daß die neueren Präventionsprogramme den Kindern vermitteln, daß die Täter eher Bekannte oder Angehörige als Fremde sind. Zudem wird in der weiterentwickelten Präventionsarbeit großer Wert darauf gelegt, „Kindern sehr, sehr deutlich [zu] vermitteln, daß sie - egal was passiert - niemals Schuld an einem Mißbrauch haben."[61]
Uneinigkeit besteht jedoch auch bei den neuen Präventionsansätzen in der Frage, ob sexueller Mißbrauch explizit angesprochen oder ob eine allgemeine Stärkung der Kinder angestrebt werden soll, in der dann das Sprechen über gewaltsame sexuelle Übergriffe ausgeklammert bleibt.

2.3.1 Das US-amerikanische Präventionsprojekt CAPP
(als Beispiel für die Entwicklung schulischer Präventionsarbeit Ende der 70er Jahre)
Wie bereits erwähnt, waren die USA Vorreiter auf dem Gebiet der Präventionsprogramme zur Stärkung des Kindes. Inzwischen existieren dort zahlreiche verschiedene Projekte und Programme, die sich meist nur geringfügig hinsichtlich ihrer Ziele und Arbeitsmethoden unterscheiden. Insbesondere stimmen sie in bezug auf die Ideologie des „empowerment" überein.[62]

Das erste und wohl auch in Deutschland bekannteste Präventionsprojekt gegen sexuellen Mißbrauch in den USA ist das Child Assault Prevention Project (Projekt zur Prävention gegen Kindesmißhandlung), kurz CAPP, das mit inzwischen über 200 lokalen Gruppen eine entscheidende Modellfunktion für weitere schulische und kommunale Präventionsmaßnahmen hat.[63]

CAPP wurde 1978/79 in Columbus, Ohio, von Frauen der Vereinigung „Women against Rape" (Notruf für vergewaltigte Frauen) entwickelt.[64] Eine Lehrerin, aus deren Grundschulklasse ein Mädchen vergewaltigt worden war, suchte Hilfe, um die Kinder zu beruhigen und ihnen gleichzeitig vorbeugende Ratschläge geben zu können.[65] Daraufhin erarbeiteten die Frauen des feministisch orientierten Vereins in Zusammenarbeit mit SozialarbeiterInnen das Präventionsprojekt CAPP. Bei der nun folgenden Beschreibung des Programmes beziehen wir uns außer auf Teile des englischen Originaltextes[66] auf Übersetzungen und Erläuterungen von E. Fey in C. Kazis (1992)[67].

Dem Projekt liegt der feministische Gedanke zugrunde, „daß die Wurzel von Gewalt gegen Frauen und Kindern in ungleichen Machtverhältnissen liege, insbesondere sexueller Mißbrauch immer Machtmißbrauch sei, mit bloßem Sexualtrieb nichts zu tun habe."[68]

CAPP richtet sich an Kindergarten- und Schulkinder bzw. Jugendliche im Alter von 5-18 Jahren, wobei die Programminhalte jeweils dem Alter der Kinder angepaßt werden. Das Programm besteht aus drei Komponenten: einem Workshop bzw. Kursus für die ErzieherInnen oder LehrerInnen sowie das übrige Kindergarten- oder Schulpersonal (SekretärInnen, HausmeisterInnen etc.), einem Workshop für die Mütter und Väter der Kinder in der jeweiligen Einrichtung und einem Workshop, der Aufklärungsarbeit mit den Kindern leistet.

Durchgeführt werden die Workshops von CAPP-TrainerInnen, zu denen sich engagierte, besorgte oder betroffene BürgerInnen in Wochenendseminaren ausbilden lassen können. CAPP versteht sich als „grass-roots project", d.h. als Basisprojekt.

Es hat einen multikulturellen Ansatz, was bedeutet, daß der ethnische Hintergrund der Mädchen und Jungen von den KursleiterInnen bei der Auswahl der Inhalte berücksichtigt werden soll.[69] Ob und wie dies in der Praxis Umsetzung findet, ist nicht erkennbar.

Das Projekt hat es sich zum Ziel gemacht, Partei für die Kinder zu ergreifen, und versucht diese dadurch zu schützen, daß sie durch das Programm autonom und selbstbewußt gemacht werden sollen. „Safe, strong and free!" (Sicher, stark und frei!) lautet das Motto von CAPP. Grundsätzliches Ziel ist es, nicht Angst zu erzeugen, sondern die Kinder zu stärken, indem sie lernen, ihr Recht auf Selbstbestimmung wahrzunehmen.

Das Programm setzt drei Schwerpunkte für effektive Prävention gegen sexuellen Mißbrauch, die von vielen anderen Präventionsansätzen übernommen wurden.

1. „Das Schweigen über dieses Thema wird aufgehoben, Bewußtsein und Sprache für bisher Unaussprechliches wird geschaffen: Sexueller Mißbrauch existiert!"[70]

2. Die vermeintlich machtlose Situation der Kinder soll bewußtgemacht und verändert werden. Kinder werden über ihre Rechte informiert.[71]

3. Es wird versucht, die Isolation der Kinder aufzuheben, so daß diese eher die Möglichkeit haben, Freunde zur Hilfe zu holen bzw. sich diesen anzuvertrauen.[72]

Bevor jedoch diese Schwerpunkte im Kinderworkshop thematisiert werden, finden die Workshops für die Erwachsenen statt. In beiden jeweils etwa zweistündigen Informationsveranstaltungen sollen grundlegende Kenntnisse über Kindesmißhandlung im allgemeinen und sexuellen Mißbrauch im besonderen vermittelt werden.

Bei dem Elternworkshop steht allerdings der Abbau von eventuell vorhandener Skepsis gegenüber dem Projekt im Vordergrund.

Zudem nehmen die CAPP-TrainerInnen Kontakt zu lokalen Beratungseinrichtungen auf, für den Fall, daß betroffene Kinder von ihrem Mißbrauch erzählen und Unterstützung brauchen.

Erst wenn diese Vorbereitungen stattgefunden haben, beginnt die präventive Arbeit mit den Kindern. Diese geschieht hauptsächlich in Form von Rollenspielen und anschließenden Gesprächen. Durchgeführt wird die Prävention mit den Kindern von drei CAPP-TrainerInnen, von denen die Leiterin immer eine Frau ist. Die Rollenspiele werden ohne Requisiten durchgeführt, die dargestellten Personen werden deshalb vor dem Spiel erklärend vorgestellt.

Für den Grundschulbereich sind vier Rollenspiele mit folgenden Thematiken vorgesehen:

1. Rollenspiel: Übergriff eines älteren Kindes auf ein jüngeres. Von diesem wird durch das ältere Kind auf dem Schulweg Geld erpreßt. Zudem wird ihm massiv gedroht, etwas weiterzusagen. (Lösungsstrategien: Hilfe bei Gleichaltrigen holen, Nein-Sagen, Erwachsenen von dem Übergriff erzählen)

2. Rollenspiel: Ein Fremder versucht ein Kind zu entführen. Er nutzt dazu dessen Naivität aus, um es zum Mitgehen zu überreden. (Lösungsstrategien: Sicherheitsabstand wahren, Formen der Selbstverteidigung, d.h. Möglichkeiten sich körperlich zu wehren, Selbstverteidigungsschrei)

3. Rollenspiel: Sexueller Mißbrauch durch einen Verwandten (Erklärung siehe unten)

4. Rollenspiel: Die Lehrerin als Ansprechpartnerin - Der Lehrer als Ansprechpartner (Erklärung siehe unten)

In den ersten drei Rollenspielen geht es um Übergriffe durch jeweils verschiedene Personen: ein älteres Kind, einen fremden Erwachsenem und einen vertrauten Erwachsenem.

Die Rollenspiele werden zunächst mit negativem Ausgang von den TrainerInnen vorgeführt, anschließend folgt eine Gesprächsphase, in der zusammen mit den Kindern Strategien erarbeitet werden, wie diese sich in den vorgeführten Situationen verhalten könnten. Danach werden die Rollenspiele erneut, eventuell mehrmals, gemeinsam mit den Kindern gespielt, wobei die Lösungsstrategien aufgegriffen werden. Die Kinder spielen dabei jedoch niemals die Rolle des Opfers, sondern die (starken) Rollen der Unterstützungspersonen. Dadurch soll die Funktion des „empowerment" unterstützt werden.

In dem dritten Rollenspiel, auf das wir nun näher eingehen werden, geht es um sexuellen Mißbrauch im Nahbereich, nämlich durch einen Onkel an seiner Nichte. Vor Beginn des Rollenspiels bereiten die TrainerInnen die Mädchen und Jungen mit folgenden Worten auf die Szene vor:

„Dieses Rollenspiel ist anders. Wir sprechen über jemanden, den ihr kennt. Es kann ein Nachbar, Babysitter, der eigene Onkel, Bruder oder Vater sein. Es kann vorkommen, daß diese Menschen euch schlecht behandeln, indem sie euch auf eine Art anfassen, die ihr eigentlich gar nicht wollt. Manchmal denken Jungen, das geschieht nur Mädchen. Aber es passiert auch Jungen. Also seht genau zu!"[73]
Im Rollenspiel wird dargestellt, wie „Onkel Harry" zu seiner Nichte ins Zimmer kommt, ihr erst schmeichelt und sie schließlich bedrängt, sich von ihm küssen zu lassen. Nach dem Übergriff versucht er, indem er der Nichte den Kauf eines besonderen T-Shirts verspricht, deren Schweigen zu erpressen.
In einem anschließenden Gespräch wird mit den Kindern über gute und schlechte Geheimnisse geredet und ihnen explizit die Erlaubnis erteilt, daß sie Küsse und Berührungen, die ihnen unangenehm sind, nicht als Geheimnis für sich behalten müssen, sondern weitererzählen dürfen und sollen. Es werden wie bei den bisherigen Rollenspielen Lösungsstrategien für die Situation entworfen, die erarbeitete „Erfolgsversion" des Rollenspiels wird jedoch in diesem Fall nur von den TrainerInnen vorgespielt. Den Kindern wird gezeigt, wie das Mädchen „Nein" sagt, weggeht und ihrer Tante von dem Übergriff erzählt. Betont wird, daß es nicht die Schuld eines Kindes ist, wenn es aus Angst oder sonstigen Gründen nicht „Nein" sagen kann.
Das vierte Rollenspiel zeigt, wie ein Kind sich seiner Lehrerin/seinem Lehrer anvertraut. Den Kindern soll damit Mut gemacht werden, ihrer Lehrkraft oder einem anderen „trusted adult" (vertrauten Erwachsenen) von sexuellen Mißbrauchserfahrungen zu erzählen. Dieses Rollenspiel versteht sich demnach als eine direkte „Anleitung zum Sprechen".[74] Den Kindern werden Termine genannt, an denen sie die Möglichkeit haben, mit den CAPP-TrainerInnen Einzelgespräche zu führen.
Am Ende des Kinderworkshops werden Faltblätter von lokalen Hilfseinrichtungen verteilt, so daß die Kinder wissen, daß auch dort AnsprechpartnerInnen für sie zu finden sind.
Den LehrerInnen werden von den TrainerInnen Anregungen gegeben, wie sie die Inhalte von CAPP im Unterricht wiederholen können. Zudem wird mit der Schulleitung über den Verlauf des Projektes sowie über eventuell aufgetretene Mißbrauchsfälle gesprochen.

Ungefähr zehn Jahre nach der Entstehung von CAPP in den USA wurde das Programm auch in Deutschland bekannt. „Im Frühsommer 1987 gaben zwei amerikanische Vertreterinnen von CAPP in Bielefeld eine Einführung in das von ihnen mitentwickelte Präventionsprogramm und führten eine Schulung für interessierte Frauen durch."[75] Noch im gleichen Jahr wurde daraufhin der „Verein zur Prävention von sexuellem Mißbrauch an Mädchen und Jungen e.V." in Bielefeld gegründet,[76] der schon durch seinen Namen - RotCAPPchen - die Übernahme der CAPP-Ideen ausdrückt. Durch diesen Verein fand das Konzept von CAPP Anwendung in Präventionsprogrammen in einigen Kindergärten und Schulen, verteilt im gesamten Bundesgebiet. Elemente dieser Präventionsarbeit, die in Deutschland mit Hilfe des amerikanischen Programmes CAPP stattfand, wurde 1990 in dem Videofilm „Wie sie lernen sich zu wehren" von Malkin Posorski dokumentiert.[77]
Mit einem weiterentwickelten und variierten CAP-Projekt, indem auch die Kritik am ursprünglichen Konzept Berücksichtigung findet, arbeitet z.B. der Verein Strohhalm in Berlin.

2.3.2 Kritik an CAPP

CAPP ist sehr umstritten, so daß die Übertragung des Projektes für die Präventionsarbeit in der BRD von vielen AutorInnen als schwierig und zum Teil als abzulehnend eingestuft wird und dies nicht nur aufgrund der kulturspezifischen Übertragungsschwierigkeiten.[78] Sowohl die Rahmenbedingungen des Programmes als auch dessen inhaltliches Konzept werden wiederholt und mit stichhaltigen Begründungen kritisiert.

Zunächst zur Kritik an den Rahmenbedingungen:

Als „völlig unzureichend" werden diese von Monika Born bezeichnet,[79] wobei sie insbesondere die Ausbildung der TrainerInnen und die Vorbereitung der LehrerInnen bemängelt. Die Ausbildung der CAPP-TrainerInnen findet in einem Wochenend-Seminar statt,[80] und es ist mehr als fraglich, ob innerhalb eines derart kurzen Zeitraums aus betroffenen BürgerInnen und Eltern, die eventuell keinerlei pädagogische Ausbildung haben, qualifizierte TrainerInnen „gemacht" werden können.

Auch LehrerInnen werden angesichts der Brisanz und Vielschichtigkeit des Themas und ihrer wichtigen Rolle als AnsprechpartnerInnen, auf die das Programm explizit hinweist, völlig unzureichend ausgebildet. Es wird versucht, ihnen auf einem Workshop durch einen zweistündigen Vortrag allgemeine Kenntnisse über sexuellen Mißbrauch sowie über die präventive Arbeit mit den Kindern zu vermitteln. „Zu einem adäquaten Umgang mit möglichen Betroffenen wird eine solche Informationsveranstaltung, die die genannten Themenbereiche in der vorgegebenen Zeit von zwei Stunden nur anreißen kann, die LehrerInnen sicher nicht befähigen."[81]

Schwerwiegender als die Kritik an den Rahmenbedingungen des Projektes sind diejenigen Vorwürfe, die sich gegen inhaltliche, methodische und konzeptionelle Aspekte von CAPP richten.

In seiner Konzeption zielt CAPP - auch wenn oft das Gegenteil behauptet wird - auf die Aufdeckung von sexuellem Mißbrauch. Das Programm stellt demnach überwiegend keine primär präventive Arbeitsweise dar, sondern läßt sich der sekundären Prävention zuordnen. Wie die - in Bezug auf Interventionen- unzureichend ausgebildeten LehrerInnen reagieren sollen, wenn ihnen gegenüber ein Kind seinen Mißbrauch offenbart, bleibt ungeklärt. Auch ein adäquates Hilfsangebot im psychosozialen Versorgungsnetz kann nicht immer nachgewiesen werden.[82] CAPP muß sich deshalb vorwerfen lassen, betroffenen Kindern, die durch das Programm dazu gebracht werden, ihre Mißbrauchserfahrungen mitzuteilen, keine ausreichende Unterstützung geben zu können.

„CAPP verdeckt die tatsächlichen Bedingungen sexuellen Mißbrauchs"[83], indem der inhaltliche Schwerpunkt der Prävention bei Übergriffen durch Fremde liegt, so lautet ein weiterer Kritikpunkt. Obwohl in dem dritten Rollenspiel der Übergriff eines Onkels auf seine Nichte dargestellt wird, finden sich in dieser Szene keine Hinweise auf die Besonderheit der Täter-Opfer-Beziehung im Falle eines inzestuösen Mißbrauchs. Die allmähliche Verstrickung des Kindes in den Mißbrauch, der Druck zur Geheimhaltung, die Scham- und Schuldgefühle des

Kindes sowie dessen ambivalente Gefühle zum Täter - keiner dieser Aspekte wird in dem Rollenspiel berücksichtigt. Ohnehin ist es fraglich, „ob Kinder überhaupt begreifen können, was sexueller Mißbrauch bedeutet, wenn (...) ‚Onkel Harry' gezeigt wird, der seine Nichte zwingt, ihm einen Kuß zu geben."[84] Für Kinder im Grundschulalter wäre es eine bewundernswerte abstrakte Leistung, in der durch die TrainerInnen dargestellten Situation ihre eigenen, höchstwahrscheinlich in einem völlig anderen Zusammenhang stehenden Mißbrauchserfahrungen wiederzuerkennen bzw. die Rollenspielsituation auf eventuelle zukünftige Gewalterlebnisse mit sexuellem Bezug zu übertragen.

Auch in anderer Hinsicht überfordert CAPP die Kinder: Durch das Konzept des „empowerment" überläßt das Programm „es in unverantwortlicher Weise den betroffenen Kindern, aus dem Beziehungsgefüge ihrer Familie herauszutreten und die sexuelle Ausbeutung öffentlich zu machen."[85] Kinder sind jedoch trotz einer stärkenden und ermutigenden Präventionsarbeit grundsätzlich gegenüber Erwachsenen in einer schwächeren Position. Es ist ein illusionärer Wunsch, Kinder gleich stark machen zu wollen wie die Täter; dies gelingt weder durch Aufklärung noch durch Selbstverteidigungsübungen. Am deutlichsten werden die Kinder selbst diesen Widerspruch zwischen erlernten Formeln wie: „Du bist stark! Du kannst dich zur Wehr setzen und ‚Nein' sagen!" und der Realität erleben. Betroffene Kinder werden, nachdem sie immer wieder gesagt bekommen, daß sie sich wehren können, ihre Unfähigkeit, sich in der Mißbrauchssituation wirklich zu wehren und diese zu beenden, als eigene Schuld begreifen, wodurch die ohnehin vorhandenen Selbstvorwürfe noch verstärkt werden. „Die Gefahr der Idee des ‚empowerment' liegt darin, Kindern, die sich in einer Mißbrauchssituation nicht wehren konnten oder können, die Verantwortung für den Mißbrauch zuzuschieben."[86]
Die hier vorgestellte Kritik an CAPP ist auf die wesentlichen Aspekte beschränkt.
Da grundsätzliche Präventionsideen von CAPP, wie z.B. das Konzept des „empowerment" von vielen anderen Präventionsprojekten übernommen wurden, werden wir einige hier bereits angesprochene Kritikpunkte im folgenden Abschnitt, in dem wir uns mit der grundsätzlichen Wirksamkeit und der allgemeinen Kritik an Präventionsprojekten beschäftigen, erneut aufgreifen und weiter ausführen.

2.4 Zur Wirksamkeit der Prävention gegen sexuellen Mißbrauch

2.4.1 Evaluationsstudien

Seitdem der Präventionsschwerpunkt in der Arbeit gegen sexuellen Mißbrauch auf der Stärkung der sozialen Kompetenz der Kinder liegt, läßt sich eine stetige Weiterentwicklung dieser präventiven Ideen, die hauptsächlich in Form von Programmen und Projekten zum Ausdruck kommen, verzeichnen.
Es gibt inzwischen eine Vielzahl von Materialien, wie z.B. Videofilme, Theaterstücke, Malbücher, Arbeitsbücher, Puppen, Arbeitsanregungen für LehrerInnen etc., die zur Präventionsarbeit mit Kindern, überwiegend im Rahmen von Präventionsprogrammen verwendet werden.
In Amerika gibt es bereits eine „eigene, profitträchtige *Präventionsindustrie* mit inzwischen 400-500 Präventionsmaterialien"[87], und auch in Deutschland existiert ein Verlag, der sich

überwiegend mit der Herstellung und dem Vertrieb von Materialien zur Arbeit gegen sexuellen Mißbrauch beschäftigt. Die Entwicklung verschiedener Präventionsprogramme zur Durchführung an Schulen oder in Kindergärten findet in Deutschland ebenfalls seit einigen Jahren in zunehmender Weise statt.
So positiv dies auf den ersten Blick erscheint, so sonderbar mutet es an, daß die Materialentwicklung scheinbar in keinem Zusammenhang mit Evaluationsstudien über die Wirksamkeit von Materialien und Programmen gegen sexuellen Mißbrauch steht.
In Deutschland gibt es bislang zwei evaluierte Präventionsprogramme, beide aus dem Jahr 1993. In dem einen wird die Wirksamkeit eines Präventionsprogramms mit Kindern im Kindergartenalter untersucht (Eck/Lohaus 1993), in dem anderen geht es neben der Untersuchung, wie wirksam die Präventionsarbeit mit Grundschulkindern ist, auch darum, die präventive Arbeit mit Eltern näher zu beleuchten (Knappe/Selg 1993).
Angesichts dieser Forschungslücke in Deutschland[88] drängt sich die Frage auf, inwieweit die entwickelten Materialien und Programme in verantwortlicher Weise und im Hinblick auf die Kinder konzipiert wurden. Ist nicht zu befürchten, daß Kinder, Eltern und LehrerInnen sich ohne Evaluation in einer falschen Sicherheit wiegen für den Fall, daß sich die Präventionsbemühungen als inadäquat erweisen?[89]
Oder grundsätzlicher gefragt: Kann durch die seit rund zehn Jahren in Deutschland praktizierte programmartige Präventionsarbeit, die sich weitgehend unhinterfragt am amerikanischen Präventionskonzept des „empowerment" mit seinen zentralen Präventionsbotschaften orientiert, Kindern wirklich ein Schutz (oder zumindest ein besserer Schutz als ohne diese Präventionsbemühungen) vor sexuellem Mißbrauch gegeben werden?[90] Noch globaler gefragt: Was können Präventionsprogramme bewirken?
Da, wie erwähnt, in Deutschland bislang nur zu zwei Programmen Evaluationsergebnisse vorliegen, die sich zudem auf Programme mit unterschiedlichen Programmelementen beziehen[91], stützen wir uns im folgenden auf die Ergebnisse amerikanischer Studien.
In den USA, wo inzwischen „die Mehrzahl der Kinder präventivpädagogisch betreut werden"[92], sind eine Reihe von Präventionsprogrammen hinsichtlich ihrer Wirksamkeit untersucht worden.
Bevor wir näher auf die Ergebnisse dieser Untersuchungen eingehen, erscheint uns eine kurze Methodenkritik zu deren Einordnung wichtig. „An einem Teil der vorliegenden Studien ist zu bemängeln, daß sie auf kleinen Stichproben beruhen, keine Kontrollgruppen einbeziehen und keine Altersdifferenzierung vornehmen."[93] Auch die verwendeten Untersuchungsmethoden sind kritisch zu betrachten. So hat sich beispielsweise gezeigt, daß der Einsatz von Pre- und Posttests[94] dadurch zu unklaren Ergebnissen führt, daß durch das zweimalige Befragen der Kinder bereits ein Lerneffekt erreicht wird, unabhängig davon, ob diese an einem präventiven Programm teilgenommen haben oder nicht.[95]
Bislang fehlt es den Untersuchungen an geeigneten Meßinstrumenten. So werden den Kindern zumeist Fragen in Form von Fragebögen oder Interviews gestellt, wobei „die Fragen und Situationsbeschreibungen zum Teil so ‚kinderleicht' [sind], daß sie schon beim Vortest von fast allen Kindern richtig beantwortet oder eingeschätzt werden können."[96]
Der hauptsächliche Kritikpunkt an Evaluationsstudien ist jedoch, daß sie lediglich Wissenszuwächse überprüfen (können), nicht aber, ob das hinzugewonnene Wissen von den Kindern in kritischen Situationen in das geforderte Verhalten umgesetzt wird.[97] „Ein eventueller Einfluß

der Präventionsprogramme auf das tatsächliche Verhalten der Kinder läßt sich (...) kaum oder gar nicht messen."[98]

Um dieser Kritik zu begegnen, versuchen manche Effektivitätsstudien durch die Simulation „gefährlicher Situationen" das Handeln der Kinder zu erfassen.[99] In den simulierten Situationen werden beispielsweise Kinder außerhalb des Schulgeländes von einem Fremden angesprochen und darum gebeten, mit ihm zu kommen. „Dabei wird die Zustimmung des Kindes als erfolgloses und die Ablehnung als erfolgreiches Abschneiden im Test bzw. als Erfolg oder Mißerfolg des Präventionsprogramms gewertet."[100]

Diese Evaluationsmethode ist nicht nur als ethisch bedenklich zu kritisieren, sondern zeigt auch durch die realitätsferne Simulation ihre Schwächen. Die dargestellte Situation hat nur im entferntesten Gemeinsamkeiten mit einer „typischen" Mißbrauchssituation. Durch sie kann lediglich das Verhalten von Kindern gegenüber unbekannten Erwachsenen in der Öffentlichkeit beobachtet werden. Sexueller Mißbrauch geschieht jedoch weitaus häufiger durch dem Kind bekannte Personen. Hinzu kommt, daß in den simulierten Situationen in der Regel jeglicher Hinweis auf eine *sexuell* gefärbte Annäherung fehlt und es dadurch unklar bleibt, ob die Kinder die Situation überhaupt in der intendierten Weise auffassen und mit den gelernten Verhaltensregeln aus dem Präventionsprogramm in Verbindung bringen.[101] „Die in Rollenspielen und Simulationen gemessenen Veränderungen der Interaktionen mit Fremden sind deshalb mit größter Vorsicht zu betrachten, weil sie vermutlich nur wenig oder gar nichts darüber aussagen, wie dieselben Kinder sich in einer realen sexuell mißbräuchlichen Situation mit einer vertrauten oder geliebten Person verhalten würden."[102]

Wiederholt wird an vielen Präventionsprogrammen auch kritisiert, daß sie ausschließlich erwünschte Effekte (z.B. Wissenszuwächse, Verbesserungen der sozialen Kompetenz etc.) überprüfen und dadurch die Untersuchung möglicher unerwünschter Nebeneffekte der präventiven Arbeit eher vernachlässigen.[103]

Für eine verantwortungsvolle präventive Arbeit ist es aber notwendig, über negative Effekte, die durch Präventionsprogramme entstehen können, Bescheid zu wissen und nach Möglichkeiten zu suchen, um diese zu minimieren.

Trotz dieser methodischen Einschränkungen sind die Ergebnisse von Evaluationsstudien vor allem in Hinblick auf den Wissenszuwachs der Kinder durchaus beachtenswert und aussagekräftig.

Folgende Erkenntnisse lassen sich aufgrund der bislang ausgewerteten Evaluationsuntersuchungen zusammentragen:[104]

- Es lassen sich bei Kindern, die an Präventionsprogrammen teilgenommen haben, in der Regel Wissenszuwächse nachweisen.
- Ältere Kinder lernen aufgrund ihrer höheren kognitiven und verbalen Fähigkeiten mehr als jüngere Kinder. Jüngeren Kindern fällt in einigen Fällen die Unterscheidung von „guten" und „schlechten" Berührungen/Gefühlen/Geheimnissen schwer.
- Zwischen Mädchen und Jungen sind in der Wirkung der Programme kaum Unterschiede festzustellen.
- Das Wissen über Handlungsstrategien nimmt bei den Kindern in der Regel nur dann zu, wenn die Präventionsprogramme handlungsorientiert sind. (z.B. in Form von Rollenspielen)
- Kinder lernen mehr, wenn verschiedene Personen die Prävention durchführen.

- Dem überwiegenden Teil der Kinder machen Präventionsprojekte Spaß. Nur bei wenigen Kindern wurde ein leicht erhöhtes Angstniveau festgestellt.
- Entgegen allen Vorwürfen wirkt sich die Prävention offenbar nicht negativ auf die Einstellung der Kinder zur Sexualität aus. Kinder, die an Präventionsprogrammen teilgenommen haben, bewerten im Gegenteil Berührungen positiver, kennen ihren Körper besser, können offener mit Sexualität umgehen und sprechen öfter mit ihren Eltern über Sexualität und sexuellen Mißbrauch.
- Eltern bewerten die durchgeführten Programme überwiegend als positiv und würden ihr Kind wieder teilnehmen lassen.
- Über die Langzeitwirkung der Präventionsbemühungen besteht aufgrund fehlender Untersuchungen wenig Einigkeit. Es deutet jedoch vieles darauf hin, daß sich präventives Arbeiten nicht auf einen einmaligen Zeitraum beschränken sollte, sondern daß das Thema wiederholt und in verschiedenen Kontexten aufgegriffen werden muß, da die Kinder sonst das Erlernte mit der Zeit wieder vergessen.
- Einige Evaluationsstudien sprechen den Präventionsprogrammen einen bedeutenden Erfolg in der sekundären Prävention zu, indem ihr Ergebnis lautet: „Präventive Erziehung bewirkt, daß die Kinder über bereits erlittene Mißhandlungen sprechen."[105] Von anderen Studien und vielen Kritikern wird dieser Erfolg jedoch bestritten.[106]

Zusammenfassend läßt sich sagen, daß manche Präventionsprogramme, vor allem diejenigen, in denen Kinder aktiv in das Präventionsgeschehen einbezogen werden, wirksamer sind als andere. Über die grundsätzliche Effektivität von Präventionsprogrammen werden bislang aufgrund der unzureichenden Evaluation noch keine allgemeingültigen Aussagen getroffen.

2.4.2 Kritik an neueren Präventionsansätzen

Neben den vorgestellten Evaluationsergebnissen, die einen überwiegend positiven Gesamteindruck über Präventionsprogramme vermitteln, müssen jedoch auch die Aspekte der Programme betrachtet werden, die von den Evaluationsstudien nicht berücksichtigt wurden, weil sie aufgrund der bereits genannten Schwierigkeiten schlecht oder gar nicht gemessen werden können.

Ganz grundsätzlich wird in letzter Zeit verstärkt Kritik an Präventionsprogrammen geübt, deren Zielgruppe ausschließlich die potentiellen Opfer sexuellen Mißbrauchs sind.[107] Folgende Kritikpunkte sind in diesem Zusammenhang zu beachten:

a) Die Verantwortung für den Mißbrauch wird auf das Opfer verlagert

Das Konzept des „empowerment", nach dem Kinder gestärkt und informiert werden, damit sie sich in einer Mißbrauchssituation zu wehren wissen, birgt die Gefahr in sich, „Kindern, die sich in einer Mißbrauchssituation nicht wehren konnten oder können, die Verantwortung für den Mißbrauch zuzuschieben."[108] Kinder neigen ohnehin - und gerade in Mißbrauchsfällen - dazu, negative Ereignisse als Folge eigenen Fehlverhaltens aufzufassen. „Da das Präventionsprogramm suggeriert, daß man selbst eine Mißbrauchssituation verhindern kann, besteht die Gefahr, daß Kinder zu der Schlußfolgerung gelangen, daß sie sich falsch verhalten und selbst dazu beigetragen haben, wenn es zu einem sexuellen Mißbrauch gekommen ist."[109] T. Fürniss

berichtet in diesem Zusammenhang sogar von Suizidversuchen von Kindern, die er als Folge des Drucks, dem die Kinder durch ein Präventionsprojekt ausgesetzt waren, wertet.[110]
Im Zusammenhang mit der Kritik des „empowerment"-Konzeptes werden die Selbstverteidigungsübungen, die in manchen Präventionsprogrammen mit Kindern erlernt werden, besonders negativ beurteilt. Den Kindern wird im Rahmen dieser Übungen vermittelt, sie seien „gleich stark oder sogar stärker als die Täter"[111], was ein illusionärer Wunsch ist. In der Realität ist ein Kind gegenüber einem Erwachsenen immer schwächer und unterlegen und kann sich nicht selbst schützen. Zusätzlich hindern im Mißbrauchsfall emotionale Bindungen, die zwischen dem Kind und dem Täter bestehen, das Kind daran, sich gegen den Mißbrauch zu wehren. Und letztlich sorgen natürlich auch Drohungen und Gewalt dafür, daß ein Kind gegenüber dem Täter wehrlos bleibt. Diese „Widrigkeiten" werden den Kindern jedoch von den meisten Präventionskonzepten, die nach dem Konzept des „empowerment" arbeiten, verschwiegen.

b) mangelnde Berücksichtigung von Entwicklungsvoraussetzungen
Inhaltliche Analysen von Präventionsprogrammen zeigen, daß die meisten Programme kaum auf entwicklungspsychologischen Erkenntnissen beruhen und dadurch Gefahr laufen, jüngere Kinder zu überfordern.[112] In diesem Zusammenhang wird z.B. angeführt, daß Kindern bis zum Alter von ungefähr sieben Jahren es nicht möglich sei, das Konzept der guten, schlechten und verwirrenden Berührungen zu verstehen.[113] Des weiteren hätten jüngere Kinder entwicklungsbedingt noch nicht die Fähigkeiten, zu Handlungen Erwachsener, zumal wenn diese ihr Handeln begründen, nein zu sagen. „Aus der Forschung zur moralischen Urteilsbildung ist bekannt, daß Kinder sich in der präoperationalen Entwicklungsstufe (bis etwa zum 6. Lebensjahr) an Autoritäten orientieren und die Position von Autoritäten in der Regel nicht hinterfragen."[114]
In ihrer Striktheit entsprechen diese Aussagen unseren Erfahrungen in der präventiven Arbeit mit Kindern nicht. Wir erleben Kinder, die auch schon im 1. Schuljahr angenehme von unangenehmen Berührungen deutlich unterscheiden konnten und dies auch äußerten.
Andererseits bestätigte sich die Annahme, daß verschiedene Begrifflichkeiten von Kindern anders verstanden werden, als sie im Präventionsprogramm gemeint sind. Beispielsweise unterscheidet sich das kindliche Verständnis von Fremden und Freunden erheblich von dem Erwachsener.[115] Hinweise auf die Unterschiedlichkeit der kindlichen und der erwachsenen Sexualität fehlen in fast allen Präventionsprogrammen.

c) Inkongruenzen zwischen den Programmzielen und den Erziehungszielen der Eltern
Ein fehlender Austausch zwischen Eltern und Schule führt dazu, daß die schulische Präventionsarbeit keine Fortsetzung im alltäglichen Leben der Kinder zuhause findet oder daß ihr eventuell sogar entgegengewirkt wird.[116]
Wenn Eltern nicht wissen, wie eine präventive Erziehung aussieht und warum bestimmte Verhaltensweisen mit ihren Kindern in der Schule geübt werden, werten sie das neue selbstbewußtere Verhalten ihrer Kinder vielleicht nicht positiv, sondern betrachten es als „aufmüpfiges" und ungehorsames Verhalten, das untersagt werden muß. Wird den Eltern keinerlei Hilfestellung gegeben und werden sie nicht darüber informiert, welche Anforderungen sich an sie stellen, wenn sie wollen, daß ihre Kinder selbstbewußt und selbstsicher werden, so

können Eltern sich leicht überfordert fühlen und als „Ausweg" wieder auf den Gebrauch ihrer Machtposition zurückgreifen.

Zu bedenken ist weiterhin, daß es auch Eltern gibt, die nicht daran interessiert sind, daß ihre Kinder selbstbewußt werden und dadurch nicht mehr so „pflegeleicht" sind. Dies gilt natürlich besonders für Familien, in denen sexueller Mißbrauch an den Kindern stattfindet.

Für Kinder, die von ihren Eltern zu Gehorsam und Unterwürfigkeit erzogen wurden, ist die Übernahme der selbstbestimmten Verhaltensweisen, die sie im Rahmen eines Präventionsprogramms geübt haben, in ihrem Alltag deshalb oft unmöglich.

Weitere Kritikpunkte beziehen sich auf die inhaltliche Arbeit mit den Kindern:

d) Sexualität und sexueller Mißbrauch werden nicht deutlich thematisiert

Viele Präventionsprogramme, die den Anspruch erheben, Kinder vor sexuellem Mißbrauch schützen zu wollen, klammern Gespräche über Sexualität und erst recht über sexuellen Mißbrauch aus ihrem Inhalt und oft auch schon aus ihrem Titel aus. „Die Rede ist vielmehr von Sicherheit und Selbsthilfe oder von Prävention vor Übergriffen (assault prevention)."[117]

Die Geschlechtsteile werden in vielen Programmen nicht mit Namen genannt, sondern es wird von „private zones" oder „places usually covered by a bathing suit" gesprochen.[118] Auch der Mißbrauch wird lediglich umschrieben, als „touching in private areas", „touching all over"[119] oder in deutschen Programmen als „wenn dich jemand doof anfaßt", „wenn dich jemand komisch berührt".[120]

Kindern wird in den meisten Programmen kein deutliches Vokabular vermittelt, „um über Sexualität, über ihren eigenen Körper und möglicherweise über mißbräuchliche Erfahrungen zu sprechen."[121]

Damit wird die explizite Aufforderung der Präventionsprogramme, über Gefühle und Berührungen zu reden, durch die implizite Botschaft, daß über Körperteile und Sexualität eben nicht offen gesprochen werden kann, relativiert. „Indem nicht die richtigen Begriffe wie Penis, Scheide, Brust etc. benutzt und Gefühle weggeredet [werden, wird] (...) implizit die Angst der Erwachsenen vor der eigenen Körperlichkeit und Sexualität in Kombination mit dem Reden über mißbräuchliches und ungutes Verhalten an die Kinder weitergegeben."[122]

Kinder bekommen dadurch vermittelt, daß Sexualität und sexueller Mißbrauch etwas Unaussprechliches sein müssen, vor allem etwas, worüber zwischen Erwachsenen und Kindern nicht geredet wird.

Auch über die Handlungen und Formen des sexuellen Mißbrauchs erhalten Kinder in vielen Programmen nur ungenaue oder gar keine Informationen. Meist beschränken sich die „blöden Berührungen", die den Mißbrauch verkörpern sollen, auf ungewollte Küsse und Umarmungen. Sowohl Mißbrauchsformen, die unter Einbeziehung der Genitalien von dem Kind und vom Erwachsenen ausgeübt werden, als auch der Zwang zur Pornographie oder zum Entkleiden werden so gut wie nie angesprochen.

e) Simplifizierungen in bezug auf mehrere Schwerpunktthemen

Nicht nur die Sprache über Sexualität und sexuellen Mißbrauch wird in vielen Programmen auf zum Teil fast aussagelose Begriffe, wie z.B. „uh-oh-Gefühle" vereinfacht, sondern auch die

Einordnung der Gefühle, Berührungen und Geheimnisse beschränkt sich oft auf die drei Kategorien „schön", „blöd" und „komisch".

„Die ursprünglich hinter diesem Konzept steckende Idee eines Kontinuums zahlreicher und vielfältiger Berührungen und damit verbundener Gefühle wurde von den meisten Präventionsprogrammen jedoch simplifiziert."[123] Diese Vereinfachungen bringen neben der bereits erwähnten Unverständlichkeit für jüngere Kinder noch weitere Gefahren des Mißverständnisses bei den Kindern mit sich. So bleibt völlig unberücksichtigt, daß Berührungen sich nicht grundsätzlich schlecht oder gut anfühlen, sondern daß die Empfindungen von den Personen abhängen, die die Berührungen ausführen. Zudem können die gleichen Berührungen, die sich erst gut anfühlten, mit der Zeit „blöde Gefühle" auslösen, ohne daß sich die Berührung selbst verändert hat. Auch können selbst in der Mißbrauchssituation bestimmte Berührungen zeitweise „gute Gefühle" auslösen.[124]

Gerade Präventionsprogramme, die einerseits die Vielseitigkeit und die Unterschiedlichkeit von Berührungen und Gefühlen propagieren, machen sich unglaubwürdig, wenn sie andererseits starre Kategorisierungen zur Einordnung der unterschiedlichsten Empfindungen anbieten.

f) fehlende geschlechtsspezifische Differenzierung

Präventionsprogramme richten sich bisher überwiegend gleichermaßen an Mädchen und Jungen, „obwohl die große Mehrheit der Opfer Mädchen sind und Jungen viel seltener zu Opfern werden, jedoch (später als Männer) in neun von zehn Mißbrauchsfällen als Täter in Erscheinung treten."[125] Die Ansatzpunkte präventiver Maßnahmen orientieren sich selten an den unterschiedlichen Sozialisationserfahrungen der Kinder und differenzieren ihre Inhalte kaum in Hinblick auf die Arbeit mit Jungen oder mit Mädchen. Da Mädchen in ihrer Erziehung weniger lernen, „sich gegen männliche Autoritäten zu wehren und ihre Ansprüche durchzusetzen"[126], müssen sie durch ein Präventionsprogramm hauptsächlich erfahren, daß sie Rechte haben und wie sie diese zum Ausdruck bringen können.

Jungen sind gegenüber Erwachsenen ebenfalls in der schwächeren Position und müssen deshalb in Hinblick auf die Gefahr, mißbraucht zu werden, durch präventive Maßnahmen geschützt und gestärkt werden. Beachtet man jedoch, daß mehr als 40 % der (meist männlichen) Mißbrauchstäter ihren ersten sexuellen Übergriff als Jugendliche ausführen[127], so muß die Präventionsarbeit mit Jungen auch immer die Verhinderung einer möglichen zukünftigen Täterschaft zum Ziel haben.

„Die Stärkung des Selbstbewußtseins und der Unabhängigkeit von Mädchen und der Abbau des ‚Machoverhaltens' von Jungen läßt sich möglicherweise leichter in reinen Mädchen- und Jungengruppen realisieren."[128] Getrennte oder teilweise getrennte Programme können auch deshalb sinnvoll sein, weil, da Jungen häufiger als Mädchen von gleichgeschlechtlichen Tätern mißbraucht werden, in Jungengruppen Gespräche über die Angst vor Homosexualität wichtig sind.

Neben der Kritik, die Präventionsprogramme, die sich an Kinder richten, grundsätzlich in Frage stellt, und der Kritik, die inhaltliche Schwächen der Präventionsprogramme bemängelt, richten sich weitere Kritikpunkte gegen die Rahmenbedingungen, unter denen mit Kindern präventiv gearbeitet wird.

g) schlechte Ausbildung und Vorbereitung von LehrerInnen

Viele LehrerInnen (und ErzieherInnen), die Präventionsprogramme durchführen, sind ungenügend und schlecht auf diese Aufgabe vorbereitet.[129] Vor allem in den USA, wo Präventionsprogramme pflichtgemäß von LehrerInnen durchgeführt werden, lassen sich viele Mängel in der Ausführung feststellen. Es ist daher zu bezweifeln, daß LehrerInnen, „die sich nicht oder nicht aus freien Stücken mit der Problematik des sexuellen Mißbrauchs beschäftigt haben, einen sinnvollen Beitrag zur Information und Prävention leisten können."[130]

Andererseits führt die mangelnde Ausbildung von LehrerInnen bezüglich der Prävention des sexuellen Mißbrauchs dazu, daß diese eher selten oder gar nicht stattfindet und LehrerInnen auf Anzeichen und Äußerungen betroffener Kinder nur unzureichend reagieren können.

h) ungenügende Durchführungspraktiken

Vor allem in den USA gibt es inzwischen eine Vielzahl fertig ausgearbeiteter Präventionsprogramme, die in den verschiedensten Schulen in nahezu identischer Form durchgeführt werden. Prävention wird in diesen Fällen nicht mehr als Arbeit mit jedem einzelnen Kind und der Beschäftigung mit dessen individueller Situation, sondern als Pflichtprogramm verstanden. Oftmals stehen solche Programme in keinerlei Bezug zu den sonstigen schulischen Inhalten und bleiben auch im Nachhinein als isolierte Einheit stehen, ohne daß die Inhalte in das weitere Unterrichtsgeschehen eingebunden werden. Vielfach beschränkt sich die gesamte Prävention gegen sexuellen Mißbrauch auf ein- oder mehrstündige Veranstaltungen, die insgesamt selten über den Zeitraum von einer Woche hinausgehen.

Zusätzlich wird an der Durchführung vieler Präventionsprogramme kritisiert, daß die Arbeit mit den Kindern zu „kopflastig" sei und nur wenig Eigeninitiative und Kreativität der Kinder gefragt sind.

i) unzureichendes Präventionsmaterial

Obwohl sich das Angebot an Präventionsmaterial ständig vergrößert und es auch in Deutschland bereits eine ganze Palette von Büchern, sowie Spiele, Filme und andere Materialien für Kinder zum Thema des sexuellen Mißbrauchs gibt, herrscht an guten, kindgerechten und sensiblen Präventionsmaterialien ein Mangel.[131] Die meisten Materialien sind keiner Evaluation unterzogen worden, sondern werden direkt in der Arbeit mit Kindern eingesetzt. Eltern, die zum Schutz ihrer Kinder mit Präventionsmaterialien beitragen wollen, haben wenig Möglichkeiten, geeignete von ungeeigneten Materialien zu unterscheiden. Auch in der schulischen Präventionsarbeit stehen LehrerInnen oft vor dem Problem zu entscheiden, z.B. welche Kinderbücher sich für die Klassenbücherei eignen und welche nicht. Sicher ist: „Ein erheblicher Teil der Materialien und Bücher genügt den Ansprüchen nicht."[132]

2.5 Formen und Inhalte neuerer Präventionsansätze

Die Präventionsarbeit mit Kindern und Jugendlichen sollte längst - im Kontext von Öffentlichkeits- und Elternarbeit - in der Schule selbstverständlich sein. Kein Mensch würde, um einen Vergleich anzuführen, ernsthaft auf den Gedanken kommen, Aufklärungsarbeit in der Schule gegen Alkohol-, Spiel- oder Zigarettensucht abzuschaffen, weil in Aufklärungskampagnen hier und da methodische Fehler begangen wurden, die eigentlich Schuldigen (Verführer, Anstifter) woanders sitzen oder die Erfolge sich nicht statistisch exakt belegen lassen. Auch strenge KritikerInnen bisheriger US-amerikanischer Präventionsprogramme und entsprechender Programme in Deutschland scheinen nicht generell gegen präventive Erziehung zu sein. „Wir müssen uns vielmehr damit auseinandersetzen, daß die alltägliche Erziehung zum Gehorsam, die Erziehung zur Anpassung an patriarchale Geschlechterrollen, die Erziehung zur Unterdrückung von Sexualität und Verdrängung von Gefühlen den gesellschaftlichen wie auch den individuellen Nährboden für sexuellen Mißbrauch bereitet."[133]
Infrage steht mithin nicht die Notwendigkeit von Präventionsarbeit, sondern die Art der Konzeption und Durchführung - in der allerdings beträchtlichen Spannbreite von spezifischen Präventionsprogrammen zur Verhinderung des sexuellen Mißbrauchs bis hin zu allgemein präventiven Konzepten mit dem Ziel der Austrocknung des „Nährbodens" für das Massenphänomen Mißbrauch.

Es empfiehlt sich für alle, die präventive Arbeit mit Kindern und Jugendlichen in der Schule praktizieren wollen, ein situationsbedingtes Konzept rund um die Schwerpunktthemen der Prävention gegen sexuellen Mißbrauch und auch darüber hinausgehend zu entwickeln. Als Anregungen dazu können bereits durchgeführte oder als Arbeitshilfen entworfene Präventionskonzepte dienen.
Schulische Prävention kann z.B. in Form einer Projektwoche oder eines über mehrere Tage andauernden Präventionsprogramms beginnen und sich dann im weiteren Unterricht, eventuell verteilt auf verschiedene Fächer, fortsetzen. Ebenso kann eine bereits seit längerem praktizierte präventive Erziehungshaltung durch projektartiges Arbeiten vertieft werden.
Grundsätzlich ist es für die schulische Prävention unerläßlich, ganzheitlich mit den Kindern zu arbeiten; sie darf sich keinesfalls auf eine bloße Wissensvermittlung beschränken. Präventionsarbeit sollte vielseitig sein und durch unterschiedlichste Methoden den Kindern ein ganzheitliches Lernen ermöglichen. Dazu gehören Bewegungsspiele zur Körpererfahrung, Tast- und Riechdosen zur Sinnesschulung, Rollenspiele zur Verhaltensübung, Mal- und Schreibmöglichkeiten zur Vertiefung des Wissens, Partner- und Gruppenspiele zur Entwicklung sozialer Kompetenzen und viele weitere Umsetzungsideen zur Stärkung des Selbstbewußtseins und der Wahrnehmung der Kinder. Auch gibt es bereits einige speziell für die Präventionsarbeit entwickelte Materialien, die sich zum Teil gut für den schulischen Einsatz eignen. Allerdings sollten alle Materialien, auch wenn sie von den Firmen als „präventionsrelevant" angepriesen werden, vor ihrem Einsatz grundsätzlich auf mögliche Schwachstellen und dadurch ausgelöste negative Nebeneffekte, die deren Einsatz mit sich bringen könnte, untersucht werden. So gibt es beispielsweise unter den inzwischen recht zahlreichen Büchern zum Thema des sexuellen Mißbrauchs auch einige, von deren Einsatz abzuraten ist.[134] Gleiches gilt für Theaterstücke und

Videofilme, die sich zum Teil eventuell dazu eignen, die vermittelten Inhalte zu vertiefen, deren Einsatz ohne genügende Vorbereitung jedoch verunsichernd und angsterregend sein kann. Weiterhin müssen alle geplanten Unterrichtsinhalte und deren Umsetzung im Hinblick darauf entwickelt werden, daß nicht auszuschließen ist, daß Kinder mit sexuellen Gewalterfahrungen an der Prävention teilnehmen. Es ist daher gerade im Bereich der Prävention oberstes Ziel, daß keine Schülerin und kein Schüler zur Teilnahme an Spielen, Übungen oder Aufgaben „gezwungen" werden darf. Der Blick auf jedes einzelne Kind darf über den allgemeinen Wunsch, Kinder vor sexuellem Mißbrauch zu schützen, nicht vergessen werden. Aus diesem Grund sprachen wir zu Beginn von einem „situationsbedingten" Präventionskonzept. Nur wenn LehrerInnen bei der Vorbereitung der Prävention sowohl ihre eigenen Möglichkeiten und Grenzen als auch die ganz spezielle Situation in ihrer Klasse reflektiert haben, können sie eine präventive Erziehung beginnen, die weder die SchülerInnen noch sie selbst überfordert.

Als Unterrichtsformen bietet sich für die schulische Prävention eine Vielzahl von Möglichkeiten an. Soweit durchführbar sollte zeitweise die Arbeit in Kleingruppen, teilweise auch geschlechtergetrennt, angestrebt werden. Einige AutorInnen gehen davon aus, daß Prävention mit Kindern grundsätzlich in getrenntgeschlechtlichen Gruppen erfolgen sollte[135], andererseits gibt es bereits erfolgreiche Präventionsberichte über die Arbeit mit gemischtgeschlechtlichen Gruppen. Im Einzelfall hängt auch hier die Entscheidung sowohl von den äußeren Rahmenbedingungen ab wie auch von der Klassensituation. Zweifellos werden aber Mädchen und Jungen eine zeitweise Aufteilung in geschlechtergetrennte Gruppen genießen und sich bei manchen Themen sicherer, verstandener und wohler im Kreis ihres eigenen Geschlechtes fühlen.

Als positiv für die Prävention haben sich alle diejenigen Unterrichtsformen erwiesen, in denen Kinder selbst aktiv werden können. Trotzdem ist es genauso notwendig, während der Präventionsarbeit einen Ort für diejenigen Kinder zu schaffen, die sich zurückziehen und am Unterrichtsgeschehen nur beobachtend teilnehmen wollen. Auch für Kinder, die sich durch die individuelle Beschäftigung mit Präventionsmaterialien in ihrem ganz eigenen Tempo den Präventionsthemen nähern wollen, sollte diese Möglichkeit zur Verfügung gestellt werden. Bisher gibt es erst sehr wenige Präventionsmaterialien, die für die Unterrichtsform der Freiarbeit entwickelt wurden. Mit einiger Phantasie lassen sich jedoch viele der vorhandenen Materialien zu Freiarbeitszwecken umgestalten. Kinder, die selbständig mit Präventionsmaterial arbeiten, dürfen jedoch keinesfalls aus dem Blick der LehrerInnen geraten, da bei ihnen durch die Beschäftigung mit den Materialien Fragen und Unsicherheiten auftauchen können. Ein regelmäßiges Gespräch mit diesen SchülerInnen sollte daher fest eingeplant werden, zudem sollten nur solche Materialien zur Freiarbeit zur Verfügung stehen, die auch ohne ständige Begleitung durch die Lehrerin bzw. den Lehrer bearbeitet werden können.

Die Unterrichtsstruktur der Grundschule, durch die die Mehrzahl der Fächer in der Hand der Klassenlehrerin bzw. des Klassenlehrers liegt, bietet eine besonders gute Voraussetzung für eine fächerübergreifende Präventionsarbeit gegen sexuellen Mißbrauch. Aber auch in der Sek I läßt sich - wie im Projektteil dargestellt - in verschiedenen Fächern parallel zur Thematik arbeiten.

Im folgenden stellen wir zunächst übergreifende Kontexte vor, in die das Thema „sexueller Mißbrauch" eingebettet werden kann, bevor wir dann auf fachspezifische Möglichkeiten eingehen. Wir plädieren dafür, den sexuellen Mißbrauch in einen pädagogischen und sozialen Kontext zu stellen, um zu vermeiden, daß aufgrund öffentlichen Interessenbooms die Thematik überdimensioniert und einseitig behandelt wird, so daß andere ähnlich wichtige Themen dadurch überlagert werden. Es ist etwa im Kinder-und Jugendbuchbereich nicht zu übersehen, wie sehr die Thematik sexueller Gewalt gegenüber andern Formen von Kindesmißhandlung, die nicht weniger gravierend für die Kinder sind, dominiert. Ca. 50-60 Kinder- und Jugendbüchern zum sexuellen Mißbrauch stehen ungefähr fünfzehn zur Kindesmißhandlung gegenüber.

Sexualkundeunterricht

Zum Beispiel kann die Thematik in den Sexualkundeunterricht (der sowohl im Sachkunde- bzw. Biologieunterricht aber auch zunehmend im Religionsunterricht angesiedelt wird) eingebunden werden. Es liegt nahe, neben den Formen sinnvoller, schöner Sexualität/Liebe und Gefahren (Aids, ungewollte Schwangerschaften etc.) das Thema sexueller Mißbrauch als eine Perversion ganzheitlicher Liebe anzusprechen (Definitionen, Folgen, Informationen über sexuelle Begrifflichkeiten, um sich ausdrücken zu können, Informationen über potentielle Täter, Frage der Schuld). Wiederholt wird in der neueren Literatur darauf hingewiesen, daß dabei vor allem zwei Dinge vermieden werden müssen. Zum einen darf kein Klima der Angst erzeugt werden. Zum anderen darf nicht zusätzliches Schuldbewußtsein vermittelt werden. Zu besprechen ist nicht nur, wie Mißbrauch seitens der Kinder vermieden werden kann, sondern auch, wie schwierig, ja bisweilen in manchen Situationen unmöglich es ist, sich zu wehren. Kinder sollen lernen, daß es auch in solchen Situationen Hilfe gibt und sie mit ihrer Problematik nicht allein bleiben müssen. Ganz deutlich aber muß werden, daß nicht sie Schuld sind und nicht sie versagt haben.

Sprachlich sollte die Mißbrauchssituation konkret angesprochen werden. Dies ist nicht in allen durchgeführten Unterrichtsprogrammen der Fall, auch im übrigen in manchen Kinderbüchern ein Problem. Wo zuviel nur angedeutet oder wo zu sehr drumherum geredet wird, entstehen zu den ohnehin bestehenden neue sprachliche Tabubezirke, das Gegenteil also dessen, was angestrebt werden sollte: das tabufreie, angstfreie Sprechen über den Bereich des Körpers, der Sexualität und ganzheitlicher Erfahrungen von Zärtlichkeit und Liebe. Insofern wird mit Recht verschiedentlich auf die Notwendigkeit der Selbstreflexion der PädagogInnen hingewiesen. Wer selbst das Gefühl hat, befangen zu sein, muß sich zu einer solchen Aufklärungsreihe nicht um jeden Preis verpflichtet fühlen. Verkrampfungen von seiten der LehrerInnen schaden eher. Die konkrete Benennung der Sexualität inklusive von Fragen des Mißbrauchs ist bereits im ersten Schuljahr ansatzweise möglich (Mein Körper gehört mir, angenehme/unangenehme Berührungen des ganzen Körpers, auch der Genitalbereiche in verschiedenen Situationen durch verschiedene Personen). Ab dem 3. Schuljahr etwa kann in geeigneten Gesprächssituationen der Mißbrauch explizit benannt werden (siehe Kapitel 3.2).

Menschenrechtsziehung

Einen systematischen Stellenwert hat das Thema auch im Rahmen der Menschenrechtserziehung. Rechte des Kindes wie das auf körperliche und seelische Unversehrtheit, Gesundheit, Selbstbestimmung, Würde der Person, bestmögliche Erziehung werden beim Mißbrauch auf ähnlich flagrante Weise verletzt wie bei körperlicher Gewalt, Prügelstrafe, Folter, Kinderarbeit. Es wird in diesem Zusammenhang auch der Kontext deutlich: das Gewaltmonopol der Erwachsenen in einer Welt, in der Kinder auf die verschiedenste Art Verfügungsmasse der Älteren sind, zumal Mädchen in einer patriarchalen Gesellschaft. Auch hier ist es wichtig, die unterschiedlichen Formen des Widerstandes, der gemeinsamen Bewältigung von Niederlagen, der stückweisen Errichtung einer schöneren Welt für Kinder sichtbar werden zu lassen. Erfreulicherweise verstärken Menschenrechts-organisationen wie amnesty international oder terre des hommes ihre Arbeit der Menschenrechtserziehung. Menschenrechte (auch die der Kinder) werden nicht nur an der äußeren Peripherie („Dritte Welt") verletzt, sondern auch hier und jetzt unter uns gegenüber Menschen und Gruppen der inneren Peripherie (Minderheiten wie AusländerInnen, Obdachlose, Gefangene; aber auch größeren, sozial unterprivilegierten Gruppen wie Frauen, ArbeiterInnen, Kindern).

Gefühlserziehung

Ein häufig praktizierter Ansatz geschieht über die Einbettung der Thematik in den Zusammenhang der *Gefühlserziehung*. Ziele eines solchen Unterrichts sind u.a. das Wahrnehmen, Differenzieren, Ausdrücken von Gefühlen (in den verschiedenen Medien der Farbe, der Töne, der Bewegung, der Begriffssprache), das Bewerten von Gefühlen in bestimmten Situationen und gegenüber bestimmten Personen, das selbstbewußte Zurückweisen von unangenehmen Gefühlen/Berührungen, das Jasagen zu positiven Gefühlen und Beziehungen, das Registrieren und Reflektieren von ambivalenten Gefühlen. Gefühlserziehung ist ein wesentlicher Faktor im Prozeß des Reifens zur Ich-Stärke. Systematischer berücksichtigt, könnte in der Schule eine Art *Gefühlskultur* entstehen, die gegenwärtig zu Anfang der Grundschulzeit noch Platz hat, sehr schnell aber den strukturellen Erfordernissen der Leistungsorientierung und der Überbetonung des Kognitiven mit entsprechenden negativen Folgen für eine ganzheitliche Erziehung weicht. Auch unter geschlechtsspezifischen Gesichtspunkten wäre eine Gefühlserziehung stärker zu berücksichtigen, ist doch die relative Sprachlosigkeit zumal von Jungen und Männern im Gefühlsbereich unübersehbar, partiell sicher auch Ausdruck von Gefühlsarmut und Gefühlsfeindlichkeit.

Es ist allerdings ein Widerspruch in sich, Gefühlserziehung auf bestimmte Gefühle hin instrumentalisieren zu wollen. Gefühlserziehung kann *immer nur freie, individuelle Erziehung* sein. Wir selbst fanden es bei unserem Projekt im ersten Schuljahr schön und wichtig, wie intensiv die SchülerInnen Gefühle erlebten, differenzierten, ausdrückten („Gefühle sind wie Farben"). Wir empfanden es dabei als unangenehmen Zwang, die jeweils unterschiedlichen Gefühlslagen aus Rücksicht auf unsere Planung durch zentrale Steuerung verlassen zu müssen, um uns auf das Segment „negative Gefühle - Geheimnisse - Sexueller Mißbrauch" konzentrieren zu können. Manche SchülerInnen hätten gerne bei anderen Gefühlen verweilt. Was unangenehme Berührungen, Ängste, Wut usw. betrifft, so verbanden die SchülerInnen damit eine Vielzahl von Erfahrungen, die für sie augenscheinlich mindestens so wichtig waren wie sexuelle Probleme, in vielen Fällen sicher wichtiger: Angst vor dem Alleinsein, vor Geschwistern, vor älteren Jungen, vor unsensiblen Vätern, im weiteren Umfeld dann auch vor Krieg oder ökologischen Bedrohungen. Daher ist es pädagogisch und psychologisch fragwürdig, wenn im Zusammenhang einer Reihe zur Gefühlskultur LehrerInnen wie das Kaninchen auf die Schlange „Mißbrauch" fixiert sind und die breite Palette der Gefühlserfahrungen der Kinder durch sublime autoritäre Unterrichtssteuerung auf diesen einen Aspekt reduziert wird. Um nicht mißverstanden zu werden: Der Aspekt „Mißbrauch" im Zusammenhang der Erziehung zum sensiblen und selbstbewußten Umgang mit Gefühlen ist ein sehr wichtiger und soll insofern auch als Erfahrung oder Gefahr mit einbezogen werden, aber er darf im Gefolge einer gegenwärtig besonderen Betroffenheit nicht monopolartig das komplexe Gefüge anderer bedrohlicher oder auch schöner Gefühle beiseite drücken.

Zur Gefühlsdifferenzierung gehört auch, aus dem *Schwarzweiß-Schema „gute/schlechte" Gefühle* herauszukommen, das in einigen Projekten verwendet wird. Kinder kennen natürlich solche Gefühle, können sich ihrer bewußt werden und eine wichtige Erfahrung machen: mit Unsicherheiten umzugehen. Gerade am Anfang der Grundschulzeit befinden sie sich entwicklungspsychologisch in einem Zustand auffälliger Gefühlsunsicherheiten und Gefühlsambivalenzen. Und ein höchst dramatisches Ambivalenz-Gefühl erleben ja gerade auch von Verwandten oder nahen Bekannten mißbrauchte Kinder. Sie lieben den Täter, der ihnen Gewalt antut.

Auffällig am Schema einschlägiger Präventionsreihen ist auch, daß nur vom *Nein-Sagen* die Rede ist und nur dieses trainiert wird. Nicht minder wichtig scheint jedoch das *Ja-Sagen*, das ebenso wie das Nein-Sagen geübt werden muß. Die Kinder sollen lernen, aus dem passiven Gewährenlassen herauszukommen, bewußt und stark Nein oder auch Ja zu sagen oder die Unsicherheit zuzugeben und zu klären.

Geschlechtsbezogene Erziehung

Ein anderer Kontext, in dem die Mißbrauchsthematik ihren Platz hätte, ist die geschlechtsspezifische Erziehung. Es ist offensichtlich, daß eine der Ursachen für den massenhaften sexuellen Mißbrauch (wie auch andere Formen der Gewalt) in den patriarchalen Strukturen und der Männlichkeitserziehung liegt. Nicht zu übersehen ist, wie durchgängig Jungen bereits zu Anfang der Grundschulzeit die Männlichkeitsrolle bis hin zum Habitus sexueller Aggressivität verinnerlicht haben. Insofern wäre die Relativierung der geschlechtsspezifischen Jungenerziehung im weitesten Sinn auch Prävention gegenüber dem sexuellen Mißbrauch

Jungen sind darüber hinaus auf spezifische Weise betroffen. Unter ihnen befinden sich die potentiellen Täter. Von Vätern als Tätern ist häufig die Rede, weniger von Brüdern und Jungen aus der näheren Verwandtschaft und Bekanntschaft, obschon diese zahlenmäßig in größerem Umfang den Täterkreis ausmachen. Ein erschreckend hoher Anteil der Täter hat bereits vor dem 18. Lebensjahr sexuellen Mißbrauch begangen. Nach den Ergebnissen unterschiedlicher Studien muß man, auch in Übereinstimmung mit den ausländischen Untersuchungen, davon ausgehen, daß etwa ein Drittel der Täter selbst noch Kinder oder Jugendliche sind.[136] Sie sind selbst großenteils vorher Opfer des Mißbrauchs gewesen (50-80%) und reproduzieren nun die Aggression des Täters, mit dem sie sich auf paradoxe Weise identifizieren, agieren ihren Frust, ihre Minderwertigkeitskomplexe, ihre Aggressionen aus. Für die *Präventionsarbeit mit Jungen* ergibt sich mithin eine dreifache Thematik:

* Jungen als Opfer sexuellen Mißbrauchs

* Jungen als Teil einer Männergesellschaft, die den Nährboden für den sexuellen Mißbrauch bildet

* Jungen als potentielle und reale Täter

Es empfiehlt sich daher, teils den Präventivunterricht *koedukativ* durchzuführen (Mädchen und Jungen als potentielle/reale Opfer, Einübung rücksichtsvollen Verhaltens, Eindämmung physischer und sozialer Dominanz, Ja- und Neinsagen, Hilfe holen, gemeinsame Gespräche über Zärtlichkeit, Freundschaft, Liebe, Sexualität, Ängste, Träume). Es empfiehlt sich auf der andern Seite, die Thematik bei Jungen und Mädchen *getrennt* anzusprechen. Dies ermöglicht größere Offenheit in der Benennung der jeweiligen Rollenproblematik. Für die Jungen ist insbesondere die Frage der Täterschaft und der Gründe dafür zu behandeln. Dies würde auch die nicht als potentielle Täter gefährdeten Jungen zumindest zu allgemeinpräventiven Überlegungen anregen. Inwieweit eine Täterprävention in bezug auf die gefährdeten Jungen Erfolg haben könnte, steht dahin. Es gibt bezeichnenderweise kaum Erfahrungen damit. Anregungen für die Arbeit mit älteren Jungen wären am ehesten im Bereich der Therapieberichte (Beispiele für Mißbrauch, Opfertherapie, Tätertherapie) zu finden, als Beispiele kommen auch einige Jugendbücher/Filme in Frage. Für den Grundschulbereich, in dem ja auch eine Tätertherapie sinnvoll wäre, gibt es mittlerweile einiges Material in allgemeinpräventiver Hinsicht, für die spezielle Täterprävention existiert praktisch nichts. Es müßten Texte für Kinder, die jeweils nur aus der Opferperspektive verfaßt sind, um die Täterperspektive erweitert werden (Frage: Was veranlaßt Kinder/Jugendliche, die oft nur wenig älter sind als wir, Gewalt in verschiedener Weise gegenüber jüngeren Mädchen und Jungen auszuüben, u.a. in Form sexuellen Mißbrauchs? An wen könnten sie sich für eine Beratung wenden?)

Fachdidaktische Zugangsmöglichkeiten
Die Thematik „sexueller Mißbrauch" - ob als Spezialthema oder eingebunden in komplexe Zusammenhänge - sollte im Idealfall *interdisziplinär* behandelt werden, d.h. durch Kooperation verschiedener Fächer oder durch die Bündelung fachübergreifender Aspekte in einer Hand.
Die fachspezifischen Zugangsmöglichkeiten verschiedener Fächer sind dabei allerdings zu wenig erschlossen. Es ist ein relativ einheitliches Potpourri aus einschlägigen Elementen entstanden, kompakt und durchaus nicht uninteressant, aber letztlich doch nicht sehr ausgefächert und eine Reihe kreativer, weiterer Zugangs- und Differenzierungsmöglichkeiten außen vor lassend. Dies liegt weniger an der Phantasie der bisherigen PädagogInnen, als daran, daß von seiten der Fachdidaktiken die Thematik noch nicht reflektiert worden ist. Zum Teil werden vermutlich auch Forschungsdefizite in den genannten Problemfeldern existieren, zumal dem der Gefühlskultur. Beispiele:

Der Beitrag des Faches *Sprache/Deutsch* zur komplexen Vermittlung einer Gefühlskultur ist offensichtlich theoretisch wie auch praktisch begrenzt. Die Sprachdidaktik bleibt hinreichende Antworten schuldig, welches Gefühlsvokabular Kindern in verschiedenen Altersstufen zur

Verfügung steht, wie dieses zu differenzieren wäre, wie Sprach- und Verhaltensentwicklung im Gefühlsbereich zu integrieren wären; ferner wie die Sprache der Sexualität, der Zärtlichkeit, Liebe zu differenzieren, lernen, fördern oder die der Gewalt, des Mißbrauchs, der Hinterlist der Erwachsenen zu durchschauen und entlarven wäre. Wenn man betrachtet, wieviel an begrifflicher Sprache schon in den im Kapitel 3 vorgestellten Projekten vorkommt (Gefühle artikulieren, in Form von Clustern zu Gefühlen assoziieren, Geschichten in „Gefühlsecken" erzählen, Berührungen kommentieren, Pantomimen verbal besprechen, sich über Malereien austauschen, Körperteile benennen, Fragebogen ausfüllen, Worte für Bildercollagen finden, kleine Geschichten und Gedichte schreiben, über Erfahrungen sprechen, um Hilfe zu holen, Bilder- und Kinderbücher lesen) scheint es an der Zeit, das Thema Gefühlserziehung und Sprache/Literatur auch systematisch zu vertiefen.

Erfreulich ist das gesteigerte Interesse im Bilder-, Kinder- und Jugendbuchbereich an der Thematik somit allemal. Die Chance der Literatur ist es hier, durch Texte oder auch die Verknüpfung von Text und Bild sowohl emotional anzusprechen als auch informativ und aufklärend zu wirken. Die im Rahmen der Präventionsarbeit gegen sexuellen Mißbrauch mit Kindern im Grundschulalter einsetzbaren Bücher lassen sich in drei Kategorien unterteilen:
a) Bücher, die im Umfeld der Präventionsarbeit zur allgemeinen Selbststärkung dienen.
b) Bücher, die für die Präventionsarbeit konzipiert wurden, die jedoch das Thema „sexueller Mißbrauch" nicht explizit ansprechen.
c) Bücher, die in symbolischer oder direkter Darstellung den sexuellen Mißbrauch thematisieren.[137]
Gerade die Bücher der beiden ersten Kategorien werden in der generalpräventiven Vorbereitungsarbeit gerne und vielfältig eingesetzt. Schwieriger und bislang noch nicht hinreichend erprobt, ist hingegen der Einsatz der speziellen Bücher der Kategorie c).
Es gibt inzwischen zwar einige Beispiele für den gelungenen Einsatz gründlich ausgewählter Bücher (siehe Kapitel 3.2), aber noch herrscht viel Unsicherheit, ob und wie mit Kindern die direkte Thematisierung des sexuellen Mißbrauchs in Form eines Buches besprochen werden kann.
Mehr Erfahrungen sind in den Schulen bereits mit Jugendbüchern, die den sexuellen Mißbrauch zum Thema haben, gemacht worden. Hier liegen fast durchgängig positive Einschätzungen vor (siehe auch Kapitel 3.3 und 3.4)
An dieser Stelle sei auf die Notwendigkeit einer gründlichen Analyse der Bücher hingewiesen (siehe Kapitel 4) und vor einem unreflektierten Einsatz gewarnt. Eine umfassende Darstellung der Kinder- und Jugendbücher, in denen der Mißbrauch angesprochen wird, steht noch aus.

Wohl werden in den einschlägigen Kompakteinheiten Phasen des *Malens* (Gefühle, Situationen, Illustration von Geschichten) zur Förderung des Ausdrucksvermögens oder auch als Ausgangspunkt für Gespräche eingestreut. Aber die unermeßliche Palette des Umgangs mit Formen und Farben, wie sie in der Geschichte der *Kunst*, zumal auch der des 20. Jahrhunderts, oder der modernen Farbpsychologie oder in Grenzbereichen zwischen Kunst und Technik konkretisiert worden sind mit den Möglichkeiten der Darstellung des Unbewußten, der Träume, der Ängste und des Glücks (vorab vor allen klischeehaften Vergegenständlichungen), bleibt weitgehend ungenutzt. Eher verläßt man sich auf eine naturwüchsige Phantasie und

Malbegabung der Kinder, die schon in der Grundschule so naturwüchsig längst nicht mehr ist. Es wäre vermutlich höchst nützlich, wenn die Kunstdidaktik angesichts des Massenphänomens sexueller Mißbrauch theoretisch und experimentell die Möglichkeiten des kunstpädagogischen Beitrags ausloten würde.[138]

Ähnliches ließe sich zur *Musik* sagen. In den Präventionsprojekten beschränken sich die musikalischen Anteile zumeist auf das Singen von Liedern (Neinsagen etc.) oder Bewegungstänze (Körpererfahrung). Es gibt gerade auch in der Musik, teils in der Musikpädagogik aufgegriffen, eine große Palette an Produktionsmöglichkeiten von Geräuschen und musikalischen Klängen, die für eine Gefühlskultur im je individuellen Erfahrungsbereich, auch dem der Bedrohung durch vielfältige Formen von Gewalt, nutzbar gemacht werden könnten. Die Unterlegung eines literarischen Textes etwa zur Thematik sexuelle Gewalt drückt die verschiedensten Stimmungen oft genauer als Worte aus, präzisiert die psychischen Reaktionen, verschafft aber durch Ausagieren der Gefühle möglicherweise auch eine innere Entlastung. Es wäre interessant, von der Musikpädagogik Anregungen aus ihrem fachspezifischen Repertoire zur Behandlung der Mißbrauchsthematik zu erhalten. Eine didaktische Aufarbeitung steht bislang aus.
Beachtenswert im Bereich der Musik finden wir die Tatsache, daß die Mißbrauchsthematik verstärkt auch in der (deutschen) Popmusik aufgegriffen wird. Um nur einige Titel und Interpreten (ertstaunlicherweise fast ausschließlich Männer) herauszugreifen, seien hier genannt: Herbert Grönemeyer: „Sie"; Die toten Hosen: „Böser Wolf"; troxoplasma: „Der Onkel"; Pur: „Kinder sind tabu",Tim Fischer: „Onkelchen" (weitere Titel siehe Kapitel 5.2.3)
Im Rahmen der präventiven Arbeit mit Jugendlichen bieten sich Analysen und Vergleiche dieser und weiterer Lieder an. Die Attraktivität solcher musikalischer Darstellungen durch die aktuelle Musik liegt auf der Hand.

Das Fach *Sport* wird im Zusammenhang mit dem Thema Mißbrauch so gut wie nie als mit zuständig genannt - allenfalls als Vermittlungsinstanz des in den USA überschätzten Sicherheitstrainings. Dabei drücken die Kinder doch intensiv und gerne in der Körpersprache, zumal den verschiedensten Bewegungen aus, was in ihnen vorgeht. Die in unserem Projekt eingebauten Gefühlsbewegungen (Bewegungstanz, Berührungsspiele, Pantomime) sind nur ein Bruchteil dessen, was die SchülerInnen in Bewegung ausdrücken könnten - zur Vergegenständlichung, zur Präzisierung und Differenzierung von Gefühlen und Situationen und zur inneren Entlastung. Und die Schwierigkeiten, die etliche Kinder z.B mit pantomimischen Darstellungen hatten, zeigten zugleich, wie sehr auch solche und ähnliche Körperbewegungen geübt werden müssen. Auch in der Sportdidaktik fehlt eine Diskussion um spezifische Anteile des Faches am Projekt Sexueller Mißbrauch.
Zusätzlich muß berücksichtigt werden, daß vor, während und nach Sportstunden nicht selten auch sexuelle Grenzüberschreitungen innerhalb der Klassen stattfinden.

Obwohl der Lehrplan für den *Religionsunterricht* die Besprechung zwischenmenschlicher Beziehungen, Probleme und Konflikte als einen wesentlichen Schwerpunkt definiert, findet auch in diesem Fach das Thema sexuelle Gewalt gegen Kinder kaum Berücksichtigung. In der religionspädagogischen Diskussion wird die Mißbrauchsproblematik höchstens marginal behan-

delt, zum Teil auch völlig ignoriert. So berichtet H. Ulonska, daß in Heft 3/September 1996 des „Evangelischen Erziehers" mit dem Thema „Kind" das Problem des sexuellen Mißbrauchs nicht mit einer Zeile erwähnt wird.[139]
Doch schon der Religionsunterricht in der Grundschule bietet sowohl mit den Themengebieten des sozialen Miteinanders („So bin ich/So bist du"; „Miteinander leben"; „Aufeinander zugehen/voneinander weggehen") als auch mit den religiös/biblischen Themenkreisen („Wir reden zu Gott/ sich anvertrauen, loben, klagen, danken, bitten"; „Jesus sagt: Alle sind angenommen") vielfältige Anknüpfungsmöglichkeiten für das Einflechten präventiver Aspekte.
Einige wenige Ansätze gibt es bisher für die Arbeit im Religionsunterricht der höheren Altersstufen. So bietet beispielsweise die sehr umfassende und ausführliche Loccumer Arbeitshilfe für den Evangelischen Religionsunterricht an Berufsbildenden Schulen neben allgemeinen präventiven Unterrichtsvorschlägen hilfreiche Anregungen für die Bearbeitung von biblischen Texten, in denen die (sexuelle) Gewalt thematisiert wird (z.B. Lot und seine Töchter, 1. Mose 19, 33ff; Die Vergewaltigung der Tamar, 2. Samuel 13, 1-22).
Für die Grundschule liegen bislang für das Fach Religionslehre keine entsprechenden Ausarbeitungen vor.

Ähnliche Fragen ließen sich für weitere Fächer formulieren. Während der Anschein entsteht, als seien einschlägige Unterrichtsreihen als kritische Weiterführung US-amerikanischer Projekte ausgereift, ist das Gegenteil der Fall. Die pädagogische Präventivarbeit scheint sowohl hinsichtlich ihrer Wirksamkeit als auch ihrer Entfaltung in Unterrichtskonzepten noch ziemlich am Anfang.

Grundsätzlich, so wird übereinstimmend von LehrerInnen und SchülerInnen berichtet, macht schulische Präventionsarbeit Spaß und Freude, ermöglicht es, Gespräche zu führen, Empfindungen zum Ausdruck zu bringen, neue Lernmethoden auszuprobieren und einen intensiven Kontakt zueinander aufzubauen, wozu im sonstigen Schulalltag leicht die Zeit und der Raum fehlen.
Wie wirksam ein präventiver Unterricht nun in Hinblick auf die Verhinderung sexuellen Mißbrauchs ist, haben wir in Punkt 2.4 erläutert. An dieser Stelle möchten wir aber erneut auf die allgemeine positive Wirkung hinweisen, die ein Unterricht hat,
• in dem Platz für Gefühle vorhanden ist, diese sogar erwünscht sind,
• in dem die Rechte von Kindern und von Erwachsenen gleichermaßen geachtet und respektiert werden,
• in dem Zeit für Gespräche über Probleme und Sorgen und auch über Glück und Freude vorhanden ist,
• in dem konkrete Hilfe angeboten werden kann,
• und dessen Ziel es ist, Kinder zu selbstbewußten, verantwortungsvollen und glücklichen Menschen zu erziehen.

2.6 Zwischenresümee

Zur Zeit setzt sich in zahlreichen Diskussionen und Veröffentlichungen zum Thema „sexueller Mißbrauch" die Erkenntnis durch, daß Prävention gegen sexuellen Mißbrauch vor allem die Aufgabe Erwachsener sein sollte. Der zentrale Punkt der Kritik besagt, Prävention mit Kindern im Rahmen von Kindergarten, Schule etc. setze am falschen Ende an. Die Verantwortlichkeit liege in der Öffentlichkeit und insbesondere bei den Eltern. Wenn hier nicht Vorsorge getroffen, Bewußtsein geschaffen und die Situation verändert werde, gehe eine Aufklärung von Kindern ins Leere. Diese wüßten vielleicht mehr, könnten aber trotzdem der Bedrohung durch den sexuellen Mißbrauch nicht ausweichen. Einige Stimmen fordern deshalb dazu auf, von der präventiven Arbeit, die sich an Kinder richtet, Abstand zu nehmen und statt dessen verstärkt eine Arbeit an Erwachsenen zu praktizieren und so eine Veränderung der gesellschaftlichen Strukturen zu bewirken.

Unseres Erachtens lautet die Konsequenz daraus eher, daß die *Präventionsarbeit schwerpunktmäßig auf Öffentlichkeit und Eltern* gerichtet sein muß, in diesem Rahmen freilich Präventionsarbeit mit Kindern sinnvoll, ja notwendig scheint. Wichtig ist die Konzipierung neuer und intensiverer präventiver Maßnahmen, die bei Erwachsenen ansetzen. Die Präventionsarbeit in ihrer derzeitigen Form muß überdacht und an vielen Stellen verändert oder ergänzt werden.

a) In Hinblick auf die Öffentlichkeit

Inwieweit die breite Öffentlichkeit wirklich durch die an sich erfreuliche Resonanz der Medien erreicht worden ist, ist schwer zu beurteilen, zumal die publizistische Tätigkeit einiger Massenblätter zur Sensationsmache und zur Horrorberichterstattung tendiert.[140] Es stellt sich die Frage, wieviele wichtige neue Erkenntnisse und Präventionsmöglichkeiten jeweils in der Fülle der Berichte untergehen oder vereinfacht und verfälscht dargestellt werden. Was für Auswirkungen mag es für die Präventionsarbeit mit Eltern haben, wenn beispielsweise das wichtige Untersuchungsergebnis, daß viele Täter aus dem sozialen Nahfeld der Kinder kommen, in die medienwirksame, aber irreführende Formel „Täter sind die Väter!" umgedeutet wird?

In der bereits erwähnten Untersuchung von A. Knappe/H. Selg wurden Eltern befragt, durch welche Informationsquellen sie ihr Wissen über sexuellen Mißbrauch erlangt haben. Am häufigsten wurden Zeitungsberichte genannt (95,8%), dicht gefolgt vom Fernsehen (89,4%). Durch das Radio sahen sich knapp die Hälfte aller Eltern informiert (48,1%), und 17,4% der befragten Eltern berichteten davon, daß sie sich anhand von Büchern zum Thema Informationen besorgt hätten.[141] Fast alle Eltern beziehen also ihre Informationen zum sexuellen Mißbrauch durch Medien, bei denen es mitunter fragwürdig ist, ob es in erster Linie um eine objektive und fundierte Wissensvermittlung geht, oder ob - aufgrund der kommerziellen Orientierung - die Darstellungsweisen in Hinblick auf möglichst hohe Verkaufszahlen bzw. Einschaltquoten gewählt wurden.

Während G. Amann/ R. Wipplinger[142] am Beispiel der <u>österreichischen Printmedien</u> (Tages- und Wochenzeitungen) im Zeitraum von 1980-1994 die Wissensbestände über sexuellen Mißbrauch in den Printmedien untersuchten, hat C. Pütter zum Thema im <u>deutschen Zeitungsmarkt</u> recherchiert. Sie untersuchte über einen längeren Zeitraum hinweg relevante Beiträge der Münchener Süddeutschen Zeitung (SZ) sowie der Berliner tageszeitung (taz).[143]

Auch für die übrige Medienlandschaft (TV, Radio, Internet) gibt es zunehmend Untersuchungen zur Thematik.
So arbeitet u.a. D. Drewes zur Thematik des sexuellen Mißbrauchs im Internet[144], U. Thurm hat eine kommentierte Zusammenstellung von Filmen zum sexuellen Mißbrauch von Kindern erarbeitet.
Insbesondere die Auswirkung und Beeinflussung der Berichterstattung über sexuellen Mißbrauch auf die Einstellung der Eltern zur Prävention müßte im einzelnen genauer untersucht werden. Einerseits um Vorurteile und Ängste gegenüber der präventiven Arbeit gegen sexuellen Mißbrauch einschätzen zu können und darauf entsprechend reagieren zu können. Andererseits um eventuellen Fehl- und Falschinformationen fundierte Grundinformationen über die sexuelle Gewalt gegen Kinder und Möglichkeiten der Prävention beispielsweise im Rahmen von Elternabenden entgegensetzen zu können.

Auch wenn in der Öffentlichkeit mittlerweile eine Sensibilität vorhanden ist, die z.T. wohl auch durch bessere Berichterstattungen in den Medien bedingt ist, so fehlt häufig Faktenwissen. Bei LehramtsstudentInnen z.B. ist ein großer Informationsbedarf zu erkennen. Die Frage ist auch, inwieweit Männer sich durch die öffentlichen Kampagnen angesprochen fühlen. Studentinnen berichten in Seminaren, auch Männer aus dem engeren Bekanntenkreis erklärten die Problematik zur Frauensache (Geht uns nichts an - Kümmert euch doch selbst drum - Wehrt euch doch!).
Da die Ursachen für die Gewalt oft in psychischen Störungen, belastenden Kindheitserlebnissen oder zerrütteten Beziehungen liegen, ist die generelle Frage, wieweit öffentliche Aufklärungsarbeit die Tiefenbezirke menschlichen Verhaltens erreicht. Notwendig wäre auf jeden Fall auch eine Täterprävention. Prävention hat insofern - neben der gezielten Information - sehr weit im Vorfeld der Thematik anzusetzen. Sie betrifft nicht nur Aufklärung über den begrenzten Punkt, was sexueller Mißbrauch ist und was die Folgen sind; sondern sie verlangt auch die Darstellung der Ursachen (gesellschaftliche Gewalt, patriarchale Strukturen, Erwachsenenherrschaft, zerrüttete Familienverhältnisse und Beziehungen, psychische Schädigungen der potentiellen männlichen und weiblichen Täter) und den Versuch, hier im Vorfeld der speziellen Aufklärung gewissermaßen generalpräventiv wirken zu wollen - eine Sisyphusarbeit gewiß, aber es führt kein Weg darum herum.

b) Präventionsarbeit mit Eltern
Der Präventionsarbeit mit Eltern dürfte hinsichtlich des Schutzes für die Kinder zentrale Bedeutung zukommen, zumal der größere Teil der Mißbrauchsfälle im engeren Umkreis (Bekanntschaft, näherer Familienkreis) stattfindet. Es sieht nicht so aus, als ob dies von seiten der Schule hinlänglich geschieht. Hinsichtlich der Sensibilität der Eltern für die Thematik existieren offensichtlich unterschiedliche Erfahrungen. Aus der Darstellung verschiedener Unterrichtseinheiten zur Präventionsarbeit in unterschiedlichen Schulstufen geht hervor, daß die Eltern recht aufgeschlossen und ohne ernsthafte Bedenken die Behandlung der Thematik akzeptieren und an Informationen interessiert sind. Es gibt aber auch Eltern mit sehr viel mehr Skepsis. Insofern scheint Elternaufklärung auf die Dauer nicht gerade einfach zu werden. Die Elternschaft setzt sich inhomogen aus fast gar nicht informierten Eltern (zudem aus unter-

schiedlichen Kulturkreisen), aus aufgeschlossenen, teils schon sehr gut informierten Eltern und skeptischen zusammen, deren Vorbehalte aus öffentlichen Gegenkampagnen („Mißbrauch des Mißbrauchs"), schlechten Erfahrungen aufgrund des Fehlverhaltens betreuender Personen und möglicherweise eigener Schuldgefühle gespeist werden.
Die komplizierte Lage kann nicht bedeuten, die Präventionsarbeit mit Eltern nicht durchzuführen. Im Gegenteil, sie wäre zu intensivieren und zu professionalisieren. Oftmals geschieht dies durch Vorträge aus dem Kreis entsprechend professionalisierter Initiativgruppen, Verbände etc. heraus. Entscheidend werden für die Elternprävention in Zukunft die LehrerInnen sein. Sie haben am meisten Nähe zu Kindern und Eltern, können am ehesten die Einbeziehung der Thematik in die unterrichtlichen Zusammenhänge begründen und die notwendige Kontinuität der Präventivarbeit über Jahre hinweg gewährleisten. Die bisherigen zeitlich kompakten Kurzinformationen sind besser als nichts, aber nicht genug. (Konkrete Anregungen zur Elternarbeit siehe Kapitel 2.8.)

c) LehrerInnenausbildung

In der LehrerInnenausbildung spielt die Thematik des sexuellen Mißbrauch (wie im übrigen viele ähnlich brisante psychologische Fragen z.B. zu Gewalt, Angst, Verhaltensstörungen) kaum eine Rolle. Erst recht wird, falls Aufklärung über die Thematik erfolgt, kein praktischer Umgang geübt. Besser sieht es teilweise in der *LehrerInnenfortbildung* der einzelnen Bundesländer aus. In NRW werden z.B. regelmäßig Fortbildungsveranstaltungen angeboten. Im Rahmen einer entsprechenden Schriftenreihe erfolgen Grundinformationen, werden praktische Beispiele vorgestellt und ein Erfahrungsbericht über den Prozeß der Aufdeckung von sexuellem Mißbrauch und den Umgang mit mißbrauchten Kindern dargelegt (s. Literaturliste). Die Unsicherheit in der breiteren LehrerInnenschaft scheint noch relativ groß zu sein. Es werden - nach unseren Recherchen im Raum Münster - durchaus verschiedentlich Unterrichtsreihen durchgeführt. Es überwiegt jedoch methodische Unsicherheit, auch Angst, was beim Aufdecken eines Falls von Mißbrauch auf einen zukommen könnte. Eine gewisse Zahl von LehrerInnen ist wohl interessiert, reagiert aber aus persönlicher Unsicherheit sehr zögerlich. Es gibt auch Schulen, an denen gezielt abgeblockt wird: „Bei uns gibt es keinen sexuellen Mißbrauch!" Es muß daher dringend die Ausbildung der LehrerInnen dahingehend verbessert werden, daß diese schon während ihres Studiums auf die Problematik des sexuellen Mißbrauchs hingewiesen, für diese sensibilisiert werden, und daß sie ein fundiertes Grundlagenwissen erlangen, Möglichkeiten der präventiven Arbeit im schulischen Bereich kennenlernen und Qualifikationen für eine Präventionsarbeit erwerben. Keine Lehrerin und kein Lehrer darf zur Prävention gezwungen werden, aber jeder Lehrerin und jedem Lehrer müssen Hilfe, Unterstützung und soweit möglich die entsprechenden Rahmenbedingungen für ein präventives Arbeiten in der Schule zur Verfügung gestellt werden. Die Forderung nach Supervisionsmöglichkeiten zur Unterstützung von präventiv arbeitenden LehrerInnen sei hier als nur ein Beispiel genannt.

d) Voraussetzungen für eine verantwortungsvolle schulische Präventionsarbeit

Entschieden wird dazu aufgefordert, Abstand von Präventionsbemühungen in Form von einmaligen und nicht in den Gesamtunterricht eingebundenen Präventionsprogrammen zu nehmen und statt dessen daran zu arbeiten, Prävention in eine allgemeine, das Kind respektierende Erziehungshaltung zu integrieren. Für die Schule bedeutet das, ihre präventive Verantwortung nicht durch ein einmaliges Programm „zu absolvieren", oder sogar durch thematisch spezialisierte, den Kindern aber fremde Personen „absolvieren zu lassen", sondern sie immer wieder neu im Schulalltag zu praktizieren.

Eine durchgängige Präventionserziehung sollte sich im alltäglichen schulischen Umgang durch eine Haltung ausdrücken, die für die Selbstbestimmung und Eigenheit von SchülerInnen eintritt. Präventionsarbeit in Form von Projekten und Programmen kann diese Erziehungshaltung unterstützen und eine Vertiefung der Präventionselemente darstellen. Jedoch müssen Programme flexibel gestaltet sein, in die jeweilige Situation integriert werden und im Hinblick auf jede Klasse neu überdacht und verändert werden.

In welcher Form und in welchem Kontext die Präventionselemente im schulischen Rahmen zur Sprache kommen, hängt sowohl von den LehrerInnen als auch von den gegebenen Rahmenbedingungen ab.

Für die konkrete Arbeit mit den SchülerInnen sind folgende Aspekte zu berücksichtigen:

Die Mädchen und Jungen müssen eine offensive Sexualerziehung erfahren, die sowohl eine verständliche Sprache für ihren Körper und insbesondere für ihren Genitalbereich vermittelt als auch Raum bietet für Gespräche und Erfahrungen von Zärtlichkeit, Sinnlichkeit und Körpererfahrungen. Offene Gespräche über Sexualität und über Körperlichkeit sollten für die SchülerInnen selbstverständlich werden und nicht mit Scham und Peinlichkeit behaftet sein.

Auch in den weiteren Präventionsthemen müssen Kindern deutliche Worte, klare Benennungen und kindgerechte Definitionen zu den Inhalten gegeben werden.

Die besprochenen Themen sollten vor den SchülerInnen weder beschönigt noch verschleiert werden. So ist es einerseits erforderlich, den Kindern in sensibler Form konkrete Beispiele für den sexuellen Mißbrauch zu geben, damit sie nicht von der falschen Vorstellung ausgehen, sexueller Mißbrauch beschränke sich z.B. lediglich auf ungewollte Küsse. Des weiteren müssen die Täter klar benannt werden, dem Kind muß also auch die Möglichkeit des Mißbrauchs durch einen geliebten Menschen deutlich gemacht werden. Übersehen werden darf hierbei natürlich nicht, daß es unverantwortlich wäre, die Warnung und den Schutz vor dem Fremdtäter außer acht zu lassen. Ebenfalls darf bei allen Bemühungen, Kinder zu stärken und selbstbewußt zu machen, nicht übersehen werden, daß vor allem Kinder im Grundschulalter definitiv schwächer als Erwachsene sind und es deshalb eine Illusion ist, durch eine Stärkung der Kinder sexuellem Mißbrauch in jedem Fall wirkungsvoll entgegenwirken zu können. Den Kindern darf keinesfalls eine Stärke eingeredet werden (z.B. durch Selbstverteidigungsübungen), die sie in der Realität nicht haben, da sonst leicht die Gefahr besteht, daß die Verantwortung für den Schutz oder die Aufdeckung eines sexuellen Mißbrauchs den Kindern zugeschoben wird, die sich daraufhin noch schuldiger fühlen. Für die Lösung der Probleme sind aber einzig und allein die Erwachsenen verantwortlich!

Generell ist eine wechselnde Methodik, die viel Eigenaktivität der Kinder vorsieht, sowie die Möglichkeit ganzheitlich orientierten Arbeitens für die schulische Präventionsarbeit wichtig. Präventionsschwerpunkte müssen in möglichst viele Unterrichtsfächer integriert werden und dadurch immer neu Wiederholung und Fortführung finden. Auch wenn die Prävention sich ihrem Titel nach gegen sexuelle Gewalt richtet, darf die Arbeit mit den Kindern keinesfalls auf diesen Aspekt fixiert bleiben, sondern muß Offenheit auch für andere Gewalterfahrungen und

sonstige Probleme der Kinder zum Ausdruck bringen. Ebenfalls dürfen sich die präventiven Bemühungen nicht darauf beschränken, Kindern Möglichkeiten des Abgrenzens und Nein-Sagens aufzuzeigen, sondern ebenso wichtig ist es mit Mädchen und Jungen die Erfahrung positiver Gefühle und das bewußte Bejahen bestimmter Situationen zu erproben. Für einige Präventionsgebiete bietet sich das Arbeiten in geschlechtsgetrennten Gruppen an, um spezieller auf die unterschiedlichen Sozialisationserfahrungen von Mädchen und Jungen reagieren zu können.
Die für die Präventionsarbeit mit Kindern entwickelten Medien und Materialien sollten vor ihrem Einsatz gründlich auf eventuelle Nebeneffekte (Angsterzeugung, Verunsicherung, Überforderung etc.) geprüft werden. In Hinblick auf entwicklungspsychologische Erkenntnisse sind die meisten Materialien bisher nicht untersucht worden. Bislang fehlen ganzheitlich orientierte Materialien für die Arbeit mit Kindern aller Altersstufen, Materialien für die Freiarbeit, Materialien für Kinder in sonderpädagogischen Einrichtungen, sowie Materialien für ausländische Kinder.[145]
Eine Erfolgsgarantie für Prävention gegen sexuellen Mißbrauch gibt es nicht - aber durch präventive Arbeit mit Kindern können deren Chancen erhöht werden, ein selbstbewußtes und glückliches Leben zu führen, das nicht durch sexuellen Mißbrauch zerstört wird.
Deshalb gibt es unserer Meinung nach keine plausiblen Gründe, schulische Prävention gegen sexuellen Mißbrauch abzulehnen; zumal die Schule in bezug auf sexuellen Mißbrauch in zweifacher Hinsicht die Möglichkeit hat, sich für Kinder einzusetzen. Im Rahmen der primären Prävention kann sie dazu beitragen, SchülerInnen durch eine präventive Erziehung zu selbstbestimmten, kritischen und verantwortungsvollen Menschen zu erziehen, die ihre Rechte kennen und über Möglichkeiten informiert sind, wie sie sich bei Mißachtung ihrer Rechte Hilfe holen können. Aber auch zu Kindern zu erziehen, die gelernt haben die Rechte anderer zu respektieren und die die Fähigkeit entwickelt haben, ihren Körper und ihre Gefühle zu bejahen und wertzuschätzen und es dadurch nicht nötig haben (jetzt und in Zukunft), ihre Machtbedürfnisse durch sexuelle Übergriffe an jüngeren Kindern zu befriedigen. Der polnische Pädagoge Janusz Korczak hat in seiner Arbeit mit Kindern immer das Ziel verfolgt, durch die Erziehung der Kinder zu verantwortungsvollen Erwachsenen eine bessere Welt zu schaffen. „Wer die Welt verbessern will, muß die Erziehung verbessern." (Janusz Korczak). Korczaks Gedanken finden wir wertvoll für den Teil der präventiven Arbeit, der sich um die Verhinderung zukünftiger Täterschaften bemüht. Doch die Präventionsaufgabe der Schule liegt auch darin, ein sicherer Ort für betroffene Kinder zu sein, in dem ihre Grenzen respektiert und ihre Integrität nicht verletzt werden. Indem das Kind in der Schule persönliche Zuwendung und Achtung erfährt, kann es neuen Mut fassen und trotz der schmerzhaften Mißbrauchserfahrungen wenigstens einige Stunden des Tages in relativer Normalität verbringen. Eine positive Beziehung innerhalb der Klassengemeinschaft oder zwischen der Lehrerin/dem Lehrer und dem Kind kann für das Kind die Differenz zwischen „Leben" und „Überleben" ausmachen.[146]

2.7 Interventionsschritte bei der Vermutung eines sexuellen Mißbrauchs[147]

Als LehrerIn kann man durch unterschiedliche Begebenheiten mit der Thematik des sexuellen Mißbrauchs konfrontiert werden.
Eine Möglichkeit ist, daß einem von dem Mißbrauch bzw. dem Mißbrauchsverdacht einer Schülerin/eines Schülers berichtet wird z.B. durch andere Institutionen oder durch Bezugspersonen.[148]
Eine andere Möglichkeit kann sein, daß die Schülerin/der Schüler von sich aus von Mißbrauchserfahrungen berichtet. Dieser Fall ist jedoch eher selten.
Am häufigsten ist wohl der Fall, daß eine Lehrerin/ein Lehrer auffällige Verhaltensweisen bei dem Kind bzw. Jugendlichen beobachtet und einen sexuellen Mißbrauch für möglich hält. Gerade durch den tagtäglichen Kontakt zu ihren SchülerInnen sind LehrerInnen oft diejenigen Personen, denen Verhaltensänderungen oder Signale von mißbrauchten Kindern zuerst auffallen. Sie sollten deshalb sensibel für jegliche Verhaltensauffälligkeiten von Kindern sein und SchülerInnen, deren Verhalten ihnen merkwürdig erscheint, näher und intensiver beobachten. Bei Kindern sind beispielsweise aggressives Auftreten, Wutausbrüche, die Unfähigkeit zu sozialen Bindungen ebenso wie stilles, unterwürfiges Verhalten, Isolation und Konzentrationsschwächen Verhaltensweisen, die auf sexuellen Mißbrauch, aber auch auf andere Probleme im Leben der Kinder hinweisen können.

Für LehrerInnen, die vermuten, daß die Verhaltensauffälligkeiten eines Kindes durch sexuellen Mißbrauch hervorgerufen werden, empfehlen sich folgende Handlungsschritte[149]:

• Ruhe bewahren, überstürztes Eingreifen schadet dem Kind nur!
• Kollegin/Kollege oder andere Vertauensperson suchen, um mit dieser über die eigene Unsicherheit zu sprechen.
• Den Kontakt zum Kind vorsichtig intensivieren, um eine positive Beziehung herzustellen.
• Das Kind immer wieder ermutigen, über seine Probleme und Gefühle zu sprechen.
• In der Gruppe das Recht auf sexuelle Selbstbestimmung und das Thema „sexueller Mißbrauch" vorsichtig ansprechen und damit signalisieren: „Ich weiß, daß es sexuellen Mißbrauch gibt... Mit mir kannst du darüber reden... Ich glaube betroffenen Mädchen und Jungen."
• Eine Beratungsstelle einschalten; sich selbst mit Informationen versorgen.
• Hinweise auf den sexuellen Mißbrauch notieren. (Tagebuch über die Verhaltensweisen und Aussagen des Kindes führen.)
• Wenn möglich, den Kontakt zur Bezugsperson des Kindes intensivieren, um die Belastbarkeit dieser Person besser einschätzen zu können.
• Kontakt zum Jugendamt aufnehmen (ggf. ohne Namensnennung), oder zu anderen professionellen Institutionen oder Gruppen.
• HelferInnenkonferenz anstreben, damit alle, die Kontakte zu der Familie haben, gemeinsam eine Strategie absprechen können.
• Niemals einen Mißbrauchsverdacht offenlegen, ehe eine räumliche Trennung von Opfer und Täter vorbereitet und möglich ist bzw. es eine erwachsene Person gibt, die sich deutlich auf die Seite des Opfers stellt.

• Eine eventuelle Anzeige mit einer Anwältin/einem Anwalt zuvor durchsprechen und gut vorbereiten. Niemand ist zur Anzeige verpflichtet!

Bestätigt sich der Mißbrauchsverdacht oder wendet sich ein Kind unmißverständlich mit der Bitte um Hilfe an eine Lehrerin oder einen Lehrer, so sollten zusätzlich folgende Verhaltensweisen beachtet werden[150]:
• Das Kind nicht zum Reden drängen, aber immer Gesprächsbereitschaft signalisieren.
• Selbst das „Redeverbot" ansprechen und damit die explizite Erlaubnis zum Aussprechen geben.
• Vertrauensschutz geben; nicht gegen den Willen und ohne die Zustimmung des Kindes handeln.
• Verständnis für das Kind und seine Situation haben, auch seinen ambivalenten Gefühlen dem Täter gegenüber.
• Das Kind beruhigen und Parteilichkeit ergreifen. Deutlich machen, daß die Verantwortung für den sexuellen Mißbrauch immer beim Täter liegt.
• Dem Kind glauben! Kinder lügen in der Regel nicht, wenn sie von erlittener sexueller Gewalt erzählen.
• Dem Kind vermitteln, daß es nicht alleine ist, daß es vielen Kindern so geht. Das eigene Wissen über Mißbrauch z.T. zur Verfügung stellen, um „Normalität" herzustellen, jedoch keinesfalls die Situation des Kindes verharmlosen.

Ein wichtiger Grundsatz bei der Interventionsarbeit ist es, die eigenen Gefühle zu realisieren und eigene Grenzen zu akzeptieren.

2.8 Überlegungen und Anregungen zur Elternarbeit

Der folgenden Ausführungen basieren weitgehend auf einem Artikel, in dem wir uns schwerpunktmäßig mit der Elternarbeit in der Grundschule in Verbindung mit Präventionsarbeit befaßt haben.[151] Diesen Artikel haben wir nun um Aspekte und Literaturhinweise für die Elternarbeit in der Sekundarstufe I erweitert.

Wie wichtig ist Elternarbeit im Rahmen präventiver Erziehung?

Betrachtet man die bestehenden Präventionsansätze zum sexuellen Mißbrauch, so wird deutlich, daß die Eltern eine eher vernachlässigte Zielgruppe darstellen. Demgegenüber scheint es uns, daß gerade die Eltern eine Gruppe von herausragender Wichtigkeit sind. Eine Präventionsarbeit ohne Elternarbeit verfehlt weitgehend ihr Ziel.

Dabei ist die Elterarbeit in der Grundschule aufgrund des Alters der Kinder besonders gefordert. Im Prinzip treffen aber die Überlegungen auch für die weiteren Jahrgänge der Sek I zu. Wie notwendig auch dort Elternarbeit ist, wird an den folgenden Ausführungen zu einem Elternabend im 7. Schuljahr des „Nele-Projektes" (siehe Kapitel 3.3) deutlich.

„...An einem Elternabend, an dem den Eltern u.a. Informationen zur Lektüre und die Gelegenheit zu Fragen bezüglich des Unterrichtsablaufes und zu ihrer eigenen Rolle während der Reihe gegeben werden sollten, war starkes Interesse, gepaart mit Unsicherheit, spürbar. Die Unsicherheit erwuchs hauptsächlich auf dem Boden eigener Unkenntnis und Sorge, zu Hause mit Fragen konfrontiert zu werden, die man vielleicht lieber ausgespart hätte. Das dokumentierten Nachfragen, wie: „Wo werden denn im Unterricht die Grenzen gezogen?", wobei gleichzeitig das eigene aufgeschlossene Elternhaus („Wie können bei uns über alles reden!") betont wurde. Ob die Unsicherheit ansatzweise aufgehoben werden konnte, läßt sich nicht beurteilen, da sie nur beobachtet, nicht aber in diesem Rahmen thematisiert wurde. Überwiegend begrüßten die Eltern das Vorhaben deutlich...."[152]

Gründe für die Elternarbeit sind u.a.:

a) Kinder sind, auf sich gestellt, im Falle des Mißbrauchs trotz des Präventionswissens überfordert.

Sie werden vielleicht sensibilisiert für die Gefahren, können eventuell selbstbewußter Grenzen ziehen, bestimmten Situationen aus dem Weg gehen, Annäherungen zurückweisen oder Hilfe holen. Aber sie können sich trotzdem dem Mißbraucher häufig nur schwer entziehen, sei es, weil dieser physisch schlichtweg stärker ist, sei es, weil die Kinder sich in emotionaler und sozialer Abhängigkeit befinden und sich ihnen die Alternative zwischen zwei Übeln zu stellen scheint (Vaterverlust, Familienauflösung versus Mißbrauch) oder auch, weil sie den geschickten Täterstrategien nicht gewachsen sind.[153] Eine Präventionsarbeit, die den Kindern zu viel an Eigenverantwortung aufbürdet, wirkt möglicherweise kontraproduktiv: Es verstärken sich bei mißbrauchten Kindern ohnehin vorhandene Scham- und Schuldgefühle, wenn ihnen zu undifferenziert dargestellt wird, wie Gegenwehr zu funktionieren hat (gehabt hätte). Eine schulische Erziehung muß daher auch Eltern zu genauer Beobachtungsgabe, kompetentem Sachwissen und der Fähigkeit anleiten, Hilfestellung zu geben.

b) Eltern können selbst am besten Gefahrensituationen abschätzen, weil sie situativ den Kindern am nächsten sind. Dies betrifft die Frage des Umgehens mit potentiellen Fremdtätern (sie machen eine Minderheit aus, aber von beträchtlichem Ausmaß: bis zu 25%). Dies betrifft vor allem aber das soziale Umfeld und den sozialen Nahbereich (50%) und den der Familie. Problematisch ist es natürlich, wenn die Eltern selbst involviert sind; dies ist jedoch weniger häufig der Fall, als der Mißbrauch durch andere Familienangehörige (Mütter ca. 1%; Väter 6-28%; den größten Teil machen Brüder, Onkel und Cousins aus.[154]) Umfragen unter Eltern haben ergeben, daß diese trotz ihrer z.T. guten theoretischen Kenntnisse über den sexuellen Mißbrauch und die Täter sicher waren, daß im eigenen Umfeld kein Täter zu finden sei. „Es können zwar Bekannte und Verwandte als Täter in Frage kommen, aber die Verwandten oder Bekannten anderer, nicht die eigenen."[155] Eine solche Verdrängungshaltung öffnet, obschon das Gegenteil intendiert ist, dem Täter die Türen.

c) Schulische Präventionsarbeit wird um so erfolgreicher sein, je enttabuisierter im Elternhaus mit dem Thema sexueller Mißbrauch bzw. Sexualität und Gewalt allgemein umgegangen wird. Kinder werden sicherer, wenn auch zu Hause über Themen dieser Art gesprochen wird, und werden sich um so eher öffnen und Hilfe holen, je freier und selbstverständlicher das Sprechen über Sexualität, zumal den Mißbrauch, aber insgesamt auch über angenehme oder unangenehme Gefühle und Unsicherheiten ist.

d) Auch unter rechtlichen Aspekten ist die Einbeziehung der Eltern wichtig.
Obwohl Aufklärung über sexuellen Mißbrauch nicht im Sachunterricht im Rahmen der Sexualkunde stattfinden muß (meistens bisher fächerübergreifend behandelt wird), kann sie doch als Teil davon aufgefaßt werden. Insofern bietet es sich an, und sei es zur Vermeidung eines Rechtsstreits, wie bei der Durchführung von Projekten in der Sexualkunde, Eltern zu informieren und in die Beratung einzubeziehen. In einer unserer Diskussionsrunden wurde erwogen, ob es nicht zur Vermeidung von Elternrenitenz bei der Behandlung des Themas geschickter sei, die Problematik des sexuellen Mißbrauchs so in allgemeinere Thematiken einzubetten (Gefühlserziehung, Mein Körper gehört mir), daß die Behandlung des Mißbrauchs praktisch nicht auffällt. Die „listige" Behandlung des Themas sei besser als gar keine oder eine restringierte.

Die Ausführungen zur Frage der Wichtigkeit von Elternarbeit dürften gezeigt haben: ohne diese wird schulische Präventionsarbeit seiner Wirkung beraubt sein.

Welches Interesse bzw. welches Wissen ist bei Eltern zu erwarten?
Es gibt wenig empirische Untersuchungen zum Wissensstand der Eltern. Im Rahmen eines Projektes zur Prävention gegen sexuelle Mißhandlungen (A. Knappe/H. Selg, 1993), bei dem der Schwerpunkt auf der präventiven Elternarbeit lag, fanden die Durchführenden durch mehrere Befragungen heraus, „daß die meisten Eltern nicht mehr vom Klischeebild des fremden Triebtäters ausgehen, der den Kindern auf dem Schulweg auflauert und sie sexuell mißhandelt".[156] Größtenteils wußten die Eltern darüber Bescheid, daß sexueller Mißbrauch überwiegend im sozialen Umfeld des Kindes geschieht und daß auch gute Bekannte und Verwandte die Täter sein können. Über die Tatdynamik des sexuellen Mißbrauchs waren die meisten El-

tern ebenfalls informiert. Auch an der Schule des Münsteraner Projektes waren Eltern wie LehrerInnen der Meinung, Grundinformationen über sexuellen Mißbrauch bräuchten nicht mehr zu erfolgen, es reiche die Vorstellung der Unterrichtsplanung; von anderen PädagogInnen ist ähnliches zu vernehmen.

Man muß sicherlich vorsichtig mit solchen Beobachtungen umgehen. Während viele vieles wissen, sind einige sicher noch weitgehend uninformiert. So ist ein unterschiedlicher Informationsgrad bei Männern und Frauen zu vermuten, ebenso dürfte es schichtenspezifische Unterschiede geben. Die Einschätzung des Fremdtäters wird vermutlich sehr variieren. In Zeiten, in denen sexuell motivierte Kindesmorde die Bevölkerung aufschrecken und die Medien diesen Fällen viel Platz einräumen, kommt der Fremdtäter wieder deutlich stärker in das Blickfeld; daß die meisten Täter den Kindern bekannt sind, gerät in Vergessenheit. Ferner gilt es inzwischen gegen neue Vorurteile und Mythen anzugehen, die sich um den sexuellen Mißbrauch ranken, etwa den Mythos „Die Täter sind immer die Väter" (vermutlich ist der Anteil der leiblichen Väter geringer als der der Fremdtäter[157]) oder die Beschuldigung, Mütter würden ihre Augen vor dem Mißbrauch verschließen. Ferner ist oben schon erwähnt worden, daß selbst im Falle von Kenntnissen die Übertragung aufs eigene Umfeld vermieden wird.

Man wird vorsichtig etwa so sagen können: Der Kenntnisstand in der Bevölkerung und in der Elternschaft dürfte so sein, daß das Ausmaß erkannt ist und die Beschäftigung mit der Thematik grundsätzlich nahe liegt. Insofern wird man bei der Behandlung der Thematik auf einen gewissen, jedoch zumeist unvollständigen und häufig nicht auf die Erziehungsebene weitergedachten Kenntnisstand stoßen.

Ebenfalls führen die Basisinformationen dazu, daß ein grundsätzliches Interesse der Eltern an der Präventionsarbeit vorhanden ist. Aus mündlichen oder schriftlichen Präventionsberichten ist freilich zu entnehmen, daß dieses Interesse recht unterschiedlich akzentuiert ist. Es gibt

- Eltern, die Präventionsarbeit nachhaltig begrüßen, weil sie um deren Notwendigkeit wissen (Tenor der meisten Präventionsberichte aus der Schule) und zahlreich und interessiert zur Elterninformation kommen;
- Eltern, die nichts dagegen haben, sich aber nicht sonderlich engagieren. Hier und da wird eine Veranstaltung zur Information der Eltern auch zum Flop;
- Eltern, die Vorbehalte anmelden aus Angst vor dem „Mißbrauch mit dem Mißbrauch"; so wurde etwa verlangt, daß die Zeichnungen der Kinder nicht in „psychologische Institute" mitgenommen werden, weil Bedenken gegen falsche Auswertungen und ungerechtfertigte Zerstörungen der Familie vorhanden waren;
- Eltern, die möglicherweise wegen der eigenen Situation unsicher sind (mißbrauchte Mütter, mißbrauchende Väter, Eltern, die vor der Aufdeckung Angst haben);
- Eltern, die besorgt sind wegen einer zu großen Belastung der Kinder und befürchten, daß das objektiv angstbesetzte Thema in den Kindern Angst auslöst und, sofern diese betroffen sind, die Ängste verstärkt, oder, wenn die Kinder nicht betroffen sind, ihnen die Freiheit und Unbefangenheit gegenüber der Sexualität nimmt;
- Eltern, die generell die Behandlung von Sexualität im Unterricht als ihr Privileg ansehen und die Intimsphäre verletzt sehen;
- Eltern anderer Kulturen, in denen der Bereich der Sexualität - auch des sexuellen Mißbrauchs - anders wahrgenommen wird, teilweise auch stärker tabuisiert ist.

Wie informiere und beteilige ich die Eltern?
Obwohl im Rahmen der meisten schulischen Präventionsprogramme ein Elternabend (zum Teil auch mehrere) stattfindet, wird dort nur in seltenen Fällen Präventionsarbeit, die beim Erwachsenen statt beim Kind ansetzt, praktiziert. Meist geht es auf den Elternabenden darum, den Eltern die Inhalte der Projekte für die Kinder vorzustellen und so zu begründen, daß möglichst alle Eltern der Durchführung des Programmes zustimmen. „Die speziellen Bedürfnisse (Ängste, Schwierigkeiten mit dem Thema) der Eltern bleiben in der Regel unberücksichtigt."[158]

Hintergrundinformationen für Eltern zum Thema
Sofern die Eltern grundlegende Informationen wünschen, ist es sinnvoll, *eine Fachperson von außen* einzuladen. MitarbeiterInnen von Beratungsstellen und Verbänden sind auf solche Informationsabende eingestellt und haben oft langjährige Erfahrungen in ihrer Arbeit. Ein Vortrag ist aufgrund der Vielzahl von zuständigen Institutionen und Gruppen unschwer zu organisieren, die Frage der Bezahlung wird unterschiedlich gehandhabt. In Vorabsprachen wäre abzuklären, daß die grundlegenden Informationen so gegeben werden, daß die Eltern in die Lage versetzt werden, diese auf den eigenen Lebensbereich transponieren zu können. Thema wären Grundinformationen zum sexuellen Mißbrauch, Aufgaben und Möglichkeiten von Eltern bezüglich der Prävention bzw. Intervention, Schwierigkeiten von Eltern, sich selbst auf die Thematik einzulassen, Vorstellung von Hintergrundliteratur und Materialien, Adressen von Stellen, die helfen können.
In Befragungen hat sich herausgestellt, daß viele Eltern zwar ein gewisses theoretisches Wissen haben, daß aber „68% der Eltern keine Anlaufstelle benennen konnten, an die sie sich im Krisenfall hätten wenden können".[159] Den Eltern Interventionsmöglichkeiten aufzuzeigen für den Fall, daß sie bei ihrem Kind sexuelle Gewalterfahrungen vermuten, und ihnen Kontaktadressen der regionalen, zum Thema arbeitenden Einrichtungen zu vermitteln, sind entscheidende Aspekte der Arbeit mit den Eltern.

Informationen für Eltern über die geplante Präventionsarbeit in der Schulklasse
Es empfiehlt sich, mehr als einen knappen Abriß der Unterrichtsreihe vorzusehen und ausführlich und korrekt über das geplante Vorgehen zu sprechen, auch auf die eigenen Ängste, Bedenken und Vorurteile einzugehen. Dies empfiehlt sich auch, wenn schon eine Fachperson von außen da war, die im allgemeinen für praktische Präventionsarbeit in der Schule nicht professionalisiert ist. Oft verzichten Eltern auf die Hintergrundinformationen von außen, dann ist erst recht genügend Raum für die Artikulation und Besprechung von Bedenken vorhanden. Bisweilen steht an der Schule auch eine ausgebildete Beratungslehrerin zur Verfügung, die bei der Besprechung der Thematik und der Fragen Unterstützung leisten kann.

a) Die Vorstellung der Unterrichtsreihe
Man kann den Bedenken der Eltern, eine Reihe über den sexuellen Mißbrauch könne verunsichern und Angst machen, begegnen, indem man die Ziele deutlich macht: Gefühlsdifferenzierung, Selbstbewußtsein schaffen, Ichstärke, Mut zum Nein- *und* Jasagen, Kompetenz zum Hilfeholen. Die Zielsetzung zeigt schon, daß die Behandlung des Themas sexueller Mißbrauch immer in einen Kontext eingebunden ist. LehrerInnen und SchülerInnen starren nicht wäh-

rend der ganzen Reihe wie ein Kaninchen auf die Schlange „sexueller Mißbrauch", sondern sexueller Mißbrauch kommt als *eine* Form zurückzuweisender Berührungen *auch* vor. Das verharmlost nicht das Thema, aber es entkrampft und entdramatisiert es.
Es hat sich bewährt, den Eltern sehr konkret die einzelnen Stufen der jeweiligen Reihe darzulegen. In bezug auf die traditionelle Reihe (Gefühle, Berührungen, Geheimnisse, Nein/Jasagen, Hilfsmöglichkeiten kennenlernen), die wir im 1. Schuljahr unter dem Titel „Gefühle sind wie Farben" durchgeführt haben, reagierten die anwesenden Eltern mit Freude darauf, einzelne Unterrichtselemente ganz konkret geschildert zu bekommen. Dazu gehörte es zum Beispiel, das „Begrüßungsspiel" zum Thema „angenehme oder unangenehme Gefühle" kennenzulernen (gegebenenfalls selbst auszuprobieren! s.u.); oder die Möglichkeit, Musik in Bewegung umzusetzen; oder als Berührungsspiel etwa das Burgspiel kennenzulernen, den Tastkasten o.ä. und ihnen das Buch „Kein Küßchen auf Kommando" oder „Kein Anfassen auf Kommando" (beide Bücher: M. Mebes/L. Sandrock, Berlin 1992) vorzustellen. Hilfreich ist hier der Verweis auf erprobte Geschichten wie „Heimlich ist mir unheimlich" (O. Wachter, Berlin 1991). Beim Thema „gute" und „schlechte" Geheimnisse (Geburtstagsgeschenk oder Kakaogelderpressung) leuchtet ein, daß auch hier mehr gelernt wird als das Umgehen mit dem „schlechten" Geheimnis sexueller Gewalt.
In die Thematik „Nein sagen" kann sehr gut mit Hilfe des Bilderbuches „Das große und das kleine Nein" (G. Braun/D. Wolters, Mülheim 1991) eingeführt werden. Eltern sind bei dieser Thematik, unabhängig von der Wichtigkeit für den sexuellen Mißbrauch, auch generell interessiert: „Wie können Kinder lernen, Grenzen zu ziehen?" Dies wird nicht nur im negativen Sinn der Abgrenzung thematisiert, denn zugleich bestehen Eltern häufig (und mit Recht) darauf, daß die Kinder nicht nur Nein sagen (negativ), sondern auch Ja sagen lernen (Würdigung des Positiven).
Es hat sich auch bewährt, weitere Materialien vorzustellen, z.B. Liedertexte, oder während der Besprechung Bilder-, Kinder- und Jugendbücher zum Thema herumzureichen, eine kleine Lesepause einzuschieben, evtl. das Konzept der Unterrichtsreihe als Kopien zu verteilen. So kann deutlich gezeigt werden, daß mit allem offen umgegangen wird, daß Relationen gewahrt sind, daß die Mißbrauchsreihe in den breiten Kontext von Gefühlserziehung einbezogen wird, daß Kreativität und Spaß - bei allem Ernst des Themas - die Reihe prägen, und daß die Eltern, wenn sie Materialien zu belastend oder zu beängstigend empfinden (es gibt Materialien, die in der Tat ungeeignet sind, s.u.), darüber rechtzeitig mitreden können.
Wenn eine BeratungslehrerIn dabei ist, kann sie möglicherweise noch einmal übergreifend die Lernziele erläutern, wie sie etwa in NRW vom Landesinstitut für Fortbildung in Soest formuliert wurden: Ziele der Reihe sind Lebenskompetenzförderung, geschlechtsspezifische Arbeit, Sexualerziehung und Elternarbeit.

b) Mitwirkungsmöglichkeiten der Eltern
Es ist sinnvoll, diesen Punkt genau zu planen, weil, wie oben dargelegt, Präventionsarbeit ohne die Mitwirkung der Eltern nur die Hälfte wert ist. Eltern sind zudem häufig unsicher, weil sie nicht wissen, wie sie sich selbst während der Behandlung der Thematik in der Schule verhalten sollen.

- Eltern möchten genauer wissen, was im einzelnen in der Schule läuft. Daher ist es sinnvoll, ihnen Materialien zur Verfügung zu stellen
- den Verlaufsplan der Einheit (oder Schwerpunkte, Fragestellungen)
- eine Bibliographie mit Bilder-, Kinderbüchern und Jugendbüchern (empfehlenswerte Titel ankreuzen!)
- Liedtexte (mit Noten) zum Singen zu Hause, für ältere Jugendliche Liedtexte zum Thema aus der Popmusik

- Eltern möchten sich oft noch genauer zur Thematik sexueller Mißbrauch informieren (Uneinheitlichkeit der Informationen). Daher ist es sinnvoll, ihnen zu Verfügung zu stellen:
- eine knapp gefaßte Broschüre oder ein Faltblatt zur schnellen Information (kostenlos oder gegen eine geringe Gebühr erhältlich bei der Arbeitsgemeinschaft Kinder- und Jugendschutz (AJS), beim Kinderschutzbund, Bundesministerium, bei der Polizei etc.)
- eine Auswahlbibliographie.

- Eltern sind oft unsicher, wie sie überhaupt über Körperkontakte, Sexualität, Gefühle mit Kindern und Jugendlichen sprechen können: Nennen von Buchtiteln
- zur Sexualaufklärung für Kinder (z.B. Fagerström, G./Hannson, G.([32]1998): „Peter, Ida und Minimum") und für Jugendliche (z.B. Wolfrum, Chr./Süß, P. (1997): „So wild nach Deinem Erdbeermund. Ein Aufklärungsbuch für Jugendliche.")
- zum Sprechen über Gefühle hinsichtlich Gewalt/sexuellem Mißbrauch mit Kindern (z.B. Garbe, E./Suarez, K. (1994) „Anna in der Höhle") und mit Jugendlichen (z.B. Blobel, B. (1996) „Herzsprung")
- zum Sprechen über Liebe/Erotik bei Kindern (z.B. Härtling, P. (1986) „Ben liebt Anna") und bei Jugendlichen (z.B. Halek, T. (1999): „Wenn die Herzen Flügel tragen. Ein Ratgeber zum Verlieben.")

- Eltern sind oft unsicher, weil sie selbst negative Erfahrungen im Bereich sexuellen Mißbrauchs haben (z.B. Mütter):
- Adressenverzeichnis von Beratungsstellen mitgeben
- Literaturliste beifügen (z.B. bei Zartbitter erhältlich) mit informierenden Büchern, autobiographischen oder therapeutischen Texten.

- Eltern sind oft unsicher, was bei der Aufdeckung von sexuellem Mißbrauch geschieht. Es ist hier notwendig, zu betonen,
- daß keine vorschnellen Reaktionen erfolgen (über die häufig in der Presse berichtet wird)
- daß ein ganz zentrales Prinzip das der Ruhe und der sorgfältigen Beobachtung ist (evtl. über einen Zeitraum von etlichen Wochen)
- daß ein weiteres Prinzip ist, nichts über den Kopf des Kindes hinweg zu unternehmen, weil das eine zweite Entmündigung des Kindes wäre
- daß keine LehrerIn in einer Einzelaktion aktiv wird, sondern sich die einzelnen LehrerInnen mit professionellen Instanzen (BeratungslehrerInnen, psychologische

Beratungsstellen, anderen professionellen Gruppen und Institutionen) in Verbindung setzen werden.
Es ist sinnvoll, den Eltern einen Katalog von Verhaltensregeln für den Fall der Vermutung oder Aufdeckung eines Mißbrauchs mitzugeben, auch zentrale Anlaufstellen zu nennen, falls sie selbst vor dem Problem einer Intervention stehen.

- Eltern sind oft unsicher, was sie selbst zur Präventionsarbeit beitragen können.

Es ist, wie bei der Darstellung der Unterrichtseinheit, wichtig, die Einbettung der Präventionsarbeit in einen erzieherischen Kontext deutlich zu machen. Übergreifende Lernziele im Hinblick auf eine präventive Erziehung sind:[160]
- Das Recht des Kindes auf selbstbestimmten Körperkontakt achten.
- Keinen unbedingten Gehorsam gegenüber Erwachsenen verlangen.
- Die kindlichen Gefühle wahrnehmen und sie achten. Kinder ermuntern, sich auf ihre Gefühle zu verlassen.
- Den Kindern genügend Aufmerksamkeit, Zuwendung und Zärtlichkeit schenken.
- Keine geschlechtsspezifische Erziehung praktizieren.
- Grenzen setzen und Regeln einhalten können.
- Den Kindern eine gute und angemessene Sexualaufklärung geben, die auch Informationen über den sexuellen Mißbrauch beinhaltet.

[1] vgl. N. Wehnert-Franke/H. Richter-Appelt/Ch. Gaenslen-Jordan in: Zeitschrift f. Sexualforschung, 1992, S. 43
[2] E. Fey in: U. Büscher et al., 1992, S. 45
[3] vgl. M. Born, 1994, S. 79
[4] ebd.
[5] vgl. N. Wehnert-Franke/H. Richter-Appelt/Ch. Gaenslen-Jordan in: Zeitschrift für Sexualforschung, 1992, S. 43
[6] M. Born, 1994, S. 79
[7] J. Pfeiffer et al., 1993, S. 4
[8] vgl. M. Born, 1994, S. 79
[9] Prävention = Vorbeugen (lat.)
[10] vgl. A. Knappe/H. Selg, 1993, S. 12
[11] ebd.
[12] I. Johns, 1993, S. 150
[13] Ch. Gaenslen-Jordan/N. Wehnert-Franke/H. Richter-Appelt in: M. Gegenfurtner, B. Bartsch, 1994, S. 77
[14] ebd.
[15] U. Peters in: AJS (Hrsg.), 1995, S. 50
[16] D. Bange in: AJS (Hrsg.), 1995, S. 19
[17] P. Mader/M. Mebes in: K. Lappe et al., 1993, S. 9
[18] N. Wehnert-Franke/H. Richter-Appelt/Ch. Gaenslen-Jordan in: Zeitschrift für Sexualforschung, 1992, S. 44
[19] vgl. B. Marquadt-Mau, 1995, S. 11
[20] G. Braun/U. Enders in: U. Enders (Hrsg.), 1995, S. 264
[21] vgl. M. Born, 1994, S. 80
[22] vgl. G. Braun/ U. Enders in U. Enders (Hrsg.), 1995, S. 264
[23] E. Fey in: U. Büscher et al., 1992, S. 46
[24] vgl. ebd.
[25] vgl. M. Born, 1994, S. 82
[26] vgl. E. Fey in: U. Büscher et al., 1992, S. 47
[27] G. Braun/U. Enders in: U. Enders (Hrsg.), 1995, S. 266
[28] vgl. H. Pich, 1993, S. 2f.
[29] vgl. G. Braun/U. Enders in: U. Enders (Hrsg.), 1995, S. 266
[30] vgl. E. Fey in: C. Kazis (Hrsg.), 1992, S. 198
[31] G. Braun/U. Enders in: U. Enders (Hrsg.), 1995, S. 265
[32] vgl. K. Lappe in: K. Lappe et al., 1993, S. 17
[33] ebd.
[34] B. Marquardt-Mau, 1995, S. 11
[35] G. Braun/U. Enders in: U. Enders (Hrsg.), 1995, S. 266f.
[36] vgl. G. Braun/U. Enders in: U. Enders (Hrsg.), 1995, S. 264ff
[37] vgl. ebd. S. 264
[38] Anzeige des Innenministeriums Baden-Württemberg (Hrsg.) in: „Spielen und Lernen", Heft 6, 1976, S. 62/63
[39] „Hab keine Angst", Innenministerium Baden-Württemberg (Hrsg.), o.J.
[40] vgl. M. Born, 1994, S. 81
[41] vgl. F. Koch in: U. Büscher et al., S. 79
[42] Ständige Konferenz der Kultusminister (Hrsg.) in: H.-J. Gamm/F. Koch (Hrsg.), 1977, S. 194
In den 1974 in Kraft getretenen Richtlinien zur Sexualerziehung, die bis heute Gültigkeit haben, fällt dieser Aspekt ganz weg. Erst im Entwurf für die neuen Richtlinien (vom 30. 04. 1998) wird der sexuellen Mißbrauch explizit angesprochen.
[43] vgl. „Bunte Lesefolgen", 1986, S. 114-121
[44] „Bunte Lesefolgen", Lehrerhandbuch, 1983, S. 47
[45] vgl. CVK-Arbeitsblätter zur Sexualerziehung für das 1./2. Schuljahr, 1987, S. 19
[46] vgl. CVK-Arbeitsblätter zur Sexualerziehung für das 3./4. Schuljahr, 1988, S. 25
[47] vgl. „Wir entdecken unsere Welt", 1982, S. 44-46
[48] vgl. auch: K. Lappe in: K. Lappe et al., 1993, S. 18

[49] vgl. Kapitel 1.4
[50] vgl. M. Born, 1994, S. 82
[51] Seit wenigen Jahren ist hier jedoch eine breite Diskussion zu beobachten. Momentan finden auf verschiedenen Ebenen Weiterentwicklungen von Präventionsansätzen statt, die sich zum einen verstärkt an Erwachsene wenden und zum anderen der „Täterprävention" als unverzichtbarem Präventionsbestandteil genügend Raum geben.
[52] vgl. E. Fey in: C. Kazis (Hrsg.), 1992, S. 197
[53] G. Braun in: AJS (Hrsg.), 1995, S. 12
[54] P. Mader/M. Mebes in: K. Lappe et al., 1993, S. 9
[55] vgl. N. Wehnert-Franke/H. Richter-Appelt/Ch. Gaenslen-Jordan in: Zeitschrift f. Sexualforschung, 1992, S. 52
[56] G. Braun in: AJS (Hrsg.), 1995, S. 12
[57] D. Bange in: AJS (Hrsg.), 1995, S. 27
[58] Slogan des DONNA VITA-Fachhandels, Ruhnmark
[59] A. Lohaus/H. M. Trautner, o.J., S. 3f.
[60] vgl. D. Bange in: D. Bange et al., 1993, S. 17
[61] ebd.
[62] vgl. J. D. Berrick/N. Gilbert in: B. Marquardt-Mau (Hrsg.), 1995, S. 72f.
[63] vgl. E. Fey in: C. Kazis (Hrsg.), 1992, S. 199
[64] vgl. M. Born, 1994, S. 86
[65] vgl. E. Fey in: C. Kazis (Hrsg.), 1992, S. 199
[66] vgl. CAPP, 3. Aufl. 1985
[67] vgl. ebd., S. 189-218
[68] E. Fey in: U. Büscher et al., 1992, S. 60
[69] vgl. E. Fey in: C. Kazis (Hrsg.), 1992, S. 199
[70] ebd., S. 200
[71] vgl. B. Besten, 1991, S. 65
[72] vgl. ebd., S. 66
[73] Übersetzung von E. Fey in: C. Kazis (Hrsg.), 1992, S. 203f.
[74] E. Fey in: C. Kazis (Hrsg.), 1992, S. 204
[75] K. Lappe in: K. Lappe et al., 1993, S. 19
[76] vgl. ebd.
[77] M. Posorski, 1990
[78] vgl. H. Kiper, 1994, S. 160ff
[79] vgl. M. Born, 1994, S. 89
[80] vgl. A. Dibbern in: Deutscher Kinderschutzbund (Hrsg.), 1989, S. 17f.
[81] M. Born, 1994, S. 89
[82] vgl. A. Dibbern in: Deutscher Kinderschutzbund (Hrsg.), 1989, S. 18
[83] H. Kiper, 1994, S. 160
[84] N. Wehnert-Franke/H. Richter-Appelt/Ch. Gaenslen-Jordan in: Zeitschrift für Sexualforschung, 1992, S. 50
[85] A. Dibbern in: Deutscher Kinderschutzbund (Hrsg.), 1989, S. 18
[86] N. Wehnert-Franke/H. Richter-Appelt/Ch. Gaenslen-Jordan in: Zeitschrift für Sexualforschung, 1992, S. 52
[87] B. Marquardt-Mau (Hrsg.), 1995, S. 14
[88] Die völlig unzureichende Forschungsarbeit zur Thematik in Deutschland wurde von A. May in einem Vortrag am 29. 09. 1999 auf dem 2. Münsteraner Symposion „Sexuelle Gewalt gegen Mädchen und Jungen" erneut bestätigt.
[89] vgl. D. Bange in: D. Bange et al., 1993, S. 18
[90] vgl. B. Marquardt-Mau (Hrsg.), 1995, S. 17
[91] vgl. A. Lohaus/H.M. Trautner, o.J., S. 6
[92] D. Finkelhor/J. Dziuba-Leatherman in: B. Marquardt-Mau (Hrsg.), 1995, S. 106
[93] D. Bange in: D. Bange et al., 1993, S. 19
[94] Ein Pretest ist ein Vortest, durch den das Wissen der Versuchsperson vor der „Behandlung" geprüft wird; ein Posttest findet als Nachtest nach Abschluß der „Behandlung" statt.
[95] vgl. D. Bange in: D. Bange et al., 1993, S. 19

[96] ebd.
[97] vgl. A. Lohaus/H.M. Trautner, o.J., S. 7
[98] N. Wehnert-Franke/H. Richter-Appelt/Ch. Jordan-Gaenslen in: Zeitschrift für Sexualforschung, 1992, S. 48
[99] vgl. ebd.
[100] ebd.
[101] vgl.ebd.
[102] ebd.
[103] vgl. A. Lohaus/H.M. Trautner, o.J., S. 7f.
[104] vgl. im folgendem: D. Bange in D. Bange et al., 1993, S. 19ff und A. Lohaus/H.M. Trautner, o.J., S. 6ff
[105] D. Finkelhor/J. Dziuba-Leatherman in: B. Marquardt-Mau (Hrsg.), 1995, S. 89
[106] siehe z.B. H. Kupffer in: K. Rutschky/R. Wolff (Hrsg.), 1994, S. 245ff
[107] vgl. A. Lohaus/H.M. Trautner, o.J., S. 9
[108] N. Wehnert-Franke/H. Richter-Appelt/Ch. Gaenslen-Jordan in: Zeitschrift für Sexualforschung, 1992, S. 52
[109] A. Lohaus/H.M. Trautner, o.J., S. 9
[110] vgl. D. Bange in: D. Bange et al., 1993, S. 24
[111] N. Wehnert-Franke/H. Richter-Appelt/Ch. Gaenslen-Jordan in: Zeitschrift für Sexualforschung, 1992, S. 52
[112] vgl. D. Bange in: D. Bange et al., 1993, S. 27
[113] vgl. ebd., S. 28
[114] A. Lohaus/H.M. Trautner, o.J., S. 10
[115] vgl. D. Bange in: D. Bange et al., S. 27
[116] vgl. A. Lohaus/H.M. Trautner, o.J., S. 9
[117] N. Wehnert-Franke/H. Richter-Appelt/Ch. Gaenslen-Jordan in: Zeitschrift für Sexualforschung, 1992, S. 47
[118] vgl. ebd.
[119] vgl. ebd.
[120] I. Grube/H. Wieneke, 1991, S. 39
[121] N. Wehnert-Franke/H. Richter-Appelt/Ch. Gaenslen-Jordan in: Zeitschrift für Sexualforschung, 1992, S. 50
[122] ebd.
[123] ebd., S. 49
[124] vgl. D. Bange in: D. Bange et al., S. 26
[125] A. Lohaus/H.M. Trautner, o.J., S. 11
[126] vgl. G. Braun zit. in: A. Lohaus/H.M. Trautner, o.J., S. 11
[127] vgl. G. Deegener in: H.Ulonska/ H.Koch (Hrsg.), 1997, S. 56
[128] ebd.
[129] vgl. D. Bange in: D. Bange et al., S. 29
[130] N. Wehnert-Franke/H. Richter-Appelt/Ch. Gaenslen-Jordan in: Zeitschrift für Sexualforschung, 1992, S. 51
[131] vgl. D. Bange in: D. Bange et al., S. 29
[132] ebd.
[133] N. Wehnert-Franke/H. Richter-Appelt/Ch. Gaenslen-Jordan in: Zeitschrift für Sexualforschung, 1992
[134] siehe hierzu die Ausführungen in Kapitel 4.
[135] vgl. z.B. B. Neumann/S. Rother für Beratungsstelle Zerrspiegel e.V. (Hrsg.), 1994, S.29
[136] vgl. Deegener, 1998, S. 59ff
[137] Literatur-Beispiele zu den einzelnen Kategorien finden sich im Kapitel 5.
[138] zu kreativen Gestaltungsmöglichkeiten im Rahmen von Gefühlsdarstellungen siehe auch Kapitel 3.
[139] vgl. H. Ulonska in: H. Ulonska/H. Koch (Hrsg.), 1997
[140] vgl. C. Pütter in: C. Hackl u.a. (Hrsg.), 1996
[141] vgl. A. Knappe/H. Selg, 1993, S. 99
[142] G. Amann/R. Wipplinger, 1997
[143] Die Ergebnisse ihrer Untersuchung stellte Pütter am 28. 09. 1999 während des 2. Münsteraner Symposion „Sexuelle Gewalt gegen Mädchen und Jungen" vor; eine Veröffentlichung ihres Vortrages erscheint in der Publikation zum Symposion.
[144] z.B. D. Drewes: Kinder im Datennetz. Pornographie und Prostitution in den neuen Medien, 1995
[145] vgl. D. Bange in: D. Bange et al., 1993, S. 30

[146] vgl. F. Lamers-Winkelmann in: B. Marquardt-Mau (Hrsg.), 1995, S. 305
[147] vgl. U. Enders/J. Stumpf in: U. Enders (Hrsg.), 1995, S. 137f.
[148] vgl. W. Wirtz-Weinrich in: H. Ulonska/H. Koch (Hrsg.), 1997, S. 113ff
[149] Eine ausführliche und informative Darstellung siehe: W. Wirtz Weinrich: „Interventionsmöglichkeiten bei Verdacht auf sexuellen Mißbrauch an Kindern in der Grundschule" in: H. Ulonska/H. Koch (Hrsg.), 1997, S. 113-130.
[150] vgl. B. Neumann/S. Rother für Beratungsstelle Zerrspiegel e.V. (Hrsg.), 1994, S. 26
[151] „Prävention in der Grundschule. Elternarbeit, Planung, praktische Anregungen und Materialien für den Unterricht" (in H. Ulonska/H. Koch (Hrsg.): Sexuelle Gewalt gegen Mädchen und Jungen. Ein Thema der Grundschule. 1997, S. 141-179.)
[152] A. Dohrmann-Burger, 1993, S. 16
[153] vgl. G. Deegener, T. Fürniss, B. Marquardt-Mau in: H. Ulonska/H. Koch (Hrsg.), 1997
[154] vgl. G. Deegener in: H. Ulonska/H. Koch (Hrsg.), 1997
[155] A. Knappe/H. Selg, 1993, S. 151
[156] A. Knappe in I. Johns, 1993, S. 123
[157] vgl. G. Deegener in: H. Ulonska/H. Koch (Hrsg.), 1997
[158] A. Knappe/H. Selg, 1993, S.14
[159] ebd. S.154
[160] A. Knappe in: I. Johns, 1993, S.125

3. Präventives Arbeiten in der Schule - Erfahrungsberichte

3.1 „Gefühle sind wie Farben" - ein Präventionsprojekt im 1. Schuljahr
Projektgruppe Münster unter der Leitung von Prof. Dr. H. Koch

Die Projektgeschichte
Die Idee, ein Projekt zur Prävention von sexuellem Mißbrauch in der Grundschule zu initiieren, entstand im Anschluß an das Seminar „Kinder und Menschenrechte", das im Sommersemester 1994 im Institut für Deutsche Sprache und Literatur und ihre Didaktik an der Westfälischen Wilhelms-Universität von Prof. Dr. Helmut H. Koch veranstaltet wurde und sich schwerpunktmäßig mit dem Thema des sexuellen Mißbrauchs in Kinder- und Jugendbüchern beschäftigte. Aufgrund der engagierten Mitarbeit aller Beteiligten in dieser Veranstaltung wurde im Wintersemester 1994/1995 interessierten Studierenden die Möglichkeit gegeben, behandelte Theorie und oft vermißte Praxis im Rahmen eines Projektes zu verknüpfen. Es bildete sich eine Projektgruppe (Birgit Decressin, Anne Janßen, Sibylle Kanne, Marlene Kruck, Thorsten Kupsch, Petra Risau, Inga Schilgen, Katrin Schmitz), die mit der Planung einer Unterrichtsreihe begann, wozu zunächst eine intensive Materialrecherche und -auswahl vorgenommen wurde.
Zwei Lehrerinnen einer Grundschule in Münster zeigten Interesse an dem Projekt, worauf es zu einem Treffen der Projektgruppe mit den Lehrerinnen und Elternvertreterinnen kam, bei dem das Projekt vorgestellt und eine Zusammenarbeit vereinbart wurde. Es fanden drei weitere Vorbereitungssitzungen mit den Lehrerinnen und Elternvertreterinnen statt, in denen die Planungen konkretisiert und auf die jeweiligen Klassen (zwei 1. Schuljahre mit jeweils 26 Kindern) abgestimmt werden konnten. Um die Arbeit mit den Kindern und das gegenseitige Kennenlernen zu erleichtern, hospitierte die Projektgruppe an zwei Tagen in der Woche vor der Durchführung der eigentlichen Unterrichtstätigkeit in den jeweiligen Klassen. Parallel zu diesen Vorbereitungen fand in beiden Klassen je ein Elternabend statt, auf dem sich die in großer Zahl erschienenen und interessierten Mütter und Väter über die Ziele und die Durchführung der Unterrichtsreihe informieren konnten.
Der inhaltliche Teil der Vorbereitung betraf einerseits die kritische Durchsicht vorhandener Materialien zur Mißbrauchsprävention. Bei der Materialrecherche kam der Projektgruppe der umfangreiche Buchbestand zur Thematik, der im Institut für Forschung und Lehre für die Primarstufe der Universität Münster vorhanden ist, zustatten. Es wurden sowohl Kinderbücher und -filme als auch Spiele und bereits durchgeführte Projekte ausführlich besprochen, wobei den Studierenden ein Großteil der Medien, vor allem der Filme, als nicht geeignet erschien.[1]
Darüberhinaus nahm die Projektgruppe Kontakt zu regionalen Beratungsstellen (Zartbitter, Kinderschutzbund, Schulpsychologische Beratungsstelle) und zu überregionalen Verbänden auf. Es wurden Treffen mit Lehrerinnen vereinbart, die bereits Unterrichtserfahrungen mit der

---
[1] siehe hierzu auch die Materialdarstellung in Kap. 5

Thematik des sexuellen Mißbrauchs gemacht hatte und Informationen vom Landesinstitut für Schule und Weiterbildung in Soest angefordert. Mit der Bitte um Erfahrungsmitteilung wurde ein Rundbrief an alle Grundschulen in Münster verschickt. Innerhalb des Universitätsbereichs kam es zur Kontaktaufnahme mit den Fachbereichen Psychologie und Pädagogik. Weiterhin fanden Gespräche mit SprachwissenschaftlerInnen der Universität Münster statt, in denen die Möglichkeiten der Diagnose von möglichen sprachlichen Defiziten der Kinder im Bereich der Gefühlsäußerungen erörtert wurden.

Vom 13. März bis zum 17. März 1995 fand die Durchführung des Projektes in den beiden ersten Schuljahren statt. In der Woche nach der Durchführung traf sich die Projektgruppe zu einer intensiven Nachbesprechung mit den Lehrerinnen.

Am 28. März 1995 wurde das Projekt auf dem 3. Münsteraner Grundschulkolleg vorgestellt.

Ende Mai 1995 fanden in beiden Klassen Elternabende statt, auf denen der Verlauf des Projektes vorgestellt und besprochen wurde. 1996 wurde erstmalig ein Bericht über das Projekt veröffentlicht.

Die Rahmenbedingungen

In einer Münsteraner Grundschule ergab sich in zwei ersten Schuljahren die Möglichkeit die Unterrichtsreihe „Gefühle sind wie Farben" durchzuführen. Die Durchführung der von der Projektgruppe ausgearbeiteten Unterrichtsreihe fand in Form einer Projektwoche statt, d.h. die SchülerInnen hatten neben den Projektstunden keinen anderen Unterricht.

In beiden ersten Schuljahren befanden sich zur Zeit des Projektes jeweils 26 Kinder, wobei in einer Klasse mehr Mädchen (14 Mädchen/ 12 Jungen) und in der anderen Klasse mehr Jungen waren (10 Mädchen/ 16 Jungen). Zu den SchülerInnen gehörten auch einige Kinder ausländischer Herkunft, aber auch diese verstanden und sprachen die deutsche Sprache. Als Herkunftsschicht läßt sich bei den meisten Kindern die Mittelschicht nennen. Ein Klassenzusammengehörigkeitsgefühl war in beiden Klassen noch nicht sehr stark vorhanden, es gab jedoch einige intensive Freundschaften zwischen den SchülerInnen.

In beiden Klassen wechselten sich gesteuerter Unterricht und Freiarbeit ab. Zur Freiarbeit standen viele Materialien und genügend Rückzugsmöglichkeiten für ein ungestörtes Arbeiten zur Verfügung. In der einen Klasse befand sich eine durch Regale vom Unterrichtsraum abgetrennte Leseecke, in der anderen Klasse war ein zusätzlicher kleiner Raum mit einer Sitzecke vorhanden. Außerdem befanden sich im Flur vor den Klassen Tische und Stühle, so daß auch dort gearbeitet werden konnte. Da die Kinder anhand der „Reichen- Tabelle" Lesen und Schreiben lernten, konnten viele zur Zeit des Projektes bereits einfache Texte lesen und lautgetreu selbständig schreiben.

Für die Arbeit mit den Kindern teilte sich die Projektgruppe, so daß in einem Team von drei Studentinnen in den Klassen gearbeitet werden konnte. Professor Koch wirkte an der Unterrichtsreihe als männliche Bezugsperson in derjenigen Klasse mit, in der sich mehr Jungen befanden. Auch beide Klassenlehrerinnen begleiteten das Projekt während der gesamten Zeit in den Klassen, zeitweise zusätzlich auch noch die LehramtsanwärterInnen.

Übersicht über die Ziele, die Inhalte und den Ablauf der Unterrichtsreihe
Es ist allgemeines Ziel der Prävention, durch die vermittelten Kenntnisse zur Thematik, durch die Stärkung des kindlichen Selbstwertgefühls und durch Übungen zur differenzierteren Gefühlswahrnehmung die Kinder zu befähigen, sich eher gegen sexuellen Mißbrauch zur Wehr setzen zu können. Betroffene Kinder erfahren durch ein Präventionsprogramm, daß es auch andere Kinder gibt, die sexuellen Mißbrauch erlebt haben, und daß es Menschen gibt, die davon wissen, darüber reden und helfen können.
Die Grundlage des Präventionsprogrammes zum Erreichen dieser Zielvorstellungen bilden fünf Schwerpunktthemen, die sich als zentral für eine präventive Erziehung herauskristalisiert haben. Für die Durchführung der Unterrichtsreihe stand uns eine komplette Projektwoche zur Verfügung, d.h. pro Tag drei bis vier Stunden. Die Themenbereiche verteilten sich wie folgt auf die einzelnen Tage:

Projektübersicht:

1. Tag: „**Gefühle**"

2. Tag: „**Berührungen**"

3. Tag: „**Sich durchsetzen; Ja und Nein sagen (Sagen was ich möchte und was ich nicht möchte)**"

4. Tag: „**Umgang mit guten und schlechten Geheimnissen; Hilfe holen**"

5. Tag: „**Sprechstunde**"

Ablauf der Unterrichtsreihe und alternative Angebote/ Materialien

1. Tag: „Gefühle"

> *„Gefühle"*
> *Gefühle sind die wichtigsten Selbstschutzmomente des Menschen. Die SchülerInnen sollen lernen, nach angenehmen und unangenehmen Gefühlen zu unterscheiden, aber auch gemischte und widersprüchliche Gefühle deutlich wahrzunehmen, mit dem Ziel, sie zu deuten und zu artikulieren. Durch die Auseinandersetzung mit den eigenen Gefühlen wird auch die Basis für die Respektierung der Gefühle anderer gelegt.*

Obwohl die SchülerInnen uns von der zweitägigen Hospitation in der dem Projekt vorangegangenen Woche bereits kannten, mußten wir mit einer gewissen Scheu seitens der Kinder am ersten Tag unserer Präventionsreihe rechnen.

Aus diesem Grund stellten wir ein Bewegungsspiel an den Anfang des ersten Tages. Dieses Spiel nannten wir **„Begrüßungstanz"**. Es beinhaltet neben freiem Tanzen eine Reihe verschiedener Begrüßungsarten, die alle eine unterschiedliche Intensität und Nähe ausdrücken (Hand geben/Küßchen geben/Nase reiben/über Arme und Rücken streicheln/umarmen/verbeugen). So bot dieses Spiel einen Einstieg in das Thema des Tages („Gefühle"), und zugleich stellte es einen aufgelockerten Beginn unserer Präventionsarbeit mit den Kindern dar.

Deutlich äußerten die Kinder in einem anschließenden Gespräch, daß sie die Begrüßung mit „Küßchen geben" nicht gemocht hätten, wohingegen alle anderen Begrüßungsarten als „sich gut anfühlend" beschrieben wurden. Eine weitere Gefühlsdifferenzierung zwischen den übrigen Begrüßungsformen, so zum Beispiel zwischen denen mit und denen ohne Berührungen, wurde von den SchülerInnen nicht benannt. Insgesamt gefiel den Kindern der Begrüßungstanz außerordentlich gut, so daß wir gedrängt wurden, diesen am Ende des Projektes als „Abschiedstanz" noch einmal zu wiederholen.

Nach einem im Stuhlkreis stattfindenden Gespräch über das Spiel und über unseren Wunsch, mit den Kindern während der Projektwoche über viele Gefühle zu sprechen und viel von Gefühlen zu erfahren, war unser nächster Impuls eine selbstverfaßte **Erzählung, die auf mehrere verschiedene Gefühle eingeht (M1)**. Für die SchülerInnen war die freierzählte Geschichte sehr ansprechend und viele wußten direkt **eigene Geschichten** zu erzählen, die von besonderen Gefühlen berichteten.

Um auch denjenigen Kindern eine Möglichkeit zum Erzählen zu geben, die ihre Geschichte nicht vor dem gesamten Plenum vortragen mochten, richteten wir vier **„Gefühlsecken"** im Klassenraum ein. Über jeder Ecke hing ein großes farbiges Piktogramm eines Gesichtes, das verschiedene Gefühle ausdrückte. Wir wählten die Gefühle:

| Traurigkeit | Freude | Angst | Zorn |

In den vier Ecken sollten die Kinder nun in geschützterer Atmosphäre Geschichten zu dem jeweiligen Gefühl erzählen können. Nach ca. 7 Minuten wurde jeweils durch ein Signal das Ende der Erzählzeit angekündigt und die Kinder konnten in eine andere Ecke wechseln, so daß sich jedes Kind zu jedem Gefühl äußern konnte.

Von Vorteil war in dieser Unterrichtsphase, daß sich in jeder Klasse mindestens vier Lehrpersonen (drei Projektgruppenmitglieder und die Lehrerin) befanden. Wir hatten so die Möglichkeit, die SchülerInnen in den verschiedenen Ecken intensiv zu betreuen. Den Kindern war freigestellt, in welcher Gefühlsecke sie zunächst über das auf dem Poster dargestellte Gefühl reden wollten, wodurch es zu ungleichmäßigen Gruppenaufteilungen kam, und die „Angstecke" zu Beginn leer blieb. Nachdem wir den Kindern jedoch versicherten, daß alle Kinder die Zeit haben würden, in allen Ecken zu erzählen, konnten wir vier ungefähr gleichgroße Gruppen zusammenstellen.

In den Ecken konnten die Kinder sich gut auf die verschiedenen Gefühle einstellen und wollten fast alle eigene Geschichten zu den Gefühlen erzählen. Manche waren derart eifrig bei der Sache, daß sie sich offensichtlich weitere, zu dem jeweiligen Gefühl passende Geschichten ausdachten, um noch einmal erzählen zu dürfen. Es gab jedoch auch SchülerInnen, bei deren Angst- und Zorngeschichten offensichtlich wirkliche Sorgen und Probleme zum Ausdruck kamen. So wurde vom Streit mit Geschwistern und anderen Kindern, aber auch von beängstigendem Verhalten von seiten der Eltern berichtet. Häufig beschrieben Kinder, daß ihnen ein neckendes, burschikoses Verhalten der Väter (z.B. Herumschleudern, Mutproben...) Angst mache, sie dies aber selten zu sagen wagten.

Nachdem die SchülerInnen in allen Ecken die Möglichkeit zum Erzählen hatten, sammelten wir uns erneut im Stuhlkreis und sangen gemeinsam die ersten vier Strophen des Liedes: „**Wenn Du glücklich bist...**"(Aus: Lieder für Kinder. Sonderdruck von der Elterninitiative „Pänz", Privater Kindergarten Sindorf) **(M2)** bzw. in der Parallelklasse das Lied „**Wenn ich glücklich bin...**"(Aus: K. Hoffmann: „Wenn der Elefant in die Disco geht", Otto Maier-Verlag, Ravensburg 1983) **(M3)**. Den Kindern bereitete hierbei das Ausführen der den Gefühlen zugeschriebenen Tätigkeiten großes Vergnügen (Hurra rufen, mit dem Fuß stampfen, weinen, ein Lied pfeifen).

In einer **Reflexionsphase** sprachen wir mit den Kindern über die in den Geschichten erzählten Gefühle. Mit der Benennung weiterer Gefühle taten sich die Kinder schwer, da wir sie durch die Gefühlsecken, in denen es lediglich um vier Gefühle ging, ungewollt eingeengt hatten.

Im nächsten Arbeitsschritt durften die Kinder ein **Gefühlsbild** malen. Uns fiel auf, daß die Kinder in der Klasse, in der die Bilder mit Wasserfarben gemalt wurden, zum größten Teil frei malten und viele verschiedene Situationen und Gefühlslagen darstellten. Die Kinder der anderen Klasse hingegen, die mit Wachsmalstiften arbeiteten, malten überwiegend mit großem

Ehrgeiz die vier Piktogramme ab; nur vereinzelt entstanden eigenständige Gefühlsdarstellungen.
In Kleingruppen **erläuterten die Kinder ihre Bilder.** Fast alle Kinder gaben an, das lachende Gesicht und ihnen angenehme Gefühle und Situationen am liebsten gemalt zu haben, wohingegen sie ängstliche Motive und Wutmotive (unangenehme Gefühle) nicht so gerne und deshalb sehr schnell gemalt hätten. Die meisten hatten somit ausführlich und mit Freude fröhliche Gesichter gezeichnet.
Auffällig war allerdings der Dialog mit einem sechsjährigen, eher schüchternen Mädchen. L.: „Und an welchem Bild hast du am längsten gezeichnet?" M. zeigte auf ein trauriges Gesicht. L.: „Du hast am längsten das traurige Gesicht gemalt?" M.: „Weil ich immer traurig bin." L.: „Du gehst nicht gern zur Schule?" M. dachte einen Augenblick nach: „Nicht wegen derSchule; ich bin immer so traurig."

Die offene Gefühlsreihe hatte dem Mädchen die Möglichkeit gegeben, sich zunächst präverbal, im anschließenden Gespräch auch verbal auszudrücken bzw. zu offenbaren. Für das Kind hatten die Äußerungen eine sichtbar entlastende Funktion. Für die Lehrerin, die bislang von dem Mädchen keine dementsprechende Äußerung gehört hatte, war diese präverbale/verbale Darstellung des eigenen Befindens natürlich von diagnostischem Wert. - Pädagogische Konsequenz: Sich dem Mädchen persönlich stärker zuwenden, Vertrauen aufbauen, darauf warten, daß das Mädchen präverbal/verbal mehr über die Hintergründe erkennen läßt, vorsichtig die Mutter/Eltern kontaktieren.

Für die nächste Aufgabe teilten wir die Kinder in Vierer- bis Sechser-Gruppen auf. In Gruppenarbeit sollten sie aus von uns ausgeschnittenen und vorsortierten Reklame- und Zeitungsgesichtern eine **„Gefühlscollage"** zusammenstellen. Dazu suchten sie der Reihe nach Gesichter aus, klebten diese auf ein großes Zeichenblockblatt und schrieben dazu, welches Gefühl ihrer Meinung nach von dem Gesicht ausgedrückt wird. Hierbei kam uns zugute, daß die Kinder, obwohl sie erst im ersten Schuljahr waren, mit Hilfe der „Reichen-Tabelle" bereits selbständig lesen und schreiben konnten.
Im Gegensatz zur Reflexionsphase (s.o.) zeigten die Kinder hier, daß sie die durch die Gesichter ausgedrückten Gefühle recht differenziert wahrnehmen und beschreiben konnten.

Neben den von uns eingesetzten Medien und Materialien gibt es natürlich noch viele weitere Möglichkeiten, die einzelnen Schwerpunktthemen zu erarbeiten. Einige weitere Spiel- und Arbeitsanregungen wollen wir hier vorstellen, sie sollen als Anregung für eigene Unterrichtsideen verstanden werden.

Alternative bzw. zusätzliche Ideen und Materialangebote zum Themenbereich „Gefühle"

Gefühls- bzw. Mimwürfel (M4)
Gefühlswürfel lassen sich zusammen mit den Kindern herstellen oder sind unter der Bezeichnung „Mimwürfel" beim Verlag an der Ruhr zu bestellen. In unserem Projekt haben wir die Würfel während der Freiarbeit zur Verfügung gestellt. Es ist jedoch auch gut möglich, mit den Würfeln in Kleingruppen zu spielen. Zu dem jeweiligen gewürfelten Gesicht lassen sich Geschichten erzählen, Pantomimen durchführen etc.

Kreatives Malen und Gestalten
Das Malen von Gefühlen kann für Kinder zu einem sehr intensiven Erlebnis werden, wenn es bewußt angeleitet und nicht als „Stundenfüller" („...in der Zeit bis zur Pause könnt ihr noch ein Bild malen...") betrachtet wird.
Ganz entscheidend für die Umsetzung und das Ausdrücken von Gefühlen in Bildern sind die zur Verfügung gestellten Materialien und die vorhandene Farbauswahl. Jedes Material ermöglicht es auf ganz unterschiedliche Weise, Gefühle auszudrücken[2]. Während unseres Projektes konnten wir, wie beschrieben, deutliche Unterschiede der Expressivität und Kreativität bei den mit Wachsmalstiften gemalten Bildern im Vergleich zu den mit Wasserfarben erstellten Bildern beobachten.
Zur Darstellung von Gefühlen gibt es im Bereich des Malens und anderer kreativer Tätigkeiten viele Möglichkeiten, z.B.:
- das Malen nach Musik
- Bewegungen malen (mit Händen und Füßen)
- Gerüche malen
- Körperbemalungen/Schminken
- Farb- und Mischspiele mit Fingerfarben und Kleister auf großen Papierrollen[3]
- Pinselzeichnen mit verbundenen Augen
- mit linken und rechten Händen abwechselnd und gleichzeitig malen
- Körperumrisse malen
- Körperteile malen
- Eigenabdruck von Körperteilen
- Collagen mit Gesichtern aus Zeitschriften herstellen
- Erstellen von Masken (Malen, Ton, Gips, Pappmaché)
- Bau von höhlenartigen Räumen (Geborgenheit, Angst).

Man kann so mit der Zeit einen ganzen *Gefühlsgarten* erstellen. Die genannten Vorschläge sind lediglich als kleine Anregungen zu verstehen. Sie betreffen z.B. überwiegend nur den zweidimensionalen Bereich, es ist aber auch gut möglich, sie im dreidimensionalen Bereich zu verwirklichen. Sinnvoll ist es auf jeden Fall, mit verschiedenen Materialien und Techniken zu va-

---

[2] vgl. J. Jakobi, 1992
[3] Papier- Endlosrollen sind bei Zeitungsredaktionen erhältlich

riieren: dicke/dünne Pinsel, verschiedene Papiergrößen und -stärken, Drähte, Äste, Folien, Textilien etc. - malen, spritzen, schlagen, zerreißen, zerschneiden, kratzen, biegen...[4]

Spiel: „Hallo, wie geht es dir?"
Viele schöne Anregungen, wie Gefühlen Ausdruck verliehen werden kann, bietet das Spiel „Hallo, wie geht es dir?" (U. Reichling/D. Wolters,). Neben Bildkärtchen mit unterschiedlichen Gefühlsdarstellungen beinhaltet es viele Spielideen und ermuntert zum Ausdrucks- und Rollenspiel.

Fühlen
Neben dem Einsatz von Fühlkästen können Massagen das bewußte Wahrnehmen und Fühlen am eigenen Körper verstärken. Nach einer Einführung können die Kinder einfache Massagen gegenseitig mit ihren PartnerInnen durchführen (z.B. Wettermassagen: Mit Fingerspitzen, Handflächen, Fäusten etc. wird unterschiedliches Wetter (Regen, Gewitter, Hagel, Wind) auf dem Rücken oder auch auf dem gesamten Körper der Partnerin/ des Partners nachgespielt).

Gefühle musikalisch darstellen
Unterschiedliche Instrumente bieten die Möglichkeit, durch Klang, Lautstärke etc. verschiedene Gefühlslagen darzustellen und auch feine Zwischentöne der Gefühlsskala zu berücksichtigen.

Mein Buch über Gefühle
Von den Kindern kann während der Präventionseinheit und darüber hinaus ein ganz persönliches Buch über Gefühle erstellt werden, in dem Geschichten, Gedichte, Bilder, tagebuchähnliche Aufzeichnungen und vieles mehr Platz finden.[5]

Kinderbücher[6], die sich in besonderer Weise mit Gefühlen beschäftigen sind u.a.:
- Aliki: „Gefühle sind wie Farben"
- Snunit/Golomb: „Der Seelenvogel"
- Enders/ Wolters: „Schön blöd" und „Li-Lo-Le Eigensinn"
- Waddell/ Firth: „Kannst du nicht schlafen kleiner Bär?"
- Holde Kreul: „Ich und meine Gefühle"
- Ursula Kirchberg: „Trost für Miriam."

---

[4] vgl. H. Koch/M. Kruck in: H. Ulonska/H. Koch (Hrsg.), 1997, S.161f
[5] Idee von U. Reichling: Schritt für Schritt, Möglichkeiten geschlechtsspez. Präventionsarbeit. in: AJS, 1995, S. 69
[6] Quellenangaben der Bücher: siehe Kap. 5

2. Tag: „Berührungen"

> *„Berührungen"*
> *Die Kinder lernen, daß es unterschiedliche Berührungen gibt: angenehme, unangenehme, komische, verwirrende Berührungen. Wichtig ist es auch für sie zu wissen, daß Berührungen anfänglich schön sein, aber plötzlich unangenehm werden oder sogar weh tun können. Ebenso ist das positive oder negative Empfinden von Berührungen sowohl von Personen als auch von Situationen abhängig.*

Wir begannen den zweiten Projekttag mit den Gefühlsliedern, die die Kinder nun schon kräftig mitsingen konnten. Danach brauchten wir viel Platz für ein **Bewegungsspiel**. Wie schon am Tag zuvor, wurden Tische und Stühle an die Seite gestaplt, so daß uns eine große Bewegungsfläche zur Verfügung stand. Für das Spiel hatten wir auf einer Kassette ungefähr zehn etwa 30-60 Sekunden lange Musikstücke zusammengestellt. Jede Musik drückte eine andere Stimmung aus; es standen flippige Tanzstücke neben heftiger Hardrockmusik und bedächtige Violinentöne neben den schaurigen Anfangsklängen aus dem „Lied vom Tod".

Wir gaben den Kindern Gelegenheit, sich entsprechend der Musik im Raum zu bewegen, ihren Gang und ihre ganze Körperhaltung der von den Musikstücken vermittelten Stimmung anzupassen. Die Stimmungen wurden von den meisten SchülerInnen spontan erkannt und unmittelbar in Bewegung umgesetzt, z.B. versteckten sich viele Kinder fast erschrocken beim „Lied vom Tod" unter den an die Seite gestellten Tischen.

Bei den fröhlichen, schnelleren Liedern tanzten die Kinder im Raum. Hierbei beobachteten wir einen deutlichen Verhaltensunterschied zwischen Mädchen und Jungen. Während die Mädchen sich Freundinnen suchten, um miteinander eine Art Ringelreihen zu tanzen, fingen die meisten Jungen eine (freundschaftliche) Rempelei an. Ebenfalls zeigte sich, daß Kinder, die sich zunächst schwer taten, ihre Gefühle zu zeigen, nach einiger Zeit freier wurden.

Ein von uns geplantes anschließendes Gespräch über die Empfindungen während der verschiedenen Musikstücke störte das zusammenhängende Musikerlebnis, sodaß die Kinder an dieser Stelle keine Lust hatten, ihre Stimmungen zu reflektieren. Wir teilten die SchülerInnen dann in zwei Kleingruppen auf, um nun ohne Musik verschiedene **Gefühle pantominisch darzustellen.** Da die Kinder anfangs Schwierigkeiten hatten, ein Gefühl vorzustellen, gaben wir ihnen die für die Freiarbeit angefertigten Gefühlskärtchen (**M5**; siehe auch U. Reichling/ D. Wolters: „Hallo, wie geht es dir?") als Hilfe zur Hand. Auf den Kärtchen sind Kinder in ganz verschiedenen Stimmungen abgebildet.

Mit Hilfe der Kärtchen fiel es den Kindern leichter, alleine oder zu zweit Gefühle darzustellen. Auffällig war, daß nur wenige Kinder auf die Idee kamen, daß Gefühle nicht nur durch das Gesicht, sondern auch durch die gesamte Körperhaltung sichtbar gemacht werden können. Die pantomimischen Darstellungen der Kinder hielten wir fotografisch fest. Die Fotos hängten wir am nächsten Tag in der Klasse auf, so daß die SchülerInnen ihre Gefühlsdarstellungen nochmal betrachten konnten.

In Kleingruppen bleibend, spielten wir als nächstes das „**Burgspiel**" (**M6**) bei dem ein Kind durch verschiedene Arten von Berührungen versucht, in die Burg, einen Kreis aus Kindern, hineinzukommen. Die berührten Kinder können ganz individuell entscheiden, ob sie die Berührungen schön finden und so das Kind mit dem Spruch: „Das war fein! Du darfst rein!" in die Burg hereinlassen, oder ob die Antwort lautet: „Das war nicht fein! Du kommst nicht rein!" und die Burg verschlossen bleibt. Die Kinder ließen sich sehr intensiv auf das Spiel ein und wählten nach angenehmen und unangenehmen Gefühlen aus. In der Reflexionsphase wurden die verschiedenen Berührungen nochmal benannt.

Wir teilten die Kleingruppen erneut auf, so daß wir jeweils nur noch sechs Kinder in einer Gruppe hatten. Mit jeder Kindergruppe wurde nun das **Buch: „Kein Anfassen auf Kommando"** von Marion Mebes und Lydia Sandrock (**M7**) angeschaut und der in kurzen Reimen geschriebene Text gelesen und besprochen. Die Bilder und der Text wirkten sofort ansprechend auf die Kinder; sie erzählten zum Teil Beispiele aus ihrem Leben oder identifizierten sich mit den Kindern im Buch. Einige Kinder berichteten, daß sie auch oft getätschelt oder zu fest gedrückt würden und daß sie das nicht gerne hätten. Die Kinder klammerten in ihren Erzählungen zunächst Berührungen ihrer Genitalbereiche aus. Aber auf einen kleinen Impuls hin, ob es noch Körperbereiche gäbe, die sie nicht genannt hätten, sprachen sie zunächst den „Po" an. Die Jungen fingen dann schnell an zu witzeln, Mädchen hätten „Huckel" auf der Brust, ein Mädchen wies auf den Pimmel bei Jungen hin, die wiederum auf die Scheide bei den Mädchen. Wer sie im Genitalbereich z.B. beim Baden oder Abtrocknen anfassen durfte, wußten sie sehr genau zu sagen. Wir merkten an dieser Stelle, daß es durchaus möglich war, mit den Kindern über Berührungen im Genitalbereich zu sprechen.

Nachdem das Buch zu Ende besprochen war, beschäftigten wir uns in den Kleingruppen mit **Tastkästen.** Als Tastkasten diente uns ein geschlossener Pappkarton mit einem handgroßen Loch an einer Seite. In dem Karton befanden sich Gegenstände verschiedener Art und Beschaffenheit (z.B. Federn, Murmeln, Steine, Wolle, Eiswürfel, Creme, Fell, Muscheln). Die

SchülerInnen durften der Reihe nach in den Kasten greifen, einen Gegenstand in die Hand nehmen und ausprobieren, wie sich das Berühren des Gegenstandes anfühlt, ob es ein angenehmes, ein unangenehmes oder ein nicht klar zu beschreibendes Gefühl ist. Die Kinder sollten versuchen, dieses Gefühl den anderen Kindern zu beschreiben. Dies war zugleich eine gute Sprachübung, da sie die Gegenstände nach verschiedenen Kriterien beschrieben (spitz, weich, kalt,...). Außerdem konnten die anderen Kinder erraten, um was für einen Gegenstand es sich handelte. Wichtig war uns, daß die Kinder hier, wie bereits beim Burgspiel, individuell über angenehme und unangenehme Empfindungen entscheiden konnten. Sie erfuhren, daß manche Kinder es beispielsweise unangenehm finden, ein Stück Fell zu berühren, während andere den gleichen Gegenstand gerne berühren.

Diese Erfahrung zu vermitteln, ist ein wichtiger Aspekt in der Präventionsarbeit, da er dem Kind deutlich zu machen versucht, daß es ganz individuell entscheiden darf, was es angenehm und was es unangenehm findet. Das Kind erfährt, daß es in Ordnung ist, wenn es Berührungen unangenehm findet, von denen jemand sagt, daß sie schön seien.

Alternative bzw. zusätzliche Ideen und Angebote zum Themenbereich: *"Berührungen"*

Knotenspiele
Es gibt verschiedene Formen von Knotenspielen. Kinder lernen durch die Spiele die Verbindung zwischen Körperkontakten und der Kooperation miteinander kennen. Sie erleben, daß sie - miteinander verknotet- vorsichtig sein müssen, um sich nicht gegenseitig zu verletzen. Ein bekanntes Beispiel für ein Knotenspiel ist der „Gordische Knoten": Alle Kinder (bis ca. 15 SpielerInnen) stehen im Kreis und strecken ihre Hände in die Mitte aus. Langsam gehen sie dann - eventuell mit geschlossenen Augen - aufeinander zu und ergreifen die Hände von zwei verschiedenen Kindern. Nun dürfen die Hände nicht eher losgelassen werden, bis der Knoten aufgelöst ist.

Gefühle und Berührungen
Oft reagieren wir auf die Gefühlsäußerungen eines anderen Menschen mit ganz bestimmten Berührungen. Wir nehmen z.B. ein Kind, das weint, in die Arme, um es zu trösten, und streichen ihm über den Rücken. Zusammen mit den Kindern können solche Berührungen gesammelt und besprochen werden (Mag ich es, auf diese Weise getröstet zu werden?)

Körperumrißzeichnung

Eine Körperumrißzeichnung entsteht, indem sich ein Kind auf ein großes Stück Papier legt und ein anderes Kind die Umrisse des Körpers des ersten Kindes auf das Papier malt. In diesem Körperschema können nun verschiedene Körperteile eingezeichnet und benannt werden. Die Kinder können durch Symbole kennzeichnen oder im Gespräch erzählen, an welchen Stellen sie gerne berührt werden und an welchen nicht.

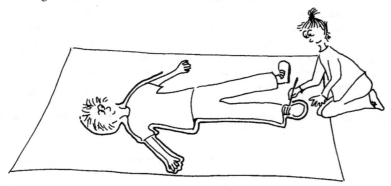

Kinderbücher[7], die sich in besonderer Weise mit Berührungen beschäftigen sind u.a.:
- Braun/ Wolters: „Melanie und Tante Knuddel"
- Mai: „Vom Schmusen und Liebhaben"
- Mebes/ Sandrock: „Kein Küßchen auf Kommando"
- Pro Familia: „Mein Körper gehört mir"

---

[7]Quellenangaben der Bücher: siehe Kap. 5

3. Tag: „Sich durchsetzen; Ja und Nein sagen (Sagen was ich möchte und was ich nicht möchte)"

> *„Sich durchsetzen; Ja und Nein Sagen"*
> *Kinder haben das Recht, Grenzen zu setzen. Auch gegenüber Erwachsenen dürfen sie ihre Empfindungen klar artikulieren und sagen, was sie möchten und was sie nicht möchten.*
> *Durch spielerische Übungen wird mit den Kindern das selbstbewußte und energische Ja- und Nein-Sagen geübt. Gleichzeitig ist es aber auch wichtig, den Mädchen und Jungen immer wieder zu vermitteln, daß es Situationen geben kann, in denen sie es nicht schaffen, Nein zu sagen, weil sie zu viel Angst haben oder weil ihr Nein übergangen wird. Kinder müssen wissen, daß es verständlich und nicht ihre Schuld ist, wenn sie es nicht schaffen, sich zu wehren.*

Den dritten Tag begannen wir mit der freien Erzählung einer **Geschichte** über eine Katze und deren Verhalten: **„Samira, die Katze"** (M 8).
Wir setzten diese Geschichte ein, um mit den Kindern Parallelen zu ziehen zwischen dem tierischen Verhalten des Wehrens (kratzen, beißen, weglaufen) und Möglichkeiten, die Menschen, insbesondere Kinder, haben, sich zu wehren.
Die Übertragungsleistung erleichterten wir den Kindern, indem wir mit ihnen das Lied **„Katzensprache"** von Sonja Blattmann (Aus: S. Blattmann /G. Hansen: „Ich bin doch keine Zuckermaus". Neinsagegeschichten und Lieder. Donna-Vita Verlag, Berlin 1994) (**M9**) übten und sangen. Das Lied steht in inhaltlichem Bezug zu der Geschichte und thematisiert, daß auch Kinder sich wehren dürfen („Fauchen darf auch jedes Kind...").
Um den SchülerInnen ein konkretes Beispiel zu geben, wie ein Kind sich wehren und deutlich machen kann, was es will und was es nicht will, stellten wir den Kindern das **Buch „Das große und das kleine Nein"** von Gisela Braun und Dorothee Wolters vor. Das Buch erzählt die Geschichte von einem Mädchen, das in verschiedenen Situationen erfahren muß, daß sein leises und kleines „Nein" einfach ignoriert wird. Doch irgendwann reicht es dem Kind, und es setzt sich mit einem lauten und energischen „Nein" durch, unterstrichen durch eine selbstbewußte Körperhaltung. Wir lasen das Buch und zeigten die Bilder vorerst nur bis zum Wendepunkt der Geschichte. An dieser Stelle gaben wir den Kindern die Möglichkeit, selbst Lösungen zu finden. Die SchülerInnen nannten verschiedene Lösungsvorschläge, wie das Kind in der Geschichte, dessen leises „Nein" bisher von verschiedenen Personen einfach überhört wurde, handeln könnte:
„Es könnte den Mann (der als letzter nicht auf das kleine Nein gehört hat und es küssen will) schlagen."
„Es könnte sich küssen lassen."
„Es könnte weglaufen."
„Es könnte laut Nein sagen."
Nachdem von den Kindern keine weiteren Vorschläge mehr gemacht wurden, lasen wir das Ende des Buches vor, in dem als Lösungsmöglichkeit ein Sich-deutlich-machen und ein Sich-durch-setzen als lautes und energisches Nein aufgezeigt wird, das von der gesamten Körperhaltung des Kindes unterstrichen wird.

Wir ließen die SchülerInnen die Geschichte mit ihren eigenen Worten nacherzählen, wobei die Kinder schon allein durch ihre Lautstärke des Nein-Sagens zum Ausdruck brachten, daß sie die Intention des Buches verstanden hatten. Anschließend forderten wir die SchülerInnen auf, ihre eigenen „**Nein-Geschichten**" zu erzählen. Zur Sprache kamen Erlebnisse, in denen die Kinder Nein gesagt hatten, aber niemand darauf gehört hatte oder Erlebnisse, in denen sie gerne Nein gesagt hätten, sich aber nicht getraut haben, aber auch Situationen, in denen sie Nein gesagt haben und auf ihr Nein gehört wurde.

Damit jedes Kind die Möglichkeit zum Erzählen bekam, teilten wir die Klasse in vier Gruppen auf und setzen uns mit je einer Gruppe in eine Ecke der Klasse. Die SchülerInnen begannen zunächst ziemlich zögernd zu erzählen. Nach einiger Zeit kamen sie jedoch aus sich heraus und erzählten ihre ganz eigenen „Nein-Geschichten", in denen hauptsächlich die Beziehungen zu den Geschwistern und Eltern Thema waren. Nachdem ein Kind ganz deutlich ein Erlebnis geschildert hatte, in dem sein lautes und energisches Nein nicht beachtet wurde, überlegten wir mit den anderen Kindern in der Gruppe, was ein Kind in einem solchen Fall tun könnte. Die Kinder sahen selbst die Möglichkeit, anderen davon zu erzählen und Hilfe zu holen.

Mit großer Begeisterung wurde die nun folgende Arbeitsphase von den Kindern angegangen; zu den „Nein-Geschichten" sollten **Bilder mit Wasserfarben** gemalt werden. Leider malten nur wenige Kinder eigene Erlebnisse; die Mehrheit der Klasse versuchte die Bilder möglichst ähnlich zu denen aus dem Buch „Das große und das kleine Nein" zu gestalten. Für viele Kinder schien das Abmalen bzw. Nachmalen die gängigste Form des Malens zu sein, so daß vermehrte Hilfen nötig gewesen wären, um die Phantasie der Kinder anzuregen.

Um mit den Kindern nicht nur theoretisch über ein lautes, energisches und vom gesamten Körper unterstütztes Nein zu sprechen, sondern dieses auch praktisch mit ihnen zu üben, gingen wir mit den SchülerInnen auf den Schulhof. Dort stellten wir uns zu einem großen Kreis auf und spielten das von uns erdachte „**Nein-Kreisspiel.**" Angelehnt an das Spiel „Ab durch die Mitte" wurden die Kinder, die ein vorgegebenes Merkmal erfüllten (z.B. alle Kinder, die etwas Blaues anhaben, die eine Brille tragen, die grüne Augen haben...), ermutigt, laut, leise, frech, ernst, usw. Nein oder Ja zu rufen.

Im Anschluß an das „Nein-Kreisspiel" bildeten wir eine „**Nein-Kette**". Die Kinder standen ungefähr zwei Meter voneinander entfernt und die Spielleiterin gab entweder ein leises oder ein lautes Nein durch die Reihe, welches dann von Kind zu Kind weitergegeben wurde. Ein leises Nein hörte dabei nur das nächste Kind in der Reihe, wohingegen ein lautes Nein über den gesamten Schulhof zu verstehen war.

Da wir bewußt auch das positive Annehmen (Bejahen) von Gefühlen mit den Kindern üben wollten, führten wir auch Ja-Kreisspiele und Ja-Ketten durch. Die Kinder drängten selbst darauf, „**Ja-Spiele**" zu spielen und machten diese ebenso begeistert mit.

Den Kindern gefielen die Spiele gut, allerdings konnten oder wollten nicht alle ein richtig lautes Nein ausrufen. Einige SchülerInnen probierten eine andere Variante des „Sich-Durchsetzens" aus, indem sie auf ein lautes „Nein" ein noch lauteres „Doch" zurückgaben.

Alternative bzw. zusätzliche Ideen und Angebote zum Themenbereich: *"Ja-Sagen"* und *"Nein- Sagen"*

Neue Präventionsansätze wollen Kinder stärken, ihr Selbstbewußtsein unterstützen und sie mutig machen. Kinder sollen lernen, ihre ganz individuellen Stärken bewußt wahrzunehmen und zu bejahen. Wenn Kinder sich selbst als wertvoll begreifen, treten sie gegenüber Grenzverletzungen durch Erwachsene entschiedener auf und trauen sich eher, ihre Rechte zu verteidigen.

Deshalb sollen an dieser Stelle noch einige Beispiele genannt werden, wie Kinder in ihrem Selbstbewußtsein gestärkt werden können.

Vorbilder
Fast alle Kinder haben Vorbilder; Menschen, die sie toll finden; denen sie nacheifern. Im Gespräch können die SchülerInnen ihren „Star" vorstellen, desweiteren können Collagen und Bilder zu der Person und ihren Eigenschaften erstellt werden.

Meine Stärken
Jedes Kind kann bestimmte Dinge besonders gut. Diese Fähigkeiten verdienen es, hervorgehoben zu werden und können den anderen Kindern der Klasse vielleicht in Art einer Vorführung oder einer Ausstellung vorgestellt werden.

Kinder haben Rechte
Die kindgerechte Broschüre „Die Rechte des Kindes"[8] bietet Informationen und Anregungen für Gespräche über die gesetzlich festgelegten Rechte der Kinder. Der Präventionsgedanke „Wissen macht Mut" greift auch hier; vielen Kindern ist es eine große Sicherheit und Beruhigung, Schwarz auf Weiß zu lesen, daß ihnen Schutz und Fürsorge zusteht.

Ich mag - Ich mag nicht
Manchen Kindern fällt es schwer, ihre Empfindungen und Wünsche laut zu artikulieren. In einer Liste mit den Spalten „Ich mag" und „Ich mag nicht" und eventuell schon verschiedenen vorgegebenen Bereichen (Kleidung, Essen, Musik, Berührungen etc.) haben auch diese Kinder die Möglichkeit, ihre Vorlieben und Abneigungen auszudrücken.

Rollenspiele
Zum entschiedenen Durchsetzen seiner Rechte gehört oft viel Mut. Rollenspiele bieten eine gute Übungsmöglichkeit, auch dann Wege zu finden sich durchzusetzen wenn die kindlichen Rechte übergangen werden.

---

[8] „Die Rechte des Kindes", Hrsg.: R. Eichholz, Kinderbeauftragter der Landesregierung beim Ministerium für Arbeit, Gesundheit und Soziales des Landes NRW, Düsseldorf 1993

4. Tag: „Umgang mit guten und schlechten Geheimnissen; Hilfe holen"

> *„Umgang mit guten und schlechten Geheimnissen"*
> *Geheimnisse sind wichtig für Kinder, denn sie machen ihnen Freude; Kinder sind stolz darauf, wenn sie es schaffen, ein Geheimnis nicht zu verraten. Es gibt aber auch Geheimnisse, die ein Kind belasten. Die SchülerInnen sollen lernen, bedrückende Geheimnisse von angenehmen zu unterscheiden. Eine der wirksamsten Täterstrategien ist es, das Kind zur Geheimhaltung zu verpflichten. Es ist wichtig, SchülerInnen zu vermitteln, daß sie ein Recht haben, Geheimnisse zu erzählen, die sie belasten. Das ist dann kein Petzen und auch kein Verrat.*

> *„Hilfe holen"*
> *Jeder hat das Recht, sich Hilfe zu holen, insbesondere Kinder. Mit den SchülerInnen wird besprochen, wie und wo sie sich bei Sorgen Hilfe holen können und wem sie von ihren Ängsten erzählen können. Sie sollen lernen, daß sie ihre Probleme anderen Kindern oder Erwachsenen mitteilen können und dadurch leichter Lösungswege gefunden werden können.*

Am vierten Projekttag sprachen wir zunächst nocheinmal über den Komplex „Berührungen", leiteten dann zum Thema „gute und schlechte Geheimnisse" über und kamen in diesem Zusammenhang auf Angst und Furcht allgemein bei den Kindern zu sprechen. Zudem griffen wir das am dritten Projekttag bereits angesprochene Thema „Hilfe holen" erneut auf.

Zum Beginn des Tages wurde eine **Geschichte („Knuddeltante Lotte", M10)** erzählt, die von einem Mädchen handelt, das bestimmte Berührungen (z.B. Umarmungen) von einer Person gerne mag und die gleichen Berührungen bei jemand anderem ablehnt. Die SchülerInnen hörten mit großer Aufmerksamkeit zu; anscheinend konnten sich einige von ihnen in der Geschichte „wiederfinden". Uns war wichtig, daß die Kinder erneut erfuhren, daß es nicht nur grundsätzlich schlechte und gute Berührungen gibt, sondern daß ein positives oder negatives Empfinden von Berührungen auch von der jeweiligen Person und der Situation abhängt.

Nach einer Gesprächsphase, in der die Kinder eigene Erlebnisse erzählten, die denen aus der Geschichte entsprachen, verteilten wir einen **Fragebogen (M11)** in der Klasse. Dieser Fragebogen trägt die Überschrift „Das darf nicht jeder!" und beinhaltet 18 verschiedene Tätigkeiten (z.B. „...mir ein Pflaster aufkleben"; „...mich mit Streicheln trösten"). In mehreren Spalten konnten die Kinder diejenigen Personen eintragen, die in den im Fragebogen genannten Situationen etwas dürfen bzw. nicht dürfen.

Die Kinder arbeiteten mit großem Interesse. Wie schon bei der Besprechung des Buches „Kein Anfassen auf Kommando" (siehe 2. Tag) konnten die Kinder hier deutlich differenzieren, welche Berührungen und Verhaltensweisen sie von verschiedenen Menschen zulassen oder ablehnen. Es zeigte sich jedoch, daß der Fragebogen für einige SchülerInnen angesichts deren begrenzter Leseleistung etwas zu lang war, so daß wir in einigen Fällen „Leseunterstützung" gegeben haben.

Anschließend stiegen wir in den zweiten Themenkomplex des Tages mit der Frage ein: „Was ist eigentlich ein **Geheimnis?**". Die SchülerInnen wußten eine Menge über Geheimnisse zu erzählen und konnten auch gut beschreiben, was das Besondere an einem Geheimnis ist. Bei allen Kindern herrschte die Meinung, daß es spannend und schön sei, ein Geheimnis zu haben. Mit Hilfe der „**klitzekleinen Geschichte**" (Aus: G. Braun: „Ich sag' Nein",) **(M12)**, die aus der Sicht eines Kindes erzählt wird, deuteten wir den Kindern an, daß es auch Geheimnisse gibt, die sich nicht spannend und gut anfühlen, sondern groß und schwer wie ein Stein im Bauch liegen und sogar Bauchschmerzen machen können. Solche Geheimnisse werden in der Geschichte „Bauchweh-Geheimnisse" genannt. Da in der kurzen Geschichte selbst kein Beispiel für ein „Bauchweh-Geheimnis" gegeben wurde, lasen wir den SchülerInnen **verschiedene Geheimnisse (M13,** siehe auch: A. Böhmer/A. Krüger: Sexueller Mißbrauch- ein Thema für den Religionsunterricht) vor. Diese werden alle aus der Sicht von Kindern erzählt und thematisieren sowohl gute Geheimnisse („Du malst ein Bild für deine Oma. Es soll ein Geburtstagsgeschenk werden und du erzählst niemandem davon.") als auch schlechte Geheimnisse („Ein Kind nimmt dir in der Schule deinen Füller weg und sagt, du darfst nichts verraten, sonst kriegst du Schläge."). Die SchülerInnen konnten sehr genau unterscheiden, in welchen Fällen es sich um ein gutes Geheimnis handelt und in welchen Fällen das Geheimnis Bauchschmerzen macht.

Aus den Arbeitsmaterialien „Ich sag Nein" von Gisela Braun entnahmen wir für die nächste Unterrichtssequenz die **Erzählung „Melanie und der Riese" (M14)**. In älteren Auflagen der Arbeitsmappe „Ich sag' Nein" findet sich diese Geschichte in leicht veränderter Form mit dem Titel: „Melanie und das Gespenst". Der Inhalt ist jedoch in beiden Geschichten fast identisch: Ein Mädchen geht ungern ins Bett, weil nachts an seinem Bett ein Riese/ein Gespenst erscheint. Das Mädchen ist jedoch nicht ganz sicher, ob es nicht nur davon träumt. Trotzdem entschließt es sich, seiner Mutter und seiner Kindergärtnerin von seiner Angst zu erzählen. In der Version „Melanie und das Gespenst" erscheint ein besonders hervorgehobener „Zauberspruch gegen Gespenster", der dafür gedacht ist, von den Kindern auswendig gelernt zu werden. Uns erschien es jedoch nicht sinnvoll, mit den Kindern diesen Spruch zu lernen, da in einer Mißbrauchssituation ein solcher Spruch dem Kind wenig Hilfe bringen wird. Wir entschieden uns deshalb für die Version „Melanie und der Riese" und legten auf das Ende der Geschichte (das Kind erzählt seine Ängste weiter) besonderen Wert.

In der Nachbesprechung der Geschichte äußerten sich erstaunlicherweise viele Kinder dahingehend, daß der Riese wohl der Vater des Kindes sei, der es noch zudecken wollte. Das Mädchen in der Geschichte hat nach der Meinung der SchülerInnen Angst, weil es den Riesen nicht als Vater erkennt, aber nicht, weil der Vater überhaupt ins Zimmer kommt. Im Nachhinein erscheint uns die Reaktion der Kinder verständlich. Die Geschichte zielt bei näherer Betrachtung verstärkt darauf hin, die Riesengestalt als Vater zu identifizieren. Zum einen wird erzählt, daß der Vater ankündigt, das Mädchen zudecken zu wollen, zum anderen wendet sich das Kind mit seinen Ängsten ausschließlich an die Mutter.

An eine kurze Gesprächsphase über Träume und Alpträume schloß sich in unserem Unterrichtsplan ein Gespräch über die Möglichkeit an, Hilfe zu holen. Wir verteilten ein **Arbeitsblatt mit der Überschrift: „Wovor ich Angst habe",** auf dem die Kinder über ihre Ängste malen und/oder schreiben durften. Die Ergebnisse der Arbeitsblätter wurden mit den Kindern zusammengetragen und besprochen. Die Kinder merkten, daß es ganz verschiedene

1. Schuljahr   Präventives Arbeiten in der Schule   99

Dinge gibt, die Angst erzeugen können. Sie äußerten Ängste vor Kriegen (Bomben, Gewehre), vor Gewalt im Alltag (große Jungen), vor der zunehmenden Umweltzerstörung, aber auch Ängste im ganz persönlichen Bereich (Spinnen, Dunkelheit, große Hunde, Alpträume).

An dieser Stelle möchten wir das Bild eines Kindes zum Thema „Angst" näher beschreiben und zugleich darauf hiweisen, wie wichtig und zwingend notwendig es ist, Bilder immer im Zusammenhang mit den Aussagen der Kinder zu betrachten.
Das nun vorgestellte Bild könnte Hinweise auf sexuellen Mißbrauch enthalten, könnte jedoch genausogut in keinem Zusammenhang mit einer Mißbrauchssituation stehen.

Das Bild zeigt eine riesige, schwarz gezeichnete, bedrohlich wirkende Person mit einem roten Kopf und einem geöffneten Mund mit spitzen schwarzen Zähnen. Die schwarzen Haare der Gestalt stehen nach oben vom Kopf ab. Ein Arm ist unter einem schwarzen Umhang verborgen, der andere Arm reicht nach rechts zu einem doppelstöckigen Kinderbett. In diesem liegen zwei Kinder, die proportional wesentlich kleiner als die schwarze Gestalt sind. Beide Kinder, deren Körper bis zum Hals durch bunte Bettbezüge verdeckt sind, lächeln. Im oberen Drittel des Bildes hat das Kind einen blauen Himmel gemalt.

Dieses Bild wirkte auf uns auf den ersten Blick erschreckend; wir sahen zwei friedlich im Bett liegende Kinder und davor eine große, schwarze Person, deren Hand fast bis zum Bett der Kinder reicht.

Die Beschreibung des Kindes, das dieses Bild gemalt hat, gibt jedoch eine Erklärung der dargestellten Situation. Das Kind erzählt, Karneval habe es sich als Vampir verkleidet. Einmal hatte es einen Alptraum mit einem Vampir: Ein Vampir sei nachts in das Zimmer gekommen, in dem es mit seiner Schwester geschlafen habe. Es sei aufgewacht und habe Angst bekommen. Daraufhin hätte es die Schwester geweckt und hätte bei dieser im Bett weitergeschlafen.

Auf der Rückseite des Bildes beschreibt das Kind diese dargestellte Situation mit den Worten: „Alptraum" und „Vampir".[9]

Alternative bzw. zusätzliche Ideen und Angebote zum Themenbereich: *„Geheimnisse"*

Geheimschriften/ Geheimnamen u.ä.

Um den Kindern deutlich zu machen, daß Geheimnisse eigentlich etwas Spannendes und Schönes sind, können durch verschiedene Möglichkeiten positive Geheimnisse mit den Kindern erprobt werden. Geheimschriften können ausprobiert, Geheimsprachen und Geheimnamen benutzt und Überraschungen bis zu ihrer „Enthüllung" als Geheimnis gewahrt werden. Nach diesen Erfahrungen werden die Kinder sicherlich eher erkennen, daß ein Geheimnis, das Bauchschmerzen, Angst und schlechte Gefühle macht, kein richtiges Geheimnis ist und deshalb auch weiter gesagt werden darf.

Zungenbrecher

Wenn Du sagst, ich soll nicht fragen,
soll mich nicht zu fragen wagen,
sagt mir mein Gefühl im Magen,
ich werd's trotzdem weiter sagen![10]

---

[9] Zur Problematik der Deutung von Kinderzeichnungen siehe auch: R. Steinhage: „Sexuelle Gewalt - Kinderzeichnungen als Signal",1992 / sowie kritisch hierzu: H. Böhm: „Kinderzeichnungen in der Diagnostik", in: K. Rutschky (Hrsg.): „Handbuch sexueller Mißbrauch",1994
[10] aus: G. Braun, Arbeitsmappe: Ich sag' Nein!, 1989

Alternative bzw. zusätzliche Ideen und Angebote zum Themenbereich: *„Hilfe holen"*

Allein - mit der Hilfe anderer
Anhand verschiedener Beispiele können die Kinder erkennen, daß manche Dinge alleine schwer zu bewältigen sind. Tätigkeiten, die alleine nicht oder nur sehr schwer auszuführen sind (z.B. eine Decke falten, einen Tisch wegtragen, sich selbst einen Zopf flechten), werden den Kindern zur Aufgabe gemacht. Schnell werden die SchülerInnen auf die Idee kommen, daß sie andere Kinder um Hilfe bitten und dadurch die Aufgabe viel einfacher lösen können.

Das Schrecklichste, was mir passieren kann
Im Gespräch oder in schriftlicher Form erzählen die Kinder, was für sie das schrecklichste Erlebnis wäre, das sie sich denken könnten. Zusammen mit den Anderen werden Hilfsmöglichkeiten für den vorgestellten Fall gesucht.

Kindersorgentelefon
Als eine außerschulische Hilfsorganisation sollte den Kindern auch das Kindersorgentelefon vorgestellt werden. Nach vorheriger Absprache mit der jeweiligen Einrichtung können das Telefonieren im allgemeinen (Münztelefon/Kartentelefon) geübt und konkrete Anrufe beim Kindersorgentelefon durchgeführt werden.

5. Tag: „Sprechstunde"

Für den letzten Tag unseres Projektes hatten wir bewußt kein Unterrichtsprogramm geplant, sondern gaben den SchülerInnen während einer Freiarbeitsphase die Möglichkeit, alleine oder in kleinen Gruppen mit uns über die Projektwoche zu reden. Wir erhofften uns Kritik und Anregungen und wollten zudem den Kindern die Möglichkeit geben, Zu-Kurz-Gekommenes oder Überhörtes doch noch mitteilen zu können. Auch erwarteten wir Reaktionen in Bezug auf die für die Kinder ungewohnten Unterrichtsmethoden, die wir mit ihnen in dieser Woche ausprobiert hatten.
Wir stellten den Kindern auch Fragen, um einiges über die Resonanz der Eltern bzw. anderer Personen zu erfahren, die von unserem Projekt wußten. Durch die Äußerungen der SchülerInnen wurde unser Eindruck bestätigt, daß ihnen die Unterrichtsreihe gut gefallen hatte. Sie nannten spontan viele verschiedene Dinge, die ihnen großen Spaß gemacht hatten. Insbesondere das Malen mit Wasserfarben, die Fühlübungen mit Hilfe der Tastkästen, die

Bewegungsspiele und die vielen Erzählmöglichkeiten („Gefühlsecken") fanden großen Anklang bei den Kindern.
„Wir malen gar nicht so oft mit Wasserfarben; das war schön!"
„Mit den weißen Kisten (Tastkästen) - das fand ich gut!"
„Das Tanzen hat viel Spaß gemacht!"
„Ich fand das mit den Gefühlen am besten; in den Kleingruppen. Da war es ein bißchen leiser. Da konnten wir mehr erzählen."
Interessant fanden wir, daß ein besonders schüchternes Mädchen vor allem von dem Nein-Rufen auf dem Schulhof begeistert war. („Das laute Rufen auf dem Schulhof hat mir besonders gut gefallen.")
Einige Kinder betonten nochmal, daß ihnen das Küssen beim Begrüßungstanz nicht gefallen habe. („Das Küssen war ekelig!") Diese Äußerungen sind ein deutliches Zeichen dafür, daß die Kinder genau registriert hatten, welche Berührungen ihnen in dem Spiel unangenehm waren. Für uns war dies eine Bestätigung des Spieleinsatzes, durch den wir uns solche Differenzierungen und Benennungen der Gefühle von den Kindern erhofft hatten. Einige SchülerInnen hatten nichts oder nur wenig von der Unterrichtsreihe zuhause erzählt, wobei es für einige Jungen typisch war, daß sie wenig vom Schulalltag erzählen, wie uns einige Eltern schon im Vorfeld mitgeteilt hatten. („Mein Sohn wird bestimmt nichts erzählen.")
Die meisten Eltern wurden jedoch von ihren Kindern gut über die verschiedenen Tagesabläufe informiert. Einige berichteten auf dem anschließenden Elternabend, daß ihre Kinder das Nein-Sagen zuhause ausprobiert hätten, wenn auch zum Teil in unpassenden Situationen. Ein erklärendes Üben des Nein-Sagens ist deshalb weiterhin wichtig, damit die Kinder die Situationen, in denen sie es anwenden, zu differenzieren lernen. Insgesamt bestätigten die Eltern auf dem Elternabend, wieviel Spaß und Freude ihre Kinder an der Unterrichtsreihe gehabt und wie spannend und aufregend sie diese gefunden hätten.
Auch die Lehrerinnen äußerten sich positiv über die Stimmung in den Klassen während der Projektwoche. Selbst bei inhaltlich „unangenehmen" Themen entstand nie eine angstbesetzte oder bedrückende Atmosphäre. Stattdessen herrschte während der gesamten Woche ein gefühlmäßig schönes Klima bei den SchülerInnen ebenso wie bei den Lehrerinnen und bei den Projektgruppenmitgliedern. So war auch unser Abschied von den Kindern trotz der relativ kurzen Zeit, die wir mit ihnen verbracht haben, für beiden Seiten gefühlsintensiv.

Rückblickende Meinungen zum Projekt

a) zum Ablauf aus Sicht der Projektgruppenmitglieder

Die folgenden Einschätzungen sind Eindrücke, die von den Projektgruppenmitgliedern unmittelbar nach Abschluß des Projektes zusammengetragen wurden und sich überwiegend auf den Projektverlauf beziehen. Trotz des hohen Arbeits- und Zeitaufwandes, der für die Vorbereitung und Durchführung des Präventionsprojektes notwendig war, bewerteten alle Mitglieder unserer Projektgruppe ihre Teilnahme an dem Projekt „Gefühle sind wie Farben" positiv.

„Die Arbeit mit den Kindern hat uns viel Spaß gemacht und wir haben sowohl durch den praktischen Teil als auch durch die intensive Vor- und Nachbereitung der Unterrichtsreihe neue Erkenntnisse, Erfahrungen und Einsichten und ein differenzierteres Wissen über die Präventionsarbeit zum Thema „sexueller Mißbrauch" bekommen. Wir haben vor, während und nach unserem Projekt gemerkt, wie wichtig Gespräche und Diskussionen mit den Eltern sind, und daß zum Teil große Unsicherheiten und Ängste bei den Eltern in bezug auf Präventionsprogramme zum Thema sexueller Mißbrauch vorherrschten. Auf Elternabenden versuchten wir den Sorgen der Eltern zu begegnen, klärten sie über unsere Vorgehensweisen auf und konnten so viele Unsicherheiten beseitigen.
Bei der Elternarbeit, wie auch bei vielen anderen Bereichen in der Vor- und Nachbereitung unseres Projektes, merkten wir immer wieder, daß wir uns mit unserer Arbeit in einem stetigen Lernprozeß befanden. Wir haben während der verschiedenen Etappen des Projekts oft feststellen müssen, daß einzelne Elemente ungünstig geplant waren. Doch haben wir unser Projekt auch nicht als Möglichkeit zur Erstellung eines perfekten Präventionsprogrammes gesehen, sondern vielmehr als Chance, das pädagogische Handeln in dem schwierigen Bereich der Prävention von sexuellem Mißbrauch zu erlernen. Insgesamt sind wir der Meinung, daß unser Unterrichtsprojekt einen guten Einstieg in die Präventionsarbeit in einem ersten Schuljahr darstellt."
Von allen Projektgruppenmitgliedern werden die Vorteile hervorgehoben, die die gut funktionierende Teamarbeit innerhalb unserer Gruppe auch während des Unterrichts für die Durchführung unseres Projektes hatte.
„Die Arbeit als Team gab uns ein Gefühl der Sicherheit und eröffnete uns die Möglichkeit, in vielen unterschiedlichen Unterrichtsformen mit den Kindern zu arbeiten. Zudem waren wir froh, durch die Teamarbeit genügend Zeit zur Kontaktaufnahme und für Gespräche mit einzelnen Kindern zu haben.
Gefreut und ein wenig erstaunt hat uns, daß zwischen uns und den Kindern sehr schnell ein gutes Vertrauensverhältnis entstanden ist. Diese Tatsache beseitigte zum einen unsere anfänglichen Zweifel, inwieweit uns die Kinder ihre Gefühle anvertrauen würden. Andererseits zeigte diese Reaktion der Kinder, wie stark bei ihnen ein Bedürfnis vorhanden war, über ihre Gefühle zu sprechen. Die Mitteilsamkeit der Kinder bestärkte auch die Richtigkeit unserer Entscheidung, die Präventionsinhalte nicht nur speziell auf sexuellen Mißbrauch auszurichten, sondern den Kindern Raum zu geben, über belastende Gewalterfahrungen und Verletzungen im Gefühlsbereich im allgemeinen zu reden.
Insgesamt konnten wir beobachten, daß auch den SchülerInnen das Projekt Spaß gemacht hat und daß sie, zumindest in der unmittelbaren Zeit nach dem Projekt, wie uns die Lehrerinnen berichteten, eher in der Lage waren, Gefühle zu verbalisieren als zuvor. Detaillierte Aussagen über den Sprachgebrauch der Kinder lassen sich nach einem Zeitraum von fünf Tagen nicht machen, jedoch werten wir die Beobachtungen der Lehrerinnen als positives Zeichen für einen beginnenden differenzierteren Sprachgebrauch der Kinder im Gefühlsbereich. Auch wurden einige von uns gegebene Anregungen übernommen und finden weiterhin Verwendung bei den Kindern (z.B. der Begriff „Bauchwehgeheimnis"). Allerdings können wir nicht mit Sicherheit sagen, ob alle Kinder die von uns vermittelten Projektschwerpunkte konkret in Handlungen umsetzen können. Hier hoffen wir auf das Engagement der Lehrerinnen, durch wiederholte Rückgriffe auf unsere Projektinhalte die Präventionsideen fortzuführen."
Trotz des positiven Gesamteindrucks hat die Projektgruppe auch Schwächen bei der Durchführung des Programmes festgestellt, die zumeist im methodischen Bereich lagen.

"Aus Unsicherheit und fehlender Erfahrung ergaben sich während sehr aktiver Unterrichtsformen zuweilen Disziplinschwierigkeiten. Gerade in solchen Momenten war für die drei Studentinnen, in deren Klasse die Unterrichtsreihe per Video aufgezeichnet wurde, die Tatsache, während der gesamten Situation gefilmt zu werden, zusätzlich verunsichernd. Dennoch waren wir froh, daß uns von der Universität die Möglichkeit einer Videoaufzeichnung geboten wurde, um eventuell unsere Erfahrungen an andere StudentInnen oder LehrerInnen weitergeben zu können. Die Kinder, in deren Klasse gefilmt wurden, störte das Filmen nach eigenen Aussagen nicht; sie verwiesen vielmehr darauf, daß sie schon öfters gefilmt wurden und die Kamera dadurch gewohnt seien."

Erwähnenswert fanden alle Mitglieder der Projektgruppe auch die gute Zusammenarbeit mit den Lehrerinnen, welche sowohl sehr offen für neue und ungewohnte Unterrichtsmethoden waren, als auch uns mit Rat und Tat bei methodischen Unsicherheiten zur Seite standen.

"Durch die gute Zusammenarbeit hatten wir auch bei auftretenden Schwierigkeiten weiterhin das Gefühl, daß wir auch als Studentinnen bereits in der Lage waren, ein solches Präventionsprojekt verantwortungsvoll und gewinnbringend durchzuführen. Die Voraussetzung dafür war jedoch neben einer sorgfältigen theoretischen Planung eine persönliche Auseinandersetzung mit der eigenen Einstellung zur Sexualität und zum sexuellen Mißbrauch sowie die bewußte Beschäftigung mit eigenen Ängsten und Gewalterfahrungen. Nur durch eine emotionale und sachliche Vorbereitung waren wir in der Lage, verantwortungsvoll mit den Kindern über deren Gefühle zu reden."

b) zur Elternarbeit

Der Elternarbeit kommt im Zusammenhang mit der präventiven Arbeit gegen sexuellen Mißbrauch eine entscheidende Rolle zu (s. o., Kapitel 2.8). In den allermeisten Fällen sind Eltern die wichtigsten Sozialisationspartner der Kinder im Grundschulalter, und dadurch ist die von ihnen vermittelte Erziehung für die Kinder ein entscheidender Bedingungsfaktor ihrer Entwicklung. Präventive Bemühungen von seiten der Schule sind umso wirksamer, je mehr sie von den Eltern unterstützt werden und auch im außerschulischen Alltag des Kindes zum Ausdruck kommen.

Aus diesem Grunde war uns bei unserem Präventionsprojekt die umfangreiche Arbeit mit den Eltern sehr wichtig. Bereits an der Projektplanung nahmen zwei Elternvertreterinnen teil, so daß wir von Beginn an die Wünsche der Eltern berücksichtigen konnten und auf ihre Ängste und Sorgen eingehen konnten. Nach einer gründlichen Einarbeitungsphase mit den beiden Elternvertreterinnen stießen wir jedoch am ersten Elternabend auf deutlich mehr besorgte und verunsicherte Resonanz, als wir erwartet hatten. Zu diesem Elternabend waren erstaunlich viele Eltern erschienen, was wir als sehr positiv empfanden. Nachdem wir unser Projekt vorgestellt hatten, gaben wir in kurzer Form allgemeine Informationen über sexuellen Mißbrauch sowie über die Möglichkeiten der Prävention. Obwohl die Eltern unserem Projekt interessiert und positiv gegenüberstanden, herrschten doch auch große Unsicherheiten, die sich überwiegend auf die sogenannte „Mißbrauchspanik" bezogen. Einige Eltern lehnten es darum strikt ab, daß während des Projektes Videofilme oder Tonbandaufnahmen angefertigt würden. Ebenso bestanden sie darauf, daß sämtliches von den Kindern erstelltes Material (Bilder, Texte, Collagen...) innerhalb des Klassenraumes bleiben sollten. Wir sagten ihnen dieses zu und verzichteten in der Klasse, in der die Eltern diese Vorgaben machten, auf jegliche Mitschnitte. Die Aufnahmen hatten wir im Vorfeld geplant, um auch anderen StudentInnen

oder LehrerInnen Formen präventiven Arbeitens gegen sexuellen Mißbrauch in einer Grundschulklasse anhand von Beispielen vorstellen zu können.
Inhaltlich legten die Eltern Wert darauf, daß in unserem Projekt der sexuelle Mißbrauch nicht direkt angesprochen wird, da sie dies für Kinder im ersten Schuljahr für verfrüht hielten. Wir legten den Schwerpunkt unseres Projektes auf eine Gefühlserziehung und stellten fest, daß wir auch in diesem Rahmen ganz nah am Thema unerwünschter Berührungen auch im Genitalbereich arbeiteten. Ohne die Kinder zu belasten oder durch explizite Benennungen zu ängstigen, waren hier Gespräche im Kontext des sexuellen Mißbrauchs möglich.
Während des Projektes bekamen wir relativ wenig Rückmeldung von Seiten der Eltern. Eine sehr interessierte Mutter nahm an einem Tag an dem Unterrichtsprogramm teil und äußerte sich positiv über unseren Unterricht.
Bei den Elternabenden nach dem Projekt bekamen wir überwiegend eine positive Resonanz von der Elternschaft, und unser Projekt wurde als sinnvoll und wichtig eingestuft. Enttäuschend war es allerdings für uns, daß nun auch einige Eltern der Klasse, in der zu Beginn keinerlei Einwände gegen Videoaufnahmen bestanden hatten, ihre Meinung grundlegend geändert hatten und nun nicht nur deren Veröffentlichung ablehnten, sondern sich plötzlich generell gegen jegliche Form der Berichterstattung, in der der Schulname auftaucht, aussprachen. Aus diesem Grunde mußten wir die anonyme Berichterstattung in bezug auf die Schule wählen.
Wir führen diese Verunsicherung und Negativ-Einstellung einiger Eltern auf die Wirkung der Medien zurück, die mit Berichten über den Mißbrauch des Mißbrauchs sowie über Fehlhandlungen im Bereich der Präventionsarbeit zu einer übervorsichtigen und irritierten Einstellung bei manchen Eltern geführt haben.

c) aus heutiger Sicht

Auch fast fünf Jahre nach der Durchführung behalten wir unsere positive Einschätzung des Projektes „Gefühle sind wie Farben" bei. Es sind anknüpfend an dieses Projekt eine Reihe weiterer gelungener Präventionsreihen erarbeitet und durchgeführt worden.
Dabei zeigte sich, daß die von uns gewählte Systematik Modifikationen zuläßt. Neue Elemente, Methoden und Materialien oder auch ein anderer Zeitplan sind Variationsmöglichkeiten, die sich in das von uns gewählt Konzept einpassen lassen. Wichtig war uns schon vor fünf Jahren der Gedanke der Generalprävention, der heute stark betont wird.
Sicherlich gibt es auch einige Stellen des Projektes, die wir aus heutiges Sicht und mit Kenntnis der neueren Literatur (vor fünf Jahren war ein Großteil der heutigen Literatur zur Prävention noch nicht erschienen) kritisch bewerten. Hierzu läßt sich festhalten, daß wir das präventive Arbeiten gegen sexuellen Mißbrauch auch als Lernprozeß begreifen, durch den neue Fragen aufgeworfen und Veränderungen erforderlich werden.
Prävention bedeutet eben nicht nur die Arbeit mit den Kindern, sondern auch die Diskussion über Konzepte und Methoden und die Reflexion eigener Einstellungen und Möglichkeiten des Arbeitens.

M1 Erzählung: „Jimmy, der Ausreißer"[1]

Jimmy, der Ausreißer

Letzte Woche ist mir etwas Schlimmes passiert. Mir ist nämlich mein Vogel Jimmy weggeflogen. Wie jeden Morgen habe ich, kaum war ich aufgewacht, das Törchen von Jimmies Käfig geöffnet, damit er, wenn er Lust hat, ein wenig durch's Zimmer flattern kann.
Dann bin ich wie immer in die Küche gegangen, um zu frühstücken. Als ich jedoch nach dem Frühstück wieder in mein Zimmer kam, war Jimmy nirgends zu sehen. Kein Flattern, kein Piepsen! Ich konnte mir gar nicht vorstellen, wo er wohl war.
Plötzlich bekam ich einen fürchterlichen Schreck! Der ging so richtig bis in den Bauch. Ich sah nämlich, daß mein Zimmerfenster gar nicht ganz geschlossen war, sondern ungefähr eine Hand breit offen stand. So weit, daß ein Vogel hindurchschlüpfen konnte. Da konnte ich mir vorstellen, wo Jimmy war. Auf und davon!
Da packte mich die Wut! Wie konnte ich nur so blöd sein und das geöffnete Fenster vergessen?! Warum nur hatte ich nicht nochmal nachgeschaut, bevor ich in die Küche gegangen bin?!
Jimmy flatterte jetzt irgendwo da draußen herum. Wer weiß, was ihm alles passieren könnte.
Ich machte mir große Sorgen, daß er von einer Katze angefallen wird, oder daß er nichts zu Fressen findet, oder daß er sich irgendwo verletzt, oder daß ihn ein Auto überfährt, oder, oder, oder. Tausend Gedanken schossen mir durch den Kopf. Ich hatte richtige Angst und konnte mich den ganzen Tag auf nichts mehr konzentrieren.
Gleichzeitig war ich aber auch traurig, daß ich wahrscheinlich einen meiner besten Freunde verloren hatte. Jimmy und ich hatten uns doch so sehr aneinander gewöhnt.
Ich wußte vor lauter Ärger, Angst, Wut und Traurigkeit auch gar nicht richtig, was ich tun könnte, um Jimmy eventuell doch wiederzubekommen.
Vielleicht würde mir meine Freundin Anne einen Rat geben können? Ich rief sie an und erzählte aufgeregt die ganze Geschichte. Anne hatte eine super Idee! Sie meinte, ich solle doch in der Zeitung eine Anzeige aufgeben, und warten, ob sich jemand darauf melden würde, dem Jimmy zugeflogen war. Natürlich habe ich das sofort getan. Zu dumm nur, daß die Anzeige erst am nächsten Tag erscheinen würde. So blieb mir erstmal nichts anderes übrig als abzuwarten.
Am nächsten Tag stand die Anzeige in der Zeitung, und nachmittags um drei Uhr klingelte dann auch tatsächlich unser Telefon. Es meldete sich ein Mann, dem wenige Stunden zuvor ein Vogel zugeflogen war. Ich war ganz aufgeregt und hoffte, daß es auch wirklich Jimmy ist. Als ich vor der Wohnungstür des Mannes stand, wurde mir ganz komisch zumute. Ich war aufgeregt und hatte gleichzeitig Angst, der Mann könnte einen anderen Vogel als Jimmy gefunden haben.
Mir zitterten die Beine, und ich wäre am liebsten am Stock gegangen, nur um eine Stütze zu haben.
Aber als ich in die Wohnung kam, wurde ich schon im Flur von Jimmies Gepiepse empfangen. Ich habe ihn sofort wiedererkannt. Und wirklich, da saß er in einem fremden Käfig und zeterte vor sich hin.
Ich war so froh, daß ich die ganze Welt hätte umarmen können. Mindestens zehnmal habe ich mich bei dem Mann bedankt, und vor Freude sind mir richtig die Tränen in die Augen geschossen. Ach Jimmy, wie gut, daß du wieder da bist!
Überglücklich nahm ich Jimmy wieder mit nach Hause und rief bei Anne an, um mit ihr meine Freude zu teilen. Und außerdem hatte sie für ihren guten Rat einen ganz großen Dank und wie ich fand, eine ebenso große Tafel Schokolade verdient. So verbrachten wir den Rest des Tages Schokoladen-schleckend vor Jimmies Käfig und freuten uns gemeinsam über den glücklichen Ausgang von Jimmies Ausflug.

---

[1] von: Birgit Decressin

M2 Lied: „Wenn Du glücklich bist"[2]

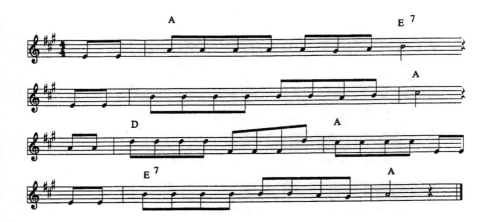

1. Wenn du glücklich bist, dann ruf mal laut: Hurra!
   Wenn du glücklich bist, dann ruf mal laut: Hurra!
   Ja, du kannst es allen zeigen, mußt Gefühle nicht verschweigen.
   Wenn du glücklich bist, dann ruf mal laut: Hurra!

2. Wenn du zornig bist, dann stampf mal mit dem Fuß.

3. Wenn du fröhlich bist, dann pfeif doch mal ein Lied.

4. Wenn du traurig bist, dann wein doch einfach mal.

5. Wenn du gut gelaunt bist, hops doch mal herum.

6. Wenn du schlecht gelaunt bist, brüll doch mal ganz laut.

7. Wenn du hungrig bist, dann schmatz doch einfach mal.

8. Wenn dir dieses Lied gefällt, dann klatsch doch mit.

9. (Selber weiterdichten)

---

[2] aus: Lieder für Kinder. Sonderdruck von der Elterninitiative „Pänz" in: A. Böhmer/A. Krüger, 1993, o.S. (s. Materialsammlungen)

M3 Lied: „Das Lied von den Gefühlen"[3]

Wenn ich glücklich bin, weißt du was?
Ja, dann hüpf ich wie ein Laubfrosch durch das Gras.
Solche Sachen kommen mir so in den Sinn,
wenn ich glücklich bin, glücklich bin.

Wenn ich wütend bin, sag ich dir,
ja, dann stampf und brüll ich wie ein wilder Stier.
Solche Sachen kommen mir so in den Sinn,
wenn ich wütend bin, wütend bin.

Wenn ich albern bin,
fällt mir ein,
ja, dann quiek ich manchmal wie ein
kleines Schwein.
Solche Sachen
kommen mir so in den Sinn,
wenn ich albern bin,
albern bin.

Wenn ich traurig bin,
stell dir vor,
ja, dann heul ich wie ein Hofhund
vor dem Tor.
Solche Sachen
kommen mir so in den Sinn,
wenn ich traurig bin,
traurig bin.

Wenn ich fröhlich bin,
hör mal zu,
ja, dann pfeif ich wie ein bunter
Kakadu.
Solche Sachen kommen mir so in den Sinn,
wenn ich fröhlich bin,
fröhlich bin.

---

[3] aus: K. Hoffmann: „Wenn der Elefant in die Disco geht", Otto Maier Verlag, Ravensburg, 1983

M4 Gefühls- bzw. Mimwürfel

Gefühls- bzw. Mimwürfel lassen sich aus Blanko-Holzwürfeln mit Kindern leicht selbst herstellen. Die Würfel tragen auf jeder Würfelseite ein stilisiertes Gesicht, das unterschiedliche Gefühle ausdrückt.
Es lassen sich unterschiedliche Spiele mit den Würfeln ausprobieren. Auch können sie als Anreiz zu Gesprächen und Geschichten zu den gewürfelten Gefühlsgesichtern eingesetzt werden.

Eine Dose mit zwölf fertig bemalten und lackierten Mimwürfel und mit einer Anleitung zu verschiedenen Spielen ist von Hajo Bücken, Arbeitsstelle für Neues Spielen, angefertigt worden und über den Donna Vita Verlag[4] erhältlich. Auch Maxi-Mimwürfel aus Schaumstoff können dort bestellt werden.

---

[4] Donna Vita, Postfach 5 - Post Husby, D-24973 Ruhnmark oder DONNAVITA@aol.com

M5 Gefühlskärtchen[5]

[5] ähnliche Bildkärtchen in: „Hallo, wie geht 's dir?" U. Reichling/D. Wolters, 1994 (Materialsammlungen, Kap.5)

M6 Kreisspiel: „Die Burg"[6]

„Eine kleinere Kindergruppe spielt eine Burg. (Die Kinder fassen sich an den Händen und bilden einen Kreis.) Zwei oder drei andere Kinder wollen in die Burg (den Kreis) eingelassen werden. Es gibt aber einen Zauber-Türgriff. Der muß gesucht werden, indem die außenstehenden Kinder die im Kreis auf unterschiedliche Weise berühren (z.B. streicheln, zwicken, stupsen, küssen u.ä.). Ist die Berührung unangenehm, sagt das betreffende Kind:

‚Nein, nein, nein
so laß ich Dich nicht ein!'
Der Kreis bleibt geschlossen

War die Berührung angenehm, ist die Antwort:

‚Das war fein,
Du darfst rein!'
Der Kreis öffnet sich und die beiden Kinder tauschen die Plätze und Aufgaben."

---

[6]Idee und Text aus: G. Braun, 1989, S. 43 (s. Materialsammlungen, Kap. 5)

M7 Textbeispiel aus dem Buch: „Kein Anfassen auf Kommando"[7]

Streicheln übern Rücken
oder auch mal drücken,
streicheln übern Bauch
mag ich manchmal auch.

Fühlt sich das Streicheln komisch an,
dann lass' ich niemand an mich ran.

Ähnlich vom Aufbau, vom Text und von den Bildern wie das Buch „Kein Anfassen auf Kommando" von M. Mebes/L. Sandrock ist das Buch „Kein Küßchen aus Kommando" von den gleichen Autorinnen. Mit beiden Büchern läßt sich in der Präventionsarbeit gut arbeiten.

---

[7] M. Mebes/L. Sandrock, 2. Auflage 1992, o.S. (siehe Kap. 5., Bilder- und Kinderbücher für die Präventionsarbeit)

M8 Erzählung: „Samira, die Katze"[8]

Samira, die Katze

Ich möchte euch heute eine Geschichte erzählen. Ich habe eine kleine Cousine, die geht auch in die erste Klasse, so wie ihr, und heißt Jaqueline. Aber wir nennen sie immer Jackie, weil Jaqueline zu lang ist.
Ab und zu kommt es vor, daß Jackies Eltern am Wochenende kegeln gehen und ich dann zu Jackie komme, damit sie nicht so allein ist. Dann machen wir es uns immer gemütlich und spielen etwas, oder ich erzähle Jackie Geschichten, die ich in der Schule erlebt habe. Das findet sie immer sehr spannend.
Jackie hat auch eine Katze. Die heißt Samira. Das ist keine normale Katze, wie man sie oft sieht, sondern eine ganz weiße, wuschelige Katze mit langem Fell.
Als ich am letzten Samstag mal wieder bei Jackie war und wir es uns gemütlich machten und Geschichten erzählten, kam auch Samira angesaust, sprang mit einem Schwung auf Jackies Schoß, schmuste ein wenig und legte ihren Kopf in Jackies Hand.
Und so saßen wir dann gemütlich da und kraulten Samira. Samiras Fell war so warm und kuschelig, daß Jackie meinte, es würde sich wie Mamas Plüschjacke oder wie ihr Teddy Bobo anfühlen. Sie könnte Samiras Fell immer und immer wieder streicheln.
Irgendwann fing die Katze dann aber an, unruhig zu werden. Sie wälzte sich herum und stellte sich sprungbereit auf Jackies Schoß, und ich merkte, daß sie etwas Interessantes gefunden hatte und unbedingt weg wollte. Jackie verstand das aber nicht und streichelte Samira immer weiter und heftiger, hielt sie sogar am Schwanz fest, damit sie nicht weglaufen konnte. Das ging soweit, daß sie die Katze richtig mit den Armen umklammerte.
Da wurde Samira auf einmal wütend, fauchte, kratzte und funkelte Jackie mir ihren grünen Augen so richtig an und sprang mit einem Satz über den Wohnzimmertisch hinweg, wobei sie noch ein Glas Orangensaft umstieß, und schoß durch die Tür nach draußen.
Jackie schaute ihre zerkratzte Hand an und konnte die Welt nicht mehr verstehen. Sie wollte doch nur mit Samira schmusen. Und Schmusen ist doch eigentlich etwas ganz Schönes.
Aber ich glaube, das Fauchen, Kratzen und Funkeln mit den Augen war Katzensprache und heißt soviel wie: „Nein! Jetzt laß mich doch endlich los!"

---

[8] von: Birgit Decressin in Anlehnung an: G. Hansen/S. Blattmann, 1994.

M9 Lied: „Katzensprache"[9]

2. Fauchen, wenn wir wütend sind: tsch, tsch, tsch!
   Fauchen darf auch jedes Kind: tsch, tsch, tsch!

3. Machen wilde Katzensprünge: hui di dui!
   Ach, was sind denn das für Dinge? hui di dui!

4. Zeigen unsre scharfen Krallen! Oh! Oh! Oh!
   Alles muß uns nicht gefallen! Nein, nein, nein!

5. Reiten mit auf Hexenbesen: hei, di. dei!
   Ja, so ist das Katzenwesen: hei, di, dei!

---

[9] aus: G. Hansen/S. Blattmann, 1994, o.S. (siehe Materialsammlungen, Kap. 5)

M10 Erzählung: „Knuddeltante Lotte"[10]

Knuddeltante Lotte

Endlich ist Dienstag! Marion konnte es gar nicht erwarten, daß es soweit ist, denn heute am Dienstag hat sie Geburtstag. Sie freut sich schon lange auf den Tag, denn jetzt würde sie endlich auch sieben Jahre alt sein, wie ihre Freundin Ute, die schon vor drei Wochen Geburtstag hatte.

Zum Geburtstag bekommt Marion natürlich auch Besuch, und sie läuft schon ganz aufgeregt durch die Wohnung. Wann klingelt denn bloß jemand?! Da - Ding-Dong! Tante Elli, Marions Patentante, steht vor der Tür. Marion hat Tante Elli unheimlich lieb, reißt die Tür auf und umarmt ihre Tante stürmisch. Kurze Zeit später klingelt es erneut. Marion rennt wieder zur Tür, macht sie mit einem großen Schwung auf, und...stolpert erst einmal wieder drei Schritte zurück. Denn herein kommt Tante Lotte. Tante Lotte ist Papas Schwester und Marion kennt niemanden, der so verrückte Geschichten wie Tante Lotte erzählen kann. Aber Marion kennt auch niemanden, der so gerne dicke, feuchte Schmatzeküsse verteilt wie Tante Lotte! Und richtig, schon beugt Tante Lotte sich zu Marion hinab und will diese zur Begrüßung mal so richtig knuddeln und herzen.

Aber heute nimmt Marion allen Mut zusammen, denn ab heute ist sie mit ihren sieben Jahren eine von den „Großen", und die lassen nicht alles mit sich machen. Deshalb sagt sie ganz laut „Nein! Keine Küsse heute!", als Tante Lotte sich zu ihr herunter beugt. Schnell guckt sie zu Mama rüber. Ob die jetzt mit ihr schimpft?

Aber nein, die nickt ihr aufmunternd zu und grinst dabei sogar ein bißchen.

Nur Tante Lotte ist ganz durcheinander und fragt Marion: „Hast du mich denn gar nicht mehr lieb?" „Doch", sagt Marion „nur die Küsse, die mag ich nicht." Wie gut, daß Mama ihr dabei den Arm um die Schulter legt und dann ganz deutlich zu Tante Lotte sagt, daß sie es richtig findet, wenn Marion selbst aussucht, von wem sie geküßt werden möchte.

Tante Lotte guckt mit großen Augen von Marion zu Mama und dann wieder von Mama zu Marion. Und dann lacht sie ihr typisches Tante Lotte Lachen und ruft. „Mensch, hab´ich eine große und mutige Geburtstags-Nichte. Aber da fällt mir gerade eine kleine Geschichte ein. Also damals, als der Alexander Geburtstag hatte, und wir gerade den Kuchen auf den Tisch stellen wollten, da..." „Halt, halt Lotte!" lacht Mama dazwischen, „jetzt kommt erstmal Marions Geburtstagskuchen auf den Tisch, und dann kannst Du uns allen mit Deinen lustigen Geschichten eine Freude machen."

---

[10]von: Petra Risau/M. Kruck in Anlehnung an G. Braun/D. Wolters: „Melanie und Tante Knuddel." 1994. (siehe Kap. 5., Bilder- und Kinderbücher für die Präventionsarbeit)

M11 Fragebogen[11]

Schreibe hier noch mehr Personen hin. Zum Beispiel: Nachbar, Lehrerin, Freund/Freundin

Fragebogen[1]

Das darf nicht jeder!	Mutter			
mir etwas zu essen geben				
mich kämmen				
mir ein Pflaster aufkleben				
mir bei den Aufgaben helfen				
mich mit Worten trösten				
mich mit Streicheln trösten				
mich mit Küssen trösten				
mich verhauen				
mich knuddeln				
mich ausschimpfen				
von mir einen Kuß verlangen				
mich baden oder abtrocknen				
mich bei der Hand nehmen				
mir einen Weg zeigen				
mir etwas Hübsches schenken				
mir etwas Schönes zeigen				
mich im Auto mitnehmen				
mich kitzeln				

(In Anlehnung an Andresen 1980, S. 160)

---

[11] aus: A. Böhmer/A. Krüger, 1993, o.S. (siehe Materialsammlungen, Kap. 5)

M12 Erzählung: „Eine klitzekleine Geschichte"[12]

„Ich habe ein kleines Geheimnis
das ist gar nicht so klein.
Eigentlich ist es groß und schwer
so schwer wie ein Stein.
Es liegt in meinem Bauch und drückt und zwickt,
ich kriege Bauchweh davon.
Gute Geheimnisse machen kein Bauchweh,
nur schlechte Geheimnisse.
Ich will kein Bauchweh und
ich will kein schlechtes Geheimnis.
Ich erzähle jemanden davon,
dann geht das Bauchweh weg.
Wenn Du ein Bauchweh-Geheimnis hast,
wem erzählst Du davon?"

-Gisela Braun-

M13 Beispiele für unterschiedliche Geheimnisse[13]

Dein Vater hat bald Geburtstag. Immer wenn er nicht zu Hause ist, übst du ein Geburtstagslied auf deiner Flöte, weil du es ihm am Geburtstag vorspielen willst. Du paßt ganz genau auf, daß er es nicht schon vorher hört.
In der Frühstückspause ist dir ziemlich viel Kakao über ein Buch aus der Klassenbibliothek gelaufen. Du hast das Buch schnell ganz hinten in einer Ecke versteckt, weil du dich nicht traust, es der Lehrerin zu sagen. Doch ein anderes Kind aus deiner Klasse hat es gesehen und droht, dich zu veraten, wenn du ihm nicht jeden Tag 50 Pfennig mitbringst.
Zusammen mit deiner Freundin spielst du oft an dem kleinen Bach in der Nähe von eurem Haus. Gestern habt ihr beiden in den Sträuchern am Wasser ein Vogelnest mit zwei kleinen Eiern gefunden. Ihr habt abgemacht, daß das euer Nest ist, und wollt niemandem davon erzählen. Jeden Tag wollt ihr nun nachgucken, ob neue Eier hinzugekommen sind.
Dein Ballettlehrer hat gesagt, daß du vielleicht in diesem Jahr die Hauptrolle tanzen darfst. Du mußt darum ab jetzt einmal in der Woche zusätzlich mit ihm üben. Manchmal wenn er alleine mit dir übt, legt er seine Hand auf deinen Po. Er sagt, wenn Du es jemanden erzählst, dann ist es vorbei mit der Hauptrolle.

---

[12] aus: G. Braun, 1989, S. 52 (siehe Materialsammlungen, Kap. 5)
[13] ähnliche Beispiele in: A. Böhmer/A. Krüger, 1993, o.S. (siehe Materialsammlungen, Kap. 5))

M14 Erzählung: „Melanie und der Riese"[14]

Melanie und der Riese

Melanie guckte sich im Fernsehen Sandmännchen an. Es war so lustig, und sie mußte dauernd kichern. Aber wie jeden Abend rief die Mutter. „Melanie, Zeit ins Bett zu gehen!" Melanie maulte ein bißchen, sie war noch gar nicht müde. Papa schaute hinter seiner Zeitung auf und sagte: „Aber, aber, mein Kleines, keine Widerrede. Tu was Deine Mutter sagt. Husch, husch in die Heia. Ich komm' später nochmal und gucke, ob Du auch richtig zugedeckt bist."
Melanie blieb also nichts anderes übrig, als Papa und Mama einen Gute-Nacht-Kuß zu geben und ins Bett zu steigen.
Aber wie meistens, wenn sie im Dunkeln in ihrem Bett lag, bekam sie so ein komisches Gefühl. Das lag an dem Riesen. Einige Mal war nämlich ein Riese ins Zimmer gekommen. Sie war schon eingeschlafen und wußte nicht genau, ob sie das geträumt hatte. Aber eigentlich war Melanie ganz sicher, daß der Riese in ihr Zimmer gekommen war. Er hatte nichts gesagt, nur vor ihrem Bett gestanden, so riesig im Dunkeln und sie angefaßt mit seinen Riesenhänden. Melanie hatte solche Angst und war ganz durcheinander. Aber sie traute sich nicht, Mama davon zu erzählen, den die sagte immer: „Kind, Du mit Deiner Phantasie."

Jetzt, als sie so in ihrem Bett lag, dachte sie: „Ich will nicht, daß der blöde Riese wieder kommt und mir Angst macht, ich will es nicht und ich will es nicht!" Und ganz leise flüsterte sie hinzu: „Verdammt noch mal!" Obwohl sie solche Wörter eigentlich nicht sagen durfte. Aber es nutzte was, denn plötzlich hatte sie gar keine Angst mehr, sie war bloß wütend und richtig mutig. Melanie wußte auf einmal ganz genau, was sie machen würde, wenn der Riese noch einmal käme. Das Licht würde sie anmachen! Sie rückte das Nachttischlämpchen ganz nahe an sich heran. Dann würde sie den blöden Riesen schon sehen und sie würde ihm sagen, daß er sie in Ruhe lassen soll und „verdammt noch mal" würde sie auch sagen, ganz egal, wer der Riese nun wäre.
Und Mama würde sie es auch sagen, und wenn die wieder von Phantasie und so anfangen würde, dann könnte sie es einfach der netten Frau Schmidt im Kindergarten erzählen. „Dem Riesen werd' ich schon zeigen, daß ich ein mutiges Mädchen bin und mich wehren kann", dachte Melanie, „auch gegen einen Riesen, und wenn der noch so groß ist. Verdammt nochmal!"

(Gisela Braun)

---

[14]Text aus: G. Braun, 1989, S. 32 (siehe Materialsammlungen, Kap. 5)

3.2 Präventionsarbeit im 3. Schuljahr

Anregungen aus verschiedenen Projekten (unter dem besonderen Gesichtspunkt von Sprache und Literatur)
Durchführende: Rebecca Böhner, Claudia Kindermann, Marlene Kruck, Kerstin Stolbrink

Vorbemerkung:
Wir empfehlen, das vorherige Kapitel (3.1) auch für die Präventionsarbeit im 3. Schuljahr ausführlich zu lesen. Die nun folgenden Arbeitsideen sind ergänzende Beobachtungen.
Das unter 3.1 vorgestellte Projekt „Gefühle sind wie Farben" ist sowohl von seinem Konzept und seiner Struktur, aber auch von den eingesetzten Materialien, Liedern und Spielen her für die Präventionsarbeit in allen vier Jahrgängen der Grundschule und auch darüber hinaus geeignet.
Es bietet zudem vielfältige Ansatzpunkte für Variations- und Ergänzungsmöglichkeiten, von denen wir nun einige für die Arbeit mit SchülerInnen des dritten Schuljahres vorstellen möchten.
Aufbau und Konzept der Projekte in den dritten Jahrgangsstufen, von denen wir im folgenden Ausschnitte wiedergeben, entsprechen größtenteils dem ausführlich dargestellten Projekt im ersten Schuljahr. Es wurde ebenfalls zu den Präventionsschwerpunkten „Gefühle", „Berührungen", „Selbststärkung", „Geheimnisse", und „Hilfe holen" gearbeitet, und viele der im ersten Schuljahr eingesetzten methodischen Vorgehensweisen wurden für die SchülerInnen des dritten Schuljahres aufgegriffen. Aus diesem Grund stellen wir die Projekte an dieser Stelle nicht in allen Einzelheiten vor. Wissenswert zur Struktur der Projekte ist allerdings, daß die Präventionsarbeit in den 3. Schuljahren nicht ausschließlich in Form einer Projektwoche, sondern auch über einen längeren Zeitraum aufgeteilt stattfand.

Gerade in den höheren Klassen vergrößern sich die Lese- und Schreibanteile in der Präventionsarbeit, um mit den steigenden Fähigkeiten der Kinder in diesem Bereich neue Aspekte des Erlebens und Verbalisierens von Gefühlen nutzen zu können.
Wir möchten deshalb an dieser Stelle Beispiele aus der Praxis aufzeigen, wie das Lesen und Schreiben im Rahmen der Präventionsarbeit in der Jahrgangsstufe des dritten Schuljahres eingesetzt werden kann, und die damit verbundenen Möglichkeiten und Chancen für eine Gefühlserziehung verdeutlichen. Aus drei Präventionsprojekten, die in diesem und im vergangenen Jahr in A.[1], Coesfeld und Düsseldorf durchgeführt wurden, werden wir einzelne Aspekte herausgreifen und in ihrem praktischen Einsatz vorstellen.
Das Projekt an einer Grundschule in A. wurde von **Claudia Kindermann** im Rahmen ihrer ersten Staatsprüfung für das Lehramt für die Primarstufe konzipiert und durchgeführt.
Ebenfalls im Rahmen der ersten Staatsprüfung für das Lehramt Primarstufe wurde das Projekt in Coesfeld an der Laurentius-Grundschule von **Kerstin Stolbrink** erarbeitet und praktisch erprobt.

---

[1] Diese Grundschule möchte nicht namentlich genannt werden.

Das an der Bodelschwingh-Grundschule in Düsseldorf durchgeführte Projekt wurde von **Rebecca Böhner** (im Rahmen eines Praktikums) und **Marlene Kruck** vorbereitet, durchgeführt und ausgewertet.

Zur Bedeutung von Sprache und Literatur im Zusammenhang mit der Präventionsarbeit

Sprache dient als Austausch- und Interpretationsmöglichkeit von Emotionen.
Bislang gibt es kaum empirische Untersuchungen zum Emotionsvokabular bei Kindern. Reden Kinder über Gefühle? Haben Kinder Worte, eine Sprache für ihre Emotionen? Wie differenziert ist diese? Gibt es Unterschiede zwischen Jungen und Mädchen?
Aus den vorliegenden Untersuchungen wird deutlich, daß gerade im Grundschulalter wesentliche sprachliche Veränderungen des Emotionsvokabulars bei Kindern zu beobachten sind. Die Differenzierung für positive und negative Emotionen nimmt im Sprachgebrauch zu. Mit zunehmendem Alter werden zudem Urteilsfähigkeit und Ursachenanalyse der Emotionen spezifischer, komplexer und differenzierter. (vgl. T. Hascher, 1994)
Dieser Entwicklungsschritt der zunehmenden Differenziertheit des Emotionsvokabulars sollte in der Schule unterstützt werden. Besonders auch in Zusammenhang mit präventiven Bemühungen sollte die Empfänglichkeit von Kindern im Grundschulalter für die Versprachlichung von Emotionen genutzt werden. Kinder brauchen Beispiele und Übungsmöglichkeiten, um sich in einer Gefühlssprache zu üben. Die Alltagssprache mit ihrem oft sehr wenig ausdifferenzierten Sprachmodus („schön" und „blöd") bietet da ein eher ungenügendes Lernfeld. Deshalb muß in der Präventionsarbeit dem Sprechen über Gefühle, dem Verschriftlichen von Emotionen und dem Lesen und Hören einer Sprache, die auch im Gefühlsbereich genau ist, ein besonderer Raum gegeben werden.
Dem Lesen von Texten und mehr noch von Büchern kommt dabei ein bedeutender Stellenwert zu. Über das Lesen ist eine Erziehung zum tabufreien Sprechen auch über gewaltsame Formen der Berührungen möglich, da ein Gesprächsanlaß in Form der Bilder und des Textes vorliegt. Bekanntlich entlastet das Sprechen über eine fiktionale Handlung auch das Sprechen über eigene Erfahrungen. In guten Büchern (z.B. „Anna in der Höhle" von E. Garbe) findet sich eine sehr differenzierte Wortwahl, die zumindest den passiven, in Gesprächen auch den aktiven Wortschatz der Kinder erweitern hilft. Die Gespräche gehen dann oft von der Literatur (als Auslöser) zu eigenen Erfahrungen über. Vor allem wenn es zu einer Identifikation mit der Figur im Buch kommt, finden plötzlich eigene Gefühle und eigene Erlebnisse Eingang in die Geschichte. Indem sich das lesende Kind mit dem Kind im Buch identifiziert und dessen Probleme, aber auch dessen Problemlösung/Befreiung mit durchlebt, kann es sich selbst auch ein Stück „befreiter" fühlen.
Desweiteren erhofft man sich, und das besonders in der Präventionsarbeit gegen sexuellen Mißbrauch, daß Kinder Modelle des Buches übernehmen und im eigenen Leben ein- und umsetzen. Bücher geben Signale und liefern Informationen, wie Kinder mit ihrer eigenen Situation/mit eigenen Problemen umgehen können, eine Lösung finden können. Kinder sollen durch das Buch angeregt werden, die eigene Situation aus einem neuen Blickwinkel zu sehen.
Grundsätzlich können Bücher im Einsatz präventive, diagnostische und auch therapeutische Wirkung haben; die Übergänge sind hierbei fließend.

Praktische Beispiele für die Umsetzung

Cluster / schriftlich festgehaltenes Brainstorming (Einstieg)

Die Methode, mit einem Cluster zu arbeiten, eignet sich gut als Einstieg in einen neuen Themenschwerpunkt. Im Projekt in A. wurde zum Thema „Gefühle" geclustert. Ein Cluster kann sowohl an der Tafel wie auch auf großen Papierbögen auf dem Boden erstellt werden. In der Regel empfiehlt sich das Aufschreiben auf Papierbögen, da diese dann über eine längere Zeit erhalten werden und in der Klasse präsent sein können. Ein Cluster kann aus Gedankensplittern, Wort-Assoziationen, aber genauso aus kurzen Sätzen bestehen. Im vorliegenden Projekt bot diese Methode den Kindern die Möglichkeit eines assoziativen Einstiegs in den komplexen Themenbereich „Gefühle". Der Begriff „Gefühle" wurde an die Tafel geschrieben, vor der sich die Kinder im Halbkreis hingesetzt hatten. Die SchülerInnen schrieben nun ihre spontanen Gedanken in ungeordneter Struktur rund um den Begriff herum. Es gibt beim Clustern kein „falsch" oder „richtig", jede Assoziation ist wertvoll. Noch bevor inhaltlich zu einzelnen Gefühlen gearbeitet wurde, konnte so ein Überblick über die Vielfältigkeit und Unterschiedlichkeit von Gefühlen gewonnen werden. Ein wesentlicher Präventionsaspekt kommt somit schon ganz zu Beginn zum Ausdruck: Jeder Mensch erlebt seine Gefühle auf seine Art und verknüpft damit ganz persönliche Assoziationen. Gefühle sind etwas eigenes und dürfen einem weder ein- noch ausgeredet werden. Die aufgeschriebenen Gedanken und Assoziationen bieten im weiteren Verlauf des Projekts immer wieder Anknüpfungspunkte für Gespräche. Sie können in Gruppen zusammengefaßt, in Geschichten eingebaut, pantomimisch dargestellt werden. Auch können neue Gedanken und Erlebnisse mit Gefühlen, die während des Projekts entstehen, mit aufgenommen werden.

Bei einem mündlich zusammengetragenen Brain-Storming wäre ein so vielfältiges weiteres Arbeiten mit dem Zusammengetragenen nicht möglich. Zudem bleiben nur einmal geäußerte oder gehörte Wortbeiträge viel kürzer im Gedächtnis als selbst formulierte und schriftlich fixierte Gedanken. Da es ein Ziel der Präventionsarbeit ist, Kindern einen reichhaltigeren und differenzierten Emotions-Wortschatz zu vermitteln, sollten solche Chancen genutzt werden, um den Kindern über längere Zeit hinweg, z.B. auf einem Plakat, die Begriffe rund um die Thematik „Gefühle" vor Augen zu halten.

Eigensinn-Rundlauf zu dem Buch „Li-Lo-Le-Eigensinn" (vom U. Enders/D. Wolters)

Im Rahmen einer Präventionsreihe in Coesfeld wurde neben anderen Texten auch das Buch „Li-Lo-Le-Eigensinn" von U. Enders und D. Wolters eingesetzt. In dem Buch werden Empfindungen der drei kindlichen HauptdarstellerInnen - Lina, Lotte und Leo - beschrieben und auch in den Zeichnungen dargestellt. In verschiedenen Situationen wird deutlich, wie oft die Gefühle und Bedürfnisse der Kinder von Erwachsenen übergangen und mißachtet werden. Das Verhalten der Kinder wird als eigensinnig bezeichnet und eindeutig negativ gewertet. Daß Eigensinn jedoch etwas sehr Positives ist, weil die eigenen Sinne einem zeigen, was man mag und was nicht, macht das Buch im Laufe der Geschichte sehr schön deutlich.

Eine äußest wichtige Funktion des Eigensinns ist, „Gefahrensituationen als solche zu erkennen und sich ihnen eigenwillig zu widersetzen" (Enders in: D. Bange et.al., 1993, S. 65) Gerade in der Präventionsarbeit gegen sexuellen Mißbrauch ist es ein wesentliches Ziel, Kinder so für die eigenen Gefühle zu sensibilisieren, daß sie sexuelle Übergriffe als solche erkennen, auch wenn vom Täter versucht wird, dem Kind andere Gefühle einzureden.

Nachdem die Kinder durch das Buch theoretisch vieles über Sinne und Eigensinn erfahren haben, wurde nun anknüpfend an den ersten Teil der Geschichte und die Frage „Was heißt eigentlich Eigensinn?" mit den SchülerInnen ein *Eigensinn-Rundlauf* durchgeführt. Bei diesem wurden die Sinne der Kinder gezielt angesprochen; die Wahrnehmung jedes einzelnen war bedeutsam. An vier vorbereiteten Stationen, die sich im Klassenraum und auch im Flur befanden, wurde jeweils gesondert ein menschlicher Sinn angesprochen. Es gab

1. eine **„Fühlstation"** (Fühlkisten mit verschiedenen Inhalten),
2. eine **„Schmeckstation"** (verschiedene Geschmacksproben),
3. eine **„Hörstation"** (mehrer Walkmen mit unterschiedlicher Musik, Geräuschaufnahmen)
4. eine **„Riechstation"** (mit Duftstoffen gefüllte Filmdosen).

Durchgeführt wurde der Rundlauf jeweils paarweise. Ihre Empfindungen an den verschiedenen Stationen sollten die Kinder auf entsprechend vorbereiteten Arbeitsblättern festhalten. Sie konnten dabei frei entscheiden, ob sie ihre Wahrnehmungen mit eigenen Worten dokumentieren oder die Tendenz ihrer Empfindungen mittels eines Kreuzes in einer Tabelle aufzeigen wollten.

Durch den Eigensinn-Rundlauf konnte die Verknüpfung zwischen den Geschehnissen im Buch und eigenem Erleben ganz deutlich hergestellt werden. Durch eigenständiges Ausprobieren und Bewußtwerden der eigenen Sinne erlebten die SchülerInnen vier ihrer Sinne ganz intensiv, den Tastsinn, den Geschmackssinn, den Hörsinn und den Sehsinn.

Wichtig war dann auch der Schritt sich, die Erfahrungen, die jeder für sich während des Rundlaufs gemacht hatte, durch das Aufschreiben nocheinmal bewußt zu machen. Hier wurde beim anschließenden Zusammentragen die Differenziertheit der Sinneserlebnisse für alle klar erkennbar.

Ein Gedicht von H. Bartnizky als Ausgangspunkt zum Thema „Geheimnisse"

Oft wird bei dem Präventionsaspekt „Geheimnisse" der Schwerpunkt der Arbeit auf die „Bauchweh-Geheimnisse" gelegt, eben auf schlechte Geheinmisse, solche die man besser weitererzählen soll. In einem dritten Schuljahr in Düsseldorf wurde jedoch im Rahmen einer Präventionsreihe mit den SchülerInnen bewußt auch sehr intensiv zu dem posiven Reiz von Geheimissen gearbeitet und dieser selbst erprobt. Denn Geheimnisse sind für Kinder im Grundschulalter sehr wichtig und sollten ihren Stellenwert durch präventive Bemühungen nicht verlieren.

Den Ausgangspunkt für den Themenkomplex „Geheimnisse" bildete ein Gedicht von H. Bartnitzky[2]:

Das Geheimnis

Anna war im Urlaub in den Bergen.
Von dort brachte sie Steine mit:
kleine, glatte Steine,
runde, ovale, grüne und rote
Steine, auf denen es glitzert und funkelt.
Anna zeigt Marc ihre Steine,
Marc weiß, wo man schöne Kieselsteine findet.
Von nun an sammeln sie Steine.
Die schönsten verstecken sie in einem hohlen
Baum.
Manchmal holen sie alle Steine heraus.
Und legen sie vor sich hin.
Niemand sonst weiß,
daß sie schöne Steine sammeln,
daß sie ein Versteck für die Steine haben,
daß sie manchmal Steine austauschen.
Es ist ihr Geheimnis.

Horst Bartnitzky

In dem Gedicht wird der Reiz deutlich, den es für Kinder bedeutet, mit einem Freund/einer Freundin ein Geheimnis zu haben. Die Verknüpfung von Steinen und Geheimnissen wurde nun in der Präventionsreihe weiter intensiviert.
Gemeinsam sammelten die SchülerInnen relativ große Steine. Sie mußten mindestens groß genug sein, um von Kindern beschrieben werden zu können. Auf seinen ausgewählten Stein durfte nun jedes Kind für sich (s)ein besonderes Geheimnis schreiben. Dies funktionierte prima mit einem Edding oder einem Lackstift. Damit das Geheimnis auf den Stein paßte, übertrug jedes Kind zunächst den Umriß des Steins auf ein Blatt Papier und hatte so den zur Verfügung stehenden Platz deutlicher vor Augen. Die SchülerInnen waren sehr konzentriert bei dieser Aktion. Sie wußten alle schnell, was sie auf ihren Stein schreiben wollten, und respektierten klar die Geheimnisse der Nachbarn, d.h. sie versuchten nicht, die Geheimnisse auf den Steinen anderer Kinder zu lesen.
Selbst SchülerInnen, die sonst bei Schreibaufgaben eine lange Anlaufphase und viel Ermutigung brauchen, arbeiteten intensiv und lange an ihrem Stein. Das Schreiben erforderte viel Aufmerksamkeit, Genauigkeit und Geduld. Doch für die Kinder unterstrich das zeitaufwendige Arbeiten nur die Bedeutung ihres Geheimnisses, und der „Geheimnis-Stein" nahm an

---

[2] H. Bartnitzky in: Die kunterbunte Fibel, 2. Schuljahr, Klett, 1998, S. 4

Bedeutung zu. Die Steine wurden von den Kindern mit nach Hause oder an andere, ihnen dafür geeignet erscheinende Orte genommen.

Anschließend an diese intensive Erfahrung mit schönen Geheimnissen wurde dann auch über schlechte Geheimnisse gesprochen. Es wurden Geheimnisse abgewogen, und die Unterschiedlichkeit der Gefühle, die Geheimnisse auslösen können, wurde diskutiert. Die Übung, ein Geheimnis in Worte zu fassen, ist im präventiven Zusammenhang natürlich besonders in Bezug auf „schlechte", den Kindern aufgezwungene, Geheimnisse von Wichtigkeit.

Wie bedeutsam die Steine für die Kinder waren, erzählten später die Eltern auf einem Elternabend. Ihre Kinder hätten immer wieder von den Steinen gesprochen, aber bei näherem Nachfragen habe es immer geheißen, die Steine seien ein Geheimnis, und auch die Eltern dürften sie nicht sehen. Dieser Schwerpunkt der Präventionsreihe hatte somit eindeutig eigene Kräfte bei den Kindern gestärkt. Die intensive Beschäftigung mit den schönen, reizvollen Gefühlen, die gute Geheimnisse auslösen, stärkt Kinder, sich gegen aufgezwungene Geheimnisse zu wehren.

Einsatz eines Bilderbuches mit dem Thema sexueller Mißbrauch
Das Buch „Das kummervolle Kuscheltier" von Katrin Meier und Anette Bley (arsEdition, 1996) bildete den vorläufigen Abschluß der präventiven Unterrichtsreihe in einem 3. Schuljahr in Düsseldorf. Mit den Schülerinnen und Schülern war über einen längeren Zeitraum hinweg zu den Themen *Gefühle, Berührungen, Sich durchsetzen und Geheimnisse* gearbeitet worden. Nun sollten diese Themengebiete zum Abschluß noch einmal zusammenfassend aufgegriffen werden und dabei auch die negative Berührung eines sexuellen Mißbrauchs in kindgerechter Art und Weise konkret angesprochen werden.

Das Buch „Das kummervolle Kuscheltier" erschien den Projektleiterinnen geeignet für dieses Vorhaben. Es ist eins von derzeit ca. 20 Bilder- und Kinderbüchern, die den sexuellen Mißbrauch zum Thema haben.

Zum Inhalt: *Britt, ein Mädchen im Kindergartenalter, wird von dem Freund der Mutter sexuell mißbraucht. Ihre Angst und ihre Traurigkeit teilt sie zunächst nur ihrem Stoffhund Landolin mit, der sie mit seinen Möglichkeiten tröstet. Durch seine Unterstützung bekommt Britt Mut, auch einer erwachsenen Freundin (der Nachbarin) von den Übergriffen zu erzählen. Diese glaubt Britt, tröstet sie und verspricht, sich um Hilfe zu kümmern.*

3. Schuljahr Präventives Arbeiten in der Schule 125

In dem Buch sind die wesentlichen Präventionsaspekte wiederzufinden, es werden angenehme und unangenehme Berührungen und die damit verbundenen Gefühle ebenso thematisiert wie die Komplexe Geheimnisse und Hilfe-Holen. Doch im Gegensatz zu den meisten anderen Präventionsbüchern beinhaltet dieses Buch auch realistische und dennoch kindgerechte Mißbrauchsdarstellungen. Es sind verschiedene, in die Geschichte integrierte Mißbrauchsdarstellungen zu sehen, auf denen jeweils der Mißbraucher gemeinsam mit Britt abgebildet ist. Es sind in den Szenen keine detaillierten Mißbrauchshandlungen dargestellt, sondern in unaufdringlichen Zeichnungen wird gezeigt, wie der Mann Britt unangenehm anfaßt, sie zwingt ihn anzufassen und sie zur Geheimhaltung verpflichtet. Bei einer Szene ist der Mißbraucher mit offener Hose abgebildet. Die ängstlichen, abwehrenden, verwirrten und machtlosen Reaktionen des Mädchens auf das Verhalten des Mißbrauchers sind ebenfalls deutlich zum Ausdruck gebracht. Das Buch hat eine deutliche, aber dennoch nicht angsterregende Darstellungsform, die Kinder informiert und aufklärt.

Es wird in kindgerechter Art und Weise gezeigt, welche Handlungen beim sexuellen Mißbrauch vorkommen können. Die Sprache hingegen bleibt sehr verhalten, hier wird der Begriff sexueller Mißbrauch nicht genannt.

Neben diesen negativen Formen der Berührungen zeigt das Buch sehr ausführlich auch angenehme Berührungen, die gute Gefühle auslösen. In warmen und harmonischen Farbtönen wird z.B. eine wunderschöne Schmuseszene von Britt mit ihrem Kuscheltier dargestellt.

Nach gründlichen Vorüberlegungen zu dem Buch und nachdem dessen Einsatz mit den Eltern der Kinder auf einem Elternabend abgesprochen wurde (empfiehlt sich bei Büchern, die den sexuellen Mißbrauch konkret ansprechen), wurde ein Projekttag geplant. Dieser sollte die präventive Unterrichtsreihe abschließen und, eingerahmt von präventionsbezogenen Spielen, Liedern und Gesprächen, sollte das Buch „Das kummervolle Kuscheltier" betrachtet werden.

Da zwei Mütter an diesem Projekttag teilnahmen, konnten in der Klasse Kleingruppen gebildet werden, in denen das Buch dann angeschaut, vorgelesen und in Ansätzen besprochen wurde. Eine genauere, angeleitete Buchbesprechung sollte bewußt an diesem Tag nicht erfolgen, stattdessen erhielten die Kinder einen Fragebogen zu dem Buch. In diesem wurden ihnen inhaltliche, gestalterische Fragen, aber auch Fragen nach ihren Gefühlen während des Lesens gestellt. Es konnte so die Wirkung des Buches auf die Kinder festgestellt werden, aber auch herausgefunden werden, inwieweit die präventiven Aussagen vermittelt bzw. bestärkt werden konnten.

<u>Reaktionen der Kinder beim Betrachten und Vorlesen und in den Fragebögen</u>
Bei den Kleingruppen entstanden zwei Jungengruppen und eine Mädchengruppe, entsprechend dem Geschlechterverhältnis in der Klasse, wobei die Aufteilung in geschlechtsgetrennte

Gruppen von den Kindern selbst gewünscht war.
In den Gruppen verfolgten die Kinder mit großer Aufmerksamkeit die Geschichte von Britt und ihrem Kuscheltier. Bei den Mädchen war jedoch deutlich eine noch stärkere emotionale Eingebundenheit in das Buch zu bemerken, was sicherlich auch an der weiblichen Identifikationsfigur des Buches (Britt) liegt.
Von Zeit zu Zeit schalteten sich die Kinder mit kurzen Zwischenbemerkungen in die Geschichte ein, indem sie z.B. auf Besonderheiten bei den Zeichnungen oder lustige Wörter („schmuselige Kuscheltierohren") hinwiesen. An der Stelle, wo der Mann mit geöffneter Hose gezeichnet ist, lachten einige Jungen und machten Bemerkungen zu dem sichtbaren Penis des Mannes. Dieses Lachen war für die Jungen offensichtlich eine Möglichkeit, sich ein wenig aus der gespannten Atmosphäre, die sich durch Britts Trauer und die Hinweise auf das schlechte Geheimnis aufgebaut hatte, zu befreien. An dieser Stelle zeigte sich dann auch sehr deutlich, wie wichtig es ist, daß vor oder während der präventiven Arbeit Sexualaufklärung erfolgt. In dieser Klasse hatte direkt vor Beginn der Präventionsreihe ein ausführlicher und sehr offensiver Aufklärungsunterricht stattgefunden. Die Kinder hatten dabei viele Zeichnungen von nackten Menschen gesehen (z.B. aus „Peter, Ida und Minimum" von Frageström/Hansen), so daß an sich die Darstellung eines nackten Mannes nichts Neues für sie war. Dadurch entstand auch im Anschluß an die Lacher keine alberne Atmosphäre, sondern die Aussagekraft der dargestellten Situation, in der Britt etwas Unangenehmes erlebt, war weiterhin präsent. Dies zeigte sich später auch ganz deutlich bei den Angaben der Kinder in den Fragebögen. (s.u.)

Am Ende des Buches äußerten einige Kinder ihre Überlegungen zu der Geschichte: Z.B. *„Ich weiß, wen die Frau anruft: Den Kinderschutzbund oder das Kindersorgentelefon. Die Nummer kenne ich auch, die steht immer auf einem Plakat im Bus."* Damit alle Kinder in ihrem eigenen Tempo und aufgrund eigener Überlegungen Fragen und Bemerkungen zu dem Buch äußern konnten, wurde anstelle eines Klassengesprächs über das Buch nun mit dem erwähnten Fragebogen gearbeitet.
Dieser wurde von den SchülerInnen sehr intensiv und aufmerksam ausgefüllt und erbrachte einige interessante Ergebnisse:
Auf die Frage: *Wie hat dir das Buch gefallen?* antworten alle Kinder in den oberen zwei Kategorien der fünf möglichen: *7 Mädchen: sehr gut, 1 Mädchen: gut / 8 Jungen: sehr gut, 6 Jungen: gut*

Warum das Kuscheltier so einen großen Kummer hat, konnten fast alle Kinder benennen:
„Weil Britt so viele Bauchweh-Geheimnisse hat." „Weil Britt ein Geheimnis hat, daß ein Mann sie gekuschelt hat. Aber sie mag es nicht."
Auch konnten die Kinder deutlich einordnen, daß es gut war, daß Britt ihr schlimmes Geheimnis weiter erzählt hat. *„Weil es ein schlechtes Geheimnis ist, und schlechte Geheimnisse muß man weiter sagen." „Weil Frau Fröhlich ihr dann helfen konnte." „Weil der Mann sonst weiter gemacht hätte:" „Sie wollte wieder fröhlich sein."*
Interessant war, daß von fünf Kindern Begriffe wie „Kindesmißbrauch" bzw. „sexuelle Belästigung" ins Gespräch gebracht bzw. aufgeschrieben wurden, ohne daß diese Termini von den Erwachsenen genannt wurde. Hier zeigt sich, daß Kinder von der Thematik des sexuellen

Mißbrauchs wissen oder zumindest irgendwelche Einzelheiten und Begrifflichkeiten aufgeschnappt haben. Durch das Buch mit seinen deutlichen Darstellungen, mit denen nicht Angst gemacht, sondern kindgerecht aufgeklärt wird, bekommen Kinder nun die Möglichkeit, über ihre Vorstellungen und Gedanken zum Kindesmißbrauch zu sprechen und so mit eventuellen Ängsten nicht allein zu bleiben. (Ganz ähnliche Erfahrungen mit Gesprächen über sexuellen Mißbrauch mit Kindern im 3. Schuljahr beschreibt z.B. auch B. Ebus in der Darstellung ihres Präventionsprojektes von 1992.)

Für die Kinder waren aber auch die positiven und schönen Formen der Berührungen und die damit verbundenen Gefühle, die in dem Buch dargestellt werden, sehr wichtig. Besonders die Mädchen erfreuten sich an den Schmuseszenen von Britt mit ihrem Kuscheltier und fanden die „schmuseligen Kuscheltierohren" besonders schön.

Das Buch beinhaltete demnach für die Kinder keine durchweg negativ besetzte Geschichte, sondern erzählte von angenehmen und unangenehmen Gefühlen und Berührungen und der Möglichkeit, sich Hilfe bei unangenehmen Gefühlen zu holen.

Der Eindruck der ProjektleiterInnen eines gelungenen und sinnvollen Einsatz des Buches wurde so durch die Fragebögen der Kinder bestätigt.

Liebesgedichte zu dem Buch „Ben liebt Anna" schreiben

Um den Aspekt einer für beide Seiten schönen Form von Liebe mit den damit verbunden Gefühlen und Berührungen noch einmal deutlich hervorzuheben, wurde in dem dritten Schuljahr in Coesfeld im Anschluß an die Präventionsreihe das Buch „Ben liebt Anna" von P. Härtling gelesen. In diesem Buch, das in wunderschöner Weise die Höhen und Tiefen einer Kinderliebe darstellt, fanden sich die SchülerInnen mit eigenen Gefühlen wieder.

Neben vielen anderen Arbeitsschritten zu dem Buch, hatten die Kinder im Laufe der Buchbesprechung die Aufgabe, einen Gefühls-/Liebesbrief bzw. ein Gefühls-/Liebesgedicht im Zusammenhang mit der Geschichte von Ben und Anna zu schreiben.

Die Ergebnisse zeigen ein Emotionsvokabular, das sicherlich durch die vorangegangene Präventionsreihe Erweiterung und Differenzierung erfahren hat.

Liebesgedicht
In meinem Körper will mir nun,
seit ich dich kenne nichts mehr ruhn.
Und mein Herz stark pocht,
mein Kopf schon kocht.
Das alles kommt nur von dir,
und mein Herz gehört nur dir.
Nun frag' ich dich,
liebst du mich?
Wenn du das hörst, was wirst du machen?
Wirst du spotten oder lachen,
oder dich über mich lustig machen?

Alles aus Liebe
Ich bin verflucht
aber habe Sehnsucht,
jetzt hab' ich an dich gedacht
und denke, was hab' ich nur gemacht

Traurig
Heute hab' ich geweint
ich war sehr traurig
Was hast du gemeint
dein Wort war schaurig

Meine Gefühle
In meinem Kopf kreisen die Gefühle,
wie die Flügel einer Mühle.
Zum Beispiel das Gefühl „aufgeregt",
wird durch meinen ganzen Kopf bewegt.
Das Gefühl „Angst zu haben",
ist meist für kleine Knaben.
Und „nervös" bin ich meist,
wenn ich verreis.
„Nervös" ist auch ein Liebesgefühl,
und kreist doppelt in meiner Mühl.

3.3 „Nele - Ein Mädchen ist nicht zu gebrauchen" (M. Steenfatt) - Darstellung eines Präventionsprojektes im 7. Schuljahr. Erfahrungsbericht von Annette Dohrmann-Burger

Redaktionelle Vorbemerkungen

Die im folgenden vorgestellte Unterrichtsreihe zu dem Jugendbuch „Nele - Ein Mädchen ist nicht zu gebrauchen" von Margret Steenfatt (Rowohlt, Reinbek 1986) wurde von Annette Dohrmann-Burger an dem Gymnasium in den Filder Benden in Moers durchgeführt.
Aufgrund ihrer Tätigkeit als Beratungslehrerin hatte Frau Dohrmann-Burger sich bereits vor Beginn des Projektes mit der Thematik des sexuellen Mißbrauchs auseinandergesetzt. Sie hatte als Lehrerin bereits mit zwei mißbrauchten Mädchen Kontakt gehabt und Hilfestellungen gegeben, soweit es ihr möglich war. Allerdings war bei diesen Fällen - wie sie selbst berichtet - ihr Kenntnisstand zur Thematik des sexuellen Mißbrauchs noch recht begrenzt. Sie traf daraufhin die Entscheidung, sich intensiv in die Thematik einzuarbeiten und auch Möglichkeiten der präventiven Arbeit kennenzulernen
und an ihrer Schule einzusetzen. Es war insofern bei ihr viel Aufgeschlossenheit, Bewußtsein und Kenntnis zum Thema vorhanden. Aus diesem Engagement heraus wurde auch das Präventionsprojekt zum Jugendbuch Nele entwickelt.
Zudem war es an einer Nachbarschule zu sexuellem Mißbrauch durch einen Lehrer gekommen. Mit dem Projekt sollte auch der daraus entstandenen Verunsicherung begegnet werden.
Nachdem die Durchführung eines Projektes feststand, wurde nach einem geeigneten Jugendbuch Ausschau gehalten, das als Leitfaden zur Behandlung der Thematik dienen sollte. Die Entscheidung für das Jugendbuch „Nele - Ein Mädchen ist nicht zu gebrauchen" wurde auch aufgrund der Tatsache getroffen, daß die Mädchenbeauftragte der Stadt zu der Zeit eine Theatergruppe mit diesem Stück verpflichtet hatte. Die Theateraufführung sollte mit den Jugendlichen durch die vorweggehende Bearbeitung der Lektüre vorbereitet werden.
Frau Dohrmann-Burger unternahm ein Vorgespräch mit der (sofort zustimmenden) Schulleitung und sicherte sich die Kooperation mit der Mädchenbeauftragten der Stadt sowie einem Fachlehrer des Faches Deutsch. Das Projekt wurde nun für den Deutschunterricht dieses Lehrers im 7. Schuljahr geplant. Frau Dohrmann-Burger selbst war präsent als Beratungslehrerin. So hatten sowohl die Mädchen als auch die Jungen während des gesamten Projektes eine Ansprechperson des eigenen Geschlechts. Für die Eltern fand ein Elternabend statt.
Mit Zustimmung von Frau Dohrmann-Burger geben wir im folgenden Auszüge aus ihrer bereits 1993 veröffentlichten Darstellung des Projektes wieder.[1]

---

[1] A. Dohrmann-Burger (1993): Bedingungen und Durchführung eines Projektes zum sexuellen Mißbrauch als Möglichkeit der Prävention in der Schule. Hrsg. Landesinstitut für Schule und Weiterbildung. Informationen zur Schulberatung Heft 15, Soest.

Fachspezifische Fundierung

Mehrere Gründe veranlaßten uns, der fachspezifischen Fundierung besondere Aufmerksamkeit zu schenken. Entgegen dem Vorschlag zur Vorgehensweise laut Handbuch (M. Dahrendorf/P. Zimmermann: Sexueller Mißbrauch - Unterrichtsmaterialien zu „Nele". Reihe Rotfuchs Lehrerhefte, Bd. 4, Reinbek 1986), das buchunabhängige Stimuli und Situationsanreger als Einstieg in die Kernproblematik und damit gleichzeitig in die Lektüre angibt, wollten wir klassische Elemente der Texterarbeitung an den Anfang setzen, denn:
1) Die Schülerinnen und Schüler können so zunächst in gewohnter Weise den Text bearbeiten. Dies schien uns für den Anfang wichtig, da sie im Zusammenhang mit der Kernproblematik notwendigerweise mit neuen Lern- und Arbeitsfeldern konfrontiert werden.
2) Die Kürze des Halbjahres brachte den Umstand mit sich, daß die Unterrichtsreihe für Fachlehrer „klassenarbeitsverwertbar" sein mußte.
3) Die gegenseitige Akzeptanz und das Interaktionsverhältnis der Schülerinnen und Schüler war nicht so positiv, daß man es bedenkenlos hätte wagen können, sie mit diesem Thema zu überraschen.

Die Planung sah also vor, zunächst eine Charakterisierung der Hauptpersonen zu erarbeiten, wobei das Umfeld Neles und ihre eigene Darstellung plastisch werden könnte.
Der Schwerpunkt sollte in der Einübung und Festigung der Techniken der Texterarbeitung liegen. Inhaltliche, über das Buch hinausgehende Fragen sollten zu diesem Zeitpunkt zwar gesammelt, aber noch nicht behandelt werden, auch um ein Vorpreschen einzelner neugieriger Schülerinnen und Schüler zu vermeiden.

Zentrierung auf das Thema „sexueller Mißbrauch"
Die Kernproblematik auch unter fachdidaktischem Gesichtspunkt zu bearbeiten, war allerdings von vorneherein nicht unsere Absicht. Sie sollte zwar in den Deutschunterricht integriert sein, aber weder inhaltlich noch methodisch darin untergehen.

Wir wollten uns inhaltlich hauptsächlich auf vier Schwerpunkte des Themas konzentrieren, die sich aus dem Text gut herausschälen, analysieren und weiterentwickeln lassen. Es ging uns um:
- Vorstellungen von „Zärtlichkeit",
- Differenzierung verschiedener Gefühle,
- Definition von „sexuellem Mißbrauch" und Handlungsstrategien zu dessen Abwehr,
- Informationen über mögliche Hilfeleistungen und professionelle Helfer.

Ziele der Unterrichtsreihe

Obwohl von uns zunächst unabhängig vom Lehrerhandbuch (s.o.) zur Lektüre entwickelt, stimmen unsere Lernziele mit den dort angegebenen sowohl innerhalb der einzelnen Sequenzen als auch im Hinblick auf die Kernproblematik weitgehend überein.
Bewußt verzichtet haben wir aber auf die dort angegebenen Unterrichtssequenzen 6 und 8 und deren Lernziele. Wir fanden, daß die 6. Sequenz, in der es um die „Vermarktung von Mädchen als Sexualobjekte" geht, nicht altersadäquat sei. Ihre Bearbeitung hätte zudem den zeitlichen und inhaltlichen Rahmen gesprengt, ebenso wie die Sequenz 8 „Folgen des sexuellen Mißbrauchs für Betroffene...". Diese Phase entsprach auch nicht vorrangig unserem Anliegen, Prävention zu leisten.
Unsere Intention war es, die Schülerinnen und Schüler für das Thema zu sensibilisieren, Unkenntnis und Fehlinformationen über die Definition von sexuellem Mißbrauch, die Tätergruppe und Tatorte abzubauen und verläßliche Orientierungshilfen für die Abwehr aufzuzeigen. Schließlich sollten Schülerinnen und Schüler erfahren, welche (in-)offiziellen Helferinnen und Helfer für sie die verläßlichsten sein können.

Im einzelnen erhofften wir, daß die Schülerinnen und Schüler durch die Lektüre lernen würden,
- die Probleme Neles auf die allgemeinen Bedingungen des sexuellen Mißbrauchs im Alltag zu übertragen
- heikle Fragen sachlich anzugehen.

Zur Problematik speziell sollten sie am Ende der Reihe wissen,
- daß sexueller Mißbrauch besteht, sobald Erwachsene das Vertrauen und die körperliche Unterlegenheit von Kindern/Jugendlichen zur Befriedigung der eigenen sexuellen Bedürfnisse benutzen,
- daß die Grenzen von liebevoller Zärtlichkeit und sexuellem Mißbrauch fließend sind,
- daß es darum geht, die eigenen Gefühle differenziert wahrnehmen zu können und ihnen zu trauen,
- daß die Täterinnen und Täter oft aus dem Nahbereich - vertraute Personen - sind
- daß es wichtig ist, eigene Stärken zu erkennen, um hierdurch selbstbewußter und selbstbestimmter zu handeln,
- daß auch Kinder bestimmte Grundrechte haben,
- daß niemand das Recht hat, körperliche Unterlegenheit auszunutzen und Zuneigung auszubeuten,
- daß unangenehme Geheimnisse preisgegeben werden sollten (Hilfe ist dann legitim),
- daß es Institutionen gibt, die Betroffenen helfen.

Bei der Erstellung der Lernziele haben uns u.a. die „6 Gebote" von U. Enders (siehe **M1**) als Leitfaden gedient.

Ich wollte nicht darauf verzichten, uns wichtig erscheinende Lernziele aufzulisten, obwohl uns klar war, daß wegen der zeitlichen Begrenzung der Reihe (ungefähr 24 Stunden) nur ein Teil davon erreicht werden könnte. Zudem geht es gerade bei den Zielen, bei denen eine Verhaltensänderung mitzudenken ist, um erste Schritte, um eine Anbahnung, bei der also nicht mit dem groben Maßstab von Erreichen - Nichterreichen gemessen werden kann.

Durchführung der Unterrichtsreihe

Es erschien mir wenig sinnvoll, die einzelnen Stunden der Unterrichtsreihe chronologisch in ihrem Ablauf zu dokumentieren und auszuwerten. Dieses Verfahren würde insgesamt zu viel Raum beanspruchen und Wichtiges und Unwesentliches könnten vermischt werden.

Inhaltlich und auch bezogen auf die Gruppenprozesse sinnvoller strukturiert ist m.E. die Unterteilung in verschiedene Phasen, die - zum Teil erst im Rückblick erkennbar - größere Einheiten umfassen. Die einzelnen Überschriften versuchen bereits jeweils Inhalts- und Beziehungsaspekt der einzelnen Phasen anzugeben.

Textarbeit - Phase der methodischen Sicherheit

In der fachspezifischen Aufbereitung der Lektüre wurde Nele sehr detailliert charakterisiert und ihr soziales Umfeld abgegrenzt. Wie eingeplant erleichterten die bekannten Arbeitstechniken den Schülerinnen und Schülern den Einstieg, so daß die gewünschten Lernziele der ersten Stunden, in denen auch die anderen wichtigen Personen und ihr Verhältnis zur Protagonistin herausgearbeitet wurden, klar gesichert werden konnten.

Diese Phase war gekennzeichnet von einer zügigen, problemlosen Textarbeit, bei der die Beteiligung - vor allem die der Mädchen - hoch war, und die Schülerinnen und Schüler, entgegen den Befürchtungen des Fachlehrers, erstaunlich diszipliniert mitarbeiteten. Ich selbst fühlte mich von Anfang an von der Gruppe akzeptiert.

Der erste „Ausbruch" aus der fachspezifisch fundierten Bearbeitung der Lektüre erfolgte in der 4. Stunde, als das Verhältnis Nele - Sabine untersucht wurde. Die Bemerkung einer Schülerin „Sabines Verhalten ist pubertäres Getue" wurde von vielen nicht verstanden, da „Pubertät" für sie ein Begriff war, unter dem sie sich nichts vorstellen konnten. Da es dem Lehrer an dieser Stelle wichtig erschien, am Text weiterzukommen - eine längere Unterbrechung hätte die Schülerinnen und Schüler auch aus der kontextuellen Arbeit herausgerissen - wurde die Hausaufgabe gegeben, sich unter der Fragestellung „Was ist Pubertät?" zu informieren. Das Vortragen dieser Hausaufgabe zu Beginn der nächsten Stunde machte den Wunsch der Schülerinnen und Schüler nach einer Diskussion hierüber klar. Sie wurde für eine der „geteilten" Stunden in Aussicht gestellt - eine Entscheidung, die vom Lehrer spontan geäußert wurde und der ich zustimmen konnte, weil wir beide gespürt hatten, daß wir unmittelbar vor dem als Einstieg in die Kernproblematik vorgesehenen Thema „Zärtlichkeit" standen. Dieser Begriff, der jedoch von Anfang an von den Schülerinnen und Schülern immer mit dem der „Liebe" gemeinsam genannt wurde, tauchte bereits mehrfach auf. So wurde z. B. angeführt, Nele leide unter fehlender Liebe und Zärtlichkeit in der Familie. Auch in der folgenden Stunde, in der die Entwicklung der Beziehung zu Wolfgang reflektiert wurde, galt Neles Suche nach Liebe, Zärtlichkeit und Anerkennung als zentraler Ausgangspunkt für das Verhältnis. Im Vergleich zu ihren anderen Beziehungen wurde der Begriff „Liebe - Zärtlichkeit" schillernd, ein Grund für uns, den zweiten Schritt nach Planung anzugehen. Die hierzu vorbereitende Hausaufgabe lautete: „Findet Fotos und Bilder, die für Euch Liebe und Zärtlichkeit von Menschen untereinander ausdrücken".

„Zärtlichkeit und Liebe" - Phase der emotionalen Öffnung

Inhaltlich wurde diese Phase durch den Stimulus, die mitgebrachten Fotos, bestimmt. Sie begann mit einer getrennt durchgeführten Doppelstunde, in der die Fülle der vorliegenden Bilder drei verschiedenen Kategorien zugeordnet wurde. Die Kategorien entwarfen und klärten die Schülerinnen und Schüler selbst im Gespräch, wobei sie sich unausgesprochen sicher an die Lektüre anlehnten (Nele - Mutter, Nele - Sabine, Nele - Wolfgang).

Konkret unterschieden sie
- Liebe zu den Eltern/Verwandten,
- Liebe zu einem Freund/einer Freundin (Kumpel),
- (1.) Liebe/Leidenschaft zu einem Freund/einer Freundin (Partner/in).

Mit Hilfe des Tafelbildes trugen sie idealtypische Merkmale, die allen drei Gruppen gemeinsam waren oder in denen sich einzelne entscheidend voneinander abgrenzten, zusammen.

Da die Schülerinnen und Schüler selbst im Verlauf späterer Gespräche und vor allem im Zusammenhang mit dem Kernthema auf einzelne Begriffe und Erkenntnisse zurückkamen, die sie aus dieser Klärung gewonnen hatten, die also für sie Bedeutung behielten, möchte ich sie hier ungekürzt und unverändert wiedergeben.

Für alle drei Gruppen war Liebe gekennzeichnet
durch:

- Zeit füreinander haben
- miteinander über alles reden können
- Anlaufstelle für Probleme sein
- sich gegenseitig Anerkennung geben
- nehmen und geben können
- Verständnis füreinander haben
- sich streiten und versöhnen können
- Geborgenheit geben und finden
- gemeinsame Unternehmungen machen
- konträre Meinungen akzeptieren können
- Zärtlichkeit durch Körperkontakt ausdrücken
(„das tut gut", „tröstet", „hilft", „schafft Wärme")

Die Liebe zu einem Freund/einer Freundin (Kumpel/Kameradin) war zusätzlich durch folgende Kriterien bestimmt.

- dem anderen Freiraum lassen können
(noch andere Freunde, Hobbys allein haben dürfen)
- gemeinsame Interessen haben
- ähnliche Charakterzüge haben oder sich gut ergänzen
- die „Nähe" des anderen lieben (von einem Eis essen)
- gemeinsam durch Dick und Dünn gehen
- keinen Neid empfinden

Zur (ersten) großen Liebe (Verliebtheit/Leidenschaft) zu einem Menschen anderen Geschlechts gehörte für sie außerdem:

- ein ambivalentes Gefühl zwischen Glück und Angst
- Unsicherheit
- Schüchternheit
- Treue
- gefallen wollen
- Hoffnung auf körperliche Nähe
- Angst vor körperlichen Übergriffen

Hier möchte ich anmerken, daß das von den Jungen völlig unabhängig erstellte Tafelbild verblüffend ähnlich war, allerdings hatten sie in der 3. Kategorie hinzugefügt:

- Angst vor zu heftigen Abwehrreaktionen bei körperlichen Berührungen
- Angst, aufdringlich zu sein
- Angst, wie ein Elefant im Porzellanladen zu wirken, etwa „versaut" zu sein
- Angst, als Angeber angesehen zu werden, wenn man miteinander „bumsen" will

Insgesamt nahmen Überlegungen zur Körperlichkeit und Sexualität in der Diskussion mit den Jungen einen größeren Raum ein. Aber auch die Mädchen waren hiermit sehr beschäftigt, obwohl sie überhaupt erst gegen Ende der Doppelstunde zur Ausformung dieser Kategorie gelangten.

Während man bis dahin - zwar oft erst nach heftigen Diskussionen über die Zuordnung - zu Einigungen und relativ klaren Ergebnissen gelangt war, machte sich jetzt eine allgemeine Unsicherheit breit, Ängste wurden ausgesprochen, Unkenntnis formuliert.

Aus dem Gewirr von Äußerungen, die ich an dieser Stelle nicht mehr zu ordnen vermochte, schälte sich für mich heraus, daß ein Teil der Schülerinnen gar keine oder eine schlechte Aufklärung genossen hatte, eine der Art, die nicht sicher macht, sondern „Angst vorm ersten Mal" bereitet.

Dem dringlichen Wunsch der Schülerinnen an mich, vor jeglicher Weiterführung der Textinterpretation oder der Kernproblematik eine allgemeine Sexualkundestunde zwischenzuschalten, stimmte ich spontan zu, da es ganz offensichtlich war, daß sie einige Probleme, die sie bisher für sich behalten hatten, jetzt „einfach loswerden mußten".

Die Stunde endete für die Schülerinnen in einem „wohltuenden" Chaos, und konnte auch für mich - allerdings erst im Nachhinein, denn in der Situation war ich mächtig ins Schwitzen gekommen - als in mehrfacher Hinsicht positiv betrachtet werden.

Die Schülerinnen hatten Kenntnisse, die als Voraussetzung für die Bearbeitung des Kernthemas wichtig waren, durch relativ selbständige Erarbeitung erlangt. Sie hatten gemeinsam herausgefunden:

- daß alle Menschen (u. v.a. Kinder) ein ganz natürliches Bedürfnis nach Körperkontakt haben (Erleben von Zuneigung, Wärme und Vertrauen),

- daß Körperkontakt oft verbunden ist mit einer natürlichen Neugierde (Entdecken von Körperlichkeit),

- daß Körperkontakt v.a. im Zusammenhang mit der 1. großen Liebe, jedoch auch mit anderen Personen, auch unangenehm sein kann.

Das Verhalten der Schülerinnen im Verlauf der Stunde und v.a. ihr „Herausplatzen" bedeutete für mich letztlich eine positive Erfahrung. Es hatte mir gezeigt, daß die traditionelle Lehrerrolle bereits in dieser Stunde aufgehoben werden konnte (was meinem Rollenverständnis während der Unterrichtsreihe sehr entgegenkam), und es war Nähe geschaffen worden.

Schon zu Beginn der Stunde war durch das Ordnen und Besprechen der Bilder die vorher bestehende Sitzordnung völlig verändert worden. Die gewählte, enge Kreisformation wurde auch später nur soweit abgewandelt, wie es der Blick zur Tafel oder das Notieren des Tafelbildes nötig machten. - Die Schülerinnen und Schüler diskutierten von Anfang an rege, aber zu keinem Zeitpunkt verletzend. Die gegenseitige Akzeptanz schien durch die Offenheit, die in vielen Äußerungen dokumentiert wurde, zu wachsen.

Die Schülerinnen selbst zeigten sich am Schluß angetan von der „schönen Atmosphäre", in der man „viel freier reden konnte", und von der Möglichkeit, „Probleme, die einen wirklich bedrängen, mal aussprechen zu können".

Nach Aussagen des Kollegen waren die Jungen zwar zu ähnlichen Ergebnissen gekommen, hatten sich aber zunächst albern, verstockt oder prahlerisch gezeigt. Erst nach und nach hatten sie sich ernsthafter mit ihrer Aufgabe beschäftigt und am Schluß der Stunde eigene Probleme angerissen.

Diese Phase fand ihren Abschluß in einer gemeinsamen Stunde, in der Neles und Sabines „Suche nach Liebe und Zärtlichkeit" verglichen wurden. In der Erinnerung an das Tafelbild konnte herausgestellt werden, daß Nele eher die „väterliche Liebe" mit all ihren Merkmalen in Wolfgang sucht und ungewollt auf sexuelle Wünsche stößt, während Sabine in ihrer Beziehung zu Jungen sexuelle Momente schon bewußt provoziert.

Aufklärung/Pubertät – Phase der Individualisierung

In der Nachbesprechung zur getrennt geführten Stunde ergab sich für uns die Notwendigkeit, trotz der überraschenden inhaltlichen Übereinstimmung der beiden Gruppen den nächsten Block erneut getrennt und thematisch unterschiedlich anzugehen. Entsprechend ihren vorrangigen Bedürfnissen sollten die Mädchen die Gelegenheit haben, über Sexualität zu sprechen. Die Jungen hatten sich für das Thema „Selbstbefriedigung" entschieden, das der Kollege mit Hilfe einer Aufzeichnung der WDR-Magazinsendung „Riff" anpacken wollte. Eine gesicherte Vorlage als Basis schien ihm für das Gespräch mit den Jungen angebracht.

Aus meinen Erfahrungen der letzten Stunden verzichtete ich bewußt auf ein Konzept. Die Schülerinnen sollten sich loslassen können, ich wollte auf Einzelfragen eingehen und ihnen gegebenenfalls anbieten, meine Beratungsstunden wahrzunehmen.

Beide wollten wir aber in dieser Phase auf den Begriff der Pubertät eingehen, da er sich im Zusammenhang fast aufdrängte.

Wie erwartet wurden viele Fragen gestellt und Ängste und Unsicherheiten preisgegeben, die ich im einzelnen nicht aufführen möchte. An dieser Stelle ging es mir auch nicht darum, erschöpfende Antworten zu finden – das hätte ich in dem knapp bemessenen Rahmen auch nicht leisten können. Wichtiger war die Erkenntnis für alle, daß ein Austausch über Probleme befreit, auch wenn er nicht sofort Lösungsansätze bringt. Von Bedeutung war zudem die Erfahrung, daß man mit seinen Problemen gar nicht so allein dasteht, wie man denkt, wenn man nicht darüber spricht. Die Einsicht darin, daß sich Ängste vor allem durch Schweigen, durch Geheimhalten aufbauen bzw. vergrößern, wurde von einigen Schülerinnen formuliert und im Detail besprochen. Dies kam meinen Intentionen mit Blick auf das Kernthema sehr entgegen.

Bewußt verstärkt habe ich auch Äußerungen, die die allgemeine Meinung festigten, daß man sich zu keiner Reaktion verleiten lassen solle, die einem „unbehagliche" Gefühle bereiten würde. Auf diese wollte ich in der nächsten Einheit zurückkommen.

Obwohl ich mich am Ende dieser Stunde von dem Gewirr an Fragen und verbalisierten Unsicherheiten fast erschlagen fühlte, ließen sich hieraus klar erkennbare Defizite der Sexualerziehung im Elternhaus und in der Schule sowie entsprechende Postulate herauskristallisieren.

In einem Gespräch mit dem Kollegen erreichten wir Konsens über die nachstehenden Schlußfolgerungen - hier in Thesenform wiedergegeben:

Trotz aller angeblich so großen Aufgeklärtheit werden viele Kinder in autoritär strukturierten Familien mit oft rigiden Sexualnormen groß.

Etliche Kinder erfahren im Elternhaus keine Aufklärung, sondern „holen" sie sich aus Medien, die auch im Zusammenhang mit diesem Thema durch lücken- und fehlerhafte Information und Sensationsberichte eher Angst und Verunsicherung als wirkliche Aufklärung bewirken.

Im Biologieunterricht wird dieses Thema mitunter zu oberflächlich, zu einseitig und in jedem Fall zu theoretisch behandelt. Es geht dabei nicht um die „Gefühle, die wir dabei empfinden", „man kann sich danach gar nicht vorstellen, daß es auch Freude bereiten kann", „man kriegt eher Panik, weil so viel passieren kann".

Erzieherinnen und Erzieher scheinen sich allgemein - wenn sie sich überhaupt an das Thema heranwagen - gern in die Verwissenschaftlichung zu flüchten, um persönliche Fragen und Ängste des Einzelnen nicht laut werden zu lassen (Distanzschaffung).

Sexualkundeunterricht scheitert u.U. schon daran, daß Mädchen und Jungen ihn gemeinsam erfahren in einer Zeit (Pubertätsalter), in der die Scheu voreinander besonders groß ist. „Ich kann doch in Gegenwart eines Jungen nicht fragen, ob das 1. Mal wehtut."

Die Fülle der Fragen machte für beide Gruppen eine zusätzliche Einzelstunde nötig, in der die Jungen sich über dieses „1. Mal" aussprechen, und die Mädchen unter dem Thema „Pubertät" weitere Unklarheiten erörtern wollten. Sie brachten in der Stunde u.a. ihre Enttäuschung darüber zum Ausdruck, daß in dieser Phase der Gefühlsschwankungen, der Suche nach der eigenen Identität, die Eltern nur wenig Verständnis für sie zeigen würden. „Die Meinungsverschiedenheiten beginnen bereits dort, wo man ihnen klarmachen will, daß man nicht mehr mit ihnen in Ferien fahren möchte". In dieser Zeit, in der sie sich selbst als „schwierig" empfinden und oft zwischen Euphorie und Depressionen schwanken, wünschen sie sich im Grunde Gespräche mit einfühlsamen Partnerinnen und Partnern.

In der Stunde war ich überwiegend eine stille Zuhörerin, denn die Schülerinnen hatten sich untereinander sehr viel zu sagen.

„Gefühle" - Phase des vorsichtigen Einstiegs in das Thema „sexueller Mißbrauch"

Die nächsten drei Stunden wurden im Klassenverband durchgeführt. Gemeinsam untersuchten die Schülerinnen und Schüler die Gefühlslage Neles in ihrer Beziehung zu Wolfgang.
Anhand von Textstellen und in Anlehnung an Beiträge aus vergangenen Stunden fanden sie - bezogen auf den Körperkontakt mit anderen - in aktiver Zusammenarbeit mit der Leitung eine Unterteilung in gute, komische und schlechte Gefühle. Die Gefühle, die Nele bewegten (Zärtlichkeit, Zuneigung, Achtung, Befangenheit, Unsicherheit, Angst, Abhängigkeit, Unterlegenheit, Widerwillen, Leere u.a.), wurden diesen zugeordnet

Die Traumszenen, die in diesem Zusammenhang gedeutet wurden, halfen, Neles Gefühlswechsel zu verstehen.

Das Moment der sexuellen Annäherung ist als Schlüsselstelle des Textes bearbeitet worden, bevor man dazu überging, die Teilung der Gefühle - auf die allgemeine bzw. persönliche Ebene transferiert - durch Beispiele aus dem eigenen Alltag zu verdeutlichen.
Den meisten Schülerinnen und Schülern fiel es nicht schwer, Situationen aus dem persönlichen Umfeld zu beschreiben, die ihnen - mehr als bis dahin bewußt - verdeutlichten, daß Körperkontakt, vor allem mit Erwachsenen, komische oder unangenehme Gefühle bereiten kann. Ein Beispiel aus der Schule konnte zeigen, wie leicht auch ein(e) Lehrer(in) unangenehme Gefühle erzeugen kann.
In dieser Phase war der Abschnitt über Gefühle aus den „6 Geboten" von U. Enders für uns eine Orientierung (siehe **M1**).

„Sexueller Mißbrauch" - Phase der Betroffenheit

Der Besuch der Mädchenbeauftragten und ihrer Kollegin wurde für die nächste Doppelstunde angekündigt. Für diese wählten wir bewußt einen wohnlichen Raum der Jahrgangsstufe 5 mit Bildern, Blumen, Mobiles, Polstermöbeln, in dem die Schülerinnen und Schüler sich in lockeren Gruppierungen finden konnten. Die typische Klassenraumordnung und Unterrichtsatmosphäre war damit etwas aufgehoben.

Daß ein Gefühl der Distanz zwischen Schülerinnen und Schülern und Gästen nicht entstand, lag allerdings mehr an der offenen und freundlichen Art der beiden Frauen, die sich, ihren Beruf und das Thema zunächst vorstellten. Mit Hilfe der Statistik zu Fällen von sexuellem Mißbrauch sollte den Schülerinnen und Schülern klar werden, wie wichtig es ist, über Probleme dieser Art zu sprechen, da jede(r) sexuell Mißbrauchten begegnen oder selbst in Gefahr geraten kann. Die hohen Zahlen erschreckten und überzeugten die Schülerinnen und Schüler.

Die sich anschließende Frage nach der Definition von sexuellem Mißbrauch wurde mittels dreier Beispiele (auf Plakaten an die Wand geschrieben) diskutiert:

7. Schuljahr Präventives Arbeiten in der Schule 139

1. Ein Mädchen sitzt in der Badewanne. Der Vater rasiert sich in dessen Gegenwart, wobei er es fortwährend betrachtet, obwohl er merkt, daß es sich immer mehr geniert.
2. Eine Zwölfjährige tauscht mit einem Vierzehnjährigen einen Zungenkuß.
3. Ein Mädchen setzt sich auf den Schoß eines ihm vertrauten Erwachsenen. Dieser bekommt eine Erektion.

Nach Austausch unterschiedlicher Meinungen kam man zu folgenden Ergebnissen:

Zu 1: Es handelt sich hier auch schon um eine Art Mißbrauch, da der Vater, obwohl er das Unbehagen des Mädchens spürt, sich nicht abwendet oder den Raum verläßt. Sein Handeln legt die Vermutung nahe, daß er durch den Anblick sexuelle Gefühle bekommen möchte.
Zu 2: Die Szene ist für niemanden unangenehm, beide finden das Küssen schön. Sexueller Mißbrauch läge dann vor, wenn ein Erwachsener ein junges Mädchen so küssen würde.
Zu 3: Mädchen wirken manchmal provozierend (oft aus natürlicher Neugierde heraus). Der Erwachsene trägt in diesen Situationen immer die Verantwortung. Er muß sie beenden. Also ist dies ein Beispiel für Mißbrauch.

Am Beispiel 2 wurde zudem verdeutlicht, daß man sexuelle Gefühle durchaus ausleben kann und ab einer bestimmten Reife sollte, daß diese dann auch erst komisch oder unangenehm werden, wenn dabei Macht eines anderen und eigene Wehrlosigkeit ins Spiel kommen.

Beispiele 1 und 3 sollten auch zeigen - und das fanden die Schülerinnen und Schüler selbst gut heraus -, wie an sich harmlose Situationen leicht „rüberrutschen" und zum sexuellen Mißbrauch werden können, wenn es sich um vertraute Personen handelt.

An dieser Stelle möchte ich anmerken, daß die Schülerinnen und Schüler sich von Anfang an schwertaten, mit dem Begriff „sexueller Mißbrauch" umzugehen. Ich konnte ihren Vorschlag, lieber „körperlicher Mißbrauch" zu sagen, an vielen Stellen gut nachvollziehen. Der Begriff „sexuell" führte sie in ihren Überlegungen zu sehr in die Richtung „Sexualverkehr". Dennoch werde ich in dieser Arbeit der Korrektheit halber den Fachterminus weiterhin benutzen.

Das Rollenspiel aus dem CAPP-Projekt, das die beiden Frauen vom Jugendamt anschließend inszenierten, sollte noch einmal am Beispiel klären, wo sexueller Mißbrauch und die Notwendigkeit zur Abwehr beginnt.

Die zwölfjährige Ingrid ist bei ihrem Onkel und ihrer Tante zu Besuch. Als die Tante Besorgungen machen will, schlägt sie Ingrid vor, sich in der Zeit ihre Lieblingssendung „Alf" anzusehen. Onkel Harry gesellt sich zu ihr, rückt allmählich immer näher und macht schließlich den Fernseher aus mit der Begründung: „Das ist doch blöd. Komm ich verrat dir was Schönes." Er erzählt, daß er Ingrid den teuren Rock, den sie neulich im Schaufenster gesehen und der ihr so gefallen hat, kaufen will. Ingrid zeigt sich angetan von dem Gedanken, aber sehr bedrängt von seiner Nähe und gestört. Sie schaltet den Fernseher wieder ein. Der Onkel bittet sie, sein Versprechen geheim zu halten und ihn dafür zu küssen. Als Ingrid sich ziert, gibt er ihr - deutlich gegen ihren Willen - einen Kuß.

Die Art des Vorspiels verdeutlichte allen, daß es sich um eine Erpressungsszene handelte. Allerdings gingen die Meinungen darüber, ob sich Ingrid hätte noch mehr wehren müssen oder den Wunsch des Onkels für die Aussicht auf den Rock hätte erfüllen können, teilweise sehr auseinander. Letztlich gelangte man aber zu der weitgehend übereinstimmenden Überzeugung, daß der Onkel, wenn er Ingrid wirklich gern gehabt hätte, den Rock hätte kaufen können, ohne dafür eine Gegenleistung abzuverlangen.

Auf die Frage, was Ingrid in der Situation hätte anders machen können, kamen dann spontan viele Reaktionen, u.a.: „Sie hätte das Geheimnis einer anderen vertrauten Person erzählen sollen, da es kein gutes Geheimnis ist", „sie hätte durch klarere Zeichen zeigen können, daß sie ihn nicht küssen wollte".

Hiernach wurde die Gruppe geteilt. Die Leitung behielten die Vertreterinnen des Jugendamtes. Möglichkeiten des klaren „NEIN" gegen Übergriffe auf den eigenen Körper sollten gefunden und geübt werden. Die Jungen sollten zudem versuchen, im Zusammenhang mit sexuellem Kontakt zu Mädchen eigene Verhaltensfixierungen zu überdenken und zu lernen, Mädchen auch hier als gleichberechtigte Partnerinnen zu akzeptieren.

Mit Hilfe des konkreten Vorschlags: „Denke dir einen Kreis direkt um dich herum, in den niemand ohne deine Einwilligung treten darf, d.h. ziehe Grenzen," konnte die Mädchenbeauftragte den Schülerinnen vor Augen führen, wie wichtig es ist, Körperkontakt nur dann zuzulassen, wenn man ihn selbst wünscht, wenn er einem gefällt und wohltut. Viele Schülerbeiträge zeigten, daß sie das sich daraus abzuleitende Recht der persönlichen Entscheidung erkannt hatten, aber befürchteten, daß Autorität und ihre Abhängigkeit vereiteln könnten, dieses effektiv anzuwenden.

Gemeinsam wurden Strategien für Abwehrhandlungen entwickelt, die das Selbstvertrauen der Mädchen allmählich ein wenig zu stärken schienen, da sie merkten, daß es sich z.T. um einfache Tips handelte. Ein Beispiel: „Sage nie unsicher und leise dein ‚NEIN' , sag es laut oder schrei es sogar, und schau deinem Gegenüber dabei in die Augen. Wenn du das nicht kannst, dann zwischen die Augen, das wirkt genauso."

Ein von einer Schülerin vorgetragenes Beispiel wurde in diesem Zusammenhang aufgegriffen und für ein weiteres Rollenspiel verwertet. Sie erzählte, daß sie als zehnjähriges Mädchen in einer Jugendfreizeit von einem Fünfzehnjährigen dazu aufgefordert worden sei, ihn in die Dusche zu begleiten, weil er ihr dort was Schönes zeigen wollte. Dort habe er dann einen Zungenkuß „und noch mehr" von ihr verlangt. Sie habe ihm mit einer Ohrfeige geantwortet und sei weggerannt.

Alle begriffen, daß sie richtig gehandelt hatte, aber etliche räumten ein, daß sie sich nicht getraut hätten, so heftig zu reagieren. Hier wurde noch einmal herausgestellt, daß jeder Versuch der Abwehr deutlich, jedes „NEIN" klar sein soll. - Gemeinsam wurde geübt, „NEIN" zu sagen, zu schreien und dabei eine andere fest anzublicken.

Die Duschszene wurde in Zweiergruppen erarbeitet und anschließend vorgeführt - wobei fast alle ihr verbales „NEIN" durch Körpersprache unterstrichen.

Die Schülerinnen und Schüler hatten in dieser Begegnung mit den Vertreterinnen des Jugendamtes Erfahrungen zum Thema „sexueller Mißbrauch" gewinnen, erweitern oder konkretisieren können. Sie lernten,
- was „sexueller Mißbrauch" bedeutet,
- daß es sehr viel mehr sexuell mißbrauchte Kinder und Jugendliche gibt, als man sich vorstellen kann,
- daß auch ein Mensch, der einen gern hat, Täter(in) sein kann und gerade deshalb der Übergang von guten zu komischen Gefühlen so schwer eingeordnet werden kann,
- daß keine(r) das Recht hat, durch Machtposition körperliche Berührungen zu erzwingen,
- daß es wichtig ist, als Betroffene(r) mit einer Vertrauensperson oder in einer offiziellen Stelle darüber zu reden,
- daß es solche Stellen in der Stadt gibt,
- daß man diese, wenn man einen Fall kennenlernt, auch zu Rate ziehen soll (oder eine andere erwachsene Vertrauensperson), da es schwer ist, selbst zu helfen.

Ich habe diese Stunden ausführlicher beschrieben, weil sie beispielhaft eine Möglichkeit aufzeigen, wie Schülerinnen und Schüler sich aktiv mit der Kernfrage „Unter welchen Umständen ist was sexueller Mißbrauch?" auseinandersetzen, um danach Handlungsstrategien für das Problem „Was kann ich tun?" zu entwickeln.

Das Verfahren dieser Stunde war so prozeß- und schülerorientiert, daß die Nachhaltigkeit der gewonnen Einsichten von mir als groß angesehen wird. (...)

Nachbereitung - Phase der Vertiefung

Da die oben beschriebenen Stunden in den Gruppen unterschiedlich abgelaufen waren, wurde auch deren Nachbereitung getrennt durchgeführt.

Die als Hausaufgabe gestellte Frage „Warum fällt es im Fall des sexuellen Mißbrauchs besonders schwer, ‚NEIN' zu sagen, wenn der Täter oder die Täterin aus dem persönlichen Umfeld kommt?" war detailliert bearbeitet worden. Die wesentlichen Argumente wurden zusammengetragen:
- Weil das gleichzeitige Erleben von Vertrauen/Zuneigung und Ausbeutung/Wehrlosigkeit zu emotionaler Verwirrung führt,
- weil von Täterinnen und Tätern oft eine Mitschuld aufgebaut wird (Das hast du doch selbst gewollt),
- weil die/der Betroffene Angst hat, daß ein Aufdecken des Geheimnisses mit schrecklichen Konsequenzen für ihn/sie selbst, den Täter oder die Täterin und andere nahestehende Personen verbunden ist (meist Drohung des Täters oder der Täterin),
- weil man gewohnt ist, dieser Person zu gehorchen (Vater, Opa).

Bei einigen Schülerinnen bestand allerdings nach wie vor Unsicherheit bezüglich ihrer Handlungskompetenz. Sie wünschten sich mehr konkrete Handlungsanweisungen. Tips von anderen wie „Man sollte in jedem Fall ein abschließbares Zimmer haben." oder „Man sollte sich weigern, mit jemandem, der einem unheimlich ist, allein in einem Zimmer zu sein.", erschienen ihnen hilfreich.

An dieser Stelle mußte auch den SchülerInnen klar werden, daß sie einige Grundrechte und -regeln kennengelernt hatten, daß aber Voraussetzungen für Verhaltensweisen wie Selbstvertrauen, Selbstbestimmung und Unabhängigkeit nicht in einem Schnellkurs erlernt werden können, die Schule aber bemüht ist (sein sollte), hierzu zu erziehen.

Vorschläge, die in diesem Zusammenhang gemacht wurden, nahmen diese Schülerinnen und Schüler mit Interesse auf:
- Such dir eine(n) Gesprächspartner(in), mit dem/der du alle Fragen und Probleme, die dich bewegen, offen besprechen kannst,
- wenn du Lust hast, nimm an einem Selbstverteidigungskurs teil; er wird dir zeigen, daß deine körperliche Stärke größer ist, als du denkst.

Die zwei verbleibenden Einzelstunden bis zur Klassenarbeit benutzte der Fachlehrer zur Vorbereitung hierauf. Somit wurden die gewonnenen Einsichten der vergangenen Stunden auf Neles Situation übertragen. Der sexuelle Mißbrauch - wie sie ihn erlebt - wurde mit Hilfe der folgenden Fragen analysiert:
- Warum läßt Nele die Tat zu?
- Was empfindet sie dabei?
- Warum erzählt sie keinem davon?
- Warum will sie nach einigen Malen nicht mehr?
- Wie gelingt es ihr, sich zu befreien?

Die Arbeitsaufträge der **Klassenarbeit** lauteten:

1. Untersuche Wolfgangs Verhältnis zu Nele und seine Motive für den sexuellen Mißbrauch. Berücksichtige dabei folgende Einzelfragen:
  - Warum vertraut sich Nele niemanden an?
  - Wie gelingt es Wolfgang, Nele in Abhängigkeit zu halten?
  - Welche Bedeutung hat Nele für Wolfgang?

2. Überlege, warum Wolfgang seine sexuellen Wünsche an ein Kind richtet. (Nele S. 52, 54, 56, 98)

3. Untersuche die sprachliche Form der Traumerlebnisse und des sexuellen Mißbrauchs. Welche Bedeutung und Funktion haben diese Textstellen?

Befragung der Schülerinnen und Schüler zur Unterrichtsreihe - Phase des Rückblicks

Eine schriftliche Befragung bildete den Abschluß der Reihe. Auf Wunsch der Schülerinnen und Schüler wurde sie im Schulgarten, also in freundlicher Atmosphäre, durchgeführt.

Fragebogen

1. Was wußtest Du vor diesem Projekt schon von sexuellem Mißbrauch?
2. Fandest Du es gut, anhand der Lektüre über dieses Thema diskutieren zu können, oder hättest Du es lieber ohne Buch besprochen? Begründe Deine Ansicht!
3. Welche Phase(n) fandest Du ganz wichtig, auf welche hättest Du verzichten können?
4. Über welche Gebiete des Themas fühlst Du Dich ausreichend informiert?
5. Wie würdest Du Dich in Gefahr wehren?
6. Haben Deine Eltern sich in irgendeiner Form an der Bearbeitung des Themas beteiligt?
7. Hättest Du gern irgendeinen Aspekt/eine Phase länger (intensiver) behandelt?
8. Was hat Dir an dem Projekt besonders, was gar nicht gefallen; was würdest Du Dir künftig für ähnliche Projekte wünschen?

Die Antworten ließen klare Tendenzen erkennen:
- Die Schülerinnen und Schüler hatten vor der Besprechung der Lektüre gar nicht oder nur oberflächlich von dem Problem des sexuellen Mißbrauchs gehört.
- Sie fanden es gut, anhand der Lektüre und somit Schritt für Schritt in das Thema eingeführt worden zu sein.
- Sie fanden alle Phasen der Reihe wichtig und wollten darum auf keine verzichten.
- Sie fühlten sich ausnahmslos gut informiert über das Thema und teilweise auch gegen Gefahren gewappnet (viele hatten sich klar überlegt, welche Schritte sie machen würden, wenn sie betroffen wären oder einen Fall kennenlernen würden).
- Manche Eltern hatten gar nicht, andere ganz aktiv am Verlauf der Reihe teilgenommen (durch Berichterstattung, Diskussionen, Begriffserklärungen). Die meisten davon hatten das Vorgehen gut gefunden, einige hatten sich an wenigen Punkten skeptisch gezeigt.
- Für die Schülerinnen und Schüler waren die Begegnung mit den Vertreterinnen des Jugendamtes und einige Aspekte des Hauptthemas zu kurz gekommen (z.B. Fragen zur rechtlichen Seite von Täterinnen und Tätern, Betroffenen und Mitwissenden), aber auch „die Aufklärung".
- Besonders schön fanden sie, die Erfahrung gemacht zu haben, daß es möglich ist, die ganz persönlichen Probleme mit Klassenkameradinnen und Klassenkameraden und Lehrerinnen und Lehrern offen bereden zu können - Sie befürworteten die geschlechtsspezifische Trennung für die Bearbeitung mancher Themen, hätten die gewonnenen Ergebnis-

se aber gern häufiger mit den anderen ausgetauscht, „denn man möchte ja auch wissen, was die dazu denken." - Sie waren erstaunt darüber, daß man in einer „ganz lockeren Atmosphäre so viel lernen kann." - Sie wünschten sich mehr Raum in der Schule für die Besprechung von Problemen, die einen aktuell bewegen und „z.T. fertigmachen".

M1 „6 Gebote" von U. Enders[2]

1. „Dein Körper gehört Dir!"
Dein Körper ist liebenswert und einzigartig. Du hast die Verantwortung für Deinen Körper, damit Du gesund und stark bist. Dein Körper gehört Dir, ganz allein Dir. Und Du hast das Recht zu bestimmen, wer Dich wann, wie und an welchen Stellen anfassen darf.

2. „Vertraue Deinem Gefühl"
Deine Gefühle sind wichtig. Wenn Dir etwas komisch vorkommt, wenn Du Angst hast oder unsicher bist, dann ist es in Ordnung, so zu fühlen. Erzähle mir, wenn Du traurig, verunsichert, ärgerlich, glücklich, ängstlich usw. bist. Teile mir mit, was Du empfindest.

3. „Schöne" und „unangenehme" Berührungen
Liebevolle, angenehme und zärtliche Berührungen sind schön für Dich. Wir alle brauchen Umarmungen, wollen gestreichelt und gedrückt werden und sind glücklich, wenn wir das bekommen. Aber nicht alle Berührungen sind angenehm. Einige verwirren uns, wie z.B. zu lange und zu feste Umarmungen. Einige sind komisch. Du weißt gar nicht genau warum. Gekitzelt zu werden kann zu Anfang lustig sein, aber es wird dann unangenehm, wenn die Person nicht mehr aufhört, obwohl Du es willst. Gegen Berührungen, die für Dich unangenehm sind oder gar weh tun, die Du nicht willst, darfst Du Dich immer wehren. Manchmal nutzen ältere Menschen Kinder aus. Es kann ein erwachsener Freund oder auch ein Verwandter, der Vater oder die Mutter sein, der/die Dich auf eine Art anfaßt, die für Dich nicht in Ordnung ist.
Erwachsene haben nicht das Recht, ihre Hände unter Deine Kleider zu schieben und Dich an Deiner Brust, Deinem Penis oder Deiner Scheide zu berühren. Auch Dein Po ist ein Teil Deines Intimbereiches. Es kann auch sein, daß ein Erwachsener selbst angefaßt werden will und dann ein Mädchen oder einen Jungen dazu zwingt, ihn anzufassen. Wenn irgend jemand so etwas von Dir will oder Dich in einer Art anfaßt, die nicht o.k. ist, dann sage „Nein, laß das!" Geh weg und erzähle jemanden davon, der Dir helfen kann!

4. „Nein" zu sagen ist erlaubt
Kinder haben das Recht, „Nein" zu sagen. Du hast meine Erlaubnis, „Nein" zu Erwachsenen zu sagen, die Dich auf eine Art berühren, die Dir nicht gefällt.

5. „Gute" und „schlechte" Geheimnisse
Es gibt „schöne" Geheimnisse, die sich spannend anfühlen und Dir Freude machen, z.B. Geburtstagsgeschenke oder Streiche mit Gleichaltrigen etc., und es ist vielleicht doch irgendwann spannend, darüber zu erzählen. Wenn aber Heimlichkeiten unheimlich werden, wenn Geheimhaltung erzwungen wird und sich bedrohlich anfühlt, dann ist das ein „schlechtes" Geheimnis, das Du erzählen solltest. Manchmal versucht ein Erwachsener oder auch ein älteres Kind, einem jüngeren Kind das Versprechen abzugewinnen, nicht zu erzählen. Wenn jemand zu Dir sagt: „Erzähle niemandem davon!" oder Dir Angst macht, damit Du mit niemandem darüber sprichst, dann solltest Du es trotzdem sagen. Du mußt dem anderen nicht gehorchen, selbst wenn Du es versprochen hast. Das ist dann auch kein Petzen, denn Du erzählst es ja nicht, weil Du den anderen hereinlegen möchtest, sondern weil Du Dich so unwohl fühlst. Du hast das Recht, so etwas zu erzählen, damit es Dir dann besser geht.

6. „Erzähle und suche Hilfe, wenn Du sie brauchst!"
Wenn Dich ein „schlechtes" Geheimnis drückt, wenn Du ein Problem hast, hast Du meine Erlaubnis, mir davon zu erzählen. Ich bitte Dich, daß Du es entweder mir oder einer anderen Person erzählst, die Dir dann helfen kann. Es kann sein, daß es eine Angelegenheit ist, die Deinen Vater oder jemanden, den Du sehr gern hast, betrifft, so daß Du mir nicht davon erzählen willst. Oder es kann sein, daß Du Dich an einen Menschen wendest, der Dir nicht glaubt oder sogar böse wird. Auch Erwachsene, auch Eltern machen Fehler. Ich möchte, daß Du nicht eher aufhörst zu sprechen, als bis Du Hilfe bekommst. Du hast ein Recht auf Hilfe und Unterstützung.

---

[2] U. Enders (1988): „Aufklären - Stärken - Verhindern - Prävention in der Schule" aus: Pädagogik extra und demokratische Erziehung, Novemberheft. In: A. Dohrmann-Burger, (1993), S. 48.

3.4 „Gute Nacht, Zuckerpüppchen" (H. Hassenmüller) - Darstellung eines Präventionsprojektes im 9. Schuljahr

Erfahrungsbericht zur Unterrichtsreihe „Sexueller Missbrauch - exemplarisch behandelt anhand der Lektüre 'Gute Nacht, Zuckerpüppchen' von Heidi Hassenmüller",
durchgeführt an der Luise-Hensel-Realschule, Aachen, im Fach Deutsch und Religion der Klasse 9c im Schuljahr 1998/1999 von Marie-Theres Ex.

Vorbemerkungen zur Auswahl des Themas und der Lektüre

Vor den Osterferien 1999 stand die Auswahl einer geeigneten Lektüre im Deutschunterricht meiner 9. Klasse an. Ich habe in den vergangenen Jahren besonders gute Erfahrungen damit gemacht, die SchülerInnen an dieser Wahl zu beteiligen, da deren Interesse am Thema die Effektivität des durchgeführten Unterrichts extrem beeinflusst.
Da die jährliche Lektüre des Deutschunterrichts für viele SchülerInnen das einzige Buch ist, das sie komplett lesen, bevorzuge ich aktuelle Jugendliteratur, die meines Erachtens die Lesemotivation stärker fördert.
Die Klasse wurde aufgefordert, zu den von mir vorgestellten ca. 15 verschiedenen Jugendbüchern: Autor, Titel und Thema zu notieren und dann als Hausaufgabe schriftlich zu begründen, warum sie welchem Buch ihre Stimme geben. An der am folgenden Tag durchgeführten Abstimmung war erstaunlich, dass ca. 2/3 der Klasse (Mädchen wie Jungen) sich für das Thema „Sexueller Missbrauch" im „Zuckerpüppchen" entschieden hatten. Bei der Vorstellung des „Zuckerpüppchens" hatte ich darauf hingewiesen, dass wir dieses Buch nicht läsen, wenn auch nur ein/e SchülerIn - anonym oder offen - ihr/sein Veto einlegen würde. Diese sehr ungewöhnliche Einschränkung schien mir bei diesem Thema nötig, da man als LehrerIn nie ausschließen kann, dass auch schwere Fälle der persönlichen Betroffenheit in der eigenen Klasse vorliegen. In meinem Fall geschah dies jedoch nicht.
Durch die später vorgelesenen Begründungen wurde deutlich, dass die SchülerInnen vor allem das seltene Angebot nutzen wollten, über dieses Thema offen zu sprechen und mehr darüber zu erfahren.
Mir selbst war es nach meiner ersten Begegnung mit diesem Buch ähnlich ergangen. Da ich regelmässig aktuelle Jugendbücher lese - und dabei feststelle, dass auch viele unbekannte Autoren für den heutigen Deutschunterricht ebenso wertvoll sind wie „Goethe und Co" - stieß ich vor Jahren auf diese so besonders packende autobiografische Erzählung.
Aus der inzwischen erschienenen großen Anzahl der Jugendbücher zu diesem Thema wählte ich das „Zuckerpüppchen" aus, weil m.E. die hier gewählte Erzählperspektive einer 9. Klasse

Quittung

Nr.	EUR		
	11,—		
	Inkl.	% MwSt./EUR	Cent wie oben

EUR in Worten: Fachliteratur zur Prävention von

von: gegen sexuelle Gewalt

für:

dankend erhalten.

Ort/Datum: Münster 8.4.'03

Westf. Stempel/Unterschrift des Empfängers
FACHBEREICH 9
Institut für Deutsche Sprache
und Literatur und ihre Didaktik
Leonardo-Campus 11 - 45149 Münster

Buchungsvermerke

(meist 15-Jährige) die Identifikation mit der Hauptperson ermöglicht (an wesentlichen Stellen ist Gaby, das Opfer des Missbrauchs, gleichaltrig), andererseits auch Abstand zum jugendlichen Leser ermöglicht. Anfangs hatte ich Bedenken, ob das Buch für das 9. Schuljahr geeignet sei, weil Gaby zu Beginn noch ein Kleinkind ist. Würden die 15-Jährigen evtl. ablehnend darauf reagieren? Im Laufe der Unterrichtsreihe stellte ich jedoch fest, dass es ihnen durch das junge Alter sogar wesentlich leichter fiel über den sexuellen Missbrauch zu reden, weil dieser zunächst ein Stück weiter weg von ihnen war. Somit wurde einerseits eine Distanzierung von einem kleinen Kind, andererseits eine starke Anteilnahme an dessen Leid ermöglicht.

Im Gegensatz dazu erzählt z.B. „Nele" von Margret Steenfatt ausschließlich von einer 12-Jährigen, was natürlich die Identifikation für Ältere erschwert.

Auch Brigitte Blobels „Herzsprung" empfand ich selbst als sehr ansprechende Erzählung, ist m.E. auch von Jugendlichen leicht alleine lesbar, enthält jedoch genauso wie „Schweigemund" von Heiko Neumann sehr viel weniger Informationen und persönliche Einsichten in die Rolle des Täters. - Die Behandlung des Themas „Sexueller Missbrauch" muss aber - über alle wichtigen Aspekte zum Opfer hinaus - auch die Motive, Gedanken und Einstellungen des Täters beleuchten. Dies halte ich, auch im Hinblick auf den Bereich „Prävention", für sehr wichtig.

Vorbereitung der Unterrichtsreihe

Da ich mich weder in meiner Ausbildung noch in einer LehrerInnenfortbildung mit dem Thema „Sexueller Missbrauch" auseinandergesetzt hatte, musste ich nun zunächst meine Wissenslücken schließen. Zugleich war mir klar, dass aufgrund eventueller persönlicher Betroffenheit bei einzelnen SchülerInnen Situationen entstehen könnten, die ich nicht ohne fachlich kompetente Hilfe lösen könnte.

Deshalb setzte ich mich mit „Donna Vita", dem „Notruf für vergewaltigte Frauen und Mädchen", der „Pro-Familia" und dem „Kriminalkommissariat Vorbeugung" in Aachen in Verbindung. Dort erhielt ich Anregungen und Hilfen durch Gespräche und (sogar in Klassenstärke) zur Verfügung gestellte Sekundärliteratur. Den kostenlosen(!) Ratgeber „Gegen sexuellen Missbrauch an Jungen und Mädchen", erarbeitet von Gisela Braun, ausgegeben von der Kriminalpolizei, hielt ich von allen Ratgebern für die Hand der SchülerInnen am effektivsten. In gut gegliederter Form und schülergerechter Sprache werden auf ca. 50 Seiten alle wesentlichen Themenaspekte (inkl. Literaturempfehlungen und einer Vielzahl von Beratungsstellen) dargestellt.

Für die Hand der Lehrerin/des Lehrers ist sicherlich auch die Zeitschrift „Das Tabu: Sexueller Mißbrauch", herausgegeben von der Gewerkschaft der Polizei, und die Broschüre „Was stimmt da nicht?" (Weber u.a., Hrsg.: Ministerium f. Arbeit, Gesundheit u. Soziales des Landes NRW) empfehlenswert. Sprachniveau und Umfang würden bei SchülerInnen jedoch eher demotivierend wirken. Das Gleiche gilt für das von der Bundeszentrale für gesundheitliche Aufklärung (BZgA) empfohlene Heft „Sexualaufklärung", das sich - nach wochenlanger Bestellzeit - als für SchülerInnen ungeeignet herausstellte.

Aus der Vielzahl der angebotenen Broschüren auszuwählen, dabei Preis und Bestellzeit zu bedenken, wird wohl die Aufgabe jeder/jedes einzelnen Lehrerin/Lehrers bleiben müssen.

Neben dem schriftlichen Informationsmaterial hielt ich auch die Hilfe durch Kontakte zu einer örtlichen Beratungsstelle für wichtig. Deshalb vereinbarte ich mit der Pro-Familia-Beratungsstelle einen Vormittag am Ende der Unterrichtsreihe, an dem die Klasse bei einem Besuch offen gebliebene Fragen stellen könnte.

Im Vorfeld wichtig zu bedenken war auch, dass die Bearbeitung dieser Lektüre den Blickwinkel sehr auf eine negative Seite der Sexualität lenken würde.

Daher empfand ich es als unbedingt notwendig, zeitgleich Raum zu schaffen für die Auseinandersetzung mit den natürlichen, positiven Seiten von Sexualität, Freundschaft und Liebe, die im Leben und Träumen der 15-Jährigen einen sehr hohen Stellenwert haben. Da meine Fächer Deutsch und katholische Religion sind, konnte ich dieses Problem sehr leicht durch eine Verknüpfung dieser beiden Fächer lösen.

Während der Deutschunterricht nicht nur die Behandlung des Themas „Sexueller Missbrauch", sondern auch Techniken der Literaturanalyse verlangte, blieb im Religionsunterricht Zeit für die Auseinandersetzung mit Themenbereichen wie z.B. Urvertrauen, natürliche Entwicklung der Beziehung zu Eltern bzw. ersten Partnern, Erwachen sexueller Wünsche, Umgang mit eigenen und fremden Erwartungen usw.

Es ist an dieser Stelle nicht möglich, diese ganze Unterrichtsreihe des Religionsunterrichts darzustellen. Ich möchte deshalb nur auf einige Materialien verweisen, die sich als didaktisch und methodisch sehr effektiv erwiesen:

Dass Liebe nicht nur (über-) lebensnotwendig ist (siehe **M1**, Texte zu einem Menschenversuch vor 900 Jahren und heutigen psychischen Erkenntnissen), sondern auch noch erlernt, anerzogen werden muss (siehe **M2**), war für viele SchülerInnen verblüffend.

Genauso erstaunte es sie, wie sehr sich ihre „Traumpartner" (siehe **M3**) innerhalb der geschlechtsspezifisch homogenen Gruppen ähnelten, wie verschieden sie jedoch zwischen Jungen- und Mädchengruppen ausfielen! Einzel- und Kleingruppenarbeiten bewirkten dabei stets offene - und oft heftige - Unterrichtsgespräche.

Sowohl durch die Bewusstmachung eigener Vorstellungen und Träume (**M4**, „Stufenleiter von Beziehungen"), als auch durch die Diskussionen über provokante Thesen (**M5**, Kärtchen werden zunächst in Kleingruppen nach „Stimmt!" und „Stimmt nicht!" geteilt, anschließend über die mit der geringsten Übereinstimmung im Kreis diskutiert) gelang eine lebhafte und intensive Auseinandersetzung mit der Sexualität als untrennbarem Teil der Gesamtpersönlichkeit.

Es schlossen sich Diskussionen über verschiedene Formen des Sexualverhaltens (Homosexualität, Onanie...) als auch über mögliche Folgen an (Verhütungsmittel [Broschüre der BZgA, Köln, „Über den Umgang mit Liebe, Sexualität, Verhütung und Schwangerschaft"], Problem „Abtreibung").

Dabei war es erfreulich zu beobachten, dass das zu Beginn gesetzte Motto: „Jede/r darf hier alles fragen und keiner wird ausgelacht!" immer mehr zur Selbstverständlichkeit wurde.

Durchführung der Unterrichtsreihe

Während der Osterferien kauften sich die SchülerInnen die Lektüre. Im Gegensatz zu allen vorab behandelten Büchern hatte ich die SchülerInnen nicht gebeten, nicht schon im vorhinein alleine zu lesen. (Dies war eine - vielleicht übertriebene (?) - Vorsichtsmaßnahme: Könnte jede/r SchülerIn mit dem beklemmenden Gefühl, das das Buch an vielen Stellen auslöst, umgehen? Wäre es dann nicht hilfreich, sich damit schon vorab zu Hause, in individuellem Lesetempo auseinander zu setzen?) Verblüffend war, dass es mehreren SchülerInnen, die die Lektüre eigentlich nur anlesen wollten, genauso ergangen war wie mir beim ersten Lesen, von der Schilderung nämlich so tief ergriffen, geschockt und nicht losgelassen zu werden, dass ein Aus-der-Hand-Legen bis zum Ende nicht möglich erschien! Damit hatte das Buch schon für einige eine völlig neue Leseerfahrung ermöglicht.

1./2. Stunde: Einstieg durch ein Cluster

Die Absicht, die Bannbreite des Themas „sexueller Missbrauch" durch ein Cluster vor Augen zu führen, gelang im Unterrichtsgespräch recht gut. Als Hilfsmittel nutzten wir die ausgeteilten Broschüren zum Thema und persönliche Fragen.
Das Ergebnis wurde von mir getippt, kopiert und mit der Bitte um die Bildung von Kleingruppen zu den einzelnen Aspekten ausgeteilt. **(M6)** Schnell bildeten sich 7 Gruppen (je 3-5 SchülerInnen), die sich in den folgenden zwei Wochen mit „ihrem" Thema so intensiv - neben dem Unterricht - beschäftigten, dass sie dann - zu festgelegten und in der Klasse fixierten Terminen - ihre Ergebnisse präsentieren konnten.
Dabei bildeten sich nur geschlechtshomogene Gruppen, was jedoch auch bei früheren häuslichen Aufgaben der Fall war. Zum Engagement anstiftende SchülerInnen waren dabei genauso in jeder Gruppe vorhanden wie technische Hilfsmittel (Computer, Internetzugang etc.), so dass Intensität und Probleme der Arbeit recht gleich verteilt waren.

3. - 11. Stunde: Kapitelweises Besprechen der Lektüre

Für die Folgestunden lasen die SchülerInnen jeweils einzelne Kapitel und markierten wichtige bzw. zu diskutierende Stellen als vorbereitende Hausaufgaben.
Die anschließenden Stunden waren geprägt durch intensive Unterrichtsgespräche und Hinweise auf einzelne Textstellen, in denen wir den Versuch machten, nicht nur die Hauptfigur zu verstehen, ihre Nöte nachzuvollziehen und persönlich Stellung zu nehmen. Dabei war es uns wichtig, stets zu bedenken, dass - zumindest statistisch gesehen - auch in unserer Klasse Betroffene saßen, die sich wohl kaum outen würden und doch weder lächerlich gemacht noch verurteilt werden dürften. (Auf dieses Problem hatte ich in den Vorgesprächen hingewiesen.)
Verglichen mit all meinen vorherigen Erfahrungen mit Lektüren in höheren Klassen, fiel eine erstaunlich hohe Gesprächsbereitschaft und sogar Gesprächsverlangen auf. Viele, ansonsten eher ruhige Schüler sowie Schülerinnen erstaunten mich durch ihren mündlichen Einsatz! Insgesamt zeigten die SchülerInnen eine große Bereitschaft, sich und ihre Gedanken, Fragen und Anregungen einzubringen. Auch schriftliche Arbeitsaufträge wurden ausführlich und bereitwillig bearbeitet.

So füllten die SchülerInnen z.B. während der gesamten Unterrichtsreihe individuell je eine Heftseite zu den Aufgaben aus:
a) Mir wichtige Fragen und Gedanken (auch wichtig für den Pro-Familia-Besuch, siehe **M7**)
b) Angaben (Textquellen) zur Charakteristik „Gabys"
c) Angaben (Textquellen) zur Charakteristik „Antons" (=Stiefvater, Missbraucher)
Zur Ermöglichung einer Identifikation bzw. eines kritischen Sich-Unterscheidens erhielten sie nach der Bearbeitung des 2. Kapitels den Arbeitsauftrag: „An welche Personen <u>könnte</u> Gaby sich wenden und warum tut sie es - verständlicherweise - nicht?"
Auch sollten Textstellen während des Lesens als vor- oder nachbereitende Hausaufgaben markiert werden, z.B. zu den Aspekten „Gabys Schuldgefühle" oder „Warum verrät sie ihren Stiefvater nicht?"
Das Sich-Hineinversetzen in das Opfer sollte durch eine Hausaufgabe erreicht werden, in der die SchülerInnen einen denkbaren Tagebucheintrag formulierten (z.B. nach Kapitel 8: „Was denkt und fühlt Gaby an diesem Abend?").
Besonders an den letzten drei Seiten des 13. Kapitels (Horst, Gabys Freund, macht Schluss) lässt sich die Divergenz zwischen „äußerer Handlung" und „innerem Geschehen" gut mit den SchülerInnen erarbeiten.
Eine distanzierte, eher kritische Auseinandersetzung folgte schriftlich z.B. im Anschluss an das letzte Kapitel. (Arbeitsauftrag: „Schau in Gabys zukünftiges Leben! Was erwartet sie? Welche Probleme werden bleiben?")
Dies geschah auch als Begegnung auf den Wunsch vieler SchülerInnen, dass Bücher bitte <u>nicht</u> mit einem offenen Ende, besser sogar mit einem „Happyend", nach dem „nun alles wieder gut ist", schließen sollten!

12. - 17. Stunde: Vorstellung der Gruppenergebnisse

Dem gemeinsam gelesenen Nachwort folgten die Präsentationen der Einzelaspekte zum Thema. Über die ausgeteilten Materialien hinaus hatten die SchülerInnen sich - erstaunlicherweise/unüblicherweise - Informationen aus Zeitschriften, dem Internet, der Stadtbücherei und von der Polizei besorgt.
Erstellte Plakate für die Klasse und kurze Arbeitsblätter fixierten das Wissen für die MitschülerInnen.
Die Vorgaben zur Präsentation der Ergebnisse hatte ich bewusst sehr gering gehalten, um die Selbständigkeit der SchülerInnen zu fördern und zu fordern. Verlangt war ein „Plakat" (Größe, Inhalt, Form waren <u>nicht</u> abgesprochen), das den MitschülerInnen ermöglichen sollte, <u>das Wichtigste</u> (auch für die folgende Klassenarbeit!) zu wiederholen und in den nächsten Stunden vor Augen zu haben. Nur zwei Gruppen wurden von den MitschülerInnen nach der Präsentation gebeten, noch zusätzlich ein kurzes Paper zu erstellen, da ihr Plakat im Vergleich zum Vorgetragenen inhaltlich zu stark reduziert war. Andere Gruppen bemühten sich sogar um optische Lernhilfen, indem sie z.B. symbolische Farben für den Plakatkarton benutzten (schreiendes Rot für das Opfer, Schwarz für die Täter).

Dem Vortrag der einzelnen Gruppen folgten stets (wie auch sonst im Deutschunterricht üblich)
1. Fragen an die Gruppe
2. Lob
3. Kritik und Verbesserungsvorschläge v.a. durch die MitschülerInnen.

Besuch bei der Pro-Familia-Beratungsstelle

Viele der vorab gesammelten Fragen (M7) waren schon durch die Gruppenergebnisse beantwortet. Doch der Vormittag bei der Pro-Familia, bei der der Klasse - nach Geschlechtern getrennt - noch einmal Gesprächsmöglichkeiten gegeben wurden, beurteilten sie trotzdem als recht positiv, wenn auch aufgrund einiger Wiederholungen manchmal langatmig. Ich selbst war nicht so begeistert, da man vergessen hatte, mir vorab mitzuteilen, dass Pro Familia solche Gruppengespräche grundsätzlich ohne LehrerIn durchführt! Als ich im Anschluss die SchülerInnen befragte, ob meine Teilnahme „gestört" oder die Inhalte verändert hätte, wurde dies glaubhaft verneint.

Klassenarbeit

Das Erstellen einer geeigneten, abschließenden Klassenarbeit erwies sich als schwierig, da einzelne Fachgruppen nicht benachteiligt werden sollten, kritische und persönliche Stellungnahmen genauso wie Wissen zum Thema und zur Lektüreanalyse eingebracht werden sollten.
(siehe M8)
Das Ergebnis war überdurchschnittlich ansprechend, was ich wiederum auf das Interesse am Thema und auf den direkten Bezug zu ihrem Leben zurückführe.
(Beispiele von Rezensionen siehe M9)

Resümee zur Unterrichtsreihe

In der Abschlussstunde zur Unterrichtsreihe fassten die SchülerInnen zusammen, was sie als positiv bzw. negativ erlebt hatten. Trotz der extrem langen Reihe wünschten sie sich noch mehr Zeit zu Gesprächen und betonten das Gefühl, etwas Wichtiges für ihr Leben gelernt zu haben. (Dies auszusprechen wird nicht nur in meiner Klasse selten sein!)
Mit dem **Lied „Kinder sind tabu" von der** Gruppe **PUR** (auf der CD „Mächtig viel Theater", 1998) klang die Reihe aus.

M 1 „Ist Liebe lebensnotwendig?"

Ein Versuch

Die Chronik des Salimbene von Parma, eines Zeitgenossen Friedrichs II. berichtet (12. Jh):
Friedrich II. von Hohenstaufen wollte die Ursprache der Menschen finden. Er glaubte, sie entdecken zu können, wenn beobachtet werde, in welcher Sprache Kinder zu reden anfangen, mit denen vorher niemand spricht. „Und deshalb befahl er den Ammen und Pflegerinnen, sie sollten den Kindern Milch geben, daß sie an den Brüsten säugen mögen, sie baden und waschen, aber in keiner Weise mit ihnen schön tun und zu ihnen sprechen. Er wollte nämlich erforschen, ob sie die hebräische Sprache sprächen, als die älteste, oder griechisch oder lateinisch oder arabisch oder aber die Sprache ihrer Eltern, die sie geboren hatten. Aber er mühte sich vergebens, weil die Knaben und anderen Kinder alle starben. Denn sie vermochten nicht zu leben ohne das Händepatschen und das fröhliche Gesichterschneiden und die Koseworte ihrer Ammen und Näherinnen."
vgl. Jes. 49,15

Bestätigung

(20. Jh) In unseren Tagen hat der Kinderarzt und Psychoanalytiker René Spitz die Ursachen für die Entstehung psychiatrischer Krankheitsbilder in frühester Kindheit erforscht. Es handelte sich um Säuglinge, die nach einer gewissen Zeit, in der sie von der eigenen Mutter betreut wurden, in ein Heim kamen, in dem für 15 Kinder nur eine Pflegeperson zur Verfügung stand. Die Einrichtungen des Hauses waren hygienisch einwandfrei, und jedes Kind wurde ausreichend ernährt - es bestand also eine vergleichbare Situation zu dem sizilianischen Experiment Friedrichs II. Dennoch erkrankte auch hier die Mehrzahl der Kinder. Aus der anfänglichen reizbaren Empfindlichkeit wurde haltloses Weinen, und stundenlanges Schreien ging schließlich in kraftloses Wimmern über. Näherte sich eine Pflegeperson diesen Kindern, klammerten sich die so fest, daß man sie geradezu losreißen mußte. Deshalb nannte Spitz dieses Krankheitsbild Anaklitische (=anklammernde) Depression, an deren Ende der Zerfall der körperlichen Kräfte und Widerstandsfähigkeit steht. Nur die Kinder überlebten, mit denen das Pflegepersonal auch einmal spielten, sie ansprachen, sie beim Füttern oder Windelwechseln auf den Arm nahmen.   *Hans Jürgen Seeberger*

Welche Schlußfolgerungen lassen sich aus den beiden Texten ziehen?

M2 „Lieben muss man lernen? Wirklich?"

Entwicklung der Liebe	Entwicklungsstufen und Bezugspersonen		Idealentwicklung	Mögliche Abweichungen
d) Erwachsener	Studium Beruf Partnerschaft	↑	Selbstverwirklichung	
c) Jugendlicher	Schule Freizeitgruppen Berufsausbildung Partner(in)	↑ ↑ ↑	Selbstgestaltung Festigung der eigenen Persönlichkeit (Selbstliebe); Feste Freundschaften; Hinwendung zum anderen Geschlecht: Erste Liebe! „Ich liebe, weil wir uns gegenseitig gefallen und uns gut verstehen!"	Interessenlosigkeit Sprunghaftigkeit Kontaktscheu Angst vor Sexualität bzw. Sexuelle Verwahrlosung
b) Kind	Familie Schule Freizeitgruppen	↑ ↑	Selbstbehauptung Entwicklung einer eigenen Persönlichkeit; Erste Freundschaften; „Ich kann Liebe durch eigenes Bemühen hervorrufen!"	Übermäßige Gefügigkeit bzw. übermäßige Angriffslust; Minderwertigkeitsgefühle bzw. Geltungssucht aus Unsicherheit
a) Kleinkind	Familie Kindergarten	↑ ↑	Vertrauen Grundlegung der Liebesfähigkeit; „Ich werde geliebt, weil ich bin."	Misstrauen Angst
		↑ **Geburt**		

M3 Traumpartner/in

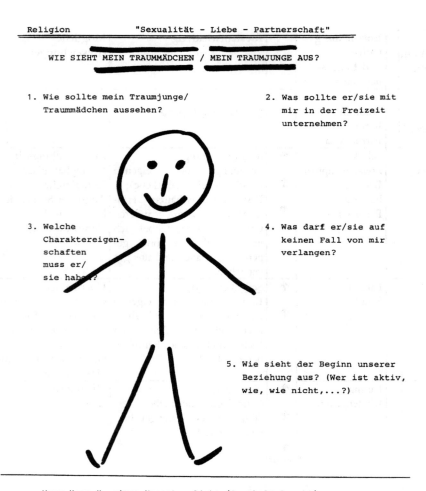

Religion   "Sexualität - Liebe - Partnerschaft"

WIE SIEHT MEIN TRAUMMÄDCHEN / MEIN TRAUMJUNGE AUS?

1. Wie sollte mein Traumjunge/ Traummädchen aussehen?

2. Was sollte er/sie mit mir in der Freizeit unternehmen?

3. Welche Charaktereigenschaften muss er/sie haben?

4. Was darf er/sie auf keinen Fall von mir verlangen?

5. Wie sieht der Beginn unserer Beziehung aus? (Wer ist aktiv, wie, wie nicht,...?)

Wenn Herr K. einen Menschen liebt (Bertholt Brecht)

"Was tun Sie", wurde Herr K. gefragt, "wenn Sie einen Menschen lieben?" "Ich mache einen Entwurf von ihm", sagte Herr K., "und sorge, dass er ihm ähnlich wird."
"Wer? Der Entwurf?"
"Nein", sagte Herr K., "der Mensch."

M4 Stufenleiter von Beziehungen

Ja sagen - nein sagen!

Stufenleiter in Beziehungen - Stationen der Begegnung

Unser erster Kuß - Ich begegne dir - Wir suchen mehr Distanz - Uns kugeln vor Lachen - Wir heiraten - Wir zerplatzen fast vor Freude - Ich schenke dir etwas - Wir reden vom Heiraten - Ich lerne deine Freunde kennen - Ich fühle mich zum ersten Mal richtig verstanden - Wir teilen die Freizeit - Uns Briefe schreiben - Etwas Schweres teilen - Zusammen einkaufen - Wir umarmen uns - Miteinander weinen - Wir bekommen ein Kind - Eine Reise machen - Ich schlafe mit dir - Dem anderen den Kopf waschen - Ich erfahre etwas ganz wichtiges von dir - Wir liegen beieinander - Zusammen spazieren gehen - Wir können gemeinsam schweigen - Ich spüre deine Haut - Wir planen die Zukunft - Du zeigst mir dein Tagebuch -

Arbeitsauftrag:

1) Lies dir die aufgeführten Aussagen noch einmal genau durch!
2) Überlege, welche „Stationen der Begegnung" dir noch einfallen. Füge sie hinzu!
3) Versuche nun die Aussagen in eine Reihenfolge zu bringen (Was könnte in einer Beziehung am Anfang stehen? Wie steigert sich die Verbindung?). Lass solche weg, die dir selber gar nichts sagen und füge so viele hinzu, wie du möchtest. Überlege auch, ob du alle Aussagen untereinander aufführst, oder ob die eine andere Anordnung besser gefällt. Schreibe ins Heft!
4) Schreibe folgenden Ausspruch ab und erläutere schriftlich:

„Genau wie man beim Hinaufsteigen einer Leiter nicht mehrere Sprossen überspringen darf, so sollte dies auch nicht in Beziehungen geschehen. Einsturz droht in beiden Fällen!"

M5 Beziehungskärtchen[1]

Ein Mann ist erst dann richtig erfahren, wenn er mit möglichst vielen Mädchen geschlafen hat. 1	Bevor sich ein Mädchen fest bindet, sollte sie mit möglichst wenig Jungen geschlafen haben. 2	Auf Sexualität sind die meisten Menschen aus, ohne dabei wirklich etwas für ihren Partner zu empfinden. 3
Zu Hause habe ich mit meinen Eltern wegen Sexualität ständig Ärger und Probleme. 4	Jungen und Mädchen haben Angst vor ihrem ersten richtigen Geschlechtsverkehr. 5	Jungen haben eine andere Einstellung zum Geschlechtsverkehr als Mädchen. 6
Geschlechtsverkehr ist gar nicht so wichtig; echte Liebe und Freundschaft sind viel wichtiger. 7	Ein Mädchen sollte sich nicht so anstellen, wenn ein Junge etwas von ihr will. 8	Liebe ist Geduld, Sexualität ist Ungeduld. 9
Wer richtig aufgeklärt sein will, muß genügend Pornos gelesen haben. 10	Über Verhütungsmethoden müssen vor allem die Mädchen gut Bescheid wissen. 11	Sexualität ist mit das Wichtigste zwischen zwei Menschen. 12
Sexuelle Bedürfnisse müssen befriedigt werden. 13	Wenn ein Junge und ein Mädchen miteinander schlafen, müssen sie auch bereit sein, eine Schwangerschaft zu akzeptieren. 14	Homosexuelle sind nicht ganz normal. 15
Wenn man einen Freund/eine Freundin hat, sollte man auch unbedingt miteinander schlafen. 16		

---

[1] Quelle: nach Werner Malek: Thema: Sexualität und Partnerschaft; nach einer Idee von Ulrich Baer, Saarbrücken 3/ 1989, 15ff.

M6 Cluster zum Thema „Sexueller Missbrauch"

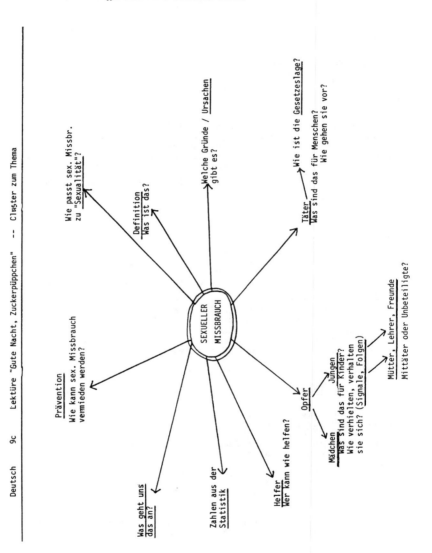

M7 Fragen der SchülerInnen

Marie-Theres Ex
Luise-Hensel-Realschule

Aachen, 6.5.1999

Pro-Familia-Beratungsstelle
z.Hd. Frau Kleinmanns
Fax-Nr.: 402750

Sehr geehrte Frau Kleinmanns,

wie versprochen sende ich Ihnen heute die Fragen meiner Klasse 9c zum Thema "Sexualität" und zum "sexuellen Missbrauch". Ich habe mich bemüht, die große Menge der Fragen etwas zu ordnen und zusammenzufassen, ohne sie stilistisch zu verändern! Deutliche Unterschiede zwischen Jungen und Mädchen habe ich nicht festgestellt. Nur wenige Fragen waren Einfachnennungen.
Wenn Sie noch Fragen haben, rufen Sie mich ruhig an (02408/6727).

Mit freundlichen Grüßen

M.-Th. Ex

I. Fragen zum Thema "Sexualität"

- Was sind die sichersten Verhütungsmittel?
- Mit wie viel Jahren soll man: -die 1. Freundin , -1. Geschlechtsverkehr haben,-aufgeklärt sein?
- Muss man, wenn man die 1. Freundin hat, die anderen Freunde vernachlässigen?
- Haben viele Mädchen Angst vor dem 1. Mal (Mädchenfrage)
- Wie schützt man sich vor Vergewaltigung?
- Wie groß ist die Gefahr "AIDS"?
- Ist der Gebrauch der Pille über ca. 3 Jahre gefährlich?
- Wann soll man das 1. Kind bekommen?
- Ist Geschlechtsverkehr während der Regel schädlich?
- Ist die „Pille danach" schädlich?
- Ist es normal, nach der Entjungferung 2 Tage leicht zu bluten?

II. Fragen zum Thema "sexueller Missbrauch" (=s.M.)

Hilfe
- Wer kann den Opfern am besten helfen?
- Wie erkennen wir/ich s.M. bei Mitschülern?
- Was sollen wir/ich dann tun?
- Was soll man tun, wenn man dem Opfer versprochen hat zu schweigen?
- Wie helfen Sie als Beratungsstelle? (nach Meldung durch - Opfer, - Mutter, - LehrerIn)
- Wie alt sind die meisten Opfer, die zu Ihnen kommen?
- Wer meldet meistens den s.M.?
- Wo gibt es die meisten Fälle von s.M.?

Mütter
- Warum wollen so viele Mütter den s.M. nicht wahrhaben/sehen?
- Wie verhalten sich solche Mütter dann bei Ihnen?

Täter
- Warum tun sie das?
- Was sind das für Menschen/Männer?
  Halten sie sich für normal? Sind sie krank, gestört, fühlen sie sich schuldig, haben sie später ein schlechtes Gewissen?

M7- Fragen der SchülerInnen / Teil 2

-2-

- Denken die Täter über sich, über die Tat nach?
- Verhüten sie?
- Können sie "geheilt" werden?
- Helfen Therapien? Welche?
- Gibt es Wiederholungstäter? -Täter, die nur einmalig missbrauchen?
- Haben T. kein erfülltes Sexualleben?
- Welche Strafen erwarten sie? (Zwangstherapie?)
- Sind die Strafen zu mild?
- Ist das Strafmaß nach Vergewaltigung anders als nach s.M.?

Opfer (= O.)
- Fühlt sich das O. nach der Bestrafung des T. besser?
- Gibt es "typische" Opfer?
- Folgen
  Verschwinden Alpträume nach gewisser Zeit?
  Wie behandeln ehemalige O. ihre Kinder?
  Haben sie später ein normales Sexualleben, eine Beziehung?
  Welche anderen Spätfolgen gibt es?
- WErden viele O. schwanger?
  Was passiert dann?
  Leben einige O. auch dann noch beim Täter?
- Warum schweigen O. auch heutzutage noch so lange, oft?
- Kommen O. sofort in ein Heim? Welches?
  Können 12jähr. das selbst entscheiden?
  Entscheiden sie, ob es zur Anzeige kommt?
- Kommt es oft vor, dass Pornofilme gedreht werden?
- Wie können sich O. vor Wiederhl. schützen?

So, jetzt ist meine "Fleiß-Abschreibübung" geschafft.
Natürlich wissen auch die Schüler, dass kaum alle Fragen beantwortet werden können, doch ich wollte nicht vorab zensieren!
In den noch verbleibenden Deutschstunden werden sicherlich auch einige Antworten schon gegeben werden, da die Ergebnisse der Gruppenarbeiten (siehe Cluster) noch laufen.
Das Lesen des Buches "Gute Nacht, Zuckerpüppchen" und auch die ersten Stunden zu "Sexualität, Liebe,..." im Religionsunterricht haben alle Schüler als sehr gut empfunden.

So freuen wir uns auf einen spannenden Vormittag bei Ihnen am 17.Mai. Wir sind um 9Uhr in der Beratungsstelle.

Tschüss!

M8 Klassenarbeit

```
KLASSENARBEIT  DEUTSCH     Nr. 5                    19.05.1999
```

Thema: Lektüre „Gute Nacht, Zuckerpüppchen", H. Hassenmüller

Aufgaben:

Stell dir vor, eine Klasse sucht eine Lektüre für den Deutschunterricht. Hilf ihnen bei der Auswahl durch dein WISSEN und deine MEINUNG über unsere letzte Lektüre!

1. Vermittle einen ersten Eindruck durch einen KERNSATZ!

2. Nun sollst du eine der beiden Hauptpersonen, den Stiefvater ANTON, durch eine CHARAKTERISTIK und wichtigste Angaben zu Person, Verhalten, Einstellungen... vorstellen.(Verweise bei deinen Aussagen an wichtigen Stellen auf Seiten bzw. Kapitel!)

3. Würdest du diesen Jugendroman als LEKTÜRE für den Deutschunterricht - für welche Klassenstufe(n) - empfehlen?
(Geh bei deinen Ausführungen unter anderem auch auf einige Schüler ein, die meinen, das Buch sei veraltet, da es in den 40er und 50er Jahren spiele.
Andere behaupten, dass das Thema "sexueller Missbrauch" nicht in den Deutschunterricht gehöre!)

4. Am Ende des 14. Kapitels könnte Gaby sich nach der wichtigen Auseinandersetzung mit Anton in ihr Zimmer zurückziehen und - nach vielen Jahren zum ersten Mal - einen TAGEBUCHEINTRAG vornehmen.
(Sie denkt dabei über ihr vergangenes Leben nach, macht sich auch Gedanken über die Beziehung zu ihrem Stiefvater und zu ihrer Mutter, ... Bestimmt wagt sie auch einen Blick in ihre Zukunft!)
Verfasse du nun diesen Tagebucheintrag!

VIEL ERFOLG!

DU SCHAFFST DAS SCHON!

Tipp 1: Qualität ist wichtiger als Quantität (Menge)!

Tipp 2: Schau auf die Uhr! Abgabe um 9.45 Uhr!

M9 Rezensionen von SchülerInnen

„Ich finde diesen Jugendroman gut geschrieben und erzählt. Es gibt keine Tabus, obwohl dieses Thema auch heute noch gerne verschwiegen wird.
Dieses Buch könnte in fast jedem Unterricht gelesen werden, wo es um Menschen und die heutige Gesellschaft geht.
Auch wenn das Buch in den 40er und 50er Jahren spielt, ist es keineswegs veraltet, denn ein solcher Ablauf sexuellen Mißbrauchs kommt auch garantiert heute noch vor. Die Opfer werden sich heute noch genauso fühlen und die Täter werden genauso egoistisch über ihre Tat hinwegsehen und genauso bedrohen.
‚Gute Nacht, Zuckerpüppchen' sollte man nicht unbedingt mit Schülern unter vierzehn/fünfzehn Jahren lesen, da es ein ziemlich direktes, klares Buch mit einem schrecklichen Thema ist.
Aber wenn man ein Buch zu diesem Thema wählt, würde ich dieses sehr empfehlen."

„Dieses Buch würde ich für die Klassen 9 und 10 empfehlen, aber auch nur dann, wenn es mit der Klasse abgesprochen wurde. Missbrauch kann man überall vorfinden und sich das klar zu machen, ist schon ein wichtiger Weg um helfen zu können. Auch wenn dieses Buch in den 40er und 50er Jahren gespielt hat, finde ich nicht, dass es veraltet ist. Es zeigt den Mißbrauch eines Mädchens in einer Zeit voller Vornehmheit, Sitten und Gebräuchen, in welcher man sich kaum vorstellen kann, dass es Missbrauch damals schon gegeben hat. Sexuelle Übergriffe auf Babys, Kinder und Jugendliche gibt es nicht erst seit den 80er und 90er Jahren, dies ist schon ein lange vorhandenes Thema, was den größten Teil der Zeit nur totgeschwiegen worden ist. Missbrauch ist eine Unterrichtsreihe, die man in jedem Fall besprechen kann, sei es in Erdkunde, um zu erfahren, dass es Missbrauch auf der ganzen Welt gibt und in jeder Schicht, oder in Biologie, um auf seine körperlichen und seelischen Folgen zu verweisen. Es muss einfach über dieses Thema gesprochen werden, um sich selbst als Opfer oder anderen zu helfen."

4. Analyse und Bewertung von Kinder- und Jugendbüchern[1] zum Thema „Sexueller Mißbrauch"

In den dargestellten Unterrichtsreihen wird auf unterschiedlichste Materialien, Spiele und sonstige Präventionsideen hingewiesen. Auch verschiedene Bilder- und Kinderbücher und besonders zwei Jugendbücher, die geeignet sind, das Thema des sexuellen Mißbrauchs zu behandeln, sind angesprochen worden.
Da noch wenig Erfahrungen für den pädagogischen Umgang mit Bilder, Kinder- und Jugendbüchern zum Thema sexueller Mißbrauch vorliegen und wenig bekannt ist über die Wirkungen und Methoden ihrer Behandlung im Rahmen eines präventiven Unterrichts, ist eine umso intensivere Planung notwendig. Sie setzt eine genaue Buchanalyse voraus - ein zu leichtfertiger Umgang mit einem problematischen Buch oder problematischen Textstellen kann weitreichende psychologische Folgen haben, insbesondere für mißbrauchte Kinder.

Wir möchten im folgenden Fragestellungen auflisten, die bei einer gründlichen Analyse eines Buches zum Thema „sexueller Mißbrauch" herangezogen werden können. Im Anschluß daran werden wir die verschiedenen Aspekte anhand einer exemplarischen Bilderbuchanalyse und einer exemplarischen Jugendbuchanalyse verdeutlichen.

---

[1] Eine kommentierte Liste der Kinder- und Jugendliteratur zum Thema „Sexueller Mißbrauch" findet sich in Kap. 5.5 und 5.6.

4.1 Kriterien und Fragestellungen zur Analyse von Kinder- und Jugendbüchern zum Thema „Sexuelle Gewalt gegen Kinder"

Der folgende Fragen- bzw. Kriterienkatalog bietet eine Hilfestellung bei Buchanalysen. Die hier aufgelisteten Fragestellungen sind in Hinblick auf die relativ breite Umsetzung der Thematik „Sexuelle Gewalt gegen Kinder" in Kinder- und Jugendbüchern durchaus alle von Bedeutung, jedoch müssen nicht in jedem Buch sämtliche angesprochenen Aspekte gleich ausführlich berücksichtigt werden.
Andererseits verlangt die Analyse eines konkreten Buches oft nach weiteren und spezielleren, z.B. auf Details bezogenen Fragestellungen.

A Inhaltliche Analyse

Realitäts- und Problemgehalt

Welche Aspekte des Themas „Gewalt gegen Kinder" werden aufgegriffen?
Welche Gewaltformen werden dargestellt (physische Gewalt - psychische Gewalt - sexuelle Gewalt; strukturelle/personelle Gewalt)?
Werden die gewalttätigen Handlungen sprachlich differenziert dargestellt, oder werden diese lediglich angedeutet/umschrieben? Ist die Darstellung/Beschreibung realistisch und repräsentativ?
Wird die Gewalt in unterschiedlicher Form und Intensität - evtl. mit einer Steigerung - dargestellt?
Wird auch Gewalt unter Kindern thematisiert (z.B. in der Schule, in/zwischen Cliquen und Banden)?

Entspricht die Darstellung von Opfer und Täter im untersuchten Buch den wissenschaftlichen Erkenntnissen?
Alter des Opfers/Alter des Täters?
Geschlecht des Opfers/Geschlecht des Täters?
Bekanntschaftsgrad zwischen Opfer und Täter (Kommt der Täter aus der Verwandtschaft, der Bekanntschaft oder ist er dem Opfer fremd?) Wird das Machtgefälle zwischen Opfer und Täter deutlich?
Verhalten des Täters? Täterstrategien?
Verhalten des Opfers? Folgen? (s.u.)

Entspricht die Darstellung der Familiensituation den typischen Konstellationen?
Rollenverteilung in der Familie? Erziehungsstil?
Beziehung zwischen den einzelnen Familienmitgliedern; insbesondere vom Opfer zu Mutter, Vater, Geschwistern, anderen Verwandten?
gesellschaftliche Schicht?/Berufstätigkeiten?
Kontakt zum sozialen Umfeld (Nachbarn, Schule, Freunde)?

Kommen die Gefühle des Kindes zum Ausdruck?
Werden die Folgen der erlebten Gewalt für das Kind deutlich (psychisch, physisch, sozial)? Sind sie realistisch/repräsentativ dargestellt? Wie detailliert sind sie dargestellt?
Kommen zentrale Gefühle mißhandelter/mißbrauchter Kinder zum Ausdruck; z.B. Schuld- und Angstgefühle?
Finden auch die ambivalenten Gefühle des Kindes zum Täter Beachtung, oder beschränkt sich das Buch auf eine Schwarz-Weiß- Darstellung?
Ist der Inhalt des Buches auf Gewalt fixiert, oder reiht sich der Gewaltaspekt in die Darstellung unterschiedlicher Begebenheiten ein? Wird das Kind nur als Opfer oder in seiner Ganzheit dargestellt? Finden auch die Gefühle des Kindes, die nicht direkt das Thema „Gewalt" betreffen, Berücksichtigung (Freundschaften, Liebe, Schulsituationen)?

Werden Geschlechtsrollen-Stereotype hinterfragt?
Kommen Mädchen und Jungen, Männer und Frauen in dem Buch vor?
Sind, wo es logisch erscheint, etwa gleich viele weibliche und männliche Personen beteiligt?
Findet sich neben der (weiblichen) Opferrolle auch positives weibliches Selbstbewußtsein?
Werden auch starke Frauen/selbstbewußte Mädchen im Buch vorgestellt? Werden von diesen Verhaltensmodelle vorgelebt, die nicht an den tradierten Geschlechtsrollenmustern, z.B. an „Mädchentugenden" (Sanftheit, Passivität, Liebsein, Anhänglichkeit) orientiert sind?
Gibt es zu dem (männlichen) Täterbild (geprägt von Dominanz, Macht, Kontrolle, Gewalt) auch alternative, positv besetzte Männerbilder/Jungenbilder? Zeigt das Buch z.B. sensible, zuwendungsbereite Jungen und Männer?
Werden eventuelle Rollenklischees (autoritäre Verhaltensweisen) kommentiert und kritisch beleuchtet?

Werden die Ursachen/Hintergründe der Gewaltanwendung deutlich?
Bieten die gegebenen Informationen **Erklärungsansätze** für die dargestellte Gewalt an?
Welche Informationen über den Täter werden gegeben, inwieweit lassen diese Rückschlüsse auf das gewalttätige Verhalten zu?
Was erfährt man über die Täter-Biographie (eigene Gewalterfahrungen?), über die Beziehung zum Opfer (bei sex. Mißbrauch: evtl. pädophile Neigungen?), über eventuelle Süchte (z.B. Alkohol), über familiäre Schwierigkeiten, berufliche Probleme, über das Ansehen/die gesellschaftliche Stellung?
Ist das Verhalten des Täters nach der Tat dargestellt?

Handelt es sich bei dem dargestellten Mißbrauch um inner- oder außerfamiliären Mißbrauch? Welcher Erklärungsansatz liegt dem Buch zugrunde? (Feministischer Ansatz? Familientherapeutischer Ansatz?)

Welche Informationen über die Familiensituation und über das Umfeld werden gegeben?
Werden (neben den personalen) auch die **strukturellen/gesellschaftlichen Ursachen**, die Gewalt gegen Kinder ermöglichen, dargestellt? Wird die Machtkomponente deutlich?

Wird deutlich, daß die Verantwortung für die Gewalthandlung allein bei den TäterInnen liegt; daß das Kind nie Schuld hat, auch wenn es sich selbst schuldig fühlt?

Wird die Auswirkung der Armut im Zusammenhang mit Gewalt gegen Kinder deutlich (z.B. Kinderprostitution in der Dritten Welt)?

Wird die (soziale/gesellschaftliche) Realität von (vielen) Kindern im Buch aufgegriffen (Leben in beengten Verhältnissen, Scheidung der Eltern/ Ein-Elternfamilien, Wohlstandsvernachlässigung)?

Werden Zusammenhänge zwischen politisch-gesellschaftlichen Verhältnissen und personalem Verhalten, z.B. im Familienleben, dargestellt?

Kommen Aspekte vor, die im weiteren Umfeld zum Thema gehören: z.B. die Kommerzialisierung von Pornographie? Problematik von Gewalt/ Pornographie im Internet? Pädophile Ringe? Ideologische Hintergründe und eine daraus erfolgende „Scheinlegitimation" der Pädophilie?

Kommen Lösungsmöglichkeiten bzw. Perspektiven zum Ausdruck?
Werden diese ausführlich dargestellt oder lediglich angedeutet? Sind sie realistisch ?(Wird die Gewalt beendet? Kommt es zur Anzeige? Findet eine Änderung der Familiensituation statt? Kommt es zur Therapie?)

Aufdeckung/Beendigung: Endet das Buch mit der Aufdeckung der Gewalt, oder werden auch die darauf folgenden Geschehnisse dargestellt? Werden die „neuen" Probleme, denen sich das Kind nun ausgeliefert sieht, angesprochen? (Gerichtsverhandlung, Unterbringung außerhalb der Familie, Trennung der Eltern?)

Wird die Schwierigkeit des Hilfe-Holens angesprochen? Wird deutlich, daß es nicht die Schuld des Kindes ist, wenn ihm nicht geglaubt/geholfen wird oder wenn es nicht fähig ist, sich Hilfe zu holen? Sucht das Kind selbst nach Lösungen, oder werden sie ihm von anderen vorgegeben?

Sind die dargestellten Reaktionen der Familie, des Umfelds, des Täters bei der Aufdeckung realistisch und repräsentativ?

Wird deutlich, welche Verhaltensperspektiven es im alltäglichen Leben gibt (Bedeutung von Freunden, Nachbarn, LehrerInnen)?

Macht das Buch Mut, regt es zum Hilfe-Holen an (unter Berücksichtigung der realen Schwierigkeiten, s.o.)? Zeigt es Wege und Möglichkeiten auf, wie Kinder sich im Falle einer Mißhandlung/eines Mißbrauches verhalten können? Werden Institutionen (Beratungsstellen, Sorgentelefon etc.) genannt, bei denen Kinder Hilfe erhalten? Adressen, Telefonnummern?

Dient das Buch eher der primären oder der sekundären Prävention?
Wenn das Buch einen Informationsteil für Erwachsene beinhaltet (z.B. in einem pädagogisch-therapeutischen Buch): Ist dieser aussagekräftig und sinnvoll?

Wird auch ein **positives Körper- und Sexualgefühl** vermittelt? Trägt das Buch dazu bei, das Selbstbewußtsein des Kindes zu stärken?
Werden eventuell den negativen/pervertierten Formen auch positive Formen von Freundschaft und Liebe gegenübergestellt?
Kommt die Wichtigkeit von Liebe und Zärtlichkeit gerade für Kinder zum Ausdruck?

Wird auf die zentralen Aspekte der Prävention eingegangen?
Kommen die folgenden Aspekte im Buch vor:
Selbstbestimmung über den eigenen Körper und den Austausch von Zärtlichkeiten
Vertrauen in die eigenen Gefühle
schöne und bedrückende Geheimnisse
Nein sagen
Hilfe holen; davon erzählen?

Kommen gesellschaftliche Perspektiven zum Ausdruck?
Handlungsperspektiven im weiteren Rahmen? Öffentlichkeitsarbeit? Anderer Umgang mit Geschlechtsrollen?
Bietet das Buch Identifikationsmöglichkeiten mit Personen und Verhaltensweisen, die zur Achtung der kindlichen Rechte beitragen?

Wird die Wichtigkeit auch der Täterprävention deutlich? Wird die Tätertherapie angesprochen?

B Stilanalyse - Sprache/Form

Äußere Aufmachung

- Gestaltung von: Titelseite, Rückseite, Klappentext
- Schriftbild/Schrifttypen, Zeilenlänge/Zeilenabstand, Seitengestaltung, Anordnung des Textes (Textleiste oder Integration in das Bild), Kapitelüberschriften
- Sachanhang (Erläuterung von Sachverhalten, Adressenverzeichnis, Informationen von/über den/die AutorIn, weitere Informationen zum Thema)
- Preis (Attraktivität des Buches zum Kaufen/Verschenken)
- Altersangaben (zutreffend oder aus Verkaufsinteresse konstruiert)

Bebilderung des Textes/ Bildanalyse
Text-Bild-Proportion, Struktur der Bilder (z.B. Simultandarstellungen)
Stil der Bilder: Grafiken, Fotografien, Malereien etc.; Kombination verschiedener Stile; Farbgebung (z.B. dominante Farben, Farbmischungen); Größe; künstlerische Qualität; Reproduktion oder komplementäre Erweiterung des Textes; naturalistische Darstellung

Kriterien   Analyse und Bewertung von Kinder- und Jugendbüchern   167

Bei all diesen Aspekten, die im einzelnen zu bearbeiten sind, ist jeweils nach der Intention von AutorIn/ Verlag zu fragen und nach der Wirkung auf den/die LeserIn
(teils nur hypothetisch zu erschließen) und nach der Entsprechung von Form und Gehalt.
Z.B.: Wirken die Bilder beängstigend? Hat die Farbwahl eine inhaltliche Entsprechung? Kommt die Macht des Täters, die Hilflosigkeit des Opfers in den Bildern (z.B. durch die Perspektive) zum Ausdruck? Werden auch positive Geschehnisse/Glücksmomente bildlich dargestellt? Sprechen die Bilder Kinder an?
Unterstützen oder widersprechen die Illustrationen den beschriebenen Geschehnissen und Stimmungen (farblich oder in der Darstellung z.B. der Körperhaltung oder der Mimik)?

Struktur/Aufbau des Buches

Um welche Textsorte/Gattung handelt es sich? Ist der Titel zutreffend? Wie ist der inhaltliche Aufbau? Höhepunkte?
Ist das Buch von seiner Struktur her dazu geeignet, es in der Schule einzusetzen?

- Handlungsverlauf (lineare Handlungsführung, Durchbrechung der Linearität in Form von Rückblenden, Situationsbeschreibungen, Reflexionsabschnitten, in Form von Einschüben/Collagen, verschiedenen Zeitebenen, Raffungen, Dehnungen)
- Spannungsverlauf (innere/äußere Spannung, Aktion/Ruhepausen/emotionale Anspannung, Ausgleich der beklemmenden, beängstigenden Momente durch positive/glückliche Stimmungen, Lesetempo, Verfremdung von identifikatorischem Lesen, Möglichkeiten zur Reflexion)
- Vielfalt der Handlungsstränge (Komplexität, Multiperspektivität, retardierende und spannungsfördernde Momente)
- Kommunikationsstruktur der handelnden Personen (Differenziertheit der Personendarstellung, Typisierung, Umgang miteinander (Redeformen), Repräsentativität für inhaltliche Positionen, Art der Darstellung in bezug auf zwischenmenschliche, politische, soziale, emanzipatorische Fragen, Identifikationsmöglichkeiten für Kinder)
- Erzähl- und Wahrnehmungsperspektive (personale, auktoriale etc. Erzählhaltung, Identifikationsmöglichkeiten, Erwachsenen-/Kinderperspektive, Wissens- und Kompetenzgefälle zwischen Erzähler und kindlichem Leser), Kennzeichnung des Erzählarrangements (Orte, Zeitgerüste)
- Sachbuch/fiktionale Erzählung (Bedeutung der gewählten Form, Verschränkung der realistischen/authentischen Momente mit fiktionaler Freiheit, Komplexität/Simplifizierung von Sachverhalten im jeweiligen Buchtyp, Übertragung des Gewaltthemas in eine fiktionale Darstellung (z.B. mit Tiergestalten), um Kinder nicht zu einer ungewollten Identifikation zu „zwingen"
- Verhältnis von Unterhaltsamkeit, Spannung und Sachinformation (z.B. Aufklärung über (sexuelle) Gewalt gegen Kinder, Präventionsstrategien)

Auch bei diesen Aspekten, die im einzelnen zu beschreiben sind, ist jeweils die entscheidende Frage nach Funktion und nach Wirkung zu stellen.

Sprache/ästhetische Elemente

Motiviert die Sprache zum Lesen? Wodurch wird mit sprachlichen Mitteln Spannung/Betroffenheit erzeugt?
Inwieweit ist die verwendete Sprache geeignet, die Realität der (sexuellen) Gewalt für Kinder angemessen, begreiflich, interessant und als eventuell auch für ihre eigene Situation von Bedeutung zu vermitteln?
Ist die Sprache eher beschreibend, expressiv, appellierend? Zielt sie eher auf Emotionen, Spannung, Aufklärung, Nachdenklichkeit? Auf eine Mischung - mit welchen Akzenten? Treffen die einzelnen Begriffe und Situationsbeschreibungen die Realität oder verschleiern sie diese?
Wird Kindesmißhandlung/sexueller Mißbrauch beim Namen genannt? Werden auch die Formen der Gewalt in kindgerechter Sprache zum Ausdruck gebracht?
Entspricht die Sprache (z.B. für die Körperteile) der Sprache der Kinder? Ist die Sprache bildlich, anschaulich, konkret, abstrakt - wie wirkt sie auf Kinder? Enthält sie phantastische Elemente, führen diese von der Realität weg? Ist die Sprache vielschichtig, symbolisch?
Wie differenziert werden sprachlich einzelne Personen dargestellt - ihre Gefühle, Träume, Gedanken, Assoziationen?
Werden die Mißhandlungs-/Mißbrauchssituationen mit besonderen sprachlichen, stilistischen oder rhetorischen Figuren und Mitteln dargestellt, um die Gefühle des Opfers besser zum Ausdruck bringen zu können (z.B. Bevorzugung von Wortarten; Metapher, Symbole, syntaktische Auffälligkeiten; Perspektivenwechsel)? Wird eine typisierende oder eine individualisierende Begrifflichkeit gewählt? Werden durch die Sprache Vorurteile abgebaut?

AdressatInnenbezug - Rezeptionsanalyse

- Kennzeichnung der LeserInnen (Altersgruppe, intellektuelle Reife, sprachliche Voraussetzungen, Geschlecht, evtl. soziale Situation, Vorbildung, Leseerfahrungen, Interessen und Bedürfnisse)?
- Gibt es Formen der textimmanenten LeserInnenlenkung (Identifikations-/Distanzangebote)?
- Welches ist das intendierte bzw. zu erwartende LeserInnenverhalten (schmökerndes/unterhaltendes, aufklärendes, informierendes, kritisches, kreatives, kognitives, handelndes Lesen)?
- Welche entwicklungspsychologischen Voraussetzungen werden von den LeserInnen erwartet (z.B. soziale Verhaltensweisen, affektives/kognitives Differenzierungsvermögen, Entwicklung des moralischen Bewußtseins)?
- Gibt es Bezüge zu möglichen aktuellen Interessen des Kindes/des Jugendlichen?
- Welche Bedeutung hat der Text für die kognitive, emotionale, affektive, sprachliche, kommunikative, literarische Entwicklung der LeserInnen?

Diese und ähnliche Fragen sind an Textdetails zu verifizieren, indem jeweils nach Intention und Wirkung von Wortwahl, Syntax, rhetorischen Mitteln, Erzählperspektive, Struktur, Gattung etc. gefragt wird.

C Didaktisch-methodische Fragestellungen

Die Teile A und B des Fragekataloges enthalten bereits eine Reihe von didaktischen Fragen: nach der Struktur des Gegenstandes, der Altersadäquatheit, Identifikationsmöglichkeiten, Intention und Wirkung etc. Da bei Büchern über Gewalt dem Präventionsaspekt eine ganz entscheidende Bedeutung zukommt, müssen hinsichtlich dieser Zielsetzung noch weitere Fragen gestellt werden, z.B.:

- Welche Bedeutung messe ich dem Thema „Gewalt gegen Kinder" grundsätzlich zu? Welche Bedeutung messe ich den unterschiedlichen Gewaltformen (psychische - physische - sexuelle Gewalt) im speziellen zu? Wie schätze ich deren Bedeutung für Kinder und Jugendliche ein?
- Welche Ziele verfolge ich, wenn ich dieses Thema im Unterricht behandle? Welche Ziele verfolge ich speziell im Deutschunterricht?
- Inwieweit eignet sich das jeweilige Kinderbuch/Jugendbuch zur Behandlung des Themas? Inwieweit erschließt bzw. vertieft es die Bedeutung des Themas? Ist das Buch von präventiver Bedeutung, zeigt es z.B. Wege der Bewältigung auf, macht es den Kindern Mut und verdeutlicht ihnen ihre Rechte, stärkt es die Wahrnehmung der Kinder für ihre eigenen Gefühle und für die Gefühle anderer, bietet es ihnen eine kindgerechte Sprache für ihren Körper, für verschiedene Körperteile und für unterschiedlichste Empfindungen, nimmt es die Kinder auch in ihren ambivalenten Gefühlen ernst, befreit es die Kinder von der Verantwortung und den Schuldgefühlen für die erlebte Gewalt?
-Welche Ziele lassen sich bei der Behandlung dieses Buches erreichen (im kognitiven, affektiven, pragmatisch-sozialen Bereich)?
- Auf welchem Kenntnisstand baut die Behandlung des Buches auf? Welche zusätzlichen Informationen/Materialien müssen vorher herangezogen werden?
- Wie können Kinder/Jugendliche befähigt werden, kritisch mit dem Text umzugehen (Klischees, Realitätsverzerrungen, Verharmlosung der Problematik, Verstärkung von Vorurteilen, Falschinformationen)? Inwieweit fördert die Lektüre Sprachkenntnis und Lesefähigkeit? Regt das Buch zu Gesprächen und zur Reflexion an?
- Welche methodischen Möglichkeiten der Veranschaulichung der Problematik kann ich heranziehen (Rollenspiele, Szenenspiele, kreative Textdarstellung, Sinnesmaterialien, weitere Präventionsmaterialien, weitere Medien)?
- Welche Möglichkeiten gibt es, um mit Personen und/oder Gruppen/Institutionen, die speziell zum Thema der körperlichen oder sexuellen Gewalt arbeiten, in Verbindung zu treten?
- Gibt es die Möglichkeit, das Thema in Form eines Projektes zu behandeln?
- Eignet sich das Buch zur Aufnahme in die Klassenbibliothek, d.h. ist es als Lektüre für Kinder/Jugendliche auch ohne didaktische Aufarbeitung einsetzbar?

4.2 Exemplarische Bilderbuchanalyse des Buches „Das Familienalbum" (S. Deinert/T. Krieg)

Am Beispiel eines Bilderbuches zum Thema sexuelle Gewalt möchten wir im folgenden darstellen, wie mit Hilfe des Kriterienkataloges eine Analyse durchgeführt werden kann. Das von uns exemplarisch ausgewählte Bilderbuch **„Das Familienalbum" von Silvia Deinert/Tine Krieg** (Illustriert von Ulrike Boljahn, Lappan Verlag, Oldenburg 3. Aufl. 1995) ist eines der bekanntesten Bücher für Kinder mit der Thematik des sexuellen Mißbrauchs. Unsere Auswahl ist in Hinblick auf die Ergiebigkeit dieses Buches als Analysebeispiel getroffen worden und soll das Buch nicht als ein besonderes aus der Gruppe der Bücher zum Thema Mißbrauch herausheben. Eher werden wir bei der Analyse auch deutlich auf Mängel dieses Buches hinweisen. Wir werden an einigen Stellen auch auf andere Bilder- und Kinderbücher verweisen, um weitere inhaltliche, sprachliche und/oder bildnerische Darstellungsweisen vorzustellen.
Aus Gründen des Umfangs werden wir die im Kriterienkatalog aufgeworfenen Fragen in einer einfachen, stichwortartigen und eher schematischen Art und Weise angehen.

Realitäts- und Problemgehalt

1. Welche Aspekte des Themas „Gewalt gegen Kinder" werden aufgegriffen? Wie wird die Gewalt dargestellt?

Welche Gewaltformen werden dargestellt (physische Gewalt - psychische Gewalt - sexuelle Gewalt; strukturelle/personelle Gewalt)?
Im Mittelpunkt des Buches steht die sexuelle Gewalt, der Nießchen durch ihren Onkel Watja ausgesetzt ist. Das Spektrum der Mißbrauchshandlungen reicht von einer Mißachtung der Privatsphäre bis zu erzwungenen Berührungen (S. 25/26)[1]. Es wird realistisch dargestellt, daß der Täter psychische Gewalt auf das Kind ausübt, um die Handlungen des sexuellen Mißbrauchs geheim zu halten. Zu physischer Gewalt kommt es in der Geschichte nicht, was ebenfalls realistisch für Mißbrauchsfälle bei Kindern im Vorschul- oder Grundschulalter ist. Kinder in diesem Alter befinden sich in einem so großem Machtunterschied zum Täter, daß sie oft allein durch Einschüchterung und Zwang im emotionalen Bereich „stumm" gehalten werden (vgl. Kapitel 1.2.2).
Neben diesen unmittelbar beobachtbaren Gewaltformen enthält das Buch einen kurzen Einschub, in dem ganz grundsätzlich das in unserer Gesellschaft vorherrschende Machtungleichgewicht zwischen Kindern und Erwachsenen angesprochen wird. (*„Würde einem Kind dann überhaupt jemand glauben?",* S. 37) Es wird jedoch keine direkte Verbindung zwischen dem sexuellen Mißbrauch und den gesellschaftlichen Umständen, die diesen ermöglichen, gezogen. Strukturelle Gewalt wird somit nicht thematisiert oder hinterfragt.

---

[1] Die Bilderbuchseiten haben keine Seitenzahlen, wir beginnen unsere Zählung auf der vorderen Umschlaginnenseite mit S.1.

Werden die gewalttätigen Handlungen sprachlich differenziert dargestellt, oder werden diese lediglich angedeutet/umschrieben? Ist die Darstellung/Beschreibung realistisch und repräsentativ?
Einige Handlungen und Übergriffe des Onkels werden im Text erwähnt; so wird davon gesprochen, daß Nießchen Onkel Watja einen *„komischen Kuß"* (S. 11) geben mußte und daß Onkel Watja sie so fest an sich drückt, *„daß sie kaum Luft kriegt"* (S. 20).
Andere Verhaltensweisen des Onkels werden lediglich bildlich dargestellt (ungewollte Berührungen, Mißachtung der Intimsphäre S. 27/28) und bleiben unkommentiert, wodurch sie im einzelnen nicht eindeutig als Mißbrauchsdarstellungen zu erkennen sind.
Im Mittelpunkt der Mißbrauchshandlungen steht sowohl von der Größe als auch von der Art der Darstellung die Szene auf der Doppelseite 25/26. Hier verlangt der Onkel, daß Nießchen seinen Mäuseschwanz anfaßt, was auch im Text deutlich gesagt wird. Die Symbolik (Mäuseschwanz = Penis) ist für Erwachsene und wohl auch für mißbrauchte Kinder deutlich. (Wobei sie bei genauerem Betrachten widersprüchlich erscheint: Warum ist die Hose des Onkels in den mißbräuchlichen Situationen vorne geöffnet, wo doch scheinbar mit dem Schwanz mißbraucht wird? Und: Wie ist, wenn der Mäuseschwanz dem Penis gleichgesetzt wird, das Bild auf Seite 8 zu verstehen, auf dem Nießchen an ihrem Schwanz wie an einem Daumen lutscht?)
Als Aufklärung und Wissensvermittlung im Rahmen der primären Prävention (d.h.: Was ist sexueller Mißbrauch? Was geschieht? Welche Handlungen gehören dazu?) bleibt das Buch wenig aufschlußreich. Denn eine direkte Benennung oder eine deutliche Darstellung des sexuellen Mißbrauchs, die auch für nicht mißbrauchte Kinder aussagekräftig und verständlich wäre, gibt es im gesamten Buch nicht.
Wie wichtig es gleichwohl ist, Kinder durch Wissen stark zu machen und ihnen eine Sprache für ihren Körper, ihre Gefühle und auch für die Geschehnisse des Mißbrauchs zu geben, ist inzwischen in allen neueren wissenschaftlichen Darstellungen zur Prävention zu lesen.
Kindern werden Informationen vorenthalten, wenn die Mißbrauchserlebnisse von Nießchen in der Aussage, Onkel Watja habe sie immer gedrängelt (S. 41), zusammengefaßt werden. Oder wenn an anderer Stelle angekündigt wird, daß Nießchen nun Zeit genug hat, *„Mama alles in Ruhe zu erzählen."* (S. 44), aber dieser Aussage keinerlei Gespräch folgt.

Wird die Gewalt in unterschiedlicher Form und Intensität - evtl. mit einer Steigerung - dargestellt?
Die Steigerung der sexuellen Übergriffe des Onkels auf Nießchen läßt sich sowohl in den erwähnten Handlungen (Kuß - Drücken - Schwanz anfassen) als auch im Verhalten des Kindes zum Onkel erkennen: Während Nießchen am Beginn des Buches das Zusammensein mit dem Onkel noch nicht als bedrohlich empfindet, versucht sie ihm im weiteren Verlauf immer öfter auszuweichen und zu entkommen.
Hier macht das Buch realistisch die langsame, aber gezielte Steigerung der mißbräuchlichen Handlungen des Täters deutlich, durch die das Kind in das Gefühl der Mitverantwortung hineingezogen wird.

Auch der Zwang zur Geheimhaltung durch den Onkel nimmt an Intensität zu. Während Nießchen zu Beginn der Geheimhaltung von selbst zustimmt (S. 23), benutzt der Onkel im weiteren Verlauf Drohungen, um sich ihr Schweigen zu sichern (S. 28, S. 35/36).
Auch dies ist ein typisches Täterverhalten: durch Drohungen, Schuldzuweisungen und Einschüchterungen gelingt es dem Täter immer wieder, das Kind zum Schweigen zu bringen und es weiter mißbrauchen zu können.

Als Vergleich zu der Mißbrauchsdarstellung im Familienalbum möchten wir auf ein Buch hinweisen, das deutliche bildliche Mißbrauchsdarstellungen beinhaltet. In dem Bilderbuch **„Das kummervolle Kuscheltier"** (K. Maier/A. Bley, 1996) sind insgesamt zehn Mißbrauchsszenen zu sehen. Es sind Bildausschnitte, auf denen jeweils der Mißbraucher (der Freund von Britts Mutter) gemeinsam mit Britt (dem mißbrauchten Mädchen) zu sehen ist. Bei einer Szene ist der Mißbraucher mit offener Hose abgebildet und mit seiner Hand zieht er Britts Hand zu seinem Penis hin, eine andere Szene zeigt, wie er Britt an ihrer Scheide anfaßt.
Die ängstlichen, abwehrenden, verwirrten und machtlosen Reaktionen des Mädchens auf das Verhalten des Mißbrauchers sind ebenfalls deutlich in den Zeichnungen zum Ausdruck gebracht.
Der Hintergrund läßt erkennen, daß der Mißbrauch an verschiedenen Orten stattfindet (im Badezimmer, im Schlafzimmer, im Kinderzimmer).
Die Autorin hat eine deutliche, aber dennoch nicht angsterregende Darstellungsform gewählt, welche die Kinder informiert und aufklärt. Es wird in kindgerechter Art und Weise gezeigt, welche Handlungen beim sexuellen Mißbrauch vorkommen können.

2. Entspricht die Darstellung von Opfer und Täter im untersuchten Buch den wissenschaftlichen Erkenntnissen?

Alter des Opfers/Alter des Täters?
Nießchen: Vorschulalter, ca. 3-5 Jahre alt - realistisch! Die meisten Kinder werden nicht, wie lange Zeit angenommen wurde, mit Beginn der Pubertät, sondern bereits vor dem zehnten Lebensjahr mißbraucht (vgl. D. Bange, in: B. Marquardt-Mau, 1995, S. 36); bei 27,2 % der Kinder liegt der Mißbrauchsbeginn im Alter von null bis fünf Jahren (vgl. J. Pfeiffer et al, 1993, S. 9).

Onkel Watja: Erwachsener - auch realistisch! In den meisten Dunkelfeldstudien liegt das Durchschnittsalter der Täter bei etwa 30 Jahren (vgl. D. Bange in: B. Marquardt-Mau (Hrsg.), 1995, S. 37).
Jedoch sollte im Blick behalten werden, daß es einen hohen Anteil an jugendlichen Tätern gibt (vgl. G. Deegener in H. Ulonska/H. Koch (Hrsg.), 1997, S. 57), so daß ein Buch, das diese Altersgruppe in seiner Täterfigur berücksichtigt, ebenfalls realistisch und sinnvoll wäre.

Geschlecht des Opfers/Geschlecht des Täters?
Die Konstellation Täter = Mann (Onkel Watja); Opfer = Mädchen (Nießchen) ist die häufigste beim sexuellen Mißbrauch. Das Buch entspricht in der Konstruktion der Mißbrauchssitua-

tion bezüglich des Geschlechts, also der Realität. Will es jedoch nicht als Buch ausschließlich für Mädchen verstanden werden, vermißt man Identifikationsmöglichkeiten für Jungen oder zumindest Hinweise darauf, daß auch andere Mißbrauchskonstellationen vorkommen. (So wäre es z.B. möglich, daß Nießchen einem kleinen Mäusejungen und nicht Pisa von den komischen Küssen des Onkels erzählt. Und daß der Mäusejunge Nießchen sehr gut versteht, denn er kann sich noch genau daran erinnern, daß er im Urlaub von einem Bekannten seiner Eltern ständig geküßt und geknuddelt wurde, ohne daß er das wollte.)

Bekanntschaftsgrad zwischen Opfer und Täter (Kommt der Täter aus der Verwandtschaft, der Bekanntschaft oder ist er dem Opfer fremd?) Wird das Machtgefälle zwischen Opfer und Täter deutlich?
Das Buch schildert den Mißbrauch eines Onkels an seiner Nichte, also sexuelle Gewalt im familiären Nahbereich. Der Onkel, der im Haus der Familie wohnt, gehört zu den unmittelbaren Bezugspersonen des Mädchens. Die Personenkonstellation ist realistisch (ca. 25% Familie, davon ca. 33% Onkel - G. Deegener in H. Ulonska/H. Koch (Hrsg.), 1997, S. 64), wenn auch nicht die statistisch häufigste Mißbrauchskonstellation, da ca. 50% der Fälle außerfamiliärer Mißbrauch sind. (siehe ebd.)
Zu diskutieren wäre die Rolle des Katers, der den Fremdtäter symbolisiert (S. 16/17): Durch die absolute Verharmlosung dieser Figur (es ist eher eine lächerliche als eine bedrohliche Gestalt, die sich letztendlich sogar als „Retter" erweist, indem der Täter durch den Kater „entfernt" wird), könnte den Kindern eine falsche Sicherheit gegenüber Fremdtätern suggeriert werden. Wenn man bedenkt, daß immerhin bis zu einem Viertel der Täter Fremde sind, erscheint es nicht sehr sinnvoll, die Gefahr, die auch von einem „Fremden" ausgehen kann, derart zu negieren.

Verhalten des Täters? Täterstrategien?
Das Verhalten des Onkels entspricht den häufig festzustellenden Täterstrategien: Er bevorzugt das Kind durch Geschenke (*Puppe, S. 7*), im Verhalten (*„Onkel Watja ist eigentlich nie böse auf Nießchen.", S. 18*) und schmeichelt ihm mit Worten (*„Du bist meine Allerliebste, Nießchen.", S. 23*).
Häufig ist auch, daß der Täter das Kind ganz auf sich fixieren will und es isoliert, indem er dessen Zusammenhalt mit anderen Kindern schwächt oder zerstört. Gerade auch das solidarische Verhalten unter Geschwistern wird vom Täter gezielt unterwandert (*„Das war doch sicher wieder Pisas Schuld, oder?", S. 18*). Das mißbrauchte Kind erlebt dadurch eine große Einsamkeit und fühlt sich - wie Nießchen - als Außenstehende in der eigenen Familie.
Ganz typisch für sexuelle Gewalt an Kindern ist es, daß der Täter den Mißbrauch als Geheimnis deklariert, wie es auch hier im Buch mehrmals dargestellt wird (S. 23, S. 27/28, S. 35). Realistisch ist auch, daß der Täter dem Kind droht. So wie Onkel Watja sich mit der angedrohten Zerstörung des Familienalbums Nießchens Schweigen sichert (S. 28, S. 36), benutzen auch in der Realität die Täter diese Strategien („Wenn Du was sagst, dann töte ich Dein Meerschweinchen, ...kommst Du ins Heim,...verlasse ich deine Mutter, etc.") (siehe z.B. S. Braecker/W. Wirtz-Weinrich, 4. Aufl. 1994, S. 30ff.)

Verhalten des Opfers?
Nießchen wird im Buch als ein ruhiges, eher schüchternes und zurückgezogenes Mädchen beschrieben (S. 7-9).
Die konstruierte Buchfigur entspricht vom Verhalten dem Kindertyp, der nach wissenschaftlichen Erkenntnissen relativ häufig unter den Mißbrauchsopfern ist. Kinder, die sich unsicher und vielleicht einsam fühlen, die leicht zu manipulieren sind, die zu Hause wenig Aufmerksamkeit erhalten und nur wenige Freunde haben, werden von Mißbrauchstätern bewußt als Opfer ausgewählt (vgl. Glöer/Schmiedeskamp, 1990, S. 72).
Die Reaktionen Nießchens auf das Verhalten des Onkels werden nur sehr vage beschrieben.
Am Anfang reagiert sie auf die besondere Zuwendung des Onkels mit Neugier und genießt es auch, sich mit dem Onkel zu verbünden (S. 23). Das zeigt, daß sie trotz ihrer Abneigung gegen bestimmte Handlungen des Onkels (komischer Kuß/ feste drücken) dem Onkel vertraut. Dieses Verhalten ist typisch für Kinder, die von einer ihnen nahestehenden Person mißbraucht werden.
Das konkrete Verhalten Nießchens im Zusammenhang mit den Übergriffen des Onkels kommt fast gar nicht zur Sprache.
So heißt es lediglich: *„Nießchen versucht jetzt oft, sich zu verstecken."* (S. 33)
Es wird jedoch an keiner Stelle davon gesprochen, wie sich ihr Verhalten zu den übrigen Familienmitgliedern verändert, ob sie den Versuch unternimmt, jemanden von ihrem Kummer zu erzählen, etc.
(Näheres zu den Gefühlen des Kindes: siehe Punkt 4.)

3. Entspricht die Darstellung der Familiensituation den typischen Konstellationen? Rollenverteilung in der Familie? Erziehungsstil?
Es handelt sich bei der Mäusefamilie um eine durchschnittliche, den menschlichen Verhältnissen angeglichene Familie, bestehend aus Mutter, Vater und zwei Töchtern. Eher ungewöhnlich ist, daß der Bruder des Vaters (Onkel Watja) mit in der Familie lebt; ein Umstand, der jedoch im Buch nicht näher erläutert wird.
Die Rollenverteilung in der Familie ist sehr traditionell:
<u>Mutter</u>: typische Hausfrau; trägt immer eine Schürze, steht entweder am Herd, läuft mit einem Besen herum oder bewirtet die Männer.
<u>Vater</u>: selten präsent, liest Zeitung, will Ruhe beim Mittagsschlaf.

Es herrscht in der Familie ein recht autoritärer Erziehungsstil: Wenn die Eltern Ruhe haben wollen, müssen die Kinder sich andere Plätze zum Spielen suchen (S. 9). Nießchen ist es gewöhnt, daß sie den Anweisungen Erwachsener Folge leisten muß. Auch hier zeichnet das Buch ein realistisches Bild, denn es entspricht den Erkenntnissen, daß Kinder, die es gewohnt sind, Erwachsenen unhinterfragt zu gehorchen, eher gefährdet sind, zum Mißbrauchsopfer zu werden.
Es läßt sich nach wissenschaftlichen Erkenntnissen nicht die typische „Mißbrauchsfamilie" bestimmen. Jedoch weisen die Ergebnisse verschiedener Studien darauf hin, daß Kinder, die von ihren Eltern wenig Aufmerksamkeit und Zuwendung erhalten, eher gefährdet sind, sich durch das raffinierte Täterverhalten ansprechen zu lassen. Indem der Täter den Kindern alles das zu

geben scheint, was sie in ihrer Familie vermissen, gewinnt er ihr Vertrauen und kann so ein Abhängigkeitsverhältnis aufbauen.
Insofern ist die hier dargestellte Familiensituation, in der Gefühle anderer kaum beachtet werden (Mittagsschlaf des Vaters, Nießchens Sorge um ihre Puppe) und dadurch zwischen den einzelnen Familienmitgliedern eine relative Beziehungslosigkeit herrscht, realistisch konstruiert. Nießchen ist ein ruhiges und unkompliziertes Mädchen und die Eltern kümmern sich kaum um sie. Onkel Watja hingegen hat Zeit für sie (*„Ich bin immer für dich da"*, S. 23), verwöhnt sie mit Geschenken (Puppe) und gibt ihr das Gefühl wichtig zu sein (*„Du bist meine Allerliebste"*, S. 23).

Beziehung zwischen den einzelnen Familienmitgliedern; insbesondere vom Opfer zu Mutter, Vater, Geschwistern, anderen Verwandten
Mutter: Ihr Verhältnis zu Nießchen ist recht uneinheitlich dargestellt. Während es zu Beginn so wirkt, als würde zwischen der Mutter und Nießchen ein eher oberflächliches und wenig vertrauensvolles Verhältnis herrschen (S. 17, S. 22/23), stellt sich die Mutter bei der Aufdeckung des Mißbrauchs ohne Zögern auf die Seite ihrer Tochter. Jedoch ist ihre Körperhaltung zur Tochter recht distanziert. Obwohl der Text davon spricht, daß sie Nießchen fest in die Arme nimmt, wirkt die dargestellte Szene nicht sehr liebevoll und tröstend: Nießchen klammert sich an die Schürze der vor ihr stehenden Mutter. Diese neigt sich nur ganz wenig zu ihrer Tochter hinab, legt ihre eine Hand um deren Kopf, während ihre andere Hand locker auf Nießchens Schulter ruht.
Realistisch ist gerade für einen innerfamiliären Mißbrauch das anfänglich aufgezeigte Mutter/Tochter-Verhältnis, in dem wenig Vertrauen und Nähe zu spüren ist und die Mutter die Nöte ihrer Tochter nicht wahrnimmt (z.B. S. 22/23).
Leider eher untypisch ist hingegen die Darstellung, daß die Mutter sich bei Bekanntwerden des Mißbrauchs vorbehaltlos auf die Seite ihrer Tochter stellt und nicht die leisesten Zweifel an den Anschuldigungen gegen ihren Schwager hat, zumal sie zuvor deutlich ausgedrückt hat, daß sie völliges Vertrauen zu Onkel Watja hat. Das Buch ist hier widersprüchlich konzipiert.

Vater: Der Vater spielt in der gesamten Geschichte eine absolute Nebenrolle. Zwischen ihm und Nießchen läßt sich keinerlei - weder positive noch negative - Beziehung feststellen.
Obwohl das Buch keine konkreten Erklärungen oder Hintergrundinformationen dafür gibt, warum zwischen dem Vater und der Tochter eine derartige Beziehungslosigkeit herrscht, weisen einige Darstellungen auf die Position des Vaters in der Familie hin. So ließe sich die Müdigkeit des Vaters und sein Verlangen nach einem ungestörten Mittagsschlaf als Folge seiner Berufstätigkeit interpretieren, womit ihm die typische (Männer-)Rolle als geldverdienender Pascha zugeschrieben werden könnte.

Pisa: ist viel lebhafter als ihre Schwester (typisch, daß der Onkel sich nicht an sie, sondern an ihre schüchterne Schwester heranmacht). Im Geschwisterverhältnis gibt es Streit und Versöhnung, jedoch deuten einige Darstellungen darauf hin, daß die Schwestern nicht unbedingt „ein Herz und eine Seele" sind. So holt Pisa am Ende des Buches zwar Hilfe für ihre Schwester, jedoch steht sie danach völlig unbeweglich und ohne jeden Körperkontakt neben dem weinenden Nießchen und der Mutter.

Es wird in der Geschichte im übrigen nicht deutlich, ob Pisa die ältere oder die jüngere Schwester von Nießchen ist.

<u>Allgemein:</u> Nießchen beteiligt sich recht wenig am Familienleben und zieht sich häufig zurück (S. 6/7). Sie fühlt sich an den Rand der Familie gedrückt (ganz deutlich: S. 29/30).
Das Familienalbum ist für sie deshalb so wichtig, weil es genau den Zusammenhalt und die Zusammengehörigkeit einer Familie symbolisiert, wovon sie in ihrer Familie so viel vermißt.

Gesellschaftliche Schicht
Da die Geschichte im Fabelbereich (Tiergestalten) spielt, ist eine schichtenspezifische Einordnung der Mäusefamilie schwierig. Es ist jedoch offensichtlich keine wirtschaftliche Not vorhanden, noch herrscht ein übermäßiger Reichtum.
Da sexueller Mißbrauch nicht, wie früher angenommen, nur in unteren sozialen Schichten stattfindet, sondern in allen gesellschaftlichen Bereichen vorkommt, wählt das Buch somit eine gute Lösung zur Schichtenfrage.

Kontakt zum sozialen Umfeld (Nachbarn, Schule, Freunde, ...)
Kommt nicht zur Sprache! Das Buch vergibt dadurch mehrere Chancen, z.B.:
- Jungenfiguren ins Spiel zu bringen
- außerfamiliäre Hilfsmöglichkeiten aufzuzeigen
- alternative Familienbeziehungen vorzustellen,
- etc.

4. Kommen die Gefühle des Kindes zum Ausdruck?
Nießchen wird im Buch als ruhig, ordentlich, vorsichtig (S.7) dargestellt und wirkt im Vergleich zur Schwester eher introvertiert, schüchtern. Ob dieser äußere Eindruck jedoch den Gefühlen des Kindes entspricht, läßt sich schwer feststellen, denn Nießchens Gefühle in bezug auf ihre Familie, zu ihrem Körper oder zu dem Mißbrauch durch den Onkel werden nur sehr oberflächlich und zum Teil gar nicht angesprochen.

Werden die Folgen der erlebten Gewalt für das Kind deutlich (psychisch, physisch, sozial)? Sind sie realistisch/repräsentativ dargestellt? Wie detailliert sind sie dargestellt? Kommen zentrale Gefühle mißhandelter/mißbrauchter Kinder zum Ausdruck; z.B. Schuld- und Angstgefühle?
Ebenso wie die LeserInnen im allgemeinen nur sehr wenig von Nießchens Gefühlen erfahren, werden auch die Folgen, die der Mißbrauch für Nießchen hat, kaum dargestellt und angesprochen. Wird das Empfinden des Kindes angesprochen, so heißt es dann oft ganz lapidar: *„Das findet Nießchen schön."*; *„... das findet sie gar nicht schön." (S. 20)*. Warum empfindet Nießchen so? Was genau findet sie z.B. nicht schön? Wie verhält sie sich daraufhin? Was denkt sie? Was würde sie gerne tun? Viele Fragen, die unbeantwortet bleiben.
Durch die vom Buch gewählte sehr oberflächliche Beschreibung wird die Psychodynamik eines mißbrauchten Kindes lediglich in ganz vagen Ansätzen deutlich.

So werden z.B. auch die typischen Schuldgefühle eines mißbrauchten Kindes nur im Zusammenhang mit dem Gefangensein Nießchens in der Falle angesprochen: *„Mama würde sicher böse sein, wenn sie jetzt käme." (S. 37)*, nicht jedoch in direkter Verbindung mit den sexuellen Übergriffen.

In der Retrospektive heißt es am Ende des Buches: *„Nießchen hat keine Schuld, daß das Bild von Onkel Watja aus dem Familienalbum zerissen ist" (S. 46)*. Auch hier wird wieder nur indirekt der Zusammenhang zwischen den Schuldgefühlen des Kindes und dem sexuellen Mißbrauch hergestellt.

Finden auch die ambivalenten Gefühle des Kindes (und der Umwelt) zum Täter Beachtung, oder beschränkt sich das Buch auf eine Schwarz-Weiß- Darstellung?
Die anfänglichen Grenzüberschreitungen von Onkel Watja (*„komischer Kuß"*) nimmt Nießchen als „Preis" für die Zuwendung und Aufmerksamkeit, die sie durch den Onkel bekommt, in Kauf. Sie findet es spannend, sich mit Onkel Watja zu verbünden, mit ihm ein gemeinsames Geheimnis zu haben.
Nach der ersten deutlichen Mißbrauchshandlung (S. 25/26) wird dann jedoch nur noch Nießchens Unbehagen und ihre Furcht vor dem Onkel thematisiert.
Ähnliches gilt für die Darstellung der Beziehung zwischen der Mutter und dem Onkel. Während die Mutter bis zur Aufdeckung der Tat völliges Vertrauen zu Onkel Watja hat und dies auch deutlich ausdrückt (S. 22/23), wendet sie sich am Ende entschieden gegen ihn. Symbolisch zerreißt sie sein Bild, sagt, daß er sich schlimmer benommen habe als ein Kater und daß das Foto nicht zu kleben sei (S. 46). Jegliche positiven Gefühle und familiären Beziehungen zum Onkel sind somit für die Zukunft undenkbar.
Die Intention des Buches, sich hier so eindeutig auf die Seite des Opfers zu stellen, ist es wahrscheinlich, dem Kind jegliche Schuldgefühle zu nehmen. Es ist jedoch nicht realistisch, daß die Mißbrauchstäter von ihrem Umfeld derart eindeutig verurteilt werden, und auch das Opfer selbst verbindet oft eben nicht nur negative Assoziationen mit dem Täter. So werden durch die symbolische Aussage, daß man das Foto des Onkels nicht mehr kleben könne, was ja meint, daß der Onkel unter keinen Umständen mehr zur Familie gehören kann, jegliche weitere Kontakte zum Täter ausgeschlossen. Wenn jedoch zuvor eine positive Beziehung von seiten der Familie zum Täter herrschte, könnte das Kind es als seine Schuld verstehen, wenn diese Beziehung aufgrund seiner Aussage völlig abgebrochen wird.

Ist der Inhalt des Buches auf Gewalt fixiert, oder reiht sich der Gewaltaspekt in die Darstellung unterschiedlicher Begebenheiten ein? Wird das Kind nur als Opfer oder in seiner Ganzheit dargestellt? Finden auch die Gefühle des Kindes, die nicht direkt das Thema „Gewalt" betreffen, Berücksichtigung (Freundschaften, Liebe, Schulsituationen)?
Es gibt in dem Buch nur wenige Szenen, in denen positive Gefühle und eine harmonische Stimmung im Mittelpunkt stehen. Auch lustige und witzige Begebenheiten finden sich nur am Anfang des Buches. Mit Beginn der Mißbrauchsereignisse werden nur noch bedrückende und unangenehme Geschehnisse aufgezeigt.

Die Darstellung des Familienlebens der Mäusefamilie ist z.B. durch die Beschreibung der Wohnsituation (altes Sofa als Zuhause) für Kinder recht ansprechend und lustig. Die Farbgebung des Bildes hingegen vermittelt keine sehr harmonische Stimmung, da auch hier die verschwommene und schmutzig-farbene Bildgestaltung vorherrscht (siehe unten).

Auffällig ist, daß insgesamt den schönen und harmonischen Szenen recht wenig Raum zur Verfügung gestellt wird. Das Buch verweilt nicht in Form eines längeren Textes oder mehrerer Bilder bei angenehmen Situationen, sondern meist schließen sich an diese unmittelbar Streit- und Ärgerszenen an.

Beispiele: Während auf der Seite 7 die Darstellung Nießchens auf dem Sofa beim Betrachten des Familienalbums eine sehr friedliche und schöne Atmosphäre vermittelt, wird diese auf der nächsten Seite schon wieder durchbrochen. Nießchen erläutert ihrer Puppe ein Foto, auf dem sie mit ihrer Schwester abgebildet ist: *„Guck dir mal an, wie Pisa auf dem Bild grinst, dabei tritt sie mir gerade auf den Fuß, aber volle Wucht, das weiß ich noch!"* (S. 8). Fotos von einer schönen gemeinsamen Spielaktion o.ä. werden hingegen nicht gezeigt.

Umgekehrt vom Aufbau her, aber ähnlich in der Wirkung ist die Szene auf Seite 11 und 12: Im Mittelpunkt steht der Streit zwischen Pisa und Nießchen um die Puppe. Nachdem die Puppe dabei kaputt gegangen ist, versöhnen sich die beiden Schwestern *„vor lauter Schreck"* wieder. Die Versöhnung ist im Bild und Text sehr liebevoll dargestellt, jedoch dominiert auf den beiden Buchseiten insgesamt (sowohl vom Text wie auch vom Bild her) die Streitdarstellung. Wie gut hätten sich hier weitere Szenen eines positiven Geschwisterverhältnisses anschließen können. Stattdessen folgt ein abrupter Szenenwechsel, der Kater kommt ins Spiel. Dadurch gerät die ohnehin sehr kleine (nur 1/4 der Seite umfassende) positive Versöhnungs-Darstellung schnell in Vergessenheit.

Das Buch beinhaltet also auch bevor der sexuelle Mißbrauch ins Spiel kommt, nur wenige und kurze Sequenzen, in denen positive Gefühle Nießchens oder auch der anderen Familienmitglieder im Vordergrund stehen.

Im weiteren Verlauf folgen dann überwiegend Szenen, in denen Nießchen bedrückt, traurig und ängstlich ist.

Es entspricht durchaus der Realität, daß die Grundstimmung mißbrauchter Kinder oft sehr negativ und resignierend ist. Aber darum ist es doch gerade die Aufgabe und Chance eines Bilderbuches zum Thema, daß auch schöne, liebevolle und glückliche Erlebnisse des Kindes beachtetet, für wichtig gehalten und dargestellt werden.

Gerade die Vielfalt der Gefühle (neben den negativen eben auch die positiven) sollte bei einem Buch über sexuellen Mißbrauch einen großen Platz einnehmen, um das mißbrauchte Kind eben nicht auf den Mißbrauch und die damit einhergehenden schlimmen Gefühle zu reduzieren.

5. Werden Geschlechtsrollen-Stereotype hinterfragt?

Kommen Mädchen und Jungen/Männer und Frauen in dem Buch vor?
Jungen fehlen völlig! Folge: Keine Identifikationsmöglichkeit für Jungen.

Sind, wo es logisch erscheint, etwa gleich viele weibliche und männliche Personen beteiligt?

Es kommen in der Geschichte drei weibliche (Nießchen, Pisa, Mutter) und drei männliche (Onkel, Vater, Kater) Figuren vor. Insgesamt wäre es wünschenswert, daß weitere Figuren in der Geschichte vorkämen, um so andere männliche und weibliche Verhaltensmodelle vorzustellen und nicht nur auf die eine Familie beschränkt zu sein.

Findet sich neben der (weiblichen) Opferrolle auch positives weibliches Selbstbewußtsein?
Werden auch starke Frauen/selbstbewußte Mädchen im Buch vorgestellt? Werden von diesen Verhaltensmodelle vorgelebt, die nicht an den tradierten Geschlechtsrollenmustern, z.B. an „Mädchentugenden" (Sanftheit, Passivität, Liebsein, Anhänglichkeit) orientiert sind?

Pisa, Nießchens Schwester, ist ein neugieriges, eher wildes und selbstbewußtes Mädchen. Sie erzählt Witze (*„möglichst gemeine natürlich"*, S. 5), macht Fratzen (S. 29) und traut sich, dem Kater freche Widerworte zu geben. (*„Du denkst wohl, wir sind doof?"*, S. 16). In der Beziehung zu ihrer Schwester ist sie sehr dominierend, z.T. recht streitsüchtig (S. 8, S. 11/12) und weiß ihre Überlegenheit auch gezielt einzusetzen. So schickt sie beispielsweise ihre Schwester allein zum Onkel, nachdem Nießchens Puppe durch ihre Mitschuld kaputtgegangen ist (S. 18).
Pisa dient demnach nur bedingt als Vorbildfigur eines selbstbewußten und starken Mädchens, da sie ihre starke Position auf Kosten von Nießchen auslebt. Andererseits ist sie letztendlich diejenige, die Hilfe bei der Mutter holt und sich so für ihre Schwester einsetzt.
Die Mutter, die während der ganzen Geschichte sehr passiv und traditionell wirkt, beweist am Ende des Buches erstaunliche Stärke: Sie glaubt ihrer Tochter sofort und stellt sich eindeutig gegen ihren Schwager, indem sie dessen Foto zerreißt und ihn somit symbolisch aus der Familie ausschließt. Hier führt die Absicht des Buches, die Mutter als starke Frau zu zeigen, jedoch weit von der Realität weg (siehe Punkt 3). Die Mutter wirkt zumal im Gesamteindruck nicht stark und selbstbewußt, sondern eher traditionell und den Männern untergeordnet.

Gibt es zu dem (männlichen) Täterbild (geprägt von Dominanz, Macht, Kontrolle, Gewalt) auch alternative, positiv besetzte Männerbilder/Jungenbilder? Zeigt das Buch z.B. sensible, zuwendungsbereite Jungen und Männer?

Neben dem Onkel (Täter) gibt es nur den Vater und auf einer anderen Ebene den Kater als weitere männliche Figuren. Der Vater ist jedoch überwiegend nicht präsent; es findet in der gesamten Geschichte kein einziger Dialog zwischen ihm und einer anderen Person statt. Zwischen ihm und den übrigen Familienmitgliedern herrscht eine Art „Nicht-Beziehung", Kontakte zu seinen Verwandten scheinen ihm lästig (S. 9/10).
Im Gegensatz zu dem Vater nimmt sich Onkel Watja Zeit für die Kinder, beschäftigt sich mit ihnen, bastelt für Nießchen eine Puppe etc. Da sich dieses Verhalten jedoch im Laufe des Buches als Mittel zu seiner Bedürfnisbefriedigung (als Vorbereitung des Mißbrauchs) herauskristallisiert, gibt das Buch keinerlei Hinweise darauf, daß es auch uneigennütziges liebevolles Verhalten von Männern zu Kindern gibt. Eher könnte es Kindern suggerieren, daß die distanzierte und gefühllose Vater-Kind-Beziehung der Normalfall ist, während ein Erwachsener, der sich Zeit für Kinder nimmt und sich mit ihnen beschäftigt, dies nur im eigenen Interesse tut.

Der Kater Stroff wiederum läßt sich und sein Verhalten schlecht in Beziehung zu den Mäusen setzen, weil er eine andere Figurenebene vertritt.

Werden eventuelle Rollenklischees (z.B. autoritäre Verhaltensweisen) kommentiert und kritisch beleuchtet?
Daß die Mutter am Herd steht und keine Zeit für ihre Kinder hat und der Vater überwiegend abwesend und an keinem Dialog beteiligt ist, wird unkommentiert dargestellt.
Das Verhalten der Eltern (kaum Zeit und Interesse an ihren Kindern) wird nicht mit dem Mißbrauch (Nießchen wird eventuell dadurch leichter zum Opfer, weil sie kaum Zuwendung von ihren Eltern erhält) in Verbindung gebracht und auch nicht kritisch hinterfragt. Die Eltern geben ihr traditionelles Verhalten nicht auf, um sich in Zukunft mehr mit den Kindern zu beschäftigen, sondern in der Familienbeziehung bleibt offensichtlich (bis auf das Verschwinden des Onkels) alles beim alten. Es heißt am Schluß: *„Nießchen repariert ihre Puppe jetzt immer selbst."* (S. 45); womit deutlich wird, daß nach wie vor ihre Eltern keine Zeit haben, sich mit ihr zu beschäftigen. Von einer möglichen Beziehungsverbesserung oder -intensivierung innerhalb der Familie ist nichts zu bemerken.

Obwohl es der Realität entspricht, daß Mütter oft nicht in der Lage sind, ihren Kindern stark und handlungsbereit zur Seite zu stehen, sollte ein Buch zum Thema sexueller Mißbrauch nicht auf die Darstellung von starken und selbstbewußt handelnden Frauen verzichten.
Zwei Beispiele:
1. „Anna in der Höhle" (E. Garbe/K. Suarez, 1994): Frau Sperling, Annas Klassenlehrerin, ist eine emanzipierte Lehrerin, die auch vor brisanten Themen (z.B. sexueller Mißbrauch) nicht zurückschreckt, sondern diese im Unterricht behandelt. Durch ihre Offenheit, ihr Einfühlungsvermögen und auch ihre Deutlichkeit, mit der sie z.B. die Schuldfrage anspricht, gewinnt man von ihr das Bild einer starken Frau. Anna vertraut sich ihr dann auch mit der festen Gewißheit an: „Sie wird mich verstehen." (S. 47).
2. „Das kummervolle Kuscheltier" (K. Meier/A. Bley, 1996): Frau Fröhlich, die Nachbarin des Kindergartenkindes Britt, ist eine berufstätige Frau (Künstlerin), die trotzdem Zeit für Britt hat, sie ernst nimmt und - nachdem Britt ihr von dem Mißbrauch erzählt hat - weiß, an welche Stellen man sich wenden kann, um Hilfe zu bekommen.

Werden die Ursachen/Hintergründe der Gewaltanwendung deutlich?
Bei dem dargestellten Mißbrauch handelt es sich um innerfamiliären Mißbrauch, wobei der Täter, obwohl es der Onkel ist, fast schon zur Kernfamilie zu gehören scheint, da er bei der Familie wohnt und auch an deren Familienleben teilnimmt.
Über Onkel Watja, den Mißbraucher, erfährt man in dem Buch kaum etwas. Sein Verhalten wird weder durch eine Täterbiographie noch durch Informationen über seine derzeitige Lebenssituation erläutert. Auch über die Motive des Onkels wird nichts gesagt
Die Tatsache, daß er als erwachsener Mann bei der Familie seines Bruders lebt, ließe den Schluß auf eventuelle Beziehungs-Probleme, mangelnde Selbständigkeit o.ä. zu, jedoch findet sich außer der Wohnsituation keinerlei Hinweis darauf.

Desweiteren gibt das Buch wenig Informationen über die Beziehungen, die der Onkel zu den verschiedenen Familienmitgliedern hat.
Die Bilder stellen ein gutes Verhältnis zwischen den Mäuseeltern und dem Onkel dar (S. 5/6; S. 10; S. 22/23, S. 29). Im Text macht besonders die Mutter deutlich, daß Onkel Watja ihr volles Vertrauen hat (S. 22/23).
Pisas Verhalten, daß sie Nießchen allein zu dem Onkel gehen läßt, könnte als Vorbehalt gegen den Onkel interpretiert werden, könnte jedoch genauso ein Ausdruck ihres schlechten Gewissens sein, da die Puppe, die Onkel Watja Nießchen geschenkt hat, ja durch ihre Mitschuld kaputt gegangen ist.

Möglich gemacht wird der Mißbrauch im Familienkreis auch durch die problematische Familienbeziehung. Daß er über längere Zeit stattfinden kann, ohne daß jemand es merkt, ist durch die Familiensituation bedingt, in der die Gefühle und Nöte der anderen nicht wahrgenommen werden oder zumindest nicht adäquat auf diese reagiert wird.

Daß sich Onkel Watja über die Widrigkeit seiner Taten im klaren ist, zeigt die Szene auf Seite 22/23, wo es zu einem unerwarteten Auftreten der Mutter kommt, während er Nießchen gerade fest an sich drückt. Der Onkel läßt Nießchen sofort los und lügt die Mutter an, daß er mit Nießchen das Einmaleins geübt habe.

Insgesamt bleiben viele Fragen unbeantwortet:
z.B.: Warum wird innerhalb der Familie offensichtlich nur Nießchen mißbraucht? Mißbraucht der Onkel vielleicht außerhalb der Familie noch weitere Kinder? Hat der Onkel Beziehungen zu erwachsenen Frauen?
Die Wirkung fehlender Ursachenerklärungen könnte zu einer Verunsicherung bei Kindern führen. Z.B.: Tut mein Onkel das auch, wenn er mir eine Puppe schenkt?

Kommen Lösungsmöglichkeiten bzw. Perspektiven zum Ausdruck?
Werden diese ausführlich dargestellt oder lediglich angedeutet? Sind sie realistisch?
(Wird die Gewalt beendet? Kommt es zur Anzeige? Findet eine Änderung der Familiensituation statt? Kommt es zur Therapie?)

Aufdeckung/Beendigung: Endet das Buch mit der Aufdeckung der Gewalt, oder werden auch die darauf folgenden Geschehnisse dargestellt? Werden die „neuen" Probleme, denen sich das Kind nun ausgeliefert sieht angesprochen (Gerichtsverhandlung, Unterbringung außerhalb der Familie, Trennung der Eltern)?
Wird die Schwierigkeit des Hilfe-Holens angesprochen? Wird deutlich, daß es nicht die Schuld des Kindes ist, wenn ihm nicht geglaubt/geholfen wird oder wenn es nicht fähig ist, sich Hilfe zu holen? Sucht das Kind selbst nach Lösungen, oder werden sie ihm von anderen vorgegeben?
Sind die dargestellten Reaktionen der Familie, des Umfelds, des Täters bei der Aufdeckung realistisch und repräsentativ?

Die Aufdeckung des Mißbrauchs sowie dessen Beendigung geschehen durch zufällige Begebenheiten und bieten dadurch keine beispielhaften und nachzuahmenden Lösungsmöglichkeiten an.

a) Die Aufdeckung: Nießchen sucht weder von selbst Hilfe noch bemerkt jemand ihre Hilflosigkeit und ihren Kummer. Die einzige Abwehrhandlung des Mäusemädchens ist es, sich vor dem Onkel zu verstecken. Andere Möglichkeiten, sich Hilfe zu holen (auch außerfamiliär) und sich mit der Unterstützung anderer gegen den Mißbrauch zu wehren, werden nicht angesprochen.
Eigentlich kommt es nur durch einen Zufall zur Aufdeckung des Mißbrauchs. Erstaunlicherweise ist es Pisa, die Nießchen in der Mäusefalle (symbolisch: gefangen im Mißbrauchsgeschehen?) entdeckt und Hilfe holt. Die vorherige Darstellung der Geschwisterbeziehung erweckte den Eindruck, daß Pisa nicht sehr an den Nöten und Gefühlen ihrer Schwester interessiert sei. Demnach würde auch eine rein symbolische Deutung der Falle nicht überzeugend wirken (Warum bemerkt Pisa plötzlich, daß Nießchen in einer ausweglosen Situation gefangen ist, ohne daß es zuvor Anzeichen dafür gab?).

b) Die Beendigung: Die Mutter glaubt sofort, daß ihre Tochter vom Onkel mißbraucht wurde, gibt diesem die volle Schuld und stellt sich eindeutig auf die Seite ihrer Tochter(Realität: Kinder müssen im Durchschnitt sechs Personen von ihren Mißbrauchserlebnissen erzählen, bis ihnen geglaubt wird. Siehe Kapitel 1.6)
Die Mutter löst die Situation für sich, indem sie das Foto des Onkels zerreißt und so zum Ausdruck bringt, daß dieser nun nicht mehr zur Familie gehört und auch nie mehr dazu gehören kann (*„Man kann es nicht mehr kleben.", S. 46*).
Der Onkel selber wird nicht mit seiner Schuld konfrontiert, da er durch die Gefangennahme von Kater Stroff verschwunden ist. Was jedoch genau mit ihm geschieht, bleibt unklar, denn schließlich wurde zu Beginn des Buches betont, daß Kater Stroff keine Mäuse frißt.

Die gesamte Darstellung der Aufdeckung und der Beendigung des Mißbrauchs ist unrealistisch und zeigt dadurch Kindern weder beispielhafte Möglichkeiten des Hilfe-Holens auf (Nießchen erhält ohne eigene Aktivität Hilfe durch ihre Schwester), noch macht sie den Kindern Mut, die keine Hilfe von ihrer Mutter erfahren haben (Mutter glaubt ihrer Tochter sofort). Auch wird nicht auf eventuelle ängstliche Fragen der Kinder eingegangen, wie denn der Täter auf den „Geheimnisbruch" reagiert und was mit ihm weiter passiert. Ebenfalls mit keinem Wort werden ambivalente Gefühle des Kindes zum Täter berücksichtigt: Vielleicht entspricht es gar nicht dem Wunsch des Kindes, wenn die Beziehung zum Täter nie wieder hergestellt werden kann.

Wird deutlich, welche Verhaltensperspektiven es im alltäglichen Leben gibt (Bedeutung von Freunden, Nachbarn, LehrerInnen)?
Werden Institutionen (Beratungsstellen, Sorgentelefon etc.) genannt, bei denen Kinder Hilfe erhalten? Adressen, Telefonnummern?

Bilderbuch   Analyse und Bewertung von Kinder- und Jugendbüchern   183

Außerfamiliäre Hilfsmöglichkeiten werden überhaupt nicht angesprochen, weder in der Geschichte noch in einem Anhang! Gerade bei einer Geschichte über innerfamiliären Mißbrauch wäre das eigentlich unumgänglich gewesen.

Macht das Buch Mut, regt es zum Hilfe-Holen an (unter Berücksichtigung der realen Schwierigkeiten)? *Zeigt es Wege und Möglichkeiten auf, wie Kinder sich im Falle einer Mißhandlung verhalten können?*
Nein! s.o.

Dient das Buch eher der primären oder der sekundären Prävention?
Wenn das Buch einen Informationsteil für Erwachsene beinhaltet (z.B. in einem pädagogisch-therapeutischen Buch): Ist dieser aussagekräftig und sinnvoll?
Die genaue Intention des Buches (Aufklärung oder Aufdeckung?) wird nicht deutlich: Einiges spricht für primäre Prävention (Aufklärung darüber, daß Mißbrauch auch im familiären Nahfeld stattfindet, Unterscheidung von guten und schlechten Geheimnissen). Andererseits finden sich im Buch viele symbolische Darstellungen, die nur von Kindern, die selbst in einem Mißbrauchsgeschehen involviert waren/sind, verstanden werden.
Das Buch hat keinen Informationsteil, in dem Erwachsene z.B. Hilfestellungen zum Umgang mit dem Buch oder Hintergrundinformationen zum sexuellen Mißbrauch erhalten. Auf der Buchrückseite findet sich der kleine Hinweis: „Ein Buch über sexuellen Kindesmißbrauch".

Wird auch ein positives Körper- und Sexualgefühl vermittelt? Trägt das Buch dazu bei, das Selbstbewußtsein des Kindes zu stärken?
Werden eventuell den negativen/pervertierten Formen auch positive Formen von Freundschaft und Liebe gegenübergestellt?
Kommt die Wichtigkeit von Liebe und Zärtlichkeit gerade für Kinder zum Ausdruck?
Es gibt eine liebevolle Szene zwischen Pisa und Nießchen (S. 12), als die Schwestern sich nach einem Streit fest umarmen. Ansonsten aber scheint Zärtlichkeit und Körperkontakt nicht zum Leben der Mäusefamilie zu gehören. Eine Szene, die darstellt, daß die Mutter mit dem Vater schmusen will, wird von diesem als Ruhestörung und somit als eher unangenehm empfunden.

Wird auf die zentralen Aspekte der Prävention eingegangen?
Kommen die folgenden Aspekte im Buch vor:
Selbstbestimmung über den eigenen Körper und den Austausch von Zärtlichkeiten
Vertrauen in die eigenen Gefühle
schöne und bedrückende Geheimnisse
Nein sagen
Hilfe holen; davon erzählen?
Kaum! Lediglich auf den Aspekt „Geheimnisse" wird näher eingegangen. Es wird der Unterschied zwischen zwei verschiedenen Arten von Geheimnissen verdeutlicht (S. 27/28) und bewertet. Jedoch gibt es keinerlei Anregungen, sich gegen unangenehme und bedrückende Geheimnisse zu wehren. Stattdessen heißt es: „Onkel Watjas Geheimnisse sind solche, über die man reden will, aber nicht reden kann, nicht einmal mit Pisa." (S. 28). Durch die plakative

Aussage, daß man über die schlechten Geheimnisse eben nicht reden könne, wird der präventiven Absicht, Kinder zum Reden zu bewegen, entgegengewirkt.

Kommen gesellschaftliche Perspektiven zum Ausdruck?
Handlungsperspektiven im weiteren Rahmen? Öffentlichkeitsarbeit? Anderer Umgang mit Geschlechtsrollen?
Bietet das Buch Identifikationsmöglichkeiten mit Personen und Verhaltensweisen, die zur Achtung der kindlichen Rechte beitragen?
Wird die Wichtigkeit auch der Täterprävention deutlich? Wird die Tätertherapie angesprochen?
Nein!

Stilanalyse - Sprache/Form

Vorbemerkung zu Sprache und Form
Bisher haben wir uns weitgehend auf die Beschreibung und Bewertung der inhaltlichen Ebene beschränkt. Die Lesewirkung eines Buches beruht allerdings nur zum Teil auf dem „Inhalt" (dem „Was"); zum anderen Teil (oft ausschlaggebend) resultiert sie aus der Art der Gestaltung (dem „Wie"). Entscheidende Fragen für die Qualität des Leseprozesses sind z.B.: Wie spannend, interessant, unterhaltsam ist das Buch? Welche Identifikationsprozesse ermöglicht es? Welche Anstöße gibt es zum Nachdenken oder Tun? Wie ist der sexuelle Mißbrauch im Detail dargestellt? Wie differenziert ist das Gefühlsleben der verschiedenen Personen, insbesondere des Opfers dargestellt? Lernen die LeserInnen, sprachlich differenzierter mit den eigenen Gefühlen umzugehen? Überwiegt atmosphärisch die Stimmung von Angst? Oder, bei aller Bedrückung über die Darstellung des sexuellen Mißbrauchs, die Stimmung des „Glücks" über die Aufklärung und Beendigung des Mißbrauchs bzw. des Vertrauens auf Hilfe und Selbstbestimmung?

Aufbau
Strukturell gliedert sich das Geschehen in einen einführenden Teil (S. 12), den eigentlichen Hauptteil (S. 13- 42) und den Schluß (S. 43- 46). Im einführenden Teil wird das Leben der Mäusefamilie dargestellt, sicher recht unterhaltsam für Kinder, die eine solche Tierperspektive reizt. Der Hauptteil besteht aus zwei Handlungssträngen, die sich überschneiden: dem Teil „Kater fängt Mäuse" und dem Teil „Onkel mißbraucht Mädchen". Beide Teile sorgen für eine kontinuierlich steigende Spannung, die sich freilich in Grenzen hält: Der Kater wird als ungefährlich dargestellt, er will nicht töten, sondern spielen. Der Mißbrauch selbst, der im Laufe des Prozesses bedrohlicher wird, entbehrt der letzten Dramatik, weil die zunehmende Verzweiflung Nießchens im Augenblick der größten Not von der Handlungsebene „Mißbrauch" auf die Handlungebene „Kater/Falle" überspringt, die letztlich keine wirkliche Gefahr enthält. Der Schluß bringt eine doppelte Entlastung (Auflösung der Spannung): Nießchen wird aus der Falle und vom Onkel befreit. - Von der Handlung her läßt sich eine Spannungskurve konstruieren; der längere Einführungsteil wirkt eher unterhaltsam und witzig und allenfalls durch die Episodenspannung „Puppenstreit" etwas dramatisch. Der Hauptteil zeigt eine kontinuierlich wachsende Spannung, die sich freilich nicht bis zum letzten zuspitzt. Mit der Befreiung

aus der Falle nimmt die Spannung rapide ab. Ob die proportional sehr kurze Schlußpassage genügend Raum für psychische Entspannung bei den LeserInnen gibt, sei hier vorerst dahingestellt.

Die verwendeten Zeitebenen unterstreichen diesen Eindruck. Einerseits nähern sich Erzählzeit und erzählte Zeit im Sinne von Zeitraffungen an. Der Puppenstreit, die Warnung der Mutter, die Annäherungen des Onkels wie auch die Entdeckung Nießchens in der Falle sind dramatische Momente. Auf der anderen Seite wird die Dauer der Annäherungen des Onkels und des Mißbrauchs relativ offen gelassen. Angaben der Zahl („*Immer mehr Geheimnisse*", S. 27) und der Zeit („*oft*", S. 33) sind relativ unbestimmt, ebenso der Planungszeitraum des Katers („*mittlerweile*", S. 31). Es wird also zeitlich kein Wert darauf gelegt, durch bestimmte lange Zeitangaben die Bedrohlichkeit von Kater und Onkel zu steigern - wie etwa in „Gute Nacht, Zuckerpüppchen" (H. Hassenmüller, [6]1998) bis ins Unerträgliche - , sondern die Intention ist wohl, sich auf ein episodenhaftes Vorgehen zu beschränken; d.h. den Mißbrauch als Episode darzustellen, der die dramatische Spitze genommen ist und die sich zum Schluß recht schnell bereinigen läßt.

Ebenso trägt die Figurenkonstellation (über die Figuren im einzelnen s.o.) zu dem Charakter eines gemäßigt dramatischen Geschehens bei. Die lange Einleitung zeigt eine scheinbar heile, traditionelle, gemütliche und teilweise witzige Kernfamilie. Außerhalb der Familie existiert ein Kater, am Rande ein Onkel. Das Drama nimmt seinen Verlauf, weil die Mutter, die sich durchaus um ihre Kinder sorgt, den Charakter der beiden verkennt. Der aus ihrer Sicht gefährliche Kater („Fremde"), ist in Wirklichkeit ungefährlich, ja wird sogar zum Retter Nießchens und zum Bestrafer des Onkels; der Onkel, dem alle vertrauen, wird hingegen zur eigentlichen Gefahr. Sobald die Mutter dies durchschaut, bietet sie als Gefühlsmittelpunkt einer traditionellen Familie Nießchen Trost und Schutz. Damit scheint alles in Ordnung, der Fremdkörper ist aus der Familie entfernt und diese wieder „normal".

Die **Erzählperspektive** ist die eines auktorialen Erzählers. Er überschaut Zeit und Raum („*Ganz vorn im Familienalbum klebt ein Bild...*", S. 3; „*Kater Stroffs Mäuseplan ist mittlerweile fertig geworden*", S. 31), kennt die Absichten und Gefühle der Figuren („*Nießchen versucht jetzt oft sich zu verstecken*", S. 37; „*Nießchens Schwänzchen tut furchtbar weh...*", S. 37) und trifft wertende soziale und moralische Feststellungen („*...die Familie ist eine normale Familie*", S. 3; „*Nießchen hat keine Schuld*", S. 46). Er steht gewissermaßen außerhalb des Geschehens und betrachtet es wie einen Film oder ein Theaterstück („*Siehst du es?*", S. 3; „*Und Nießchen, wo ist Nießchen?*", S. 5). Das Buch basiert auf einem Theaterstück. Während im Theater die Kinder unmittelbar involviert sind, existiert im Buch eine Art Kommentator. Zu den LeserInnen wird dadurch eine größere Distanz aufgebaut, sie werden sozusagen von einem wissenden Erzähler durch die Handlung geleitet, und nur selten findet sich ein Schwenk zur personalen Erzählsituation (z.B. S. 37 im dramatischen Moment der zugeschnappten Falle in Form eines inneren Monologs). So wird bei ihnen aufgrund der distanzierten Perspektive und der wissenden Ruhe des Erzählers (der die heile Familie „normal" findet) nur eine gemäßigte Anteilnahme zu finden sein (s.o. über Unterhaltungsgrad und Spannung), die Empathie mit dem inneren Erleben eines durch Mißbrauch gefährdeten Mädchens wird vermutlich nicht sehr gefördert und differenziert.

Über die sprachliche Gestaltung des sexuellen Mißbrauchs haben wir bereits im inhaltsanalytischen Teil einige Anmerkungen gemacht. Die sprachlichen Beschreibungen beschränken sich auf Andeutungen (*„komischer Kuß"*, S. 11; *„...so fest an sich drückt, daß sie kaum Luft kriegt"*, S. 20). Der Mäuseschwanz ist allenfalls Erwachsenen metaphorisch zu assoziieren (Penis), nicht aber für nicht betroffene Kinder. Auch das Anfassen des Mäuseschwanzes ist nicht konkret beschrieben, sondern nur angedeutet. Selbst die Bilder sind, wenn auch weitergehend, nicht eindeutig, im Gegenteil sogar irritierend: Was hat das Anfassen des Mäuseschwanzes mit der vorne geöffneten Hose zu tun?

Der Gefühlscharakter der Sprache ist, was die Darstellung des sexuellen Mißbrauchs betrifft, ziemlich reduziert (s.o.). Die Berührungen von Onkel Watja *„findet sie (Nießchen) gar nicht schön"*, seine *„Geheimnisse" „mag sie überhaupt nicht"*, sie *„ist unglücklich"* und sie hat *„Angst"* (S. 28). Kinder erleben solche Gefühle sehr viel drastischer und körperlicher. Teilweise drücken sich Nießchens Gefühle in Gesten der Abwehr oder der versuchten Flucht aus: *„Nießchen will nicht"* (S. 33), *„will nicht anfassen"* (S. 26), *„möchte weg"*, *„versucht sich zu verstecken"* (S. 33). Auch solche Gesten deuten allenfalls Verzweiflung, Ohnmacht, Angst, Scham- und Schuldgefühle an, wie ja auch Nießchens Ausdrucksweise, Onkel Watja habe sie *„immer gedrängelt"* (S. 41), auffallend reduktionistisch ist. Einen wirklichen Gefühlsausbruch erlebt Nießchen erst in der Falle, wo sie *„schreit"* und *„schluchzt"* (S. 37), mehrere Hilferufe ausstößt und *„weint"* (S. 43). Der Mechanismus, den wir bei der Betrachtung des Handlungsverlaufs registriert haben, greift auch hier. Wie die Dramatik der Nötigung (Handlungsstrang 2) auf dem Höhepunkt des Geschehens auf den Handlungsstrang 1 (Falle/Kater) überspringt, so gewinnt die Sprache ihren intensivsten Gefühlsausdruck ebenfalls im Kontext des Handlungsstranges 1 (S. 16/17; S. 43). Es scheint hier bei der Handlungsführung wie bei der Sprachgestaltung eine Verschiebung ins Asexuelle stattzufinden bei gleichzeitiger Ausgrenzung des Mißbrauchs selbst und der Gefühle des Opfers dabei. Eine indirekte Form der verbalen Tabuisierung von Sexualität wie in den frühen CAP-Programmen?

In dem (zu) kurzen Schlußteil findet sprachlich keine wirkliche Entlastung statt. Nießchen hat wohl *„Zeit genug, Mama alles in Ruhe zu erzählen"* (S. 44), aber was heißt *„alles"*? Und drückt *„Ruhe"* aus, was alles an widersprüchlichen Befreiungsgefühlen in einem mißbrauchten Kind vor sich geht? Der Erzähler stellt fest: *„Nießchen hat keine Schuld"*. Weiß Nießchen es, fühlt sie es, und wie fühlt sie sich dabei?

Die Bilder

In Bilderbüchern spielen die Bilder gegenüber der Sprache oft eine dominierende Rolle und prägen den Charakter des Buches entscheidend. *(siehe z.B. Baumgärtner, A. (Hrsg.) (1968): Aspekte der gemalten Welt. ; Baumgärtner, A./Schmidt, M. (1991): Text und Illustration im Kinder- und Jugendbuch. ; Heller, E. (1989): Wie Farben wirken.)* So ist es auch im „Familienalbum", in dem die Bilder schon quantitativ den eindeutig größeren Anteil an der jeweiligen Seitengestaltung haben. Dieser Charakter wird noch verstärkt durch die originelle Figurengestaltung und die auffällige Farbgestaltung. Wir müssen daher die bisherigen Fragestellungen aufgreifen und die Funktion und die Wirkung der Bilder problematisieren. Dabei konzentrieren wir uns aus Zeit- und Platzgründen auf zwei zentrale Aspekte: Erstens auf die bildliche Darstellung des sexuellen Mißbrauchs und zweitens auf die Darstellung der Gefühle (Gefühlskurve).

1. Zur Darstellung des sexuellen Mißbrauchs haben wir bereits Anmerkungen gemacht. Die bildliche Darstellung setzt unterschiedliche Akzente. Sie bleibt teilweise hinter der sprachlichen Konkretheit zurück, an andern Stellen sind die Bilder aber auch bisweilen konkreter als die Sprache. In dem eindrucksvollen Bild S. 19/20 erkennt man vom Text (*"so fest an sich drückt, daß sie kaum Luft kriegt"*) wenig wieder. Onkel Watja faßt Nießchen vielmehr freundlich an, deren Gesicht ist nicht zu sehen, und die bedrückende Atmosphäre geht eher von der traurigen Puppe und den gemischten Farben aus. Auf S. 25 erkennt man an Gestik und Mimik den Widerwillen Nießchens; das Bild illustriert mithin angemessen die sprachlichen Aussagen. Die verschiedenen Bilder auf den Seiten 27/28 sollen illustrieren, was im Text unkonkret *"Geheimnisse"* heißt, tun dies aber unzulänglich. In Bild 1 schiebt der Onkel Nießchen die Couch hoch (eine Deutungsmöglichkeit; die wohl intendierte Darstellung einer Verfolgung Nießchens ist zeichnerisch nicht umgesetzt), in Bild 2 schaut er friedlich mit Nießchen ins Familienalbum, deren Gesicht nicht zu sehen ist und die sich nicht abwendet. In Bild 3 sieht es Nießchen ungern, daß ihr die Hausschuhe/Socken ausgezogen werden. In Bild 4 öffnet der Onkel mit dem Rücken zu Nießchen diskret vor einer Toilette die Hose, Nießchen wäscht sich derweil. Natürlich sehen Erwachsene in Kenntnis des Themas und in Erwartung der Darstellung des sexuellen Mißbrauchs die Bilder anders, vielleicht auch betroffene Kinder. Aber nichtbetroffene Kinder?

Was soll daran das Geheimnis sein? Dazu kommt, daß das Öffnen der Hose hier (auch S. 21) funktional in keinem Zusammenhang mit dem Anfassen des Mäuseschwanzes steht. Insofern bleiben die Bilder teils hinter den Beschreibungen der Sprache zurück, teils verstärken sie diese, aber doch nicht sehr viel klarer als dies sprachlich geschieht. Sie verstärken vor allem die bedrohliche Atmosphäre.

Wichtig ist natürlich auch besonders die **bildliche Darstellung des Gefühlsverlaufs**, da im Falle des sexuellen Mißbrauchs die entscheidende Frage die der subjektiven Erfahrung des Opfers ist. Die Bilder intensivieren den Text auf eindrucksvolle, wenn auch nicht immer unproblematische Weise. Ist eine Mäusegeschichte an sich für Kinder schon interessant, so erst recht wegen der Darstellung solch origineller Mäuse, die von der Gestalt und Lebensweise her so sehr Tiercharakter haben, daß man sich in der Mäusewelt fühlt, und genügend menschliche Züge aufweisen, daß Kinder sich ihnen stark verbunden fühlen.

Ihre Mimik ist zum Teil ausdrucksvoll, so daß Freude, Witz, Nachdenklichkeit, Traurigkeit, Angst oder Wut in ihnen deutlicher zum Ausdruck kommen als in der zurückhaltenden Sprache.

Der Gefühlsgehalt der Bilder ist der Handlung und der Sprache nur zum Teil kongruent. Im längeren Einleitungsteil, in dem das Mäuseleben der „normalen Familie" vorgestellt wird und Ruhe, Heiterkeit und Gelöstheit vorgeführt werden, kommen bildlich andere, teils entgegengesetzte Akzente herein. Die Albumsbilder (S. 3/4) wirken grau und durch die Schraffierung (gemeint wohl als Hinweis auf das Alter der Bilder) dramatisch wie bei Gewitterregen (oder auch schlicht undeutlich, S. 7/8). Die Mäusewohnung wirkt weniger heiter, sondern durch die gedämpften Farben (Grau/Brauntöne) eher höhlenartig düster, plüschig und muffig.

Die Darstellung des Katers wirkt witzig, er sieht als moderner, alternativer Kater ein wenig heruntergekommen und vergammelt aus. Bisweilen scheint er gefährlich zu wirken (S. 15/16), aber da ist aufgrund eines Perspektivenwechsels der ängstliche Mäuseblick pinselführend gewe-

sen. Insgesamt wirkt er eher wie eine Karikatur auf einen Kater (gefährlichen Fremden), wird ja sogar Retter und Rächer (zur Problematik s.o.).
Die Darstellung der Mißbrauchsszenen ist in den Bildern oft von großer Gefühlsintensität geprägt. Das Bild S.19, um ein Beispiel zu nennen, wirkt sehr stark, auch wenn, wie dargestellt, Nießchen vom Onkel nicht fest gedrückt wird. Die Intensität wird durch folgende Momente erreicht:
1. Die Proportionen von Personen und Umgebung. Der Onkel wirkt hier wie auch auf den anderen Bildern immer riesig, Nießchen und erst recht ihre Puppe winzig klein. Vorherrschend beim Onkel sind der riesige fleischige Kopf und die großen groben Hände. Die Umgebung ist ebenso flächenhaft riesig, daß an ein Ausweichen der kleinen Personen nicht zu denken ist, sie eher Gefahr laufen, erdrückt zu werden.
2. Die Farbgestaltung. Das dominierende Gelb ist mit verschiedenen Farben, u.a mit Grau eingemischt und wirkt schmutzig und giftig wie ein Schwefel- oder Eitergelb. Das Rot, ebenfalls dunkel eingefärbt, wirkt eine Spur aggressiv, so daß insgesamt eine unangenehme Atmosphäre entsteht.
3. Das Leitmotiv der Puppe. Sie ist bereits von Onkel Watja innerhalb der Strategie des sexuellen Mißbrauchs benutzt worden (S. 11: *„komischer Kuß"* als Gegengabe), sie war Anlaß der von Onkel Watja erbetenen Hilfe und ist als stete Begleiterin Nießchens (Beobachten des Familienalbums, Aufenthalt beim Onkel, Reparatur am Schluß) eine Art „alter Ego" Nießchens. In der Szene S. 19/20 steht sie stellvertretend, sozusagen als abgespaltenes Ich Nießchens, für deren Angst und Bedrücktheit. Hilflos ist sie dem gewaltigen Druck des schwefelgelben Kissens ausgeliefert. Selbst in der an sich nicht sonderlich dramatischen Szene (S. 23/24) strahlt sie Unglück und Verletztheit aus und gibt die untergründige Bedrohung der Handlungen wieder.
Ohne dies im einzelnen verfolgen zu können, läßt sich sagen: Von den Proportionen der Bildgestaltung (Personen untereinander und Umwelt) wie auch den Farben her herrscht durchgehend eine Stimmung der Bedrohung, der Bedrücktheit, des Schmutzigen und Aggressiven vor, die auch in den LeserInnen eine Stimmung der Bedrücktheit und der Angst erzeugt.
Diese Stimmung findet im Schlußteil ein Ende, ohne freilich emotional hinreichend aufgehoben zu werden. Es wird dem Schwefelgelb keine Farbe der Freiheit und des Glücks entgegengesetzt: im Gegenteil wird die Farbe ab S. 44 karg. Gestisch ist die Umarmung der Mutter nur angedeutet, die Entfernung des Onkels ist nicht ernsthaft ins Bild gesetzt.
Während Handlungsführung und Sprache einer zu bedrückenden Atmosphäre und inhaltlichen Zuspitzung ausweichen und eher ein Moment von Distanz, Undeutlichkeit und Problemverschiebung beinhalten, bringt die Verbildlichung durchgehend, sogar im Einleitungsteil, ein Moment von Schwere, unangenehmer Gefühlsbelastung und Angst mit sich.

Rezeptionsfragen/AdressatInnenbezug
Unter dem Aspekt von Struktur, Sprache und Bild ist der AdressatInnenbezug nur hypothetisch und möglicherweise nicht einheitlich zu rekonstruieren. Eine Argumentationsmöglichkeit wäre: Das Buch ist einfach geschrieben und bildnerisch gestaltet, enthält eine auch für Vorschulkinder überschaubare Figurenkonstellation, spielt einerseits in der interessanten Tierwelt, andererseits in einer „normalen Familie", mutet den Kindern auch sprachlich nichts Besonderes zu (z.B. extreme emotionale Ausdrücke oder Benennung von Körperteilen aus dem Geni-

talbereich), bleibt auch im Bereich der Umgangssprache der Kinder und eines artigen bürgerlichen Wortschatzes, beinhaltet witzige, humorvolle Szenen, erzeugt eine maßvolle Spannung, indem es zwei Handlungsstränge (böser Onkel/rettender Kater) verbindet, führt vorsichtig an das Thema unangenehme Berührungen/sexueller Mißbrauch heran, ohne zu aufdringlich und deutlich zu werden und läßt das Ganze glücklich enden.
Eine andere Argumentationsmöglichkeit wäre: Das Buch ist einfach von der Sprache und der Handlungsführung her zu rezipieren, enthält auch attraktive Momente (Humor, Katerstory). Aber es weicht der Mißbrauchsproblematik letztlich durch sprachliche und bildliche Ungenauigkeiten aus, so daß im Kern die Story eines bösen Onkels („drängelt") und eines rettenden Katers sowie einer unverzüglich tröstenden Mutter bleibt. Die gesamte Story ist in eine düstere, bisweilen ekelhafte und angsteinflößende Atmosphäre eingehüllt, die von Anfang an aufkommt, sich in den Mißbrauchsszenen verdichtet und zum Schluß nur unzulänglich faktisch und emotional aufgelöst wird.
Welches Beurteilungsmuster zu wählen wäre, stellen wir anheim. Auf der einen Seite gibt es zum Theaterstück, auch zu dem Bilderbuch, viel Zustimmung. Wir selbst haben uns in unserer Projektgruppe - auch nach Rücksprache mit LehrerInnen und Eltern - aus Besorgnis über den angstauslösenden Charakter entschlossen, das Buch unserer Projektarbeit zum sexuellen Mißbrauch n i c h t mit zugrunde zu legen.
Nachdenklich hat uns der Bericht einer Lehrerin gemacht, in der die Grundproblematik des Familienalbums so wie einer unreflektierten Rezeption zum Ausdruck kommen. Ohne inhaltliche Vorbereitung wurde eine Grundschulklasse in eine Theateraufführung des „Familienalbums" geführt. Der größte Teil der Klasse hatte an der unterhaltsamen Mäusegeschichte viel Spaß. Einige wenige SchülerInnen saßen kreidebleich dabei. Die einen, Nichtbetroffene, hatten die Problematik gar nicht erst erfaßt. Die anderen, Betroffene, wurden unvermittelt in einen Strudel der vermutlich Angst auslösenden Gefühle gerissen.

Auch hier sei zu zentralen Aspekten dieses Kapitels auf weitere Bücher verwiesen.
1. Zur Frage der Gefühlsdifferenzierung in der Sprache.
Eine der schönsten Versprachlichungen der Gefühle eines mißbrauchten Kindes finden wir in **„Anna in der Höhle". (E. Garbe/K. Suarez)**: Anna berichtet aus der Ich-Perspektive:
„Sperling [die Lehrerin] will, daß wir über Gefühle reden. 'Pah, Gefühle, was ist das schon. Gefühle, die sind doof. Sie tun weh und machen im Körper ein großes rotes Feuer!', möchte ich schreien, aber ich bin ganz still.
Denn wenn ich es täte, käme alles raus. Alles, was ich seit Monaten in meinem Körper vergraben habe, der ganze große Schmerz, das eklige Gefühl, die dicke runde Wutblase, und ich könnte nie mehr aufhören zu weinen. Alles käme raus, mein ganzes großes Geheimnis. Ich darf es niemanden sagen, das habe ich versprochen. Und Versprechen muß man halten. So habe ich lauter kleine Wächter aufgestellt, die passen auf, daß ich mein Geheimnis bewahre. Sie sitzen in meinem Hals, und manchmal spüre ich sie. Wie ein dicker Klumpen nehmen sie mir die Luft zum Atmen." (S. 30)

Eine sehr viel einfachere Sprache findet sich in **„Das kummervolle Kuscheltier" (K. Meier/A. Bley)**. Im Unterschied zur Sprache des „Familienalbum" ist sie stärker rhetorisch und damit emotionaler geprägt; z.B. statt *„Nießchen hat keine Schuld...":*
„Das ist nicht gut.

Das tut dir weh.
Das soll nicht sein!
Niemand, niemand, niemand darf so böse zu dir sein."

2. Zur Frage des Aufbaus:
Beispiel: **„Das kummervolle Kuscheltier"**. Nach einer heiteren Einleitung wird die Trauer des Mädchens über den Mißbrauch dargestellt. Im Gespräch mit dem geliebten Kuscheltier wird das Mädchen aufgeklärt und psychisch entlastet (Befreiung I). In einem weiteren Gespräch mit einer befreundeten Malerin gewinnt das Mädchen die Lebensfreude zurück (Befreiung II). Proportional haben die LeserInnen viel längere Zeit, das düstere und traurige Ereignis zu bewältigen. Das Buch ist genauer in der Darstellung des Mißbrauchs und geduldiger in der Phase der Aufklärung und in der Phase der emotional/therapeutischen Entspannung.

3. Zur Frage der Bilder/Farben
Beispiel: **„Das kummervolle Kuscheltier"**. Das Buch arbeitet - statt mit einer durchgehend eingetrübten Farbstimmung - mit starken Farbkontrasten: Die Einleitung ist in hellen, warmen Farben gehalten: Britt, das fröhliche Kind. Die Trauer und Einsamkeit Britts ist in einem tiefen Blau eingefangen, die Wut des *Kuscheltiers* Landolin in einem heftigen Rot. Zwischendurch gibt es ruhigere Farbströmungen in Mischfarben, in denen Nachdenklichkeit, Aufklärung und Gespräche über den Mißbrauch stattfinden. Der Schluß (Befreiung II, s.o.) ist in den hellen, warmen Farben des Anfangs gehalten, die Lebensfreude und innere Kraft vermitteln. Die Farben drücken die unterschiedlichen Gefühle von Trauer, Verzweiflung, Einsamkeit, Angst, Wut, Nachdenklichkeit und Freude nuanciert und klar aus. Das Buch wirkt quasi therapeutisch und von Angst- und Schuldgefühl befreiend: erstens durch die tabufreie Darstellung des Mißbrauchs und der kindlichen Gefühle; zweitens durch die Darstellung der Aufdeckung des Mißbrauchs (Mischung aus Trauer, Wut, Erleichterung); drittens durch das Wiederfinden von Lebenskraft und Zuversicht (helle, warme Farben).

Didaktisch-methodische Fragestellungen

I. Wir werden der inhaltlichen und sprachlichen Buchanalyse an dieser Stelle keine entsprechende didaktische Analyse hinzufügen. Für eine solche verweisen wir zum einen auf die im Kriterienkatalog aufgezeigten Fragestellungen, zum anderen auf die im Projektteil dargestellten didaktischen Unterrichtsmöglichkeiten für die verschiedenen Altersstufen. Diese Projekte orientieren sich einerseits an grundsätzlichen Überlegungen zur Prävention, andererseits werden fachdidaktische Überlegungen (z.B. des Deutsch- und Religionsunterrichts) berücksichtigt. Daß vor dem Einsatz eines Buches in einer Schulklasse eine didaktisch-methodische Analyse und Planung unerläßlich ist, setzen wir als selbstverständlich voraus. Sie könnte an den grundsätzlichen Überlegungen zur Prävention ansetzen.

Bislang gibt es nur wenige fachdidaktische Überlegungen zur Präventionsarbeit gegen sexuellen Mißbrauch. Einige weitere Ansatzpunkte für verschiedene Fachdidaktiken, neben den in den vorangegangenen Kapiteln vorgestellten Möglichkeiten, finden sich auch in unserem Artikel „Prävention in der Grundschule. Elternarbeit, Planung, praktische Anregungen und Materialien für den Unterricht." (In: H. Ulonska/H. Koch (Hrsg.), 1997, S. 141-179). In dem gleichen Band finden sich auch Hinweise auf die Bedeutung der Sexualerziehung im Rahmen der Prävention (Ch. Wanzeck-Sielert) (siehe auch Kap. 3.4 in diesem Buch) und auf Möglichkeiten, die sich im Religionsunterricht bieten (H. Ulonska).

II. Die obige Buchanalyse zeigt, daß die Konzeption des Buches: „Das Familienalbum" in etlichen Bereichen problematisch ist. Wie wir durch kurze Hinweise dargestellt haben, gibt es durchaus Bilder- und Kinderbücher zum sexuellen Mißbrauch, die geeigneter für die präventive Arbeit sind. Wir persönlich würden beispielsweise das relativ neue Bilderbuch „Das kummervolle Kuscheltier" dem „Familienalbum" vorziehen.

III. Generell möchten wir davor warnen, Bilder- oder Kinderbücher, die sich explizit mit dem Thema des sexuellen Mißbrauchs befassenn als Einstieg in die präventive Arbeit zu benutzen oder Kindern diese ohne Begleitung zur Verfügung zu stellen.

4.3 Exemplarische Jugendbuchanalyse des Buches „Herzsprung" (B. Blobel)

Zwei Jugendbücher („Nele. Ein Mädchen ist nicht zu gebrauchen" von M. Steenfatt und „Gute Nacht, Zuckerpüppchen" von H. Hassenmüller) mit dem Thema „Sexueller Mißbrauch" sind bereits durch die vorgestellten Projekte angesprochen worden. Wir möchten nun für die Analyse ein drittes Buch auswählen, um so insgesamt einen recht breiten Einblick in die Jugendliteratur zum Thema geben zu können.

Für unsere Jugendbuchanalyse ausgewählt haben wir das Buch: **„Herzsprung" von Brigitte Blobel** (Arena-Taschenbuchverlag, 5. Auflage Würzburg 1996).

Schwerpunktmäßig konzentrieren wir uns bei der Analyse auf die Thematik des sexuellen Mißbrauchs. Andere Aspekte, die bei einem Jugendbuch auch noch analysiert werden könnten, lassen wir aus. Wir verweisen an einigen Stellen zur Überprüfung des Realismusgehalts auf entsprechende wissenschaftliche Literatur. Zur Methodik der Nachweise vergleiche auch die obige Bilderbuchanalyse.

Zum Inhalt:

Die fast 15jährige Nina lebt in einer nach außen hin perfekten Familie. Dennoch ist sie ständig nervös, leidet unter starkem Hautausschlag und kann keine Nähe zuzulassen. Ein Geheimnis, das sie niemandem verraten darf, macht ihr das Leben unerträglich: Nina wurde vom 9. bis zum 14. Lebensjahr von ihrem Stiefvater Michael sexuell mißbraucht. Ihre Mutter wollte und will den Mißbrauch nicht wahrhaben, so daß Nina von ihr über all die Jahre keine Hilfe erfährt. Mit 11 Jahren fand sie den Mut, ihrer Lehrerin von dem Mißbrauch zu erzählen, doch diese reagierte zunächst ungläubig, dann mit großer Empörung und informierte Ninas Stiefvater über das Gespräch. Dieser schüchterte Nina daraufhin so sehr ein, daß sie zunächst keinen neuen Versuch wagte, um ihre Situation zu ändern, bis sie sich nun kurz vor ihrem 15. Geburtstag in den sensiblen Florian (Flo) verliebt. Durch ihn erfährt sie uneigennützige Zuneigung und Zärtlichkeit und gewinnt langsam ein neues Selbstbewußtsein. Immer stärker wird ihr Wunsch, sich aus Michaels Übermacht zu befreien, und mit Flos Unterstützung schafft sie es am Ende wirklich. Sie flieht vor Michael, erzählt der Mutter ihrer Freundin Carmen von dem Mißbrauch und findet bei ihr Hilfe.

Realitäts- und Problemgehalt

1. **Welche Aspekte des Themas „Gewalt gegen Kinder" werden aufgegriffen? Wie wird die Gewalt dargestellt?**
Welche Gewaltformen werden dargestellt (physische Gewalt - psychische Gewalt - sexuelle Gewalt; strukturelle/personelle Gewalt)?

Sexuelle Gewalt
Obwohl die sexuellen Übergriffe von Michael auf Nina zum Zeitpunkt der Erzählung seit mehr als einem Jahr nicht mehr stattfinden, steht diese Gewaltform im Mittelpunkt des Buches. Zum einen fürchtet Nina immer noch weitere Übergriffe (S. 20 ff.), zum anderen wirken sich die Folgen des sexuellen Mißbrauch massiv auf Ninas derzeitiges Leben aus. Sie leidet unter dem Geheimhaltungsdruck, unter Scham und Schuldgefühlen und befinden sich in einer ständigen Angespanntheit gegenüber Michael.
Die sexuelle Gewalt, die Nina über Jahre hinweg erleiden mußte, wird in Form von Rückblicken geschildert. Es sind Ninas Erinnerungen an besonders im Gedächtnis gebliebene Mißbrauchssituationen. Insgesamt werden fünf Szenen sexueller Gewalt in neun Rückblenden wiedergegeben.

Physische Gewalt
Michael übt zur Zeit des Mißbrauchs auch physische Gewalt auf Nina aus, wenngleich er sie nicht massiv körperlich mißhandelt. Aber er setzt durchaus auch seine physische Überlegenheit zum Erreichen seiner Ziele ein:
„Er umklammerte ihre Schultern, drehte sie herum, zog sie zu sich heran und setzte sie auf seine Knie. (...) Er hielt sie immer fester um den Bauch. Es tat weh. Sie konnte sich nicht rühren, wie in einem Schraubstock fühlte sie sich." (S. 29/30)
„Doch Michael zerrte sie an den Schultern zu sich hin, nahm ihren Kopf zwischen seine Hände und rief rauh und außer sich..." (S. 65)
„Er kniet über mir und legt seine rechte Hand auf meinen Mund, damit ich nicht weiterschreie. (...) Ich versuche mich zur Seite zu drehen. Er aber packt meine Schulter (...) Seine Hand an meiner Schulter hält mich wie ein Schraubstock fest." (S. 155/156)
Dieses Zusammenspiel von körperlicher Gewalt und sexuellem Mißbrauch ist realistisch. Bei Kindern im Schulalter gehen die sexuellen Übergriffe selten ganz ohne physische Gewalt vor sich. Andererseits wenden Täter bei sexuellem Mißbrauch oft keine massive körperliche Gewalt an, weil sie das Kind mit anderen Mechanismen (s. psychische Gewalt) beherrschen.

Psychische Gewalt:
Michael wendet während der Zeit des Mißbrauchs und auch darüber hinaus bis in die Gegenwart massive psychische Gewalt gegen Nina an. Er bedient sich typischer Täterstrategien, mit denen er Nina zum Schweigen bringt (s. Täterstrategien).

Werden die gewalttätigen Handlungen sprachlich differenziert dargestellt, oder werden diese lediglich angedeutet/umschrieben? Ist die Darstellung/Beschreibung realistisch und repräsentativ?

Da der Roman in Ich-Form aus Ninas Sicht erzählt wird, merkt man auch den Beschreibungen des Mißbrauchs ihre Scheu vor Körperlichkeit und ihren Ekel vor den Übergriffssituationen an. Es werden keine Geschlechtsteile benannt und auch die Mißbrauchs-Handlungen eher vage angedeutet. *„Wenn Michael diese Sachen mit mir machte..."* (S. 137)
Es ist realistisch, daß Nina in ihren Gedanken keine sprachlich differenzierten Darstellungen vornimmt. Es wäre jedoch denkbar gewesen, genauere Formulierungen an anderer Stelle und aus einer anderen Perspektive einzubauen. Dies kann auf sensible Art und Weise geschehen, ohne zu schockieren und ohne dabei voyeuristisch zu werden. Aber einige aufklärende Informationen über die Handlungen sexueller Gewalt wären sinnvoll, um Jugendlichen ein genaueres Bild von sexuellem Mißbrauch zu vermitteln. (siehe auch Aspekt *Sprache*, S. 219)

Wird die Gewalt in unterschiedlicher Form und Intensität - evtl. mit einer Steigerung - dargestellt?
Die Gewalt steigert sich in den fünf, im Rückblick dargestellten Szenen. In jeder Szene wird eine andere Art der sexuellen Gewalt dargestellt, eine zunehmende Intensität ist erkennbar. So befriedigt sich Michael zunächst „nur" an Ninas Körper, während er später in ihren Körper eindringt.
1. Erster Übergriff in der Sauna (S. 27-31): Nina muß sich nackt auf den Schoß des ebenfalls nackten Michael setzen, und dieser befriedigt sich an ihr. Ein Gespräch mit der Mutter unmittelbar nach diesem ersten Mißbrauch in der Dusche wird viel später im Buch wiedergegeben (S. 148-149). Diesmal aber in Ich-Form, weil es die Erzählung Ninas an Flo darstellt.
2. Übergriff abends/nachts in Ninas Bett (S. 48-51): Michael schiebt seine Hand zwischen Ninas Beine. Am nächsten Morgen fleht Nina ihre Mutter an, sie nicht mehr mit Michael allein zu lassen, die Mutter versteht sie nicht oder will sie nicht verstehen.
3. Die Mutter ist wegen der Geburt von Tom im Krankenhaus, Nina allein mit Michael zu Hause (S. 61-69). Michael zwingt Nina, sich seinen Penis aus nächster Nähe (nur ein paar Zentimeter von ihr entfernt) anzuschauen. Nina versucht zu ihrer Mutter ins Krankenhaus zu gelangen, die Ärztin benachrichtigt jedoch Michael, und dieser holt Nina ab. Zu einem späteren Zeitpunkt wird geschildert, wie Nina von Michael vom Krankenhaus abgeholt wird (S. 150-155). Nina muß abends im Doppelbett schlafen und erwacht nachts, als Michael über ihr kniet und seinen Körper an ihrem Bauch reibt.
4. Gespräch mit Frau Hellwege (Lehrerin) (S. 73-78): Nina vertraut sich ihrer Lehrerin an, diese glaubt ihr nicht und bezichtigt sie der Lüge.
Michael holt Nina vom Ballett ab (S. 95-102). Frau Hellwege hatte ihn zu sich bestellt und ihm von Ninas Vorwurf erzählt, er hat die Lehrerin jedoch völlig von seiner Unschuld überzeugen können. Nun richtet sich sein Zorn auf Nina, die das Geheimnis verraten hat. Er macht ihr weis, daß sie in ein schreckliches Heim muß, wenn der Mißbrauch (den er natürlich nicht so benennt) bekannt würde. Nina verspricht, nie wieder darüber zu reden, und Michael mißbraucht sie am folgenden Abend erneut. Diesmal steckt er ihr seinen Finger in die Scheide.
5. Nina ist im Reiterurlaub (S. 191 - 195), sie schreibt einen Brief an die Mutter, damit diese sie abholt. Die Mutter ruft jedoch an, daß Michael kommen soll. Vor der Abfahrt wird ein Foto von Nina auf einem Ponyund Michael gemacht. Michael fährt nach den Reiterferien mit Nina nach Hause, sie übernachten in einem Hotel, dort mißbraucht Michael Nina und zwingt sie, ihn oral zu befriedigen (S. 205-210).

Die über die Jahre zunehmende Intensität des sexuellen Mißbrauchs findet sich vor allem bei sexueller Gewalt im familiären Nahraum (vgl. Wyre/Swift, 1991). Sie wird in dem Buch realistisch beschrieben.

2. Entspricht die Darstellung von Opfer und Täter im untersuchten Buch den wissenschaftlichen Erkenntnissen?

Alter des Opfers/Alter des Täters?
Nina:
Zu Beginn des Romans ist sie 14 Jahre und wird im Laufe der Geschichte 15 Jahre.
Als der Mißbrauch begann, war sie nicht ganz neun Jahre (S. 28). Sie befand sich also in einem Alter, mit dem sie in die Gruppe der am häufigst mißbrauchten Kinder fällt (6-10 Jahre alte Kinder: 42,8 %; vgl. Pfeifer et al, 1993).

Michael:
Sein Alter wird nicht genannt. Es wird aber auch nichts über eine ungewöhnliche Altersabweichung berichtet, sondern Michael wird ohne Zögern als Ninas Vater angesehen. Er wird ca. 35-40 Jahre alt sein und war demnach bei Mißbrauchsbeginn wahrscheinlich um die 30 Jahre, was dem Durchschnittsalter der männlichen Täter entspricht (vgl. Deegener, in: Ulonska/Koch, 1997).

Geschlecht des Opfers/Geschlecht des Täters?
Das Geschlechtsverhältnis zwischen Opfer und Täter entspricht dem häufigsten Mißbrauchsfall: Ein Mädchen wird von einem Mann mißbraucht. Jedoch wäre es - gerade auch für männliche Leser - von Vorteil gewesen, wenn irgendwo im Buch auch andere Geschlechtskonstellationen erwähnt worden wären. Dies wäre in den Gesprächen mit Flo möglich gewesen, indem sich Flo z.B. gefragt hätte, inwieweit ihn das Thema sexueller Gewalt betreffen könnte, oder aber auch in dem Gespräch zwischen Nina und Carmens Mutter.

Dauer des Mißbrauchs:
Der Mißbrauch beginnt, als Nina acht Jahre ist, kurz vor ihrem neunten Geburtstag, er endet ein Jahr vor der aktuell beschriebenen Zeit, in der Nina Ende 14 ist und 15 wird. Der Mißbrauch erstreckte sich demnach über 5-6 Jahre. Dieser lange Zeitraum ist für einen Mißbrauch im familiären Nahraum realistisch. Dabei liegt die Dauer im Buch sogar noch leicht unter der Durchschnittszahl. Bei Mißbrauchsfällen im Nahbereich, die vor dem 10. Lebensjahr des Kindes beginnen, beträgt diese 6,7 Jahre (vgl. Steinhage, 1992).
Nina wird von Michael seit einem Jahr nicht mehr mißbraucht. Auch das ist eine realistische Darstellung. Für eine Reihe von Tätern werden Kinder „uninteressant", wenn diese in die Pubertät kommen und die Körper das typisch Kindliche verlieren (vgl. Wyre/Swift, 1991). Allerdings kann sich Nina vorstellen, daß Michael nun ein anderes Mädchen mißbraucht:
„Manchmal beschleicht mich der Gedanke, ob er jetzt vielleicht mit einem anderen kleinen Mädchen..." (S. 160)
Auch Ninas Befürchtungen sind realistisch, da Täter oft mehrere Opfer mißbrauchen oder sich, wenn das eine Opfer zu alt wird (s.o.), an ein neues Kind heranmachen. Der Mißbrauch von Seiten des Täters könnte demnach die Dauer von 6 Jahren übersteigen.

Bekanntschaftsgrad zwischen Opfer und Täter (Kommt der Täter aus der Verwandtschaft, der Bekanntschaft oder ist er dem Opfer fremd?)

Michael lebt seit fast sieben Jahren mit Ninas Mutter zusammen (S. 18). Er ist also quasi Ninas Stiefvater, obwohl Nina Wert darauf legt, daß sie nicht von Michael adoptiert wurde. (S. 1) Zum Zeitpunkt des ersten Mißbrauchs (in der Sauna) lebte er gerade zwei Monate bei Nina und ihrer Mutter (S. 147). Dieser schnelle Beginn des Mißbrauchs legt die Vermutung nahe, daß Michael sich Ninas Mutter als Partnerin ausgesucht hat, um an deren Tochter „ranzukommen". Dieses berechnende Verhalten entspricht realistischem Täterverhalten (vgl. Enders, 1995)!

Der sexuelle Mißbrauch durch den Partner der Mutter ist eine recht häufige, wenn auch nicht die häufigste Täter-Opfer-Konstellation.

Wird das Machtgefälle zwischen Opfer und Täter deutlich?
Ninas Vater starb, als Nina klein war (S. 18). Aus dem Grund freute sich Nina anfänglich sehr, mit Michael nun wieder einen Vater zu haben. *„Und Nina war Michael vor Freude um den Hals gefallen. Sie hatte viel mit ihm rumgeschmust vor diesem Saunatag. Sie hatte ihn gern gemocht vorher, er war so liebevoll, so fürsorglich zu ihr gewesen. Sie hatte es toll gefunden, daß sie auf einmal wieder einen Vater hatte. Nina hatte immer lieb zu ihm sein wollen, damit er sie auch lieb hatte. Nina hatte ihm jeden Wunsch von den Augen abgelesen."* (S. 28)
Bei der achtjährigen Nina besteht also von Beginn an keinerlei Skepsis gegen den neuen Partner der Mutter (was ja durchaus auch realistisch gewesen wäre), sondern völlige Begeisterung. Dieses Verhalten macht sich Michael zunutzen und baut damit das Abhängigkeitsverhältnis und Machtgefälle („Ihr braucht mich! Was wärt ihr ohne mich?") immer weiter aus.

Verhalten des Täters? Täterstrategien?
Michael entspricht genau dem Tätertyp, dem niemand einen sexuellen Mißbrauch zutrauen würde: Er hat einen angesehenen Beruf (Computerfachmann), er verhält sich gegenüber seiner Umgebung sehr charmant und besticht durch Witz, Charme und gutes Aussehen. Er spielt liebevoll mit seinem kleinen Sohn.

Michael wendet vielfältige Verhaltensweisen an, um den Mißbrauch weiterführen zu können und unerkannt zu bleiben. Verstärkt in der Zeit des aktuellen Mißbrauchs, aber auch später hält er durch sein Verhalten Nina weiter unter Kontrolle. Sein Verhalten entspricht dabei den in der Literatur immer wiederkehrenden Täterstrategien (vgl. z.B. Enders, 1995):
1. Er belegt die Taten mit einem Redeverbot/Geheimhaltungsgebot:
„Michael beugte sich nieder und hielt seine Lippen ganz nah an ihr Ohr. Mami erzählen wir nichts, flüsterte er beschwörend. Hast du verstanden, Prinzessin?" (S. 31)
„Aber in Zukunft tust du, was ich sage, und redest mit niemandem, verstanden. Mit keiner Menschenseele!" (S. 68)

2. Er redet Nina Gefühle ein, die diese nicht so empfindet:
„Jetzt steht meine Prinzessin im Regenwald. Das ist toll, was?" (S. 31)
„Mach die Augen auf, Schätzchen. Ich weiß, daß du neugierig bist. Schau doch hin. (...) Ja, das gefällt dir! Ich weiß doch, daß es dir gefällt." (S. 64)

3. Er beschreibt den Mißbrauch
    - als Fürsorgehandlung:

„Ich muß erst kontrollieren, ob du dich auch richtig gewaschen hast." (S. 48)
    - als Spiel:
„Bleib liegen! Bleib ruhig liegen! Tut ja nicht weh. Ich mach' ja nichts. Wir spielen nur. Wir spielen ein schönes Spiel. Ist doch schön nicht?" (S. 156)
    - als etwas Normales:
„Daß die Gesetze so sind, dafür kann ich nichts. Es ist doch schön, daß wir unser Geheimnis haben." (S. 99)

4. Er gibt Nina eine Mitschuld/Mitverantwortung:
„Wir können Mami und das Baby nicht unglücklich machen. Das dürfen wir nicht. (...) Also müssen wir schweigen wie ein Grab. Wir dürfen keiner Menschenseele etwas von unserem Geheimnis sagen." (S. 100)
„Du mußt ganz lieb zu Mami sein", hat er immer wieder gesagt. „Aufregung kann sie nicht vertragen. Du willst doch nicht, daß Mami stirbt." (S. 151)
    - zum Teil sogar die Hauptverantwortung/Schuld:
„Mir ist ein Stein vom Herzen gefallen. Deinetwegen." (S. 98)

5. Er malt eine Horrorvision vom Heim aus:
„Aber vielleicht muß ich dir auch sagen, wie es in so einem Heim zugeht, in dem einen nicht einmal die Familie besuchen darf. Wo man in einem kalten Zimmer in einem Eisenbett schlafen muß. Und nachts leuchtet die Heimleiterin jedem Kind mit der Taschenlampe ins Gesicht und unter die Bettdecke, ob sie auch keine Dummheiten machten. Am Morgen wird um sechs aufgestanden, und bevor es Frühstück gibt, muß man die Betten machen und putzen." (S. 98/99)

6. Er lädt Nina die Verantwortung für die Familie auf:
„Und deine Mami und das Baby wären ganz allein, stell dir das mal vor. Und niemand, der Geld für sie verdient und sich um alles kümmert. Du in einem Heim und ich weg von der Familie!" (S.99)

7. Er stellt Nina als undankbar hin:
„Lächel doch mal, kleine Prinzessin. Wenn du nicht lächelst, bin ich traurig." (S. 31)
„Immer tu ich alles für dich, und wenn du ein einziges Mal etwas für mich tun sollst, dann sagst du nein. Du bist undankbar. Undankbar und egoistisch. (...) Und wenn du nicht so bist, mußt du mir das beweisen; dann beweise mir, daß du die liebe Nina sein willst, die Mami und Papi keinen Kummer macht." (S. 152)

8. Er beschimpft Nina:
„Ich hab' ja mit vielem gerechnet, aber nicht, daß du so hinterhältig bist. Du bist ein bösartiges, verlogenes, kleines Biest. Ja, genau das bist du." (S. 96)

9. Er nutzt seine Machtstellung aus:
„Da war ich etwas über neun. Damals hatte Michael gerade den Schlüssel von meinem Zimmer weggeworfen, damit ich mich vor ihm nicht mehr einschließen und er immer zu mir kommen kann." (S. 61)

Auch in der aktuellen Situation, in der Michael Nina nicht mehr mißbraucht, richtet sich sein Verhalten darauf, sich Ninas Schweigen zu sichern.

1. Er versucht, es sich mit Geld zu erkaufen:
„Er faßte sich in seine Gesäßtasche, zog seine Brieftasche heraus und entnahm ihr einen Hundertmarkschein. Ich habe heute zufällig erfahren, daß du dir neue Schuhe kaufen willst." (S. 23)

2. Er richtet Drohungen gegen Nina:
„Du darfst ihm auch nichts erzählen. Ist das klar? Michaels Stimme klingt beschwörend. Eindringlich." (S. 42)
„Wenn du diesem Typen nur ein einziges Wort von uns sagst, Prinzeßchen, dann bist du dran. (...) Dann bist du dran, sage ich nur. Was genau das bedeutet, wirst du erfahren, wenn es soweit ist." (S. 168)

3. Er erniedrigt Nina und verletzt ihre Gefühle
„Ich habe mit dir nicht vor einem Jahr aufgehört, um jetzt diesem Schnösel das Feld zu überlassen. Ich hab' gesehen, wie ihr rumgeknutscht habt. (...) Ich trau' dir nicht, kleine Schlange. Du lügst zu gut." (S. 167)
„Kleine raffinierte Luder wie du, die auf offener Straße mit fremden Jungen herumknutschen, denen glaubt man sowieso kein Wort. Da weiß man gleich: Die gehören in ein Heim. Und zwar in ein Heim, in dem Zucht und Ordnung herrscht. Wo man sich den Jungen nicht einfach an den Hals schmeißen kann." (S. 168f.)

Verhalten des Opfers
Als Michael in die Familie kam, war Nina offensichtlich ein recht unauffälliges achtjähriges Mädchen. Durch den frühen Tod des Vaters fehlte ihr wohl ein wenig die Vaterfigur, wodurch sie übertrieben begeistert auf Michael reagiert hat. Insgesamt wirkt sie eher ruhig und ordentlich, als wild und ungestüm. So liebt sie es, an der Hand gehalten zu werden und ist mit ihren Sachen sehr ordentlich. (S. 28)
In den Mißbrauchssituationen zeigt sich, daß Nina es gewöhnt ist, Erwachsenen zu gehorchen, und daß sie ihre Meinung und ihren Widerspruch nicht entschieden durchsetzt.
„Nina schüttelte den Kopf. Sie wollte plötzlich nicht mehr näherkommen. (...) Sie war durcheinander weil seine Stimme so anders klang und seine Augen sie so eigenartig fixierten, so starr. Sie schaute nicht hin, weil sie wußte, daß er es wollte. Nina hatte Angst. (...) Ihr kamen beinahe die Tränen." (S. 29)
Wie fast jedes Kind, das mißbraucht wird, so versucht auch Nina sich gegen den Mißbrauch zur Wehr zu setzen. Ihre Versuche sind sehr realistisch dargestellt. Sie versucht auf unterschiedliche Weise den Übergriffen durch Michael zu entgehen:

a) mit Worten:
„Nein, Michael, bitte..." (S. 29)
„Mir ist kalt", flüsterte Nina, *„bitte, deck mich zu."* (S. 48)
„Wo ist Mami? (...) Ich will aber, daß Mami kommt!" (S. 49)
„Das tut weh!" flüsterte Nina (S. 102)

„*Bitte. Bitte, laß das...Bitte..., ich will das nicht!*" (S. 156)

b) durch abwehrende Reaktionen:
„*Nina saß steif da, den Rücken gestreckt.*" (S. 29)
Nina „*versuchte, seine Hand wegzustoßen. (...) Krampfhaft hielt sie die Beine zusammen.* (S. 49)
„*Vor Schreck zog Nina die Decke über den Kopf und rührte sich nicht. Vielleicht merkt er, daß ich ihn nicht sehen will, dachte sie. Nina kniff die Augen zusammen und hielt die Luft an. Ich halte die Luft solange an, bis er wieder gegangen ist, dachte sie und krallte ihre Finger in die Bettdecke.*"
(S. 64)

c) durch äußere Hindernisse:
„*Das Licht ließ sie brennen...*" (S. 64)
„*...und hole meinen Elefanten und noch ein paar weitere Kuscheltiere. (...) Ich kringele mich zusammen wie eine Schnecke. Nicht einmal mein Kopf schaut heraus. Ich liege in einer dunklen warmen Höhle.*" (S. 154f.)

c) indem sie versucht, ganz schnell einzuschlafen:
„*Sie schaute die Tapete an und zählte die Kreise und Karos. Vom Zählen wurde sie sonst immer schnell müde...*" (S. 64)

d) indem sie Hilfe sucht
    - bei der Mutter
„*Mami, ich möchte nicht mehr in die Sauna, bitte! Ich möchte nie wieder in die Sauna.*" (S. 148)
„*Ich möchte aber nicht, daß du gehst! Ich möchte, daß du immer bei mir bist!*" (S. 50)
„*Kommst du mich abholen, Mami?*" (S. 193)

    - im Gespräch mit der Lehrerin Frau Hellwege
„*Mein Stiefvater macht mit mir so Sachen.*" (S. 76)

Ninas gesamtes Verhalten wird über Jahre durch den Mißbrauch sehr bestimmt. Als Überlebensmechanismus, um die Situation des Mißbrauchs überstehen zu können, zeigt Nina z.B. das Verhalten der Ich-Spaltung. Aber auch nach Beendigung des Mißbrauchs verhält sie sich in vielen Punkten untypisch für eine Jugendliche. In einigen Situationen wirkt sie noch sehr kindlich, in anderen sehr vernünftig. (Weiteres zum Verhalten siehe unter „Folgen")
Langsam zu ändern beginnt sich ihr Verhalten erst durch die Freundschaft mit Flo. Durch ihn erfährt sie uneigennützige Zuneigung und Bestätigung und kann so langsam ein neues Selbstwertgefühl aufbauen. „*Und er macht sich Sorgen um mich! Noch nie hat sich jemand wirklich um mich gesorgt. Ich finde das wunderbar.*" (S. 171) Dies führt letztendlich auch dazu, daß sie erneut über den Mißbrauch spricht - trotz der vorherigen erfolglosen Versuche - und aus Michaels Machtbereich flieht. (s.u. Freundschaft mit Flo)
Ninas Verhalten, wie es das Buch darstellt, wirkt überwiegend sehr glaubwürdig und realistisch. Lediglich am Ende scheint ihre Stärke, von Zuhause wegzugehen, nicht ganz überzeugend. Andererseits ist eine Flucht aus dem Haus des Mißbrauchers nicht unrealistisch, wie man z.B. an der hohen Zahl von Mißbrauchsopfern unter den Straßenkindern sieht.

3. Entspricht die Darstellung der Familiensituation den typischen Konstellationen? Rollenverteilung in der Familie? Erziehungsstil?
Die Aufgaben in der Familie sind sehr geschlechtsrollenstereotyp aufgeteilt.
Michael arbeitet als Computerfachmann, Ninas Mutter als Hausfrau. Morgens macht die Mutter im Morgenrock das Frühstück für Nina; während Michael und Tom noch schlafen. (S. 5)
Michael hat eine machohafte Position inne und bestimmt dadurch das Geschehen innerhalb der Familie.
„Der Kühlschrank ist zu kalt eingestellt, aber Michael trinkt sein Bier gerne eiskalt, und Michael wird jeder Wunsch von den Augen abgelesen." (S. 5)
„Wegen so einer Kleinigkeit muß man doch nicht gleich zum Arzt rennen", sagte er, während er sich wieder in seinen Sessel fallen ließ. „Ihr Weiber seid wirklich zimperliche Geschöpfe." (S. 20)

Über den Erziehungstil erfährt man recht wenig. Sehr streng scheinen Ninas Mutter und Michael nicht zu sein. So darf Nina ohne Probleme zu der Party und bis Mitternacht bleiben oder sich später nahezu täglich mit Flo treffen.
Michael kontrolliert Nina, seitdem sie mit Flo befreundet ist, stärker, weil er merkt, daß diese Freundschaft seine Macht über Nina zunehmend einschränkt. Sein Erziehungsstil ist in dem Zusammenhang recht autoritär: *„Es reicht, Nina. Du bist fünfzehn Jahre alt. Du hast immer noch deinen Eltern zu gehorchen, und ich befehle dir, einzusteigen." (S. 165)*

Beziehung zwischen den einzelnen Familienmitgliedern; insbesondere vom Opfer zu Mutter, Vater, Geschwistern, anderen Verwandten

<u>Nina - Mutter:</u>
Zwischen Nina und ihrer Mutter herrscht eine distanzierte Beziehung. Früher, bevor Michael der Partner ihrer Mutter wurde, scheint die Mutter-Tochter-Beziehung wesentlich besser gewesen zu sein. So denkt Nina in den Mißbrauchssituationen oder anderen Situationen, in denen sie Michael ausgeliefert ist, oft an die Mutter und erfleht in Gedanken Hilfe von ihr:
„Und sie dachte an die Mutter, sie sehnte sich so nach ihr. Sie konnte nichts anderes denken." (S. 97)
„Mami. Mami hilf mir! schreit es in mir, und ich stelle mir vor, daß gleich das Telefon klingelt, und Mutter ist am Apparat, weil sie spürt, daß ich Angst habe." (S. 156)
Doch Nina wird immer wieder enttäuscht und merkt zunehmend, daß die Mutter den Mißbrauch nicht wahrnehmen will. *„Bei der Mutter hatte sie es [über den Mißbrauch zu sprechen] mehrere Male versucht, aber die hatte nicht einmal richtig zugehört; ihre Mutter liebte Michael, schon aus Dankbarkeit, und ließ nicht den leisesten Verdacht gegen ihn aufkommen." (S. 75/76)*
Nina zieht sich dadurch auch immer mehr in sich selbst zurück und verliert so mehr und mehr das Vertrauen zu ihrer Mutter: *„Wenn meine Mutter mich wirklich liebte, denke ich, dann hätte sie mir geholfen." (S. 5)*
Ganz selten nur finden sich zwischen Nina und ihrer Mutter liebevolle Gesten:
„Mutter lacht. Sie steht auf und nimmt mich in den Arm. „Armes Mäuschen, du bist ja ganz durcheinander." (S. 123)

Doch in Ninas Gedanken und Träumen zeigt sich, wie sehr sie sich ein vertrauensvolles Verhältnis zu ihrer Mutter wünscht. *„Trotzdem genieße ich es, wenn Mutter meinen Rücken streichelt. Und wieder fühle ich, daß ich am liebsten auf ihren Schoß kriechen, den Daumen in den Mund stekken und schlafen möchte." (S. 123)*
„Ich stelle mir vor, wie wir beide allein in einer gemütlichen Dachwohnung leben und uns jeden Abend stundenlang aneinanderkuscheln. Wir haben uns lieb, wir streicheln uns, nur wir beide, kein Michael macht mich kaputt, kein Mann ist im Haus, der mich berührt." (S. 123)

Oft ist bei innerfamiliären Mißbrauchsfällen die Mutter - Tochter - Beziehung gestört bzw. nicht sehr stabil und vertrauensvoll. Dies wird zusätzlich durch Täterstrategien wie das Geheimhaltungsgebot bewußt unterstützt (vgl. Enders/Stumpf, 1996).
Das Verhältnis zwischen Nina und ihrer Mutter ist realistisch dargestellt. Sicherlich wirft das Verhalten der Mutter Fragen und Kritik auf, doch es entspricht wohl den Erfahrungen vieler Mißbrauchsopfer.

Nina - Tom:
Tom, Ninas Halbbruder, wurde geboren, als Nina neun war, und ist jetzt sechs Jahre alt. Nina sagt über ihn, er *sei „frech wie Oskar"* (S. 79). Außer der kurzen Szene, in der Tom Nina zum 15. Geburtstag gratuliert, indem er ihr einen Frosch auf den nackten Bauch setzt (S. 79), erfährt man so gut wie nichts über die Beziehung zwischen Nina und Tom.
In der Szene, in der Nina von Zuhause weggeht, verabschiedet sie sich von Tom und es wird deutlich, daß sie ihren kleinen Bruder sehr mag: *„Tschüß, Amigo, sage ich leise. Ich hab' dich lieb." (S. 199)*
Es erstaunt deshalb, daß im Buch nicht öfter auf die Beziehung zwischen den Geschwistern eingegangen wird. Anscheinend hat die Autorin die Figur „Tom" nicht sehr gründlich konzipiert. So ist auch recht unglaubwürdig, daß Nina von einem sechsjährigen Jungen sagt: *„Er riecht angenehm nach Baby." (S. 199)*
Die Beziehung zu jüngeren Geschwistern kann für mißbrauchte Kinder sehr wichtig sein. Zum einen haben sie häufig das Gefühl, ihre Geschwister beschützen zu müssen, damit der Täter diese nicht auch mißbraucht. Zum anderen erleben sie von den Geschwistern oft eine liebevolle Zuneigung, die sie sonst innerhalb der Familie nicht finden. Es kann aber auch zu einem Bruch in der Geschwisterbeziehung kommen, weil sich zwischen dem Täter und dem mißbrauchten Kind durch Täterstrategien eine intensive Beziehung entwickelt, dieses Kind vorgezogen und verwöhnt wird. Geschwisterkinder reagieren dann oft mit Eifersucht und Neid.
Es wäre demnach sinnvoll gewesen, die Beziehung zwischen Tom und Nina detaillierter und umfassender darzustellen.

Mutter - Tom:
Über die Beziehung der Mutter zu ihrem Sohn erfährt man noch weniger, als über die Beziehung zwischen Nina und Tom. Seine Scharlach-Erkrankung wird von der Mutter als Grund genannt, daß sie Nina nicht aus den Reiterferien abholen kann. An keiner Stelle wird erwähnt, daß die Mutter mit Tom spielt oder daß er beim Essen dabei ist oder in der Küche etc. Tom ist im gesamten Buch kaum präsent; die Figur ist von der Autorin sehr blaß gehalten.

Michael - Tom:
Zu Tom verhält sich Michael wie ein liebevoller Vater. Er spielt mit ihm und versucht jeden Kummer von ihm fernzuhalten.
"Weinend war er (Tom) ins Haus gerannt. Michael hatte Mami böse angeschaut und war hinter seinem Sohn hergeeilt. Wenn Tom weint, gerät er außer sich. Mit Tom ist er so behutsam, so lieb ... (S. 25)
"Michael ist ein toller Vater. Wann immer er Zeit hat, spielt er mit ihm. Ihm fallen hundert Spiele ein. Tom kuschelt sich in seine Arme und schmiegt sich an ihn und klettert sonntags, wenn Michael seine Siesta hält, zu ihm ins Bett." (S. 61)

Nina - Michael:
siehe Täter-Opfer-Beziehung

Mutter - Michael:
Die Mutter ist in ihrer Beziehung zu Michael sehr unkritisch und unterwürfig. *"... ihre Mutter liebte Michael, schon aus Dankbarkeit, und ließ nicht den leisesten Verdacht gegen ihn aufkommen."* (S. 76)
Die Vorstellung als alleinerziehende Mutter mit ihrer Tochter zu leben, scheint für die Mutter schrecklich zu sein. *"Es ist ein Glück für uns, daß ich nochmal einen Mann gefunden habe, der mich liebt und der für mich sorgt, denn wer verliebt sich schon in eine Frau mit einem achtjährigen Kind?"* (S. 18) und *"Was wäre nur aus uns geworden, wenn wir dich nicht hätten...."* (S. 61)
Eine eigene Meinung scheint die Mutter in Ninas Augen nicht zu haben: *"Meine Mutter will immer, was Michael will,"* (S. 94)
Das dargestellte unselbständige Verhalten der Mutter und die Unterordnung in ihrer Beziehung entspricht den Untersuchungen zur Rolle der Mutter in Mißbrauchsfamilien (vgl. Enders/Stumpf, 1996).

Die Beziehung zwischen der Mutter und Michael scheint jedoch durchaus auch mit Zärtlichkeiten (*"Michael geht zu ihr und gibt ihr einen Kuß."*, S. 60) und auch Bewunderung einherzugehen: *"Selbst Michael ist der Mund offengeblieben, als Mutter wie eine Filmdiva in einem hautengen schwarzen Kleid daherkam"* (S. 159)
Michael scheint demnach durchaus auch Beziehungen zu erwachsenen Frauen leben zu können, ist demnach kein pädophiler Täter, der ausschließlich auf Kinder fixiert ist.

Weiß Ninas Mutter von dem Mißbrauch?
Einiges spricht dafür, daß die Mutter von dem Mißbrauch weiß, ihn zumindest erahnt, jedoch nicht wahrnehmen will, weil sonst ihr ganzes Weltbild (*"Was wäre nur aus uns geworden, wenn wir dich nicht hätten...."*, S. 61) zusammenbrechen würde. Ob die Mutter dieses Verhalten bewußt oder unbewußt an den Tag legt, wird nicht deutlich.
Auch Nina weiß nicht sicher, ob ihre Mutter über den Mißbrauch Bescheid weiß oder nicht. Sie vermutet es aber an mehreren Stellen:
"Wenn Mutter mich wirklich liebte, denke ich, dann hätte sie mir geholfen. Statt dessen diese flehenden Blicke und Mutters besorgte Miene," (S. 5)

"Meine Mutter liebt Mozart. ‚Seine Musik ist so harmonisch', sagt sie immer. Ich weiß, ich weiß es zu gut. Vor lauter Harmoniebedürfnis hast du immer geschwiegen." (S. 20)
Die Mutter wird ein bißchen rot, als Nina ihr nicht glauben mag, daß sie sich um Nina Sorgen gemacht hat.: *„In solchen Augenblicken tut sie mir schon wieder leid. Vielleicht hat sie sich wirklich Sorgen um mich gemacht. Vielleicht war sie wirklich immer ganz verzweifelt. Aber warum, verdammt noch mal, hat sie nichts unternommen?"* (S. 161)
„ ‚Ich freu' mich ja für dich, daß du endlich auch einen Freund hast. Das bringt dich auf andere Gedanken, nicht wahr?' Mir stockt der Atem. Wie hat sie das gemeint? ‚Auf andere Gedanken?' frage ich vorsichtig zurück. Sie nimmt mein Gesicht zwischen die Hände und küßt mich. ‚Ich liebe dich, mein Schätzchen', flüstert sie. ‚Ich möchte, daß es dir immer gutgeht, verstehst du. Es soll dir immer richtig gutgehen.' Als sie mich losläßt, fühle ich etwas Nasses auf meinem Gesicht. Aber die Träne ist nicht von mir. Bevor ich etwas sagen kann, hat Mutter sich schon umgedreht." (S. 128)
Das Verhalten von Ninas Mutter entspricht leider recht häufig der Realität. Auch wenn es sicher Mütter gibt, die wirklich nichts von dem Mißbrauch an ihrem Kind bemerken, weil der Täter in seinen Strategien so geschickt vorgeht, so gibt es doch viele Fälle, in denen die Mütter von dem Mißbrauch wissen bzw. ihn erahnen, aber nicht willens oder aber aufgrund eigener biographischer Erlebnisse nicht fähig sind, für ihre Kinder gegen den Partner einzutreten.
Auch Ninas Unsicherheit, inwieweit die Mutter etwas weiß, ist sehr realistisch. In autobiographischen Romanen taucht diese Frage des Opfers immer wieder auf und wird oft erst Jahre später geklärt.

Gesellschaftliche Schicht
Ninas Familie ist der Mittelschicht zuzurechnen: *„Wir haben eine hübschen, gepflegten Garten. Die Nachbarn beneiden uns darum. Wir haben ein hübsches, gepflegtes Haus, darum beneiden uns die Nachbarn ebenfalls. Wir sind überhaupt eine hübsche, gepflegte Familie."* (S. 7). Michael *„ist Computerfachmann. Ich glaube, er verdient ziemlich viel Geld"* (S. 18).
Das Buch wirkt somit positiv gegen die Klischeevorstellung, daß sexueller Mißbrauch ein Problem der Unterschicht sei.

Kontakt zum sozialen Umfeld (Nachbarn, Schule, Freunde, ...)
Außer zu Carmen hat Nina zu Beginn des Buches wenig Kontakte zu anderen Jugendlichen. Sie scheint keinem Verein anzugehören oder sich regelmäßig mit anderen zu treffen.
„Sonntags habe ich nie etwas vor. Es sei denn, Carmen und ich gehen in die Eisdiele oder im Winter mal ins Kino. Ansonsten hänge ich sonntags rum, lese ein Buch und höre Musik, das Übliche eben." (S. 37)
Oft ziehen sich Mißbrauchsopfer von anderen Menschen zurück. Sie fühlen sich anders, unverstanden und leiden unter Scham- und Schuldgefühlen, können nicht zwanglos herumalbern (vgl. Enders, 1995). Bei Nina ändert sich mit der Freundschaft zu Flo, der sie mit zu einer Radrallye nimmt, mit dem sie ins Kino geht etc. dieses Verhalten ein wenig.

Familie - Freunde
Über Freunde der Familie erfährt man wenig. Aber alle Freunde scheinen von Michael ganz begeistert zu sein: *„Michael ist überhaupt ein freundlicher Mann. Und witzig dazu. Er kann ganze Gesellschaften unterhalten. Besser als Thomas Gottschalk, sagen die Freundinnen meiner Mutter.*

Sie sind sowieso restlos begeistert von Michael. Sie finden ihn süß und toll und attraktiv und sagen, er sei der beste Familienvater der Welt, und Mutter habe das Glück ihres Lebens gehabt, an einen wie ihn zu geraten." (S. 21)

Nina - Flo
siehe unten

Nina - Carmen/Carmens Mutter/Carmens Großmutter
In Carmens Familie fühlt Nina sich sehr wohl:
„Komisch, wenn Carmens Großmutter mich anfaßt, finde ich das schön. Am liebsten würde ich mich an sie schmiegen." (S. 31) und *„ ‚Ich würde viel lieber bei ihnen wohnen', murmele ich. (...) ‚Ich fühle mich hier wohl und frei, und sie sind so lieb.' "* (S. 32)
Zu Carmen selbst hat Nina jedoch trotz längerer Freundschaft kein wirklich vertrauensvolles Verhältnis. *„Carmen ist meine beste Freundin, doch das will nichts bedeuten. Mein Geheimnis kennt sie trotzdem nicht."* (S. 8) Dennoch ist ihr die Freundschaft zu Carmen wichtig. Allerdings nimmt durch die immer engere Freundschaft mit Flo die Bedeutung der Freundschaft zu Carmen für Nina ab. Sie merkt, daß ihre Beziehung zu Flo eine Tiefe und Ernsthaftigkeit in den Gesprächen hat, wie dies mit Carmen nie möglich war. *„Ich konnte mit ihr nicht über meine (...) Probleme sprechen. Sie hätte das nicht verstanden, das denke ich wenigstens."* (S. 217)
Das Verhältnis zwischen Nina und Carmens Mutter wird bis auf die letzten Seiten im Buch nicht angesprochen. Deshalb verwundert es ein wenig, wenn Nina am Ende scheinbar selbstverständlich Carmens Mutter aufsucht und diese um Hilfe bittet. In dem Gespräch erfährt man dann jedoch, daß die Mutter sich schon länger Gedanken über Nina gemacht hat. *„Ich halte dich für ein besonders ernstes Mädchen, für ein Mädchen, das für sein Alter zu ernst und zu reif ist. Ich frage mich oft, woran das liegen mag."* (S. 216f.)

4. Kommen die Gefühle des Kindes zum Ausdruck?
Werden die Folgen der erlebten Gewalt für das Kind deutlich (psychisch, physisch, sozial)? Sind sie realistisch/repräsentativ dargestellt? Wie detailliert sind sie dargestellt? Kommen zentrale Gefühle mißhandelter/mißbrauchter Kinder zum Ausdruck; z.B. Schuld- und Angstgefühle?

Sehr deutlich kommen in dem Roman Ninas Gefühle und die Folgen des Mißbrauchs auf ihr Empfinden und Verhalten zum Ausdruck. Ihre Angst und Verwirrtheit während des Mißbrauchs (S. 28ff.) und ihre Furcht vor neuen Übergriffen (S. 62ff.) werden deutlich dargestellt. Ebenso werden Verhaltensweisen und Reaktionen, die Nina in Folge des Mißbrauchs zeigt, realistisch in die Erzählung integriert. Sie entsprechen den Verhaltensweisen mißbrauchter Kinder aus der Sekundärliteratur (vgl. Amann/Wipplinger, 1997).
So zeigt Nina psychosomatische Reaktionen als Folge des Mißbrauchs. Sie hat einen stark juckenden <u>Hautausschlag</u>. *„Am ganzen Körper juckte ihr die Haut. Nachts hatte sie sich die Haut aufgekratzt wie verrückt. (...) Das Jucken wurde immer schlimmer. Eklig. Nina haßte es, wenn ihre Haut so juckte, aber sie wußte nicht, was sie dagegen hätte tun können."* (S. 74)
Sehr ausführlich werden auch Ninas emotionale Reaktionen dargestellt:

Als Überlebensmechanismus für sich selbst, zeigt Nina das Verhalten der Ich-Spaltung. Sie verläßt gedanklich ihren Körper und „entkommt" so dem Mißbrauch, eine Reaktion, die sehr häufig bei Mißbrauchsopfern vorkommt. *„Nina hielt immer die Luft an, wenn er bei ihr am Bett war. Sie versuchte, nicht lebendig zu sein, nicht mehr da zu sein. Wenn ich atme, weiß ich, daß ich lebe, sagte sie sich, also halte ich die Luft an, dann bin ich wenigstens ein bißchen tot."* (S. 102)
„Ich habe schon immer an zwei Dinge gleichzeitig denken können, an etwas Böses und an etwas Schönes. Lange mußte ich dies sogar, wenn ich es aushalten wollte.
Wenn Michael diese Sachen mit mir machte, und ich dachte, jetzt halte ich es nicht mehr aus, dann habe ich mir etwas schönes vorgestellt, eine weiten endlosen Strand und blaues Meer zum Beispiel."
(S. 137)
Weitere emotionale Reaktionen Ninas:
Nina zeigt ein negatives Körperempfinden, das zum Teil zu einem Waschzwang führt.
„Mein ganzer Körper war wieder mit Pusteln übersät. (...) Wie ich das hasse. Ich hasse meinen Körper!" (S. 20)
„Niemand soll mich anfassen. Niemand soll mich nackt sehen. Niemand. Niemals." (S. 24)
„Ich trage Jeans. Weite Jeans, die mit einem Ledergürtel in der Taille zusammengeschnürt sind, sie würden auch einem Hafenarbeiter sitzen. Mir gefällt das. So kann niemand meine Figur sehen, alles bleibt schön versteckt.
„Auf einmal kommt es mir vor, als bekomme mein Spiegelbild einen Sprung, und vor mir steht ein schmutziges, häßliches Mädchen. Ich flüchte unter die Dusche und seife mich ein, den ganzen Körper von oben bis unten. Ich nehme den Hanfhandschuh und rubble meine Haut damit ab, bis sie rot ist, und glüht und wehtut." (S. 59)
Auch Scham- und Schuldgefühle hat Nina, die sie auch im Umgang mit Flo hemmen. *„Aber ich lege meinen Kopf nicht auf seinen (Flos) Schoß. Ich hüte mich, ihn zu berühren. Vielleicht ist ihm das jetzt unangenehm. Vielleicht ekelt er sich jetzt vor mir. Vielleicht möchte er, daß ich gehe. Vielleicht möchte er mich nie wiedersehen."* (S. 136)
In bestimmten Situationen reagiert Nina aus ihrer inneren Anspannung heraus mit nervösem Verhalten: *„Carmen schaut mich an. Sie sieht, daß meine Finger zucken. Das ist so ein komischer Tick von mir. Meine Finger zucken oft, und ich schiebe sie dann zwischen die Knie, damit es keiner bemerkt."* (S. 27)
Auch Angst empfindet Nina oft: *„Als ich an Michael vorbeigehe, spüre ich seinen Blick. Ich spüre ihn noch im Nacken, als ich die Diele bereits durchquert habe. Ich habe immer noch Angst vor ihm. Es ist zum Verrücktwerden, so fest ich es will, ich werde diese verdammte Angst nicht los."* (S. 53)
„Ich spürte, wie mir vor Angst fast das Herz stehenblieb. Ich zog die Decke über das Kinn und versuchte krampfhaft, meinen Körper wieder unter Kontrolle zu bringen." (S. 20) *„Mein Körper tat weiter, was er wollte, sein Zittern wurde immer schlimmer. (...) Gelähmt lag ich da, die Augen geschlossen, alles in mir schrie nach Hilfe."* (S. 21) *„Er nahm meine rechte Hand und tätschelte sie. Meine Hand war eiskalt und gefühllos. Solange er meine Hand hielt und mit den Fingern über meinen Handrücken strich, fühlte ich nur Kälte."* (S. 22)
Nina hat starke Minderwertigkeitsgefühle: *„Michael hob den Kopf und betrachtete mich. Ich gucke immer zur Seite, wenn er mich anschaut."* (S. 18)
„Am Fenster steht Michael. Ganz ruhig beobachtet er uns. Mir läuft sofort ein Schauer über den Rücken." (S. 52)

"Und ich zähle ja nicht." (S. 7)
Obwohl Nina bisher noch keinen Selbstmordversuch unternommen hat, äußert sie Suizidgedanken: *"Ich halte es nicht mehr aus." (S. 6)*
Mit vierzehn "hat man ja nicht einmal den Mut, sich selber umzubringen. Ich weiß das genau, ich hab' oft genug darüber nachgedacht." (S. 10)
"Ich könnte keinen Tag mehr leben, wenn jemand mein Geheimnis kennen würde." (S. 15)

Finden auch die ambivalenten Gefühle des Kindes (und der Umwelt) zum Täter Beachtung, oder beschränkt sich das Buch auf eine Schwarz-Weiß- Darstellung?
Nach dem frühen Tod des Vaters ist Nina zunächst glücklich, mit Michael wieder einen Vater zu haben. *"Und Nina war Michael vor Freude um den Hals gefallen. Sie hatte viel mit ihm rumgeschmust vor diesem Saunatag. Sie hatte ihn gern gemocht vorher, er war so liebevoll, so fürsorglich zu ihr gewesen. Sie hatte es toll gefunden, daß sie auf einmal wieder einen Vater hatte"(S. 28).*
Doch nach Beginn des Mißbrauchs weicht die anfängliche Zuneigung sehr schnell einer großen Furcht vor Michael und weiteren Übergriffen. Es werden fast ausschließlich negative Gefühle, die Nina gegenüber Michael empfindet, ausgedrückt. An einer einzigen Stelle zeigt sich nochmals Ninas Suche nach einer liebevollen Vaterfigur: *"Sie suchte seine Hand und schob ihre Faust hinein." (S. 100)*. Doch schon wenige Zeilen später wird deutlich, daß sie sich durchaus bewußt ist, daß sie sich diese Hoffnung nur selbst einredet, es sie in Wirklichkeit nicht gibt. Je länger der Mißbrauch dauert, umso mehr Haß entsteht auch bei Nina. Zum Zeitpunkt der Erzählung sind bei Nina nur noch negative Gefühle für Michael vorhanden. In Ninas Träumen von einem besseren Leben kommen sie und ihre Mutter, nicht aber Michael vor.
Als Nina Carmens Mutter von dem Mißbrauch erzählt, zeigen sich kurzzeitig ambivalente Emotionen bei ihr: *"Auf einmal habe ich wieder Mitleid mit ihm. Ich will nicht, daß er ins Gefängnis muß" (S. 221)*; Gefühle von Liebe zu Michael sind das aber sicherlich nicht.

Im Gegensatz zu Mißbrauchsopfern, die zuvor ein langes und inniges positives Verhältnis zu dem Täter hatten und die dadurch oft in einem Teufelskreis von Haß und Liebe stecken, leidet Nina nicht sehr unter widersprüchlichen Gefühlen. Die Loslösung von Michael fällt ihr demnach auch nicht aus emotionalen Gründen schwer, sondern wird hauptsächlich durch Michaels Machtausübung in Form von Drohungen und Einschüchterungen verhindert.

Ist der Inhalt des Buches auf Gewalt fixiert, oder reiht sich der Gewaltaspekt in die Darstellung unterschiedlicher Begebenheiten ein? Wird das Kind nur als Opfer oder in seiner Ganzheit dargestellt? Finden auch die Gefühle des Kindes, die nicht direkt das Thema „Gewalt" betreffen, Berücksichtigung (Freundschaften, Liebe, Schulsituationen)?
Der Roman „Herzsprung" ist ein Buch über sexuellen Mißbrauch und doch zugleich eine Liebesgeschichte. Ninas Freundschaft und Liebe zu Flo nimmt einen großen Stellenwert der Geschichte ein. Durch Flo erfährt Nina positiv besetzte Berührungen und Zärtlichkeiten. Und durch Flo erlebt sie, daß er an ihr als Person interessiert ist und nicht nur an ihrem Körper.
Die Freundschaft beginnt sehr zaghaft und mit viel Unsicherheit. Dennoch ist sie beiden von Beginn an sehr ernst und wichtig.

Nina erlebt im Zusammenhang mit der Freundschaft völlig neue Gefühle, wie sie von vielen Jugendlichen beim Verliebtsein erlebt werden. Für Nina allerdings haben sie noch eine zusätzliche Qualität, weil sie bisher viele Berührungen nur im Zusammenhang mit dem Mißbrauch erlebt hat.

Auch die Freundschaft zu Carmen hilft Nina, den Kontakt zum „normalen" Leben nicht zu verlieren. Auch wenn diese Freundschaft manche Punkte beinhaltet, bei denen deutlich wird, daß Nina und Carmen ganz andere Auffassungen und Empfindungen haben, kann Nina durch Carmen doch ein Stück Teenager-Leben mitbekommen.

5. Werden Geschlechtsrollen-Stereotype hinterfragt?
Kommen Mädchen und Jungen, Männer und Frauen in dem Buch vor?
Mädchen: Nina, Carmen, Patricia, Iris
Jungen: Flo, Andreas, Tom
Frauen: Ninas Mutter, Carmens Mutter, Carmens Oma, Frau Hellwege, Flos Mutter
Männer: Michael, Herr Müller (Nachbar von Flo), Arzt, Herr Braun (Deutschlehrer),
Das Verhältnis ist ausgewogen. Allerdings fällt auf, daß die Rolle des männlichen Erwachsenen hauptsächlich negativ besetzt ist.

Sind, wo es logisch erscheint, etwa gleich viele weibliche und männliche Personen beteiligt?
In dem Roman herrscht ein ausgewogenes Zahlenverhältnis zwischen weiblichen und männlichen Personen. Auch wenn mehr weibliche Jugendliche vorkommen, so wird das Verhältnis durch den breiten Raum, den Flo in dem Buch erhält, ausgeglichen. Auffällig ist jedoch, daß alle erwachsenen männlichen Figuren negativ oder neutral besetzt sind. Es fehlt ein positiv besetztes Männerbild im Zusammenhang mit Hilfen beim sexuellen Mißbrauch. Gerade für Jungen mit eigenen Mißbrauchserfahrungen wäre es wichtig, auch Männer als vertrauenswürdige und kompetente Ansprechpartner zu erleben.
Vermutlich hat das dem Buch zugrundeliegende feministische Ursachenverständnis hier der Autorin die Feder geführt.

Findet sich neben der (weiblichen) Opferrolle auch positives weibliches Selbstbewußtsein?
Werden auch starke Frauen/selbstbewußte Mädchen im Buch vorgestellt? Werden von diesen Verhaltensmodelle vorgelebt, die nicht an den tradierten Geschlechtsrollenmustern, z.B. an „Mädchentugenden" (Sanftheit, Passivität, Liebsein, Anhänglichkeit) orientiert sind?
In Carmens Familie erlebt Nina Frauen, die anders sind als ihre Mutter. Sie leben ohne einen Mann im Haus, was Nina als beneidenswert empfindet.
„Carmen hat ein schönes Zimmer. Sie wohnt überhaupt in einem schönem Zuhause; in einem richtigen Weiberhaushalt, wie ihre Mutter das nennt. Sie lebt mit ihrer Großmutter und mit ihrer Mutter zusammen. Im Haushalt von Carmen wohnt kein einziger Mann, Carmens Eltern sind geschieden."
(S. 26)
Die Großmutter hat eine Herzlichkeit, die Nina von ihrer Mutter nicht kennt. Sie gibt Nina das Gefühl, gemocht zu werden. *„Na, Nina." Sie streichelt meine Wange. Komisch, wenn Car-*

mens Großmutter mich anfaßt, finde ich das schön. Am liebsten würde ich mich an sie schmiegen." (S. 31)
"Ich würde viel lieber bei ihnen wohnen. (...) Ich fühle mich hier wohl und frei, und Sie sind so lieb." (S. 32)
Carmens Mutter taucht zunächst nur in Erzählungen und Gedanken auf.
"Carmen und ihre Mutter unternehmen viel gemeinsam. Die beiden gehen auch zusammen ins Kino oder ins Museum. Ich finde das toll, wenn eine Mutter viel mit der Tochter zusammen ist. Bei uns kommt das nie vor. Meine Mutter will immer, was Michael will." (S. 93f.)
Carmens Mutter macht sich Gedanken über ihre Tochter und merkt z.B., daß Nina in letzter Zeit nicht mehr vorbeikommt (S. 178). Von Carmens Mutter erfährt Nina am Ende des Buches uneingeschränkt Hilfe, worüber Nina selbst fast erstaunt ist: *"Wie schön so in den Arm genommen zu werden von einer Frau. Von einer Frau, die mich beschützen kann. Aber kann sie das wirklich? Mich hat noch nie jemand beschützt, vor allem keine Frau."* (S. 216)

Gibt es zu dem (männlichen) Täterbild (geprägt von Dominanz, Macht, Kontrolle, Gewalt) auch alternative, positiv besetzte Männerbilder/Jungenbilder? Zeigt das Buch z.B. sensible, zuwendungsbereite Jungen und Männer?
Mit Flo wird ein ungewöhnlich sensibler Junge dargestellt. Flo geht sehr behutsam mit Nina um, respektiert ihre Grenzen und stellt sich auch dem Thema des sexuellen Mißbrauchs: *"Doch"*, sagt er. *"Doch. Natürlich muß ich etwas dazu sagen."* (S. 139)
Durch sein vorbildhaftes Verhalten verliert er sicherlich einiges an realistischer Nähe zu vielen 16jährigen Jungen. Aber dennoch ist es sinnvoll, mit ihm einen feinfühligen, zuwendungsbereiten und dadurch auch sehr liebenswerten Jungen gegen die brutale Männerfigur von Michael zu stellen. Wie sollen Jungen solch ein Verhalten lernen, wenn ihnen die Identifikationsfiguren vorenthalten werden, mit der Begründung, so ein Junge entspreche nicht der Realität?
Zudem gibt es in dem Buch ja außer Flo auch Jungen, die nicht so extrem sensibel wie er sind, und dennoch positiv besetzt sind, z.B. Andreas, Carmens Freund. Andreas zeigt einerseits machohafte Züge, wenn er etwa sagt, Carmen sei feige, wenn sie nicht mit ihm schlafen will (S. 56). Andererseits wird immer wieder deutlich, wie gerne Carmen Andreas auch hat, daß sie zusammen schöne Sachen unternehmen, daß also Andreas auch viele sympathische Züge hat. So daß es Carmen auch möglich erscheint, Andreas einfach zu sagen, daß sie sich zu jung fühlt, um mit ihm zu schlafen (S. 57).

Werden eventuelle Rollenklischees (z.B. autoritäre Verhaltensweisen) kommentiert und kritisch beleuchtet?
Aus Ninas Sicht wird zwar einiges am Verhalten der Mutter und Michaels kritisiert, jedoch geschieht das eher mit einem ironischen Halbsatz. Eine Diskussion oder eine Auseinandersetzung über die vorhandenen Rollenklischees findet nicht statt.

Werden die Ursachen/Hintergründe der Gewaltanwendung deutlich?
Dem Roman liegt ein feministisch-gesellschaftliches Ursachenverständnis für sexuellen Mißbrauch zugrunde. Dies wird nicht deutlich so benannt, ergibt sich aber aus Einzelheiten im Aufbau und in der Konstruktion der Geschichte.

So wird Michael als sehr dominierend und machohaft dargestellt, die Frauen hingegen als von ihm abhängig und unselbständig. In dem Mißbrauchsverhältnis Michael - Nina wird dann das doppelte Machtgefälle Mann gegen Frau und Erwachsener gegen Kind deutlich.
In der Reaktion von Carmens Mutter (die das Gegenbild zu Ninas Mutter darstellt) zeigt sich die typische Reaktion auf einen Mißbrauchsfall aus Sicht der feministisch-gesellschaftlichen Erklärungstheorie: *„Michael wird gezwungen, sofort bei euch auszuziehen. Und das ist auch gut. Sonst können deine Wunden nie heilen."* (S. 222) Diese Konsequenz würde z.B. das familientheoretische Erklärungsmodell so nicht ziehen.
Über persönliche Hintergründe des Täters erfährt man jedoch nichts in dem Buch.

Bei wem hat Nina Hilfe gesucht? Wer hätte auf den Mißbrauch aufmerksam werden können?
Nina hat verbal oder durch ihr Verhalten über Jahre hinweg bei verschiedenen Personen Hilfe für ihre Not gesucht, aber erst sechs Jahre nach dem ersten Übergriff durch Michael findet sie mit Flo und Carmens Mutter Personen, die ihr glauben und ihr helfen.
Wer hat zuvor Ninas Hilferufe überhört?
1. Ninas Mutter: s.o.

2. Ninas Lehrerin, Frau Hellwege: (S. 73-78 /S. 95-100)
Bei ihr hat sich Nina getraut, verbal ganz deutlich von dem Mißbrauch zu erzählen. Doch statt Hilfe erfährt sie Ablehnung, Beschimpfung und Bestrafung.

3. Die Ärztin im Krankenhaus, als die Mutter Tom bekommen hat (S. 66ff.).
Diese fragt nicht nach, warum Nina, ein neunjähriges Kind, allein vor dem Krankenhaus steht, warum sie unbedingt zu ihrer Mutter will und dafür auch stundenlang warten würde.

4. Der Hausarzt: (S. 170)
Er bemerkt, daß Ninas Ausschlag psychische Ursachen hat und vermutet die Gründe in den Familienverhältnissen. Obwohl seine Diagnose also richtig gestellt ist, kümmert er sich nicht weiter um Nina, sondern legt die Verantwortung sehr unsensibel in die Hände der Mutter.

5. Carmen:
Carmen bemerkt durchaus, daß Nina in bestimmten Situationen und bei manchen Fragen sehr nervös und eigenartig reagiert. *„Carmen sieht mich weiter an. Manchmal werde ich überhaupt nicht schlau aus dir, sagt sie gedehnt"* (S. 27).
Aber sie fragt nie genauer nach und läßt die Situationen auf sich beruhen.

Sicherlich hat es in den sechs Jahren seit Beginn des Mißbrauchs im Leben von Nina noch weitere Personen (MitschülerInnen, LehrerInnen, FreundInnen, etc.) gegeben, die hätten helfen können, die im Buch jedoch keine Erwähnung finden.

**Kommen Lösungsmöglichkeiten bzw. Perspektiven zum Ausdruck?
Werden diese ausführlich dargestellt oder lediglich angedeutet? Sind sie realistisch?
(Wird die Gewalt beendet? Kommt es zur Anzeige? Findet eine Änderung der Familiensituation statt? Kommt es zur Therapie?)**
Die Perspektive, die im Buch aufgezeigt wird, ist diejenige, daß Nina von dem Mißbrauch erzählt und sich dadurch aus dem Machtbereich von Michael befreit. Nina entwickelt im Laufe des Romans ein positiveres Selbstbild. Auch ihr Körperempfinden verändert sich, und sie beginnt sich selbst zu mögen (S. 59). Durch die Freundschaft mit Flo gewinnt sie eine Stärke, die es ihr Schritt für Schritt möglich macht, sich Michael und seinem Druck zu entziehen. *„Ich weiß auch nicht, woher ich auf einmal den Mut nehme, Michael so zu antworten. Noch nie habe ich mich getraut, ihm zu widersprechen. Mut ist nicht gerade meine stärkste Eigenschaft, glaube ich."*
(S. 42)
Der/Die LeserIn verfolgt diese Zeit der Selbststärkung deutlich mit und erlebt mit Nina, wie sie sich Schritt für Schritt befreien und in ihr Leben zurücktasten kann.
Eine Lösungsmöglichkeit, wie es nun von den äußeren Bedingungen im Leben von Nina weitergehen kann, wird jedoch fast gar nicht erwähnt. Kurz ist von der Jugendbehörde und einer Therapeutin die Rede (S. 222), aber genauere Erläuterungen hierzu werden nicht gegeben.

Aufdeckung/Beendigung: Endet das Buch mit der Aufdeckung der Gewalt, oder werden auch die darauf folgenden Geschehnisse dargestellt? *Werden die „neuen" Probleme, denen sich das Kind nun ausgeliefert sieht, angesprochen (Gerichtsverhandlung, Unterbringung außerhalb der Familie, Trennung der Eltern)?*
Wird die Schwierigkeit des Hilfe-Holens angesprochen? *Wird deutlich, daß es nicht die Schuld des Kindes ist, wenn ihm nicht geglaubt/geholfen wird oder wenn es nicht fähig ist, sich Hilfe zu holen? Sucht das Kind selbst nach Lösungen, oder werden sie ihm von anderen vorgegeben?*
Bei der Aufdeckung der Gewalt bzw. bei der Szene, in der Nina Carmens Mutter den Mißbrauch schildert, geht das Buch zu schnell voran.
a) Auf ihre Frage, ob Michael ins Gefängnis muß, bekommt Nina keine klare Antwort. Es heißt nur, daß Michael ausziehen muß. (S. 221f.)
Dies ist jedoch noch gar nicht so sicher! Stellt sich beispielsweise die Mutter klar auf Michaels Seite (was nach der Konstruktion der Figur der Mutter nicht unwahrscheinlich ist) und stellt Michael Ninas Aussage als unwahr hin, wird es erst zu einer Anzeige kommen müssen, damit Michael zum Ausziehen gezwungen werden kann. Kommt es aber zu einer Anzeige und einer anschließenden Verhandlung, bei der Michaels Schuld festgestellt wird, so wird er aller Wahrscheinlichkeit nach für einen Mißbrauch, der sich über sechs Jahr erstreckt hat, ins Gefängnis kommen.
b) Ninas Angst, ins Heim zu müssen, wird ebenfalls schnell vom Tisch gewischt. *„Das ist falsch, Nina, hörst du? Falsch. Du kommst in kein Heim."* *(S. 221)*
Auch hier macht das Buch eine Aussage, die nicht unbedingt so eingehalten werden kann. Wo soll Nina denn hin, wenn Michael ins Gefängnis kommt, die Mutter aber weiter auf seiner Seite bleibt? Noch dazu als Frau ohne Arbeit, die mit dem Kleinkind Tom schon schauen muß, wie sie durchkommt.
Es wäre durchaus denkbar, daß Nina in eine Wohngruppe eines Heims ziehen würde, zumal sie dort auch therapeutische Hilfe erfahren könnte.

Viel sinnvoller, als die Angst vor dem Heim als unbegründet und falsch hinzustellen, wäre es also gewesen, wenn am Ende des Buches eine Aufklärung über die realistische Heimsituation stattgefunden hätte. Denn der Horrorvision, die Michael zeichnet, wird nichts entgegengesetzt, und nicht alle Jugendlichen wissen, daß Heime heute anders sind, als wie von Michael dargestellt.

c) Warum bloß endet das Buch mit der Aussage eines Erwachsenen: *„Eines Tages wirst du merken, daß ich recht habe."(S. 223)*?

Wieder lernen Jugendliche, daß Erwachsene darüber urteilen können, was richtig und was falsch ist, und daß eigene Gefühle nicht so bedeutend sind. Dabei soll doch Mut gemacht und Hilfe gegeben werden, den eigenen Emotionen mehr zu trauen als denen, die der Täter einzureden versucht.

Sind die dargestellten Reaktionen der Familie, des Umfelds, des Täters bei der Aufdeckung realistisch und repräsentativ?

Von den Reaktionen der Familie, des Umfelds und des Täters auf Ninas Offenlegung des jahrelangen Mißbrauchs erfährt man nichts.

Wird deutlich, welche Verhaltensperspektiven es im alltäglichen Leben gibt (Bedeutung von Freunden, Nachbarn, LehrerInnen)?
Werden Institutionen (Beratungsstellen, Sorgentelefon etc.) genannt, bei denen Kinder Hilfe erhalten? Adressen, Telefonnummern?

Es wird sehr deutlich, daß verschiedene Verhaltensperspektiven nötig sein können, um Hilfe zu finden. Zwei Gruppen von Menschen, die Nina helfen, werden benannt: Freunde (Flo) und Eltern von Freunden (Carmens Mutter). Andere Gruppen helfen im Fall von Nina nicht, wie die Familie (Mutter), LehrerInnen (Frau Hellwege), ÄrztInnen etc.

Schade ist, daß an keiner Stelle im Buch Institutionen, an die Jugendliche sich wenden können, angesprochen werden. An diesem Punkt macht es das Buch betroffenen Jugendlichen unnötig schwer, AnsprechpartnerInnen zu finden.

Macht das Buch Mut, regt es zum Hilfe-Holen an (unter Berücksichtigung der realen Schwierigkeiten)? Zeigt es Wege und Möglichkeiten auf, wie Kinder sich im Falle einer Mißhandlung verhalten können?

Das Buch macht Mut, das Schweigen über den Mißbrauch zu brechen, gerade weil auch die Schwierigkeiten des Hilfe-Holens aufgezeigt werden. Auch wenn in diesem Fall Nina erst nach Beendigung des Mißbrauchs Hilfe gefunden hat, sind die vorgestellten Lösungsmöglichkeiten auch auf Situationen übertragbar, wo sich das Opfer noch im Mißbrauchsgeschehen befindet. Sehr positiv ist auch, daß Nina zwei Personen findet, denen sie auf ganz unterschiedliche Weise von dem Mißbrauch berichten kann und von denen sie auch unterschiedliche, aber jeweils für sich sehr wichtige Hilfsangebote erfährt.

Dient das Buch eher der primären oder der sekundären Prävention?

Für Nicht-Betroffene bietet das Buch Aufklärung über die Dynamik des sexuellen Mißbrauchs und die Folgen für das Opfer. Für vom Mißbrauch Betroffene dient das Buch vornehmlich der sekundären Prävention. Es ist ein Jugendbuch, das sich an LeserInnen um 15 Jahre wendet und somit eine Altersgruppe anspricht, die in der Regel nicht mehr vor einem beginnenden sexuellen Mißbrauch geschützt werden muß. Wichtig ist es aber auch für diese Altergruppe zu erfahren, wie Hilfe gefunden werden kann.

Wenn das Buch einen Informationsteil für Erwachsene beinhaltet (z.B. in einem pädagogisch-therapeutischen Buch): Ist dieser aussagekräftig und sinnvoll?
Dieses Buch hat weder einen Informationsteil noch ein Vor- oder Nachwort, in dem Stellungnahmen oder Informationen zum Thema sexueller Mißbrauch gegeben werden. Sinnvoll wäre es bei dem Buch durchaus gewesen, da an dieser Stelle die im Buch nicht zu findenden Informationen und Hinweise zu Beratungsstellen hätten erfolgen können.

Wird auch ein positives Körper- und Sexualgefühl vermittelt?
Trägt das Buch dazu bei, das Selbstbewußtsein des Kindes zu stärken?
Werden eventuell den negativen/pervertierten Formen auch positive Formen von Freundschaft und Liebe gegenübergestellt?
Kommt die Wichtigkeit von Liebe und Zärtlichkeit gerade für Kinder zum Ausdruck?
Ja, siehe Freundschaft mit Flo und Gespräche mit Carmen und Carmens Mutter

Wird auf die zentralen Aspekte der Prävention eingegangen?
Kommen die folgenden Aspekte im Buch vor:
Selbstbestimmung über den eigenen Körper und den Austausch von Zärtlichkeiten,
Vertrauen in die eigenen Gefühle,
schöne und bedrückende Geheimnisse,
Nein sagen,
Hilfe holen; davon erzählen?
Ja, die Aspekte werden vielfältig und an verschiedensten Stellen aufgegriffen!

Kommen gesellschaftliche Perspektiven zum Ausdruck? Handlungsperspektiven im weiteren Rahmen? Öffentlichkeitsarbeit? Anderer Umgang mit Geschlechtsrollen?
Nein! Über den sexuellen Mißbrauch an sich wird nicht diskutiert. So wird z.B. nicht erwähnt, daß sehr viele Kinder diese Art von Gewalt erleben. An einer Stelle sagt Flo: „*Ich habe schon mal gelesen, daß es Männer gibt, die so was tun.*" (S. 136) Nähere Informationen oder Fragen nach den Ursachen kommen an keiner Stelle des Buches vor.

Bietet das Buch Identifikationsmöglichkeiten mit Personen und Verhaltensweisen, die zur Achtung der kindlichen Rechte beitragen?
Indem die LeserInnen mit Ninas Ängsten und Qualen mitfühlen und mit ihr auf eine Beendigung der Ohnmachtssituation hoffen, wird deutlich, wie brutal Ninas Rechte durch Michael mißachtet werden. Das entwickelte Mitgefühl für Nina ist übertragbar auf anderen Kinder, deren Rechte durch (sexuelle) Gewalt verletzt werden.
Ebenso kann durch die Identifikation mit der positiven Figur Flo, der sich sehr für Nina einsetzt, erreicht werden, daß die LeserInnen sich ebenfalls für andere Kinder und Jugendliche engagieren.

Darüberhinaus hat sicherlich Carmens Mutter, die Nina bedingungslos glaubt, eine Vorbildfunktion.

Wird die Wichtigkeit auch der Täterprävention deutlich? Wird die Tätertherapie angesprochen?
Nein! Obwohl in dem Buch viele Jungen- und Männerfiguren auftauchen, wird dieser Punkt völlig ausgelassen.

Stilanalyse - Sprache/Form

Zur Struktur des Romans
Im Roman finden sich vier Handlungsstränge, die teils parallel laufen, sich im Laufe des Geschehens aber immer stärker ineinander schlingen. Drei Handlungsstränge sind in der Gegenwart angesiedelt, einer in der Vergangenheit. Der erste Handlungsstrang betrifft die Frage, inwieweit es Nina gelingt, ihr „Geheimnis" mitzuteilen und Hilfe zu erfahren. Der zweite beinhaltet die Liebesgeschichte zwischen Nina und Flo. Der dritte, den man eher als Nebenhandlung bezeichnen kann, beinhaltet die Geschichte der Freundschaft zwischen Nina und Carmen.

Während diese Geschehnisse in der Gegenwart spielen, wird im Laufe des Romans immer deutlicher, daß die Gegenwart entscheidend durch die Vergangenheit (4. Handlungsstrang) bestimmt wird. Diese Vergangenheit kommt durch eine Reihe von Rückblenden in den Blick, in denen teils in Form von ungesteuerten Assoziationen, teils in Form von erinnernden Beschreibungen die Geschichte des Mißbrauchs dargestellt wird. Diese Rückblenden sind nicht als lineares, durchgängiges Handlungsgeschehen konzipiert, sondern als eine Reihung von Episoden, die freilich die Entwicklung des Mißbrauchs vom 9. bis zum 14. Lebensjahr erkennen lassen.

Insofern finden wir eine Romanstruktur auf zwei Zeitebenen vor, auf der Ebene der Vergangenheit, die die gegenwärtigen Probleme wesentlich bestimmt, und der Ebene der Gegenwart, in der es um die Bewältigung dieser Vergangenheit geht. Die Zeitebene der Vergangenheit nimmt ca. 15% des Gesamtvolumens ein. Dies ist ein beachtlicher Teil. In den meisten Jugendbüchern ist der Anteil der Darstellung des sexuellen Mißbrauchs geringer, die Ausnahme bildet „Gute Nacht, Zuckerpüppchen".

Die Funktionen der Handlungsstränge.
Der **erste Handlungsstrang** (Geheimnis, Aufdeckung, Hilfe) ist deshalb so ausführlich dargestellt und bestimmt durchgehend vom ersten bis zum letzten Kapitel das Geschehen, weil es objektiv aus Gründen der Ohnmacht, des Schuld- und Schamgefühls so wie der tiefen Verletzungen für Opfer schwierig ist, ihr Schweigen zu durchbrechen und Hilfe zu holen. Die Darstellung dieses Prozesses ist das Hauptthema des Romans.

Der **zweite Handlungsstrang** (Liebesgeschichte) erfüllt mehrere Funktionen:
a) die der Verdeutlichung der Folgen des Mißbrauchs. Nina ist geprägt von extremen Berührungsängsten, die immer wieder die Liebesgeschichte beeinflussen.

b) die der Verdeutlichung der Wichtigkeit von gegenseitigem Vertrauen, das Grundlage für die Durchbrechung des Schweigens ist.

c) die der Kontrastbildung. Die Zärtlichkeit und Schönheit der Liebe werden bewußt der Perversität der Liebe in Form des Mißbrauchs entgegengestellt. Dies kann sich positiv auf die Stimmung der LeserInnen auswirken. Die Gefahr bei der Darstellung des sexuellen Mißbrauchs ist ja die Auslösung von Angst oder die negative Besetzung von Sexualität. Die Darstellung einer schönen Form von Liebe begegnet dieser Gefahr.

Funktionen des **dritten Handlungsstranges** (Freundschaft mit Carmen):
a) Die Kontrastierung des „normalen" Mädchens Carmen mit dem komplizierten („*zu ernsten*", S. 217) Mädchen Nina.

b) Die Kontrastierung der Scheinidylle der kaputten Familie Ninas und der Familie Carmens mit der Atmosphäre der Geborgenheit.

c) Die Darstellung der Folgen des Mißbrauchs bis in die intimen Beziehungen einer Freundschaft (Schweigen, Ausblendung eines Teils der eigenen Person).

d) Die Darstellung der Hilfe auf der Grundlage von Vertrauen (Carmens Mutter).

Die Besonderheiten einer solchen Romankonstruktion werden durch einen Blick auf „Gute Nacht, Zuckerpüppchen" deutlich. Dort nimmt die Darstellung der Geschichte des Mißbrauchs erheblich mehr Raum ein. Kontrasthandlungen (Freundschaft, Liebe) klingen nur kurz an bzw. werden gewaltsam beendet. Dadurch wirkt der Roman möglicherweise noch erschütternder, aber auch belastender. Die meisten anderen Bücher räumen der Schilderung des Mißbrauchs weit weniger Raum ein als im Roman „Herzsprung". Damit wird das Geschehen bisweilen blaß, die Folgen, das Aufdecken, Hilfe und Therapie nehmen einen größeren Raum ein. Uns scheint in „Herzsprung" eine sinnvolle Mischung geglückt.

Spannung
Der Roman lebt von einer starken inneren Spannung. Was die Geschichte der Aufdeckung des Mißbrauchs betrifft, so sind die LeserInnen zunächst interessiert bzw. gespannt, welches Geheimnis vorliegt. Da sich dieses ab dem 2. Kapitel als sexueller Mißbrauch erweist, verlagert sich nun das Interesse darauf, wie Nina mit diesem Geheimnis fertig wird - ohne Hilfe und gegen die Macht Michaels. Zunächst stellt sich die Frage, ob Nina die Kraft hat, das Schweigen zu brechen, dann ist ungewiß, welche Hilfe ihr zuteil wird. Diese Spannung dauert bis zum Schluß des Buches mit der dramatischen Flucht erst zu Flo, dann zu Carmens Mutter an.

Interessiert werden die LeserInnen auch die Liebesgeschichte verfolgen, die ganz eng mit der Frage verknüpft ist, ob Nina ihre Berührungsängste überwindet und ihr Schweigen bricht und ob Flo in der Lage ist, die furchtbare Wahrheit zu verkraften. Die beiden Haupthandlungsstränge haben also je ihren eigenen Spannungsbogen, der sich immer mehr mit dem jeweils anderen verbindet. Weniger spannend, aber nicht uninteressant ist die Freundschaftsgeschichte zwischen Nina und Carmen.
Schließlich sind auch die Rückblenden dramaturgisch konstruiert: Die Brutalität der Gewalt Michaels gegenüber Nina und deren Verzweiflung nehmen im Laufe der Jahre zu (s.o.).

Man könnte kritisch einwenden, daß diese mehrfache innere Spannung zwar geschickt aufgebaut ist und den Leseprozeß fördert, aber sich zu glatt auflöst in ein dreifaches Happy-End: Hilfe erfolgt, die Liebesgeschichte entwickelt sich, die Freundschaft wird wiederhergestellt. In Wirklichkeit bleibt die Zukunft - trotz der positiven Entwicklung - zu einem guten Stück offen. Der therapeutische Verarbeitungsprozeß wird lange dauern, die Familienstruktur ist zerschlagen, die „Liebe" noch ungefestigt. Die Autorin versucht, eine Balance zu halten zwischen einem Mut machenden Ende des Romans und einer schwierigen, offenen Zukunft.

Figurenkonstellation
Klammern wir einige Nebenfiguren aus, die eher sekundäre Bedeutung haben, so ergibt sich ein überschaubarer Personenkreis, dem jeweils für die Thematik repräsentative Funktionen zugeordnet sind.

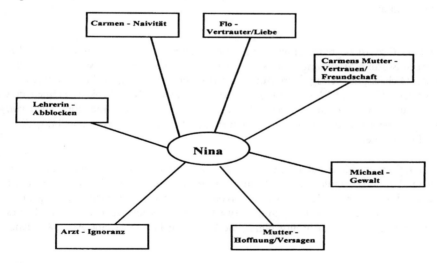

Das Schaubild verdeutlicht, daß Nina an sich umgeben ist von Personen, die Hilfe leisten könnten. In Wirklichkeit ist sie zunächst vollkommen isoliert, weil die Personen nicht angemessen reagieren. Hilfe im allerwichtigsten Bereich, nämlich in der eigenen Familie, fällt wegen des ängstlichen Verdrängungsverhaltens der Mutter aus. Die Lehrerin reagiert völlig verkrampft, der Arzt ignorant, die an sich enge Mädchenfreundschaft ist wegen der naiven Art Carmens zu oberflächlich, und auch zu Flo existiert lange Zeit eine Distanz. Bedenkt man, daß Michael die Kontakte zu dieser Umwelt seinerseits lenkt und beherrscht (Abraten vom Arztbesuch, Kontakte zur Lehrerin, Beherrschen der Mutter), so signalisiert die Personenkonstellation die zunächst hoffnungslose Situation. Allerdings entwickelt sich dann, wie dargestellt, verkörpert durch die Figuren Flo und Carmens Mutter, eine Gegenwelt, in der Nina Schutz und Hilfe findet.

Die relativ streng funktional konstruierte Figurenkonstellation hat die Wirkung, daß die wichtigsten Aspekte der Thematik übersichtlich in wenigen Personen veranschaulicht werden. Insofern setzt die Lektüre, trotz des Buchumfangs, nur eine durchschnittliche Lesefähigkeit voraus. Mit der formalen Reduktion der Problematik werden allerdings einige Aspekte ausgeklammert oder nur am Rande erwähnt: die Behandlung der Thematik in der Öffentlichkeit, andere Verhaltensweisen in der Schule bei LehrerInnen und SchülerInnen, engagierte Gruppen mit Hilfsangeboten, TherapeutInnen, Personen aus der Vergangenheit Michaels oder von Ninas Mutter, die das Verhalten der Personen biographisch hätten ausleuchten können. Mit der relativ starken Zuordnung von Funktionen und Repräsentationsaufgaben für die jeweiligen Personen mag auch eine bisweilen stark typisierende Darstellung zusammenhängen: eine doch recht starke Idealisierung von Flo und Carmens Mutter oder eine Karikierung der verklemmten Lehrerin. Hier wie an andern Stellen ist jeweils eine Haltung durchgeschlagen, die, obschon didaktisch vermutlich wirkungsvoll, gleichwohl Möglichkeiten einer literarischen Differenzierung versäumt.

Orte
Die Anzahl der Orte ist begrenzt, ähnlich wie bei der Figurenkonstellation stehen sie für bestimmte Ereignisse und Stimmungen. Das eigene Haus ist relativ negativ besetzt wegen der Anwesenheit Michaels, der versagenden Mutter und der Versuche Michaels, Flo auszugrenzen. Dagegen strahlen Haus und Wohnung Flos die Atmosphäre von Natürlichkeit, Freiheit und Vertrautheit aus (weniger Ordnung, verwilderter Garten, individuelles Interieur), auch von sozialem Engagement (Pflege der Schwester), schließlich allerdings auch von Spießbürgerlichkeit eines Mitbewohners.

Die Wohnung Carmens bildet auf andere Weise als Flos Wohnung einen Gegenpol zum Haus Ninas. Diese Wohnung strahlt ebenfalls Gemütlichkeit und Vertraulichkeit aus, aber sie ist charakterisiert durch zwei Merkmale, die Flos Wohnung abgehen: einerseits ist sie geprägt durch das „Weibliche", andererseits durch die Erwachsenen (Großmutter und Mutter). Dieses Haus wird zur eigentlichen Fluchtburg Ninas, die Wohnung Flos stellt eine Art Zwischenetappe dar.

Außerhalb dieser Wohnungen bzw. Häuser finden sich folgende Orte:

- Die Schule. Sie ist ambivalent besetzt. Sie ist der Ort, an dem die Kommunikationsstörungen Ninas sichtbar werden, ihre Selbstoffenbarung grausam mißlingt, aber in dem auch die ersten bewußten Begegnungen mit Flo stattfinden.

- Die Arztpraxis. Hier wird eine Möglichkeit der Aufklärung verspielt.
- Die Straße. Sie ist ein Ort der Begegnung mit Flo, allerdings permanent gefährdet durch die potentielle Anwesenheit Michaels.
- Das Hotel. Es ist ein Ort totaler Enthemmung des gewalttätigen Michael.
- Die Natur. Sie ist, ähnlich wie Flos Haus, in geradezu romantischem Sinn ein Ort der Natürlichkeit und Freiheit.

Überblickt man die verschiedenen Räume, so gibt es zunächst überhaupt keinen Raum, in dem Nina Schutz finden könnte. Selbst Carmens Wohnung strahlt zwar Geborgenheit aus, allerdings für sie nur begrenzt wegen ihres Geheimnisses und des Schweigezwanges. Die erste Geborgenheit findet sie in der Umgebung Flos, die letzte reale erst nach ihrem Umzug in das Haus Carmens. So symbolisieren die Orte auf übersichtliche Art jeweils den Stand des Geschehens und die Stimmung Ninas.

Die Zeit
Es existieren, worauf bereits hingewiesen ist, zwei Zeitebenen: die der Vergangenheit (Mißbrauch) und die der Gegenwart (Bewältigung der Vergangenheit). Die erste umfaßt fünf bis sechs Jahre (ab Ninas 9. Lebensjahr bis zum Alter von 13 Jahren). Ausgeklammert sind ca. zwei Jahre, in denen der Mißbrauch weitergegangen und schließlich von Michael beendet worden ist (Gründe unbekannt). Die zweite Zeitebene umfaßt einige wenige Monate (vom Frühling, Kap. 1, bis zum Sommer, Kap. 10ff.).

Bei der Darstellung der erinnerten Zeit liegt mithin eine erhebliche Zeitraffung vor. Dadurch daß die Autorin aus dieser Zeit, gleichmäßig auf die Jahre verteilt, exemplarische Szenen beschreibt (Mißbrauch mit 8/9, 10, 11 und 12 Jahren), erzielt sie eine zweifache Wirkung. Zum einen schildert sie die Entwicklung der Brutalität des Mißbrauchs als Prozeß, zum andern gleicht sie durch das Ausmalen punktueller Szenen Erzählzeit und erzählte Zeit tendenziell an. Bisweilen scheint es, insofern die Szenen quälend lang beschrieben werden, sogar als ob Zeitdehnungen vorliegen, die einem den Mißbrauch unter die Haut gehen lassen.

Bei der Darstellung der Gegenwartsebene gibt es keine genau faßbaren Zeitangaben. Da nur wenige Monate auf erheblich mehr Seiten beschrieben werden, ist die Zeitraffung nicht so extrem. Ohne daß genaue Zeitzäsuren gesetzt werden, wird das Geschehen in seiner Kontinuität beschrieben (Liebesgeschichte, Geschichte der Aufdeckung). Ob man die Zeitangaben „Frühling" und „mitten im Sommer" als symbolisch ansehen kann (Aufbruch und Reife), ist nicht sicher, aber es lichtet sich das Leben Ninas zu einer neuen Freiheit.

Innerhalb dieser Monate wird eine Reihe von Episoden geschildert, die freilich nicht so wie die Erinnerungsszenen auf exemplarische Situationen konzentriert sind: das Aufkeimen der ersten Liebe (Kap. 1-4, beschrieben werden wenige aufeinanderfolgende Tage), der Geburtstag mit Folgen (Kap. 5ff.) und der dramatische Schluß (Kap. 12). Bisweilen gleichen sich auch hier Erzählzeit und erzählte Zeit an: in den vielen Gesprächen zwischen Flo und Nina oder in den quälend bedrohlichen Begegnungen zwischen Nina und Michael.

So werden jeweils funktional Erzählzeit und erzählte Zeit kompositorisch sinnvoll eingesetzt: die Vergangenheit dramatisch und schockierend in exemplarischen Szenen, durch Zeitdehnungen eindrucksvoll in Erinnerung gerufen, und die Gegenwart als zunächst ruhigere Liebesgeschichte, die mit dem Moment der Selbstoffenbarung auch einen dramtischen Lauf bekommt. Die Vergangenheit (Tempus Imperfekt) wird als Teil der Gegenwart geschildert und die Gegenwart (Tempus Präsens) als Entwicklung mit ungewissem Ausgang.

Zur Erzählsituation
Das Geschehen ist durchgehend aus der Ich-Perspektive beschrieben. Sie erleichtert den LeserInnen die Identifikation, zumal der Ich-Erzählung der Hauch des Dokumentarischen, authentisch Erlebten anhaftet (obschon im vorliegenden Fall von einem fiktionalen Roman auszugehen ist). Die Ich-Erzählung hat zudem den Vorteil, daß in der Selbstdarstellung die Momente besonders akzentuiert werden, die aus der subjektiven Sicht des Ich besonders wichtig sind, z.B spezifische Erinnerungen an den Mißbrauch oder dessen Aufdeckung oder intime Empfindungen der Liebe. Die Intimisierung und gleichzeitige Verengung der Perspektive kann durch mancherlei formale Variationen ergänzt und „objektiviert" werden, z.B. durch Gespräche, die im vorliegenden Roman eine wichtige Rolle spielen. Carmen, Flo, Michael und die Mutter werden zu einem guten Teil in ihrem Reden über das hinaus bekannt, was die Ich-Erzählerin ihrerseits explizit benennt. So lernt der Leser etwa Flo in seinem Handeln und in der Selbstdarstellung in seinen Gesprächen mit Nina so gut kennen, daß er sich, auch wenn Nina die zentrale Figur des Romans bleibt, auch Flo sehr nahe fühlen, sich vielleicht sogar mit ihm streckenweise identifizieren kann. Diese Ergänzung der Ich-Perspektive durch eine Außenperspektive macht möglicherweise den Roman nicht nur für Mädchen interessant, sondern spricht auch die Jungen auf eine spezifische Weise (Jungenperspektive) an. Freilich sind auch die Grenzen einer so erweiterten Ich-Perspektive sichtbar. Die Umwelt wird relativ eingeschränkt wahrgenommen (s. Personenkonstellation, Orte), die Personen werden nur bruchstückhaft vorgestellt (ohne Geschichte und damit Tiefenstruktur), die Reflexion über das Geschehen und darüber hinausgehende allgemeine Überlegungen zur Thematik bleiben beschränkt.

Allerdings verfährt die Autorin nicht konsequent mit der Perspektivenwahl. So ist die Sprache nicht immer die einer Fünfzehnjährigen (*„mich dünkt"*) oder es werden Reflexionen eingeschoben, die situativ und altersmäßig nicht passen (*„die habe ich so tief verdrängt, daß ich sie selbst nicht mehr weiß", S. 143*). Hier schaut der Ich-Erzählerin offensichtlich eine zweite, quasi auktoriale Erzählerin (bzw. die Autorin selbst) über die Schulter und trifft Feststellungen, die für die LeserIn informativ, wenn auch von der literarischen Konstruktion her nicht ganz konsequent sind.

In einem Teil der Erinnerungsszenen wechselt die Ich-Perspektive in die personale Erzählsituation in Form einer „Sie-Erzählerin" (In der Literaturwissenschaftlich noch immer „Er-Erzähler" genannt). Die Ich-Erzählerin schildert ihre Erlebnisse aus der Sicht des Kindes Nina. So koppelt sie die schmerzhaften Erinnerungen ein wenig von sich ab, das kleine Mädchen, wenngleich objektiv ein Teil des Ich, erscheint als eine verselbständigte Person. Erst nachdem die Ich-Erzählerin Vertrauen zu Flo gefaßt hat, bekommt sie die Kraft, die Erinnerungen in

Jugendbuch   Analyse und Bewertung von Kinder- und Jugendbüchern   219

der Ich-Form zu schreiben, sie also näher an sich heranzulassen und ihre Geschichte als ihre eigene zu akzeptieren.

Sprache

Die Sprache läßt sich - entsprechend der Dominanz der beiden Grundthemen - den Polen Gewalt und Liebe zuordnen.

Zur sprachlichen Darstellung des sexuellen Mißbrauchs

Wir haben bereits darauf hingewiesen, daß die Rückblenden, die sich auf den sexuellen Mißbrauch beziehen, einen beachtlichen Anteil am Gesamtumfang einnehmen (ca. 15%). Die Szenen, die direkt den sexuellen Mißbrauch darstellen, machen ungefähr 10% des Gesamtvolumens aus (über 20 Seiten). Dies bedeutet einen erheblichen Anteil, der, verglichen mit anderen Jugendbüchern, sehr hoch ist (s.o.).

Wir haben ferner festgestellt, daß die brutale Gewalt Michaels im Laufe der 5 bis 6 Jahre des Mißbrauchs zunimmt, was die Autorin durch die entsprechende Auswahl von Episoden verdeutlicht:

- die feste Umarmung Michaels (Sauna)(S. 27ff.)   Alter 8 Jahre
- das Berühren der Vagina (S. 48ff.)
- die Selbstbefriedigung Michaels am Körper
    Ninas („reibt sich an meinem Bauch" (S. 61ff. u.150ff.)   Alter ca.9 Jahre
- die Penetration der Vagina durch den Finger Michaels (S. 101ff.)   Alter 11 Jahre
- der Versuch der oralen Vergewaltigung (S. 205ff.)   Alter 12 Jahre

Der Mißbrauch wird mithin nicht nur quantitativ ausführlich, sondern auch in seiner Prozeßhaftigkeit dargestellt. Der Verfasserin ist sichtlich daran gelegen, bei allem Interesse im Umgang mit den Folgen des Mißbrauchs dessen brutale Realität nicht zu verdrängen. Hat sie eine Sprache gewählt, die dem Geschehen qualitativ angemessen ist? Vergleichen wir zwei der fünf Mißbrauchsszenen.

Szene Sauna (S. 27ff.)

Zunächst wird die Arglosigkeit Ninas und ihre Liebe zum „*neuen Pappi*" charakterisiert: „*hatte mit ihm rumgeschmust*", „*hatte ihn gerne gemocht*", „*hatte ihn toll gefunden*", „*hatte immer lieb sein wollen*", „*hatte immer seine Hand gehalten*". Sowohl in Gesten (Verben) wie in ihrer inneren Einstellung (Adjektive) kommt ihre Haltung zum Ausdruck.
Dieser Stimmung Ninas kontrastiert die Brutalität Michaels, der bereits 2 Monate nach Eintritt in die Familie den ersten sexuellen Übergriff ausführt. Sein Verhalten wird vor allem durch eine Reihe von (z.T. adverbial ergänzten) Verben charakterisiert: „*Ganz komisch schaute er sie an*", „*umklammerte ihre Schulter*", „*drehte sie*", „*setzte sie*", „*zog sie...heran*", „*preßte seinen Mund*", „*atmete schneller*", „*begann zu keuchen*", „*hielt sie fester*" usw.

Ninas Haltung wird charakterisiert durch Substantive, die wie *„Angst"* oder *„Tränen"* ihre psychische bzw. psychosomatische Reaktion ausdrücken, häufig aber die Körperlichkeit des Geschehens insgesamt unterstreichen: *Füße, Kopf, Arme, Augen, Schoß, Schulter, Knie, Rücken, Hände, Hüften, Mund, Schulter, Bauch, Rücken, Kopf, Lippen, Ohr.* Die Verben drücken häufig ihre Erstarrung und die Versuche der Abwehr aus: *„saß steif", „den Rücken gestreckt", „sah krampfhaft vorbei"*, aber auch ihre psychosomatische Erschütterung: *„ekelte sie", „Zähne schlugen aufeinander", „ließ sich sinken".* Im Bereich der Adjektive läßt sich der Prozeß des Mißbrauchs ablesen: *„ordentlich", „eifrig"* (vor Beginn des Mißbrauchs), *„eigenartig, anders als sonst", „fremd", „mager", „häßlich", „klein", „rauh", „nackt", „durcheinander"* (mit Beginn des Mißbrauchs), *„klein", „traurig", „beschwörend"* (nach dem Mißbrauch). Insofern finden sich auf engstem Raum Wortfelder, die die Arglosigkeit Ninas, dann ihre Verstörung und ihre Abwehrversuche (bis zur Ich-Spaltung), schließlich die Brutalität Michaels wortreich, konkret und genau charakterisieren.

Die Intensität des Geschehens wird an einigen ausgewählten Stellen durch rhetorische Mittel verstärkt, etwa durch Metaphern (*„wie in einem Schraubstock"*) oder durch Bündelungen von rhetorischen Figuren wie Wiederholungen, Inversionen, Anaphern, Parallelismen, Steigerungen: *„Er schaute sie an. Ganz komisch schaute er sie an... Michaels Augen schauten so eigenartig"*, oder: *„Nina hatte Angst. Vorher hatte sie vor Michael noch nie Angst gehabt. Vor Michael konnte man ja gar keine Angst haben..."*

Der Dialog zwischen beiden läuft auf zwei Ebenen: Der des arglosen Vertrauens (Nina) und der des strategisch inszenierten Mißbrauchs (Michael). Er ist geprägt durch die Asymmetrie von Hilflosigkeit und Macht und verstummt in der wortlosen Gewalt und dem nur noch inneren Hilferuf Ninas.

Die Syntax spiegelt das Geschehen wieder. Die Sätze, durchgehend in der Einfachheit (begrenzte Hypotaxe, relativ kurze Sätze) der Sprache eines 14-bis 15jährigen Mädchens, werden in der bedrängenden Situation noch einmal verknappt (*„Michael keuchte heftiger... Aber Nina schrie nicht. Sie zählte die Wassertropfen..."*) und enden bisweilen in Ellipsen, weil die innere Stimmung die Regeln vollständiger Sätze sprengt. (*„An das nächste Diktat. An ihren weißen Elefanten"*). In den Gesprächen wird Michaels Rede durch Ausrufungssätze in Form von Anweisungen und Befehlen, Ninas Rede durch Fragesätze und Ausrufe in Form von Bitten und Hilferufen charakterisiert. Ihre verbalen (*„Nein, Michael, bitte"*) und nonverbalen Abwehrversuche (*„schüttelte den Kopf"*, innerer Monolog) sind angesichts der erwähnten Asymmetrie der Macht zum Scheitern verurteilt.

Szene: Mißbrauch im Elternschlafzimmer (S. 150ff.)

Diese Szene unterscheidet sich von der vorhergehenden strukturell in einem Punkt. Nina ist aus dem Stadium der Sorglosigkeit und Ambivalenz heraus, schon bei der Vermutung einer weiteren Mißbrauchsszene bricht in ihr blankes Entsetzen aus. Es fehlt entsprechend ein Wortfeld, das auch nur ansatzweise Sympathie, Zärtlichkeit oder Schwärmerei für den „Vater" ausdrückt. Stattdessen löst bereits die Andeutung der zu erwartenden Vergewaltigung Panik aus: „*Vor Schreck werfe ich die Cola-Flasche um.*" Die Verben „*heulen*", „*schluchzen*", „*erstarren*", „*in Tränen ausbrechen*", „*(hemmungslos) weinen*", „*zusammensacken*", „*tot sein*" nehmen bereits das kommende Elend voraus, ebenso die Substantive „*Schreck*", „*Angst*", „*Tränen*" und die Adjektive „*verzweifelt*", „*leer*", „*klein*", „*schwarz*" und „*tot*". Nach einem Jahr des Mißbrauchs bricht - trotz aller Versuche der Verdrängung und Abspaltung - das Gefühl der absoluten Erniedrigung, der Zerstörung und des Todeswunsches durch.

Gleichwohl ist Nina ein Stück Abwehrkraft geblieben, sie versucht auf alle ihr möglichen Weisen, die nächste Katastrophe zu verhindern: im Dialog mit Michael, indem sie ihren Wunsch, allein zu bleiben, mehrfach ausdrückt; im Herauszögern des Schlafengehens, indem sie sich bewußt langsam auszieht, sich im Badezimmer einschließt und in der Rettung der Spinnen ein gutes Ende simuliert; ferner im Verstecken in der „Höhle" der Bettdecke und in der strategischen Verstellung (freundlich, lächeln), um Michael nicht zu reizen. All diese verbalen und nonverbalen Abwehrreaktionen kontert Michael. Den sprachlich formulierten Wunsch pervertiert er, indem er das Recht auf Alleinsein und Selbstbestimmung als „undankbar" und „egoistisch" erklärt. Den Wunsch der Mutter, „lieb" zueinander zu sein, interpretiert er um in deren Zustimmung zur sexuellen Gewalt. Die Orte der Zuflucht erobert er gewaltsam (*„knallt mit den Fäusten*" an die Badezimmertür, „*zieht die Decke weg*"). Ihre strategische Abwehr mißdeutet er bewußt: „*Dir gefällt das sehr gut.*" Der sprachlichen Welt der Abwehr, Flucht und Freundlichkeit steht die Sprache der Eroberung, Verfolgung und Perversion ins Lieblose und Brutale gegenüber. Die „Gespräche" sind angesichts der einseitigen Verteilung der Macht asymmetrisch angelegt und keine wirklichen Dialoge.

Die Darstellung des Mißbrauchs selbst ist charakterisiert durch Verben der Gewalt: „*kniet über mir*", „*legt Hand auf meine Mund*", „*reibt sich an meinem Bauch*", „*packt Schulter*", „*hört nicht mehr auf*", „*starrt mich an*", „*hält mich wie ein Schraubstock*". Im Vergleich mit der vorherigen Szene signalisieren die Verben noch stärkere Rücksichtslosigkeit und Brutalität, eine übermächtige körperliche Gewalt. Demgegenüber ist die Situation Ninas durch Verben der Ohnmacht charakterisiert (*„flüstern*", „*schreien*", „*versuche, zur Seite zu drehen*", „*schließe die Augen*"). Während zunächst noch die Person Ninas sich zu wehren versucht (*„ich schreie*"), ist sie anschließend zur Passivität entpersönlicht (*„schreit es in mir*"). Die Technik der Ich-Spaltung funktioniert nicht mehr, das Elend ist total, und der Ruf nach der Mutter, wie immer, vergeblich.

Die Bilder und Symbole, zunächst noch Ausdruck der Hoffnung (Spinne als Symbol der Rettung, Elefant und Stofftiere als Symbole für Geborgenheit und „menschliche" Nähe, die Betthöhle als Symbol für Schutz und Flucht, die embryonale Kauerhaltung als Bild für das kindliche Bedürfnis nach mütterlichem Schutz), werden hinfällig angesichts der absoluten körperlichen Ohnmacht, die in einem schon in der ersten Szene benutzten Vergleich zum Ausdruck kommt: „*wie ein Schraubstock*".

Die Syntax ist - erstaunlich für eine so emotionsgeladene Szene - durchgehend in Form einfacher, kurzer, kompletter Sätze intakt. Sie löst sich erst in einer knappen Passage zum Höhepunkt der Gewaltszene auf, einerseits in den von Seiten Ninas geflüsterten Bitten, andererseits im Gestammel enthemmter Lust von Seiten Michaels. Hier häufen sich auch wieder auf engstem Raume rhetorische Mittel wie Anaphern, Wortwiederholungen, Parallelismen, Inversionen, rhetorische Fragen, Steigerungen. Auch wenn Michael Nina, grammatikalisch gesehen, anspricht, ist dies doch ein undialogisches, egomanisches Stammeln, auf das Nina nur mit ohnmächtiger Abwehr reagieren kann.

Zusammenfassung: Die Autorin räumt der Darstellung des Mißbrauchs einen breiten Raum ein. In fünf z.T. mehrere Seiten langen Szenen beschreibt sie die Stimmungen vor dem Mißbrauch, die Abwehrversuche Ninas, den Mißbrauch selbst und die Versuche, Hilfe zu bekommen. Die Beschreibungen der Ohnmacht, der Abwehrversuche und der Brutalität des Mißbrauchs nehmen von Szene zu Szene an Intensität zu. Die bereits im Beispiel 2 (Szene im Elternschlafzimmer) beschriebene panische Angst hat fast 3 Jahre später noch zugenommen (Ponyhof), die verzweifelten Abwehrversuche ebenfalls (Brief, Telefonat, *„ich kämpfte wie noch nie in meinem Leben!"*, S. 210), ebenso die Formen des Mißbrauchs und die Schwierigkeit, durch Strategien der bewußten Verdrängungen vom Unglück abzulenken. Wie tief gleichwohl die extremen Erfahrungen unbewußt in seelische Tiefenbezirke abgedrängt worden sind, zeigt sich in der Darstellung der Ereignisse des 18. September, der Mühe, sich überhaupt zu erinnern, und der Schmerzhaftigkeit ihrer Beschreibung.

Die dramaturgische Anordnung der Szenen hat mehrere Gründe und Funktionen. Zum einen wurde der Mißbrauch objektiv im Laufe der Jahre brutaler. Zum zweiten erinnert sich die Erzählerin, psychologisch plausibel, an die weniger brutalen Szenen zuerst, nach und nach dann auch an die schmerzhafteren. Zum dritten werden die LeserInnen, lesepsycholgisch sinnvoll, Schritt für Schritt in die vielen unbekannte, schockierende Welt der Gewalt eingeführt.

Sprachlich werden die Szenen sowohl im psychologischen wie psychosomatischen Bereich quantitativ und qualitativ ausdifferenziert. Gewiß sieht die Autorin davon ab, die Geschlechtsteile begrifflich zu benennen, wie sie auch mancherlei Details in den Mißbrauchsszenen undeutlich darstellt (s.o.). Aber sowohl die Gefühle wie auch der reale Ablauf des Mißbrauchs werden so ausführlich, konkret und sinnlich beschrieben, daß die Situationen vorstellbar werden und unter die Haut gehen. Was ein wenig verwundert, ist die Tatsache, daß - bis auf wenige Passagen - die Syntax auch in emotional aufgewühlten Situationen recht komplett bleibt. So syntaktisch ordentlich dürften sich in Wahrheit Assoziationen oder im Gespräch aktivierte Erinnerungsfetzen kaum verbalisieren. Andererseits liest sich der Text durch solche syntaktischen Glättungen, die eher die Sprache einer distanzierten Autorin als die einer aufgewühlten Ich-Erzählerin wiedergeben, ein wenig leichter, schneller und distanzierter.

Zur Sprache auf der Zeitebene der Gegenwart: Angst und Liebe
Die Darstellung des Mißbrauchs findet sich nur in erinnerten Szenen, da Michael seit etwa einem Jahr seine physische Gewalttätigkeit eingestellt hat. Die Wortfelder, die die gegenwärtige Situation wiedergeben, beschreiben die Folgen des sexuellen Mißbrauchs um die Zentralthemen der Angst, des Geheimnisses und der Beziehungsstörungen. Ihnen gegenüber steht als Gegenpol ein Wortfeld um die Begriffe Vertrauen und Liebe.

Die Angst Ninas ist von der gleichen Stärke wie zur Zeit des Mißbrauchs selbst. Substantive wie *„Angst", „Wut", „Haß", „Schmerz", „Tränen", „Weinen"* ziehen sich durch das ganze Buch. Adjektive wie *„einsam", „tot", „reglos", „eiskalt", „starr", „kaputt"* drücken die nach wie vor extreme psychische Situation Ninas aus. Hervorstechend sind die Beschreibungen der psychosomatischen Folgen, das immer wieder dargestellte *„Zittern", „Zucken"* der Finger und des Körpers (S. 21,27,40,56), der *„Schrei"* nach Hilfe oder die versagende *„gepreßte"* Stimme (S. 21, 195), das *„Rauschen"* im Kopf, das geradezu leitmotivisch auftaucht, ebenso die psychosomatische Folge der *„Pusteln"*, des *„Juckreizes"* und des *„blutig Kratzens"* (S. 20,59,169,190/91 etc.). Insofern ist der Mißbrauch in seinen Folgen sprachlich in gleicher Intensität präsent wie in den Erinnerungsszenen.

Das *„Geheimnis"* mit der Folge des *„eisigen Schweigens"* (S. 135) durchzieht ebenso die Geschichte des Mißbrauchs bis weit in den Aufdeckungsprozeß hinein. Leitmotivisch kommt das *„Rotwerden"* häufig vor, das in unterschiedlichen Facetten Gefühle wie Verlegenheit, Schuld und Scham, Etapptwerden oder Panik ausdrückt, bisweilen gegenüber Flo zugleich die Freude der menschlichen Nähe.

Ausgeprägt ist das Wortfeld um das Phänomen der Beziehungsstörungen herum, insbesondere in der Ausprägung der Berührungsängste. Sie sind infolge des Mißbrauchs bei Nina sehr stark vorhanden und bestimmen die Kommunikation mit der Umgebung insgesamt, insbesondere in der Beziehung zu Carmen, die gestört ist durch die Sprachlosigkeit Ninas, und zu Flo, in der zur Sprachlosigkeit sehr komplexe psychosomatische Reaktionen hinzukommen. Reaktionen auf leichtere Körperberührungen werden beschrieben mit Begriffen wie *„Gänsehaut", „unerträglich", „haßte", „zitterte", „lachte hysterisch", „starr", „Wut"* (S.15ff.,58,115,162). Die Erfahrungen der Gewalt prägen die gesamte Person Ninas und ihre Beziehungen bis in die Intimität der Liebe hinein.

Diesen negativ besetzten Wortfeldern steht die Erfahrung von Vertrauen und Liebe gegenüber. Von Anfang an drückt sich diese Gegenwelt zur Welt der Gewalt in vielfältigen begrifflichen Variationen aus. Bereits um die Wohnung Carmens (S. 26ff.) bildet sich ein Wortfeld wie *„weiblich", „sanft", „kuscheln", „wohlfühlen", „schön", „angenehm", „anschmiegen"*, das ähnlich in den ersten Begegnungen mit Flo aufgenommen wird: *„sanft", „süß", „lächeln", „nett", „trällern", „fröhlich", „schön", „gutgehen", „verliebt"* (S. 37ff.,45), *„gern haben", „lachen", „Vertrauen", „Sonne", „Garten", „selig", „gut tun", „träumen", „Himmel"* (S. 129ff.), *„Umarmung", „sicher"", „Geborgenheit", „Zusammengehörigkeitsgefühl", „Sich-Verstehen", „Mitleiden", „tiefes Verständnis", „Bewunderung"* (S. 141ff.), *„Freiheit", „Strömen der Energie", „Kuß", „wohlig warm"*.
Es ist aus der Aufreihung der Begriffe zu entnehmen, daß sie quantitativ zahlreich sind und daher für die LeserInnen einen wirklichen Gegenpol bilden gegen die destruktiv und negativ besetzte Sprachwelt der Gewalt. Sie spiegeln zugleich eine Entwicklung wieder, die sich insbesondere auf Flo bezieht und von anfänglichen Sympathiegefühlen, die sich mit Berührungsängsten mischen, bis zum Ausdruck tiefer *„Geborgenheit"* führen. Auch die häufiger gebrauchten Worte *„sprechen", „reden"* bilden in diesem Zusammenhang zunehmend den Gegenpol zu den Begriffen *„Geheimnis"* und *„Schweigen"*.

Zu Anfang und zu Ende des Romans (S. 26,216) fügt die Erzählerin den genannten positiv besetzten Wortfeldern eine Besonderheit hinzu: *„weiblich"* bzw. *„Frau" („in den Arm genommen zu werden von einer Frau")*. Die weibliche Welt der Großmutter und Mutter Carmens bringt ihr - die Beziehung zu Flo relativierend - erst die wirklich ersehnte Sicherheit, Wärme und Geborgenheit. Erhofft hatte sie sich diese von ihrer eigenen Mutter. Aber obwohl es zu dieser Formen verhaltener Zärtlichkeit gibt (S. 123,127), fühlt sich Nina doch alleingelassen. Ihre Sehnsucht nach mütterlicher Zuwendung bleibt unerfüllt und äußert sich in Formen regressiver Phantasien embryonaler Geborgenheit.

AdressatInnenbezug

Das Buch liefert - in literarischer Form - eine Menge an Aufklärung über den sexuellen Mißbrauch. Wir erfahren von typischem Täter/Opferverhalten, den Ursachen des Mißbrauchs, den psychischen, psychosomatischen und sozialen Folgen, der Schwierigkeit sich mitzuteilen, einem Weg, dieses trotzdem zu tun und Hilfe zu erfahren. Das Buch macht zudem durch den positiven Schluß, insgesamt aber auch durch das Einbeziehen einer Liebesgeschichte in das Geschehen Mut und vermeidet es, durch die einseitige Fixierung auf den Mißbrauch selbst, Angst vor Sexualität und Liebe zu erzeugen. Gewiß hätte die Umwelt stärker einbezogen werden können, die Reflexionsebene samt der Vermittlung von Fakten kommt etwas knapp weg. Gleichwohl entsteht ein eindrucksvolles Bild zum Thema des sexuellen Mißbrauchs und den Schwierigkeiten, das Schweigen zu brechen.

Trotz der schwierigen Thematik ist das Buch gut zu lesen. Es ist, von der Wortwahl und Syntax her, einfach zu rezipieren. Über unterschiedliche Handlungsstränge wird jeweils eine hohe Spannung aufgebaut (Darstellung des Mißbrauch über Jahre hinweg, Darstellung der Überwindung des Schweigegebots, die Liebesgeschichte). Dabei bleiben die Strukturen übersichtlich, sowohl in der Trennung und Verschachtelung der Zeitebenen als auch bei der Konzentration auf eine begrenzte Zahl von signifikanten Orten und auf die Konstellation eines begrenzten, typisierten Personenkreises. Auch wenn man sich die Personen hier und da noch komplexer gewünscht hätte, verdeutlichen sie, lesepsychologisch und didaktisch effektiv, typische, realistische Haltungen.

Das Buch bietet mehr als Spannung. Es schildert überzeugend die zutiefst erschütternde, realistische Geschichte eines innerfamiliären Mißbrauchs über Jahre hinweg. Diese Wirkung wird nicht zuletzt durch die gelungene Sprache des Romans erzielt. Der Mißbrauch selbst wird sprachlich (fast) ohne Tabuisierung dargestellt. Er wird samt seinen Folgen wortreich, genau, sensibel und ohne irgendwelche Beschönigungen beschrieben. Das Hauptgewicht liegt dabei auf der Darstellung des schmerzhaften Brechens des Schweigegebots. Die Erinnerung an das brutale Geschehen ist durchgehend präsent und macht die Schwierigkeit des Sprechens plausibel. Erträglich wird die Lektüre dadurch, daß gegenüber dem Mißbrauch ein positiver Gegenpol in Form einer sehr schönen Liebesgeschichte und der Hilfe von Seiten der Mutter Carmens errichtet wird.

Die Erzählperspektive lädt zur Identifikation ein - wenigstens für Mädchen im Alter von 14/15 Jahren. Aber mit Flo existiert auch eine Junge, der in das Geschehen involviert ist und auf unkonventionelle Weise, wenn auch ein bißchen idealisiert, für lesende Jungen eine Brücke ins Geschehen bilden könnte. Das Buch ist für Nichtbetroffene und Betroffene gleichermaßen geeignet. Zwar wird es auf Grund des Alters der LeserInnen zumeist nicht mehr der primären Prävention dienen. Den nicht Betroffenen bietet es ein realistisches Bild zur Thematik. Sie werden besonders im emotionalen Bereich angesprochen, indem sie, wie Nina, mit Angst, Verzweiflung, Ohnmacht, Wut und Haß auf die Ungeheuerlichkeit des sexuellen Mißbrauchs reagieren. Sie werden auch sensibilisiert für Folgen und Symptome des Mißbrauchs und erfahren Möglichkeiten, im Sinne von Flo oder Carmens Mutter aufmerksamer zu reagieren, als dies die meisten Personen des Romans können. Neben dem affektiven und sozialpragmatischen Lernprozeß, den der Roman initiiert, wird weniger stark der kognitive Lernbereich angesprochen. Die Ansätze der Reflexion über Gesetzmäßigkeiten und Folgen müßten sicher vertieft werden.

Für Betroffene dürfte der Roman in mehrfacher Hinsicht hilfreich sein. Zwar wird sicher das eine oder andereMädchen (gleiches trifft für Jungen zu) die Lektüre zu belastend finden und das Buch beiseite schieben. Wir wissen allerdings auch aus Berichten von Betroffenen und AutorInnen von Lesungen (z.B. gibt es eindrucksvolle Hinweise dazu auf Lesungen von H. Hassenmüller), wie sehr die Lektüre trotz und gerade wegen der aufwühlenden realistischen Darstellungsweise nützt. Die Betroffenen finden Konstellationen des Mißbrauchs so dargestellt, wie sie sie selbst erlebt haben. Damit verbunden ist häufig eine entlastende Reaktion: Ich bin nicht allein, andern ist es auch so gegangen. Sie sehen auch realistisch dargestellt, wie schwierig es ist, das Schweigen zu durchbrechen und vertrauensvolle Ansprechpartner zu finden. Die Mutter, die Freundin, der Arzt, die Lehrerin versagen, ehe Nina bei einem Freund, später der Mutter der Freundin Verständnis und Hilfe findet. Gewiß kann die Lektüre mit innerer Erschütterung verbunden sein. Ein solcher Effekt kann kathartischen Charakter haben, verdrängte Erinnerungen hervorholen und den Drang erzeugen, das Schweigen zu durchbrechen. Es kann auch sein, daß die hervorbrechende innere Realität die LeserInnen sehr stark belastet. Insofern ist es sinnvoll, die Jugendlichen über entsprechende Hilfsinstitutionen zu informieren, die im Buch leider fehlen. Insgesamt ist aber davon auszugehen, daß das Buch Mut macht. Zudem ist auch die brutale Realität des Mißbrauchs immer wieder dadurch abgefedert, daß seine Aufdeckung eingebunden ist in eine Liebesgeschichte. Das Buch schildert die Ängste ohne Bagatellisierung, aber es trägt - gerade durch die Offenheit der Beschreibung - zur Verarbeitung bei. Es ist nicht nur bedrückend, aufklärend und hilfreich, sondern auch schön. Es ist daher für die private Lektüre wie für die Schullektüre zu empfehlen.

Verglichen mit andern Jugendbüchern hat „*Herzsprung*" einen durchaus eigenen Charakter. In der Ausführlichkeit und Genauigkeit der Darstellung des sexuellen Mißbrauchs ist es mit dem Buch „*Gute Nacht, Zuckerpüppchen*" von H. Hassenmüller zu vergleichen. Letzteres ist wahrscheinlich noch schockierender als „*Herzsprung*". Eindeutig steht bei „*Gute Nacht, Zuckerpüppchen*" die Geschichte des Mißbrauchs im Vordergrund, weniger die Geschichte seiner Aufdeckung. Es fehlen auch die entlastenden Momente, die Liebes- und Freundschaftsgeschichten brechen rasch ab und sind nicht so intensiv. Eine Person wirklichen Vertrauens wie die Mutter

Carmens findet sich in „*Gute Nacht, Zuckerpüppchen*" nicht. Gleichwohl, vielleicht auch gerade wegen der ungeschminkten Darstellung der Realität, ist das Buch, mittlerweile ein Klassiker auf dem Markt, für die Jugendlichen offensichtlich sehr attraktiv, wie auch die Unterrichtsreihe in einer 9. Klasse zeigt, die Frau Ex in diesem Band vorstellt. Die Jugendlichen haben offensichtlich keinen Anstoß an der Zeitebene des Buches (Nachkriegszeit) genommen. Auch die TeilnehmerInnen eines Deutschseminars (22-24 Jahre) zeigten sich ohne Ausnahme sehr gefesselt von „*Gute Nacht, Zuckerpüppchen*". Die Reaktionen variierten zwischen Entsetzen, Schock, Wut, Haß, Trauer, Erschütterung, Fassungslosigkeit und Gefühlen der Ohnmacht. Die meisten gerieten - wie viele SchülerInnen - in einen regelrechten Lesesog, einige brauchten wegen der starken emotionalen Belastung längere Zeit.

Im Vergleich zwischen „*Gute Nacht, Zuckerpüppchen*" und „*Herzsprung*" plädierten einige StudentInnen für „*Gute Nacht, Zuckerpüppchen*" wegen seines Realismus und seines autobiographischen Gehalts, eine größere Zahl hatte aus anderen Gründen größere Sympathie mit „*Herzsprung*": wegen seiner erträglicheren Darstellung des Mißbrauch, wegen der positiveren Gesamtstimmung (Liebesgeschichte, Hilfen beim Umgang mit dem Mißbrauch), wegen der besseren Identifikationsmöglichkeiten und wegen der Zeitebene der Gegenwart. Diese Argumente führten jedoch in keinem Fall zu einer Abwertung von „*Gute Nacht, Zuckerpüppchen*". Einige, die weitere Bücher gelesen hatten, räumten beiden einen besonderen Wert ein.

In den meisten Büchern kommt der Mißbrauch eher in sehr knapper Form zur Sprache, es überwiegt das Interesse an den Folgen und am Prozeß der Aufklärung (z.B. „*Das Messer aus Papier*" von M. Talbert). Bisweilen wird auch eine positive Gegenwelt entworfen, etwa in „*Liebste Abby*" von Hadley/Irwin. Selten findet sich eine Darstellung der Therapie, was bedauerlich ist, weil darin für Betroffene eine konkrete Perspektive liegen könnte, ebenfalls ist zumeist der juristisch-organisatorische Bereich ausgeklammert. Die Therapie wird am ehesten noch in den Büchern „*Merle ohne Mund*" von E. Reuter, „*Schweigemund*" von H. Neumann und „*Nicht so nah, Vater!*" von K. Verleyen dargestellt. Sofern bei Jugendlichen Fragen dazu aufkommen, ist wahrscheinlich ein Gespräch notwendig oder die Lektüre von Fallbeispielen, etwa E. Garbe, „*Martha. Psychotherapie eines Mädchens nach sexuellem Mißbrauch.*" Die Aspekte Öffentlichkeit/Medien werden stärker in „*Lieber Vater! Böser Vater!*" berücksichtigt. Betroffene Jungen werden sich mehr noch als in „*Herzsprung*" in „*Das Messer aus Papier*" von M. Talbert und „*Es fing ganz harmlos an*" von F. Kühn wiederfinden. Zur Täterprävention eignet sich wahrscheinlich das Buch „*Eigentlich ist gar nichts passiert*" von N. Mazer am besten, in dem Opfer- und Tätersperspektive gegenübergestellt werden.

Am häufigsten ist sicher „*Gute Nacht, Zuckerpüppchen*" Unterrichtsgegenstand gewesen. Erfreulich ist, daß auf dem Jugendbuchmarkt eine Reihe sehr guter Bücher erschienen ist, im Unterschied zum Markt für jüngere Kinder, auf dem das eine oder andere ordentliche Bilderbuch existiert (die meisten nicht unproblematisch), kaum aber ein Kinderbuch. „*Herzsprung*" setzt, so denken wir, auf dem Jugendbuchmarkt durchaus Maßstäbe.

Didaktisch-methodische Fragestellungen

Uns ist bislang kein Unterrichtsprojekt über das Buch „Herzsprung" bekannt. Wir möchten darum auf die beiden in diesem Buch vorgestellten Jugendbuch-Projekte verweisen. In den Unterrichtsreihen zu den Büchern „Nele" und „Gute Nacht, Zuckerpüppchen" finden sich vielfältige didaktische Überlegungen, die sich auf die Arbeit mit anderen Jugendbüchern zum Thema des sexuellen Mißbrauchs übertragen lassen.[1] Grundsätzlich gilt wieder, daß unsere Überlegungen zur Prävention auch hier Gegenstand einer fachdidaktischen Analyse sind.

---

[1] siehe auch: H. Koch: „Sexueller Mißbrauch" als Thema des problemorientierten Kinder- und Jugendbuchs. Was hat das Fach Deutsch mit dem Leben zu tun? In: M. Becker-Mrotzek et al. (Hrsg.), 1997, S. 225 - 252.

5. Materialien zur Präventionsarbeit

5.1 Materialsammlungen (Auswahl)

Baum, Heike(1999): Kleine Kinder - große Gefühle. Kinder entdecken spielerisch ihre Emotionen. Herder, Freiburg.

Braun, Gisela (1989): Ich sag' Nein. Arbeitsmaterialien gegen sexuellen Mißbrauch an Mädchen und Jungen. Verlag a.d. Ruhr, Mühlheim (neu überarbeitete Auflage 1999).

Böhmer, Annegret/Eggert, Marianne/Krüger, Angela (1995): Fühlen - Wahrnehmen - Handeln. Materialien zur Prävention von sexuellem Mißbrauch. Klett Verlag, Stuttgart.

Böhmer, Annegret/Krüger, Angela(1993): Sexueller Mißbrauch - ein Thema für den Religionsunterricht. Hrsg. Institut für Katechetischen Dienst, Berlin.

Finke, Regina (1998): Weil ich Nein sagen darf. Körper, Sexualität und Gefühle: Starke Kinder können sich besser schützen. Christophorus-Verlag, Freiburg.

Hansen, Gesine/Blattmann, Sonja (1994): Ich bin doch keine Zuckermaus. Neinsagegeschichten und Lieder. Donna Vita, Berlin/Ruhnmark.

Hochheimer, Irmi (1998): Sexueller Mißbrauch - Prävention im Kindergarten. Herder, Freiburg.

Hoppe, Siegrid und Hartmut(1998): Klotzen Mädchen! Spiele und Übungen für Selbstbewußtsein und Selbstbehauptung. Verlag a.d. Ruhr, Mülheim a.d. Ruhr.

Huser-Studer, Joëlle/Lenzinger, Romana (1992): Sexuelle Gewalt gegen Kinder und Jugendliche. Grundwissen und Prävention. Ein Leitfaden für Lehrkräfte aller Stufen und Erziehende. Verlag d. ElementarlehrerInnenkonferenz d. Kantons Zürich (Hrsg.), Zürich.

Kleinschmidt, Lothar et al. (1994): lieben - kuscheln - schmusen. Hilfen für den Umgang mit kindlicher Sexualität.[PRO FAMILIA NRW (Hrsg.)] 2. Auflage, Münster.

Klie, Thomas (Hrsg.) (1993):Sexueller Mißbrauch. Texte - Materialien - Kopiervorlagen für den Evangelischen Religionsunterricht an Berufsbildenden Schulen. Religionspädagogisches Institut Loccum.

Krabel, Jens (1998): Müssen Jungen agressiv sein? Eine Praxismappe für die Arbeit mit Jungen. Verlag a.d. Ruhr, Mülheim a.d. Ruhr.

May, Angela/Remus, Norbert (1993): ... und dann kommt Licht in das Dunkel des Schweigens. „Sexueller Mißbrauch" in der Praxis der Oberschule. Verlag die Jonglerie Lüft KG, 2., überarbeitete Auflage, Berlin.

May, Angela/Remus, Norbert (1998): Sexuellen Mißbrauch verhindern. Neue Ideen - Methoden - Medien. Verlag die Jonglerie Lüft KG, Berlin.

Nannen, Jan (1996): Das eiserne Band. Pädagogisch-therapeutische Materialien für Jungen. Donna Vita, Berlin/Ruhnmark.

Reichling, Ursula/ Wolters, Dorothee (1994): Hallo, wie geht es dir? Merk- und Sprachspiele, Pantomimen und Rollenspiele. Verlag an der Ruhr, Mühlheim a.d. R.

Seyffert, Sabine (1997): Kleine Mädchen - Starke Mädchen. Spiele und Phantasiereisen, die mutig und selbstbewußt machen. Kösel Verlag, München.

Staudinger, Ursula (1998): Ich gehör nur mir. Sexuelle Übergriffe erkennen und abwehren lernen. Ein Praxishandbuch für Kindergarten und Schule. Veritas Verlag, Linz.

Weiher, Katarina/Schiffmann, Annette (1993): Ich darf doch etwas (nichts) sagen! Präventionsmappe zu sexuellem Mißbrauch - pädagogisches Begleitmaterial zur Wanderausstellung „WiderWillen - Sexueller Mißbrauch an Kindern". Eigenverlag, 3. überarbeitete Auflage, Heidelberg (Bestelladresse: WiderWillen c/o Katarina Weiher, Dossenheimer Landstr. 48, Heidelberg).

5.2 Musik und Lieder

5.2.1 Musik für Spiele

Durch Musik können vielfältige Stimmungen und Gefühlslagen ausgedrückt und im Zusammenhang mit Bewegung ausgelebt werden. Betrachtet man jedoch bisherige Präventionskonzepte, so bleibt der musikalische Anteil der präventiven Arbeit durchgängig auf Lieder mit inhaltlichen Bezügen zu den Präventionsschwerpunkten beschränkt. Es wäre jedoch sinnvoll, auch weitere musikalische Möglichkeiten für die Präventionsarbeit zu nutzen. Für unser Präventionsprojekt im 1. Schuljahr haben wir selbst Musikzusammenschnitte für Bewegungsspiele zusammengestellt; unter den derzeitigen Präventionsmaterialien findet sich wenig in dieser Richtung.

Musikkassetten finden sich in folgenden Materialsammlungen:
Dörner-Hütter, Barbara/Müller, Karin (1996): Prinzessin Pfiffigunde. Medienpaket mit 24 Dias und einer Kassette zum Bilderbuch von Babette Cole. av edition im Jünger Verlag, Offenbach/Main.
Fink, Monika/Scheider, Ralph/Wolters, Dorothee (1994): Bewegen und Entspannen nach Musik. Anleitungsbuch und Kassette. Verlag an der Ruhr, Mülheim.
Schneider, Monika (1999): Horizonte erweitern (inkl. CD). Bewegen, Entspannen und Meditieren mit Jugendlichen. Ökotopia Verlag, Münster.
Schneider, Monika/Schneider, Ralph/Wolters, Dorothee (1996): Bewegen und Entspannen im Jahreskreis. Buch und MC. Verlag an der Ruhr, Mülheim.

5.2.2 Kinderlieder

Lieder, in denen Gefühle zur Sprache kommen und die zu Selbstbewußtsein und Ichstärke ermutigen, eignen sich zum Einsatz im Rahmen der Präventionsarbeit. Es gibt inzwischen speziell zusammengestellte CDs, aber es finden sich auch in vielen Materialsammlungen Noten und Liedtexte.

Atze/Klaus W. Hoffmann u.v.a.: Ich weiß, was ich will! Lieder vom Nein-Sagen, über Geheimnisse und das (Selbst-)Vertrauen. CD - 48 Minuten.
Atze/Grosche, Erwin u.v.a.(1995): Starke Mädchen, Kinder-Musikkassette. Patmos, Düsseldorf.
Blattmann, Sonja(1999): Alarm! Alarm! Lieder für mutige Mädchen und Jungen ...und alle, die es werden wollen. CD - 45 Minuten. Donna Vita, Berlin/Ruhnmark.
Hansen, Gesine/Blattmann, Sonja (1994): Ich bin doch keine Zuckermaus. Neinsagegeschichten und Lieder. Donna Vita Verlag, Berlin/Ruhnmark.
Hoffmann, Klaus W./Scharff-Kniemeyer, Marlis (1995): Lass uns kuscheln. 19 gefühlvolle

Lieder für Kinder. CD oder MC. Aktive Musik Verlag-GmBH, Dortmund.
Hoffmann, Klaus (1983): Wenn der Elefant in die Disco geht. O. Maier Verlag, Ravensburg.
Zartbitter Köln e.V. (1997): Komm mit - Hau ab! Lieder für starke Mädchen und Jungen. CD oder MC - 40 Minuten, Anrich Verlag, Weinheim.
Zuckowski, Rolf (1989): Starke Kinder. Polydor, Hamburg.

Lieder in Materialsammlungen:
Böhmer, Annegret/Eggert, Marianne/Krüger, Angela (1995):Fühlen - Wahrnehmen - Handeln. („Immer soll ich alle küssen". Text: Marita Köster/ Melodie: Bernd Weber/„Die Rübe". Text u. Melodie: Fredrik Vahle)
Braun, Gisela (1989): Ich sag' Nein! („Das Lied von den Gefühlen". Text u. Melodie: Klaus Hoffmann/„Angstlied". Text: Paul Maar/Melodie: Knister/„Trau Dich". Text: Volker Ludwig/Melodie: Birger Heyman/„Das Lied vom NEIN sagen". Text: RotCAPPchen e.V./Melodie: siehe: „Der Cowboy Jim aus Texas")

5.2.3 Lieder für die Arbeit mit Jugendlichen
Inzwischen gibt es eine ganze Reihe von Liedern aus dem Bereich der Popmusik, in denen das Thema der sexuellen Gewalt angesprochen wird. Zumeist wird diese aus einer kritischen Sicht besungen, es gibt jedoch auch Lieder, die durch zweideutige Texte zur kindlichen Sexualität provozieren wollen. Mit Jugendlichen läßt sich zu beiden Liederarten intensiv arbeiten (siehe z.B. May/Remus, 1993).

Die Ärzte: *Geschwisterliebe*
Die Toten *Hosen: Böser Wolf*
Falco: *Jeanny*
Fischmob: *„4,55"*
Herbert Grönemeyer: *Sie*
Hermann van Veen: *Wer*
Hermann van Veen: *Küßchen*
Konstantin Wecker: *Der Herr Richter*
Ludwig Hirsch: *Spuck den Schnuller aus*
Marius Müller-Westernhagen: *Dreh dich nicht um*
Michael Jackson: *Little Susie*
Motorhead: *Don't let Daddy kiss me*
Pur: *Anonyme Opfer*
Pur: *Kinder sind tabu*
Ramstein: *Tier*
The Mission: *Amelia*
TicTacToe: *Bitte küß mich nicht*
Toni Childs: *Daddy's Song*
Tim Fischer: *Onkelchen*
troxoplasma: *Der Onkel*
Udo Lindenberg: *Die Klavierlehrerin*
Udo Lindeberg: *Lolita*

5.3 Videofilme - Theaterstücke - Weitere Medien (Auswahl)

Filme

Das Thema „sexueller Mißbrauch" taucht inzwischen in immer mehr Filmen auf. Wir listen im folgenden einige Kurzfilme auf, die speziell als „Lehrfilme" konzipiert wurden. Unverzichtbar vor Einsatz eines Filmes ist eine gründliche Analyse, um so eventuelle Schwachstellen, Falschinformationen oder Angst auslösende Momente aufzudecken.
Sehr ausführliche Informationen und Besprechungen zu Filmen zum Thema finden sich in: *Undine, Thurm (1997): Bilder des Schweigens. Eine kommentierte Zusammenstellung von Filmen zum sexuellen Mißbrauch von Kindern - mit Verleihangaben. Centaurus-Verlag, Pfaffenweiler.*

Eckhard, Sabine (1989): Nachbarschaft. VHS-Film, 9 Minuten.
Mädchenhaus Bremen e.V. (1996): Es tickt. VHS Video, 20 Minuten (ab 14 Jahre).
Money, Julie (1983): Mißbraucht. VHS-Film, 18 Minuten. (ab 14 Jahre) Australien.
Møller, Liller (1990): So kriegt man also Kinder. 18 Minuten (ab 6 Jahre) Dänemark.
Myklebust, Elke (1987): Kinderkummer. VHS-Film, 7 Minuten. (ab 6 Jahre) Norwegen. *(Zur Analyse des Filmes „Kinderkummer" siehe: H. Koch/M. Kruck in: H. Ulonska/H. Koch (Hrsg.), 1997.)*
Posorski, Malkin (1990): Wie sie lernen, sich zu wehren. VHS-Film, 30 Minuten. Köln.
Schmid, Alice (1994): Sag Nein! Ein Film über sexuellen Kindesmißbrauch. 28 Minuten. Creative Motion Pictures AG, (ab 6 Jahre) CH-Zürich.
Serie: Sexuelle Gewalt an Kindern. 13teilige Serie von Kurzfilmen + Begleitmaterial der AG Medien. (1993)

Theaterstücke

Eine intensive Analyse, wie sie bei Filmen nötig ist, wäre sicherlich auch als Vorbereitung für ein Theaterstück empfehlenswert, wird jedoch schwer zu realisieren sein. Dennoch sollte der Besuch eines Stückes zur Mißbrauchsproblematik nicht ohne vorherigen Kontakt mit der Theatergruppe stattfinden. In einer (kostenlosen) Broschüre von der Bundeszentrale für gesundheitliche Aufklärung (BZgA) sind Theaterstücke rund um' s Thema Liebe aufgelistet: *BZgA (Hrsg.) (1998): „LiebesTheater" als Medium der Sexualaufklärung. Eine bundesweite Recherche zu Theaterstücken über Liebe und Sexualität.*

Theaterstücke für Kinder im Grundschulalter (Auswahl)

Das Familienalbum.	Fundus-Theater, Hasselbrookstr. 25, 22089 Hamburg.
Das Geheimnis.	Theatergruppe Trampelmuse, München.
Mein Körper gehört mir.	Theaterpädagogische Werkstatt in der Lagerhalle e.V., Rolandsmauer 26, 49074 Osnabrück.
Komm mit - Hau ab!	Comic on!, Theaterproduktion Köln, Dasselstraße 75-77, 50674 Köln.
Komm Paula, trau dich.	Wolfsburger Figurentheater Kompanie, Neue Straße 15, 38444 Wolfsburg.

Hau ab du Angst.	Musiktheater Springinsfeld, Kontakt: Büro für Medien und Kulturarbeit, Gaußenstraße 25, 22765 Hamburg (auch als MC).
Kein Kuß für Onkel Klaus.	Knirps-Theater für Kinder, Astrid u. Pavel Sacher, Solmstr. 45, 10961 Berlin.

Theaterstücke für ältere Kinder und Jugendliche (Auswahl)

Frostnacht.	Von Stefan Gotestam, Klecks-Theater, Schinkestr. 8-9, 12047 Berlin.
Gewalt im Spiel.	Theater „Rote Grütze", Berlin und „Reibekuchentheater", Schwarzenberger Str. 147, 47226 Duisburg.
Gute Nacht, Zuckerpüppchen (nach dem gleichnamigen Buch von H. Hassenmüller).	Gespielt 1996 auf den Freilichtbühne Greven- Reckenfeld.
Nele - Ein Mädchen ist nicht zu gebrauchen (nach dem gleichnamigen Buch von M. Steenfatt)	Westfälisches Landestheater, Europaplatz 10, 44575 Castrop-Rauxel.
Püppchen.	Schnürschuh Theater, Buntentotsteinweg 145, 28201 Bremen
Schreib mich in den Sand.	Von Inez Dullemann, Bayrisches Staatsschauspielhaus, Cuvilliés Theater München, (im ZDF 1992), ab 18 J.
Von der Rolle.	Musiktheater von Zartbitter Köln.

Weitere Medien:

Bücken, Hajo (Arbeitsstelle für Neues Spielen) (o.J.): Mimwürfel. Zu beziehen über Donna Vita, Berlin/Ruhnmark.

Enders, Ursula/Wolters, Dorothee (1999): Gefühle-Quartett. Pädagogisch-therapeutisches Spielmaterial. Donna Vita, Berlin/Ruhnmark.

Friebel, V. (1996): Weiße Wolken, Stille Reise. Ruhe und Entspannung für Kinder ab 4 Jahren; mit vielen Geschichten, Übungen und Musik. Ökotopia Verlag, Münster.

Horn, Werner/Horn, Reinhard (1999): Auf den Flügeln meiner Seele. Musikalische Phantasie- und Traumreisen für Jugendliche und Erwachsene. Meditationspaket Buch & CD. Kontakte Musikverlag, Lippstadt.

Kaiser, Thomas (1999): Das Wut-weg-Buch. Spiele, Traumreisen, Entspannung gegen Wut und Angst. Christophorus, Freiburg.

Kiper, Hann (1999): Hau ab, du Angst. Hörspiel zur Prävention von sexuellem Mißbrauch (CD) mit Handreichung für den Unterricht. Cornelsen, Stuttgart.

Mädchenprojekt Rostock (1996): Selma. Ein Computer-Adventure aus dem richtigen Leben. Interaktive CD-Rom mit Spielszenen in Video. Buch, Regie und Produktion: Christina Pericioli. Donna Vita, Berlin/Ruhnmark.

Mebes, Marion (1997): Stück für Stück. Sicher - Stark - Selbstbewußt. Arbeitsmittel für Mädchen und Frauen rundum persönliche Sicherheit. Donna Vita, Berlin/Ruhnmark.

5.4 Bücher zur Sexualerziehung (Auswahl)

Bilder- und Kinderbücher zur Sexualerziehung
Cole, Babette (1994): Mami hat ein Ei gelegt. Sauerländer Verlag, Frankfurt a.M.
Doef, Sanderijn van de (1996): Ach, so ist das! Das Aufklärungsbuch für Kids. Loewe, Bindl.
Doef, Sanderijn van de/Latour, Marian(1998): Vom Liebhaben und Kinderkriegen. Beltz. Weinheim/Basel.
Fagerström, Grethe/Hannson, Gunilla (1998): Peter, Ida und Minimum. Ravensburger Verlag, 32. Aufl., Ravensburg.
Flacke, Uschi (1999): Das will ich wissen. Wie ein Baby entsteht. Ein Aufklärungsbuch. Arena, Würzburg.
Furian, Martin (1993): Das Buch vom Liebhaben. Quelle & Meyer Verlag, 8. Aufl., Heidelberg.
Giommi, Roberta/Perrotta, Marcello (1993): Ich und Du. Erste Fragen zur Aufklärung. Siebert Verlag, München.
Giommi, Roberta/Perrotta, Marcello (1994): Sie und Er. Fragen zur Aufklärung für Kinder. Siebert Verlag, München.
Hebert; Marie-Francine/Labrosse, Darcia (1996): Auf die Welt kommen. Lappan 4. Aufl., Oldenburg.
Herrath, Frank/Sielert, Uwe (1991): Lisa und Jan. Ein Aufklärungsbuch für Kinder und ihre Eltern. Beltz Verlag, Weinheim/Basel.
Jones, H. (1995): Ein Baby auf dem Weg ins Leben: Ein faszinierender Durchblick. Kerle Verlag, Wien.
Kleinschmidt, Lothar (1994): Lieben, Kuscheln, Schmusen. Ökotopia Verlag, Münster.
Knudsen, Per Holm (1994): Wie Vater und Mutter ein Kind bekommen. Quelle & Meyer Verlag, 10. Aufl., Heidelberg.
Merrifield, Margaret (1993): Mama, was ist Aids? Donna-Vita Verlag, Berlin/Ruhnmark.
Möller, Liller (1992): Kinder machen geht so! Altberliner Verlag, Berlin.
Müller, Jörg/Geisler, Dagmar (1993): Ganz schön aufgeklärt. Loewe Verlag, Bindlach.
Sanders, Pete/Swinden, Liz (1992): Lieben, Lernen, Lachen. Sexualerziehung für 6-12jährige. Verlag an der Ruhr, Mülheim a.d. Ruhr.
Schneider, Sylvia/Rieger, Birgit (1995): Woher die kleinen Kinder kommen. Ravensburger.

Jugendbücher zur Sexualerziehung
Gravelle, Karen/Gravelle, Jennifer (1997): Diese Tage! Was Du niemals fragen würdest - aber wissen möchtest. (ab 11 J.) S&L Mediencontor, Hamburg.
Hüsch, Tim (1998): Eintausend (1000) Jungenfragen. Loewe, Bindlach.
Halek, Tatjana A. (1999): Wenn die Herzen Flügel tragen. Ein Ratgeber zum Verlieben. Ueberreuter, Wien.
Krauch, Franziska/Kunstmann, Antje (1996): Mädchen. Das Aufklärungsbuch. Kunstmann, München.
Schneider, Silvia (1998): All about girls. Für Mädchen, die es wissen wollen. (ab 12 J.) Arena, Würzburg.

Schneider, Silvia (1999): Girls Talk. Was Mädchen wissen wollen über Liebe, Lust und Leidenschaft. Arena, Würzburg.
Schneider, Silvia (1999): Boys Talk. Was Jungen wissen wollen über Liebe, Lust und Leidenschaft. Arena, Würzburg.
Schuster, Gaby (1998): Eintausend (1000) Mädchenfragen. Loewe, Bindlach.
Tenwick, Elisabeth/Walker, Richard (1995): Let´s talk about Sex. Was Jugendliche über Liebe, Sex und Partnerschaft wissen wollen. Mosaik Verlag, München.
Voltin, Victoria (1998): In Sachen Liebe. Ein Ratgeber von A-Z (ab 12J.) Ueberreuter, Wien.
Wolfrum, Christine/Süß, Peter (1997): So wild nach Deinem Erdbeermund. Ein Aufklärungsbuch für Jugendliche. dtv junior, 2. Aufl., München.

5.5 Bilder- und Kinderbücher für die Präventionsarbeit

5.5.1 Bilder- und Kinderbücher zur allgemeinen Selbststärkung

In vielen neueren Bilder- und Kinderbüchern spielen Gefühle und Stimmungen, mit denen Kinder in ihrem Alltag konfrontiert werden und die sie an sich selbst erleben, eine wichtige Rolle. Zudem schaffen es in den letzten Jahren immer mehr KinderbuchautorInnen, sich von der geschlechtsspezifischen Rollenverteilung der älteren Kinderbücher zu lösen, in denen Jungen handelten, während Mädchen bloß vorkamen. Geschichten von mutigen und selbstbewußten Mädchen oder von ängstlichen und unsicheren Jungen gehören zwar nach wie vor zu den Ausnahmen in der breiten Palette der Kinderbücher, aber in der neueren Kinderliteratur gibt es inzwischen eine Reihe von Beispielen dafür, wie eine gelungene Umsetzung gleichberechtigter Darstellungen aussehen kann.
Eine Bilderbuchreihe, bei der Kinder und ihre Gefühle im Mittelpunkt stehen, ist unter dem Reihentitel: „Punkt, Punkt, Komma , Ich!" im Esslinger-Verlag erschienen. Themen sind u.a.: Einsamkeit, Langeweile, Freundschaft, Wut und Geschwistereifersucht.
Im folgenden eine Auswahl von mädchen- und jungenfreundlichen Bilder- und Kinderbüchern:

Aliki (1994): Gefühle sind wie Farben. Beltz Verlag 6. Aufl., Weinheim/Basel.
Aliki (1995): Ich sag' dir was. Ein Bilderbuch über das Reden und Zuhören. ars Edition, München.
Bauer, J./Boie, Kirsten (1991): Kein Tag für Juli. Beltz & Gelberg, Weinheim/Basel.
Bellows, Cathy (1992): Die Crizzly-Schwestern. Donna Vita Verlag, Berlin/Ruhnmark.
Baumgart, Klaus (1989): Ungeheuerlich. Breitschopf Verlag, Wien/ Stuttgart.
Cole, Babette: Prinzessin Pfiffigunde (1989). Carlsen Verlag, Hamburg.
Cole, Babette: Prinz Pfifferling (1989). Carlsen Verlag, Hamburg.
Cullberg, Anna Karin/ Dranger, Joanna Rubin (1993): Traurig. Anrich Verlag, Kevelaer.
Damjan, Mischa/Wilkon, Jozef (1986): Der Clown sagte Nein. Nord-Süd Verlag, Zürich.
Eder, Anja (1992): Bo wird' s zu bunt. Edition Albarello, Wuppertal.
Enders, Ursula/Wolters, Dorothee (1993): Auf Wieder- Wiedersehen. Volksblatt, Köln.

Fuchshuber, Annegret (1983): Mäuse Märchen/ Riesen Geschichten. Thienemanns Verlag, Stuttgart/Wien.
Heymans, Margriet (1990): Liebling Butterblume. St. Gabriel Verlag, Wien.
Johnston-Phelps, Ethel (Hrsg.) (1988): Die Riesin treibt Schabernack und noch mehr Geschichten von mutigen Mädchen. Elefanten Press Verlag, Berlin.
Johnston-Phelps, Ethel (Hrsg.) (1987): Kati Knack-die-Nuß und andere Geschichten von schlauen Mädchen. Elefanten Press Verlag, Berlin.
Jong de, Trude (1993): Lola, der Bär. Hanser Verlag, München.
Kirchberg, Ursula (1997): Trost für Miriam. Ellermann Verlag, München.
Kreul, Holde/Geisler, Dagmar (1998): Das kann ich! Von Mut und Selbstvertrauen. Loewe Verlag, Bindlach.
Langström, O. & L. (1991/1992/1993): Nisses neue Mütze./ Nisse beim Friseur./ Nisse am Strand. Oetinger Verlag, Hamburg.
Lester, Alison (1992): Zum Nachtisch süße Schlangen. Beltz Verlag, Weinheim/Basel.
Lobe, Mira (1994): Das kleine Ich bin Ich. Jungbrunnen Verlag, 19. Aufl., München.
Mangan, Anne/Williamson, Gwyneth (1993): Der einsame kleine Bär. Donna Vita Verlag, Berlin/Ruhnmark.
Mayer, Mercer (1993): Da liegt ein Krokodil unter meinem Bett. Otto Maier Verlag, Ravensburg.
Munsch, Robert/Nyncke, Helge (1992): Die Tütenprinzessin. Lappan Verlag, Oldenburg.
Nöstlinger, Christine (1995): Anna und die Wut. Dachs Verlag, Wien.
Palmer, Pat (1993): Die Maus, das Monster und ich. Donna Vita Verlag, Berlin/Ruhnmark.
Snunit, Michal/Golomb, Na´ama (1991): Der Seelenvogel. Carlsen Verlag, Hamburg.
Waddell, Martin/Firth, Barbara (1989): Kannst du nicht schlafen, kleiner Bär? Betz Verlag, Wien/München.
Wittstadt, Johanna (1992): Rosenkohl und Seifenblasen. Jowi Verlag, Karlstadt-Laudenbach.

5.5.2 Bilder- und Kinderbücher für die Präventionsarbeit (ohne explizites Thema „Sexueller Mißbrauch")

Einige Bücher thematisieren noch eindeutiger als die bisher vorgestellte Kinderliteratur das Recht der Kinder auf Selbstbestimmung über den eigenen Körper und den Umgang mit unterschiedlichen Gefühlen. Zum Teil werden körperliche Grenzüberschreitungen dargestellt sowie Möglichkeiten, sich zu wehren und durchzusetzen. Jedoch wird bei den Büchern dieser Kategorie nicht explizit sexueller Mißbrauch dargestellt bzw. benannt, wodurch sie sich auch für die offene Klassenbibliothek eignen, weil bei ihnen eine erwachsene Begleitung nicht zwingend erforderlich ist.

Braun, Gisela/Wolters, Dorothee (1991): Das große und das kleine Nein. Verlag an der Ruhr, Mühlheim a.d. Ruhr.
Braun, Gisela/Wolters, Dorothee (1994): Melanie und Tante Knuddel. Verlag an der Ruhr, Mühlheim a.d. Ruhr.
Enders, Ursula/Wolters, Dorothee (1991): Schön blöd. Ein Bilderbuch über schöne und blöde Gefühle. Volksblatt Verlag, Köln.

Enders, Ursula/Wolters, Dorothee (1992): Li-Lo-Le Eigensinn. Ein Bilderbuch über die eigenen Sinne und Gefühle. Volksblatt Verlag, Köln.
Enders, Ursula/Wolters, Dorothee (1996): Wir können was, was ihr nicht könnt! Ein Bilderbuch über Zärtlichkeit und Doktorspiele. Anrich Verlag, Weinheim.
Hansen, Gesine/Blattmann, Sonja (1994): Ich bin doch keine Zuckermaus. Neinsagegeschichten und Lieder. Donna Vita, Berlin/Ruhnmark
Kreul, Holde/Geisler, Dagmar (1996): Ich und meine Gefühle. Loewe Verlag, Bindlach.
Mai, Manfred (1991): Vom Schmusen und Liebhaben. Loewe Verlag, Bindlach.
Mebes, Marion/Sandrock, Lydia (1992): Kein Küßchen auf Kommando. Donna Vita Verlag, 2. Aufl., Berlin/Ruhnmark.
Mebes, Marion/Sandrock, Lydia (1992): Kein Anfassen auf Kommando. Donna Vita Verlag, 2. Aufl., Berlin/Ruhnmark. (beide Bücher gibt es auch als Malbücher).
Mönter, Petra/Wiemers, Sabine (1999): Küssen nicht erlaubt. Kerle/Verlag Herder, Freiburg.
Palmer, Pat (1993): Die Maus, das Monster und ich. Donna Vita Verlag, Berlin/Ruhnmark.
Pro Familia (1995): Mein Körper gehört mir. Loewe Verlag, 2. Aufl., Bindlach.
Ungerer, Tomi (1974): Kein Kuß für Mutter. Diogenes, Zürich.

Gut einsetzbar für die Präventionsarbeit sind auch Bücher zu anderen Tabu-Themen rund um den Körper:
Holzwarth, Werner/Erlbruch, Wolf (1999): Vom kleinen Maulwurf, der wissen wollte, wer ihm auf den Kopf gemacht hat. Peter Hammer Verlag, 23. Aufl., Wuppertal.
Kulot-Frisch, Daniela (1996): Nasebohren ist schön! Thienemann, Stuttgart.
Mc Kee, David(1994): Isabella Blubberbauch. Carlsen Verlag, Hamburg.

5.5.3 Bilder- und Kinderbücher, die den sexuellen Mißbrauch zum Thema haben
Mit einigen wenigen Ausnahmen sind die Bilder- und Kinderbücher, in denen sexueller Mißbrauch entweder symbolisch oder ganz konkret angesprochen wird, erst in den letzten sechs Jahren erschienen. Obwohl den Büchern mehrheitlich ein präventives Engagement anzumerken ist, halten wir nach längerer und genauerer Beschäftigung mit dieser Buchkategorie den Einsatz dieser Bücher für nicht unbedenklich. Wir plädieren deshalb dafür, die Bücher nicht als Einstieg in die präventive Arbeit zu benutzen und das Kind/die Kinder beim ersten Lesen/ Betrachten nicht unbegleitet zu lassen, um mögliche Angstmomente auffangen zu können.
Einige der aufgelisteten Bücher sind speziell für den Einsatz bei mißbrauchten Kindern konzipiert und haben therapeutische Qualitäten, andere sind durchaus auch im Sinne der Primär-Prävention einsetzbar.
Wichtig ist besonders bei Büchern über das Thema des sexuellen Mißbrauchs, daß bevor das Buch in die Hände von Kindern gegeben wird, eine intensive Auseinandersetzung des Erwachsenen mit dem Buch und eine Analyse hinsichtlich wesentlicher Kriterien, die das Buch erfüllen sollte, stattfindet (siehe Kapitel 4.2).

symbolische (z.B. in Form von Tierdarstellungen) Mißbrauchsdarstellung
Deinert, Sylvia/Krieg, Tine (1993): Das Familienalbum. Lappan Verlag 2. Aufl., Oldenburg. (Mißbrauch durch den Onkel wird aus der Perspektive eines Mäusemädchens

dargestellt; Mitglieder der Mäusefamilie sowie ein Kater symbolisieren unterschiedliche Beziehungen in dem Mißbrauchsfall.)

Lundgren, Michael/Gustavson, Ulf (1992): Das kleine Drachenmädchen. Donna Vita, Berlin/Ruhnmark. (Der sexuelle Mißbrauch des Drachenvaters an seiner Tochter wird in eine Märchengeschichte mit Tieren eingebettet; Scham- und Schuldgefühle kommen zum Ausdruck, ebenso wird eine Möglichkeit des Hilfe-Holens aufgezeigt.)

May, Angela/Remus, Norbert (1999): Zaphir - der Tiger. Ringheft, Verlag Die Jonglerie Lüft KG, Berlin. (Fotos mit Texterläuterungen zeigen von Stofftieren dargestellten Szenen zwischen einem Kätzchen und einem Tiger, bis hin zum Mißbrauch. Ähnlich wie M. Wabbes, s.u.)

Rosen, Björn Graf von (1987): Das Märchen von der ungehorsamen Adeli-Sofi und ihrer furchtbaren Begegnung mit dem Wassermann. Atlantic Verlag, Zürich. (Erstersch. 1944) (Das erste Buch zur Prävention, daher sehr traditionell; Mißbrauch wird nicht beim Namen genannt, läßt sich jedoch in den symbolischen Zeichnungen, gerade auch von betroffenen Kindern, erkennen.)

Tost, Gita/Lange, Claudia. (1992): Wen, Do und der Dieb. Donna-Vita Verlag, Berlin/Ruhnmark. (Prinzessin Do wird ihre Seele (ein kleines Kugelrund) gestohlen, doch gemeinsam mit ihrer Freundin schafft sie es, sich ihre Seele zurück zu erobern; ein Buch voller symbolischer Andeutungen.)

Wabbes, Marie (1999): Ich dachte, du bist mein Freund. Kinder vor sexuellem Missbrauch schützen. Brunnen Verlag, Gießen. (Ein kleiner Teddybär liebt es mit seinem Freund dem großen Wolf zu spielen, bis dessen Spiele so komisch werden und dem kleinen Bären weh tun. Ähnlich A. May/N. Remus, s.o.)

direkte Mißbrauchsdarstellung

Baumann, Claudia/del Monte, Marimar. (1994): Lena hat Angst. Donna-Vita, Berlin/Ruhnmark. (In sehr eindrucksvollen Bildern wird die Angst Lenas beim Mißbrauch durch den Vater während des Gute-Nacht-Sagens dargestellt; mit Hilfe ihres Teddys schafft sie es, der Mutter von ihrer Angst und deren Ursache zu erzählen; eher für den pädagogisch-therapeutischen Einsatz als zur Prävention einzusetzen.)

Garbe, Elke/Suarez, Kiki (1994): Anna in der Höhle. Votum Verlag, Münster. (Die achtjährige Anna wird von ihrem Vater mißbraucht; während einer schulischen Präventionsreihe faßt sie Vertrauen zu ihrer Lehrerin. Auch dieses Buch ist wohl als Gesamtlektüre eher für den therapeutischen Einsatz mit betroffenen Kindern geeignet; einzelne Passagen (z.B. die Präventionsreihe, die Annas Lehrerin durchführt) bieten jedoch auch schöne Anregungen für den Unterricht; zudem finden sich pädagogische Anregungen in einem Begleitheft.)

Haberland; Trixi/Kirchberg, Ursula (1993): Geh nie mit einem Fremden mit. Ellermann Verlag 12. Aufl., München. (Hier wird im Sinne der herkömmlichen Prävention vor dem Fremdtäter gewarnt, ohne daß zur Sprache kommt, wovor in diesem Zusammenhang eigentlich gewarnt wird.)

Hartmann, Ulrike/Markward, Renate/Neuhauss, Erika (1996): Darf ich das erzählen? Engel & Bengel Verlag, Bobenheim. (Lena wird von ihrem Vater mißbraucht. Das Buch bleibt jedoch bildlich und textlich sehr vage, die Handlungen und Geschehnisse lassen sich z.T. nur erahnen; das Buch hat zwei Textversionen, eine verkürzte für sprachschwache Kinder.)

Hessel, Jenny (1993): Gut, daß ich es gesagt habe. [I´m glad I told Mum. 1987, New Zealand] Ellermann Verlag, München. (Der Mißbrauch durch den Onkel wird hier deutlich benannt und auch in realistischen Illustrationen dargestellt; das selbstbewußte Kind wendet sich voll Vertrauen an seine Mutter, erzählt von den „komischen" Situationen mit dem Onkel und erfährt deutliche Unterstützung.)

Kohl, Eva Maria (1996): Wanda Wind. tabu Verlag, München.
(In Form eines Märchens wird die Geschichte der Königstochter Wanda Wind erzählt, die bei Abwesenheit der Mutter von ihrem Vater mißbraucht wird. Die Beendigung des Mißbrauchs findet jedoch nur in der Phantasie des Mädchens statt.)

Mebes, Marion/Wagendristel, Eva (1992): Katrins Geheimnis. Donna-Vita Verlag, Berlin/Ruhnmark. (Dies Kinderbuch (inzwischen vergriffen) handelt vom Mißbrauch durch den älteren Bruder, der durch eine Freundin des mißbrauchten Mädchens aufgedeckt wird; bei der Darstellung der Mißbrauchssituation bleibt das Buch recht wenig aufklärend.)

Meier, Katrin/Bley, Anette (1996): Das kummervolle Kuscheltier. ars Edition, München. (Den Mißbrauch durch einen Freund der Mutter teilt ein Mädchen im Kindergartenalter zunächst nur ihrem Kuscheltier mit; später vertraut sie sich auch einer erwachsenen Freundin an; realistische und kindgemäße Darstellung des Mißbrauchs.)

Mezger, Erika/Weller, Eva-Regina/Bromundt, Corinne (1998): Rosa vom See. Bilderbuch mit pädagogische-therapeutischen Begleitmaterialien. Donna Vita, Berlin/Ruhnmark. (Eliane und Tom, Schulfreunde, werden von Schuldgnomen verängstigt, Tom gibt sich die Schuld am Streit der Eltern, Eliane an den sexuellen Übergriffen des Vaters; Rosa vom See nimmt ihnen die Schuldgefühle; ermutigt zum Reden.)

Pressler, Mirjam/Krömer, Astrid (1996): Nora ist mal so, mal so. Alibaba Verlag, Frankfurt am Main. (Das Kindergartenkind Patty bemerkt eine Veränderung seiner Freundin Nora; mittels einer Puppe wird die von Nora erlebte sexuelle Gewalt in Szene gesetzt; der Täter/die Täterin bleibt ungenannt.)

Wachter, Oralee (1991): Heimlich ist mir unheimlich. [No more secrets for me, 1983, Boston] Donna-Vita Verlag, Berlin. (Vier Erzählungen, die unterschiedliche Grenzverletzungen bis hin zum Mißbrauch thematisieren und Möglichkeiten der Hilfe aufzeigen; einzeln lassen sich die Geschichten gut in den Präventionsunterricht einbauen.)

Wachter, Oralee/Jacob, Eve (1996): Sophie spielt nicht mit. Esslinger Verlag, Esslingen. (Sophie (ca. 5 Jahre) wird, als sie einen Nachmittag allein mit ihrem Onkel verbringt, von diesem mißbraucht. Dieser beschreibt den Mißbrauch als Spiel und zwingt Sophie zur Geheimhaltung, doch Sophie erzählt es trotzdem ihrer Cousine weiter, insgesamt sehr oberflächlich.)

5.5.4 Broschüren/Cartoons/Comics für Kinder und Jugendliche

Boehme, Ulfert/Fritsche, Burkhard für Zartbitter e.V. (1999): Die Nachricht - Taschenheft für Jungen über sexuellen Mißbrauch an Jungen. Köln.

Enders, Ursula/Boehme, Ulfert/Wolters, Dorothee (1997): Lass das - Nimm die Finger weg! Ein Comic für Mädchen und Jungen. Anrich Verlag, Weinheim.

Griffel, Rose für: AJS (Hrsg.) (o.J.): Jenny sagt „Nein". AJS Eigenverlag, Stuttgart.

Neutzling, Rainer/Fritsche, Burkhard für Zartbitter e.V. (Hrsg.)(1993): Eh Mann, bei mir ist es genauso! Cartoons für Jungen - hart an der Grenze, vom Leben selbst gezeichnet. Volksblatt Verlag, Köln.

Kehoe, Patricia/Deach, Carol (1991): Wenn ich darüber reden könnte.... Eine Geschichte um sexuellen Mißbrauch. Donna-Vita Verlag, Berlin. (vergriffen)

Salomo, Monika/Peter, Astrid/Büttner, Anke (1994): Alles klar? Über Gefühle, Gefahren und Grenzen. Frauensicht e.V., Köln.

Schaffrin, Irmgard für Zartbitter e.V. (Hrsg.) (1993): Auf den Spuren starker Mädchen. Cartoons für Mädchen - diesseits von Gut und Böse. Volksblatt Verlag, Köln.

5.6 Jugendbücher zum Thema „Sexueller Mißbrauch"

Erfreulicherweise gibt es inzwischen eine beachtliche Zahl von Jugendbüchern, die sexuelle Gewalt thematisieren, darunter auch eine ganze Reihe, mit denen im Unterricht gearbeitet werden kann bzw. die sich für die Klassen-/Schulbibliothek eignen.

Gute Erfahrungen mit dem Einsatz in der Schule sind mit den Büchern „Gute Nacht, Zuckerpüppchen" und „Nele. Ein Mädchen ist nicht zu gebrauchen." gemacht worden (siehe Kapitel 3.3 und 3.4).

Gut vorstellbar sind auch die Bücher „Herzsprung", „Liebste Abby", „Eigentlich ist gar nichts passiert", „Das Messer aus Papier" und andere mehr (siehe Kapitel 4.3).

Wir führen im folgenden alle Jugendbücher vollständigkeitshalber auf. Uns problematisch erscheinende Bücher haben wir als solche charakterisiert.

Ansorge, Bettina (1993): Wenn nichts mehr bleibt als Schweigen. Patmos, Düsseldorf.
Vater-Tochter-Mißbrauch
Aus der Sicht des Bruders des Mädchens erzählt dieses Jugendbuch den sexuellen Mißbrauch eines Mädchens durch den Freund der Mutter. Die Geschichte wird rekonstruiert auf Grundlage von Tagebuchaufzeichnungen des Bruders, die nach dessen Selbstmord gefunden werden.

Ansorge, Bettina (1992): Als wäre nichts gewesen: Kindesmißhandlung - wer spricht schon davon? Patmos, Düsseldorf.
Vater-Tochter-Mißbrauch (und körperliche Mißhandlung)
Drei Jugendliche mit erheblichen eigenen biographischen Gewalterfahrungen überfallen einen Mann und verletzen ihn schwer. Zum Motiv schweigen sie. Erst während der Gerichtsverhandlung werden die Zusammenhänge durch eine Aussage der Tochter des Mannes, die mit den Angeklagten befreundet ist, aufgeklärt. Die drei Jugendlichen wollten mit ihrem Übergriff auf den Vater dessen sexuellen Mißbrauch an seiner Tochter rächen. Die Tochter selbst hatte als einzigen Ausweg einen Selbstmordversuch gesehen, der jedoch als Unfall ausgelegt wurde.

Abrahamsen, Aase Foss (1990): Wie ein endloser Schrei. Arena (Edition Benziger), Würzburg.
Vergewaltigung durch einen Fremdtäter
Kurz nachdem sich Inger von ihrem Freund verabschiedet hat, wird sie von einem Mann überfallen und vergewaltigt. Bei einer befreundeten Ärztin findet sie Hilfe. Doch in der folgenden Zeit durchlebt sie immer wieder die Angst und den Ekel der Vergewaltigung, und es dauert lange, bis sie wieder in ein „normales" Leben zurückfindet.

Bain, Ouain/Sanders, Maureen (1992): Wege aus dem Labyrinth. Fragen von Jungendlichen zu sexuellem Mißbrauch. Donna Vita Verlag, Berlin/Ruhnmark.
Sachbuch für Jugendliche, die sich über sexuelle Gewalt informieren wollen. Orientiert an Fragen von Jugendlichen geben die kurzen, prägnanten Texte konkrete und verständliche Antworten. Dabei werden Informationen vermittelt, Hilfestellungen für Betroffene gegeben und anhand von Beispielen Möglichkeiten aufgezeigt, das Leben zurückzugewinnen.

Blobel, Brigitte(1996): Herzsprung. Arena-Taschenbuchverlag, 5. Auflage, Würzburg.
Stiefvater-Tochter-Mißbrauch
Nina, die in einer nach außen hin perfekten Familie lebt, wurde über Jahre von ihrem Stiefvater sexuell mißbraucht. Dieser hat das inzwischen 15jährige Mädchen durch Drohungen eingeschüchtert, so daß sie das „Geheimnis" weiterhin wahrt. Doch dann verliebt Nina sich in Florian und schafft es mit seiner Unterstützung der Macht des Stiefvaters zu entkommen und den Mißbrauch öffentlich zu machen. Ein sensibel geschriebenes Jugendbuch, dessen Stärke neben der realistischen inhaltlichen Gestaltung darin liegt, neben die pervertierte Form der „Liebe" eine wunderschöne und sensible Geschichte einer ersten Liebe zu stellen.

Bracke, Dirk (1996): Blau ist bitter. Rex Verlag, Luzern.
Kinderprostitution in Manila.
Die 12jährige Lina wird von ihrem verschuldeten Vater an einen Barbesitzer aus der Hauptstadt Manila verkauft. Dort wird sie als Kinderprostituierte vermarktet und von Männern aus Europa, Japan und Amerika sexuell ausgebeutet.

Bracke, Dirk (1999): Ich bin nicht aus Stein. Rex Verlag, Luzern.
Mißbrauch eines authistischen Mädchens durch einen Erzieher
Im Mittelpunkt des Romans steht die Schwierigkeit der Freundschaft zwischen Siem und der authistischen Paulin. Erst gegen Ende des Buches wird deutlich, daß Paulin von einem Erzieher ihrer therapeutischen Arbeitsgruppe mißbraucht wird. Realistische Hilfs- und Lösungsmöglichkeiten werden nicht aufgezeigt.

Brandes, Sophie (1988): Total blauäugig. Beltz&Gelberg, Weinheim/Basel.
Vergewaltigung eines Mädchens durch einen entfernten Bekannten
Marie-Luise (19 Jahre) wird von einem flüchtig bekannten jungen Mann vergewaltigt. Sie verdrängt den Übergriff jedoch völlig und geht als Au-pair nach Paris. Dort knüpft sie neue Kontakte, und von der Vergewaltigung ist über weite Strecken des Buches nicht mehr die Rede. Gegen Ende des Romans stellt Marie-Luise dann doch fest, daß sie dem unverarbeiteten Erlebnis nicht entfliehen kann. Sie erzählt erstmalig von dem sexuellen Übergriff.

Brandt, Heike (1992): Wie ein Vogel im Käfig. Beltz&Gelberg, Weinheim/Basel.
Vater-Tochter-Mißbrauch
Rebecca ist in Halef verliebt und reagiert entsetzt, als dieser verhaftet wird. Er soll Petra, ihre beste Freundin, vergewaltigt haben. Halef streitet alles ab. Doch Petra berichtet so glaubhaft von dem sexuellen Übergriff, daß Rebecca überzeugt ist, daß die Schilderungen unmöglich nur ausgedacht sind. Erst spät stellt sich heraus, daß Petra nicht von Halef sondern seit Jahren von ihrem Vater vergewaltigt wird.

Bryld, Tine (1998): Lieber Vater! Böser Vater! Loewe, Bindlach.
Vater-Tochter-Mißbrauch
In einer Radiosendung für Jugendliche meldet sich die 20jährige Nana. Im Laufe vieler Gespräche schildert sie immer detaillierter die extremen sexuellen Übergriffe durch ihren Vater seit ihrer Kindheit. Durch den Kontakt mit der sehr sensibel und hilfreich reagierenden Radiomoderatorin Tine Bryld gelingt es ihr, sich aus der Macht, die ihr Vater so lange über sie hatte zu befreien. Das Buch ist in seiner Darstellung sehr eindrucksvoll und geht in seinen Schilderungen unter die Haut. Da zum Teil auch sehr harte Mißbrauchsszenen vorkommen, sollte dieses Buch nur mit älteren Jugendlichen gelesen werden.

Büchner, Barbara (1993): Das Mädchen in der Glaskugel. Ensslin&Laiblin Verlag GmbH&Co, Reutlingen.
Mißbrauch eines Mädchens durch einen entfernten Verwandten
Als ihre Mutter nach einem Selbstmordversuch mit Tabletten ins Krankenhaus eingeliefert wird, muß die 13jährige Kristina zu ihrem Stiefbruder Kurt ziehen, den sie eigentlich kaum kennt. Er lebt gemeinsam mit seinem Künstlerfreund und seiner Freundin in einem Penthouse, wo sich die schüchterne und schmerzempfindliche Kristina sehr unwohl fühlt. Sie versucht der Realität durch Tablettenkonsum zu entgehen. Eines Tages wird sie nachts überfallen und von Kurts Schwiegervater fast vergewaltigt. Ihr Bruder und sein Freund werden von der Polizei verdächtigt, da vor einigen Jahren in ihrem Atelier kinderpornographische Bilder gefunden wurden.
Das Thema der sexuellen Gewalt wird in diesem Roman eingebettet in eine Kriminalgeschichte und spielt in einem unwirklichen Umfeld. Informationen über die Form des Übergriffs oder über Hilfsmöglichkeiten werden sehr spärlich gegeben.

Büchner, Barbara (1998): Fühl mal, ob dein Herz noch schlägt. Dachs Verlag, Wien.
Mißbrauch eines Mädchens durch den Freund des Mutter
Julias Mutter flieht mit ihrer Tochter vor ihrem gewalttätigen Lebensgefährten, dem Sektenprediger Ewald, zu dem Bruder der Mutter, Michael, zu dem Julias Mutter jedoch ein sehr distanziertes Verhältnis hat, weil sie dessen Homosexualität nicht akzeptieren kann. Julia fühlt sich bei ihrem Onkel und dessen Freund viel wohler als zuhause und findet in dem Ort bald schon Freunde. Trotzdem ist sie sehr verschüchtert und ängstlich und kann keine Nähe und Berührungen ertragen. In einem Gespräch mit ihrem Onkel kann sie dann erzählen, daß Ewald sie sexuell mißbraucht hat und sie sich schuldig fühlt, da sie anfangs in Ewald verliebt war.
Das Buch entwickelt sich dann mehr und mehr zu einem (schlechten) Kriminalroman. Die Mutter will mit Julia zu Ewald zurückkehren, Julia flieht aus dem Auto, Ewald taucht auf und will sie entführen, ein Hund beschützt sie.... Der Thematik gerecht wird das Buch auf diese Art wohl nicht.

Chick, Sandra (1989): Meine Mutter, dieser Mann und ich. Alibaba, Frankfurt/M.
Mißbrauch eines Mädchens durch den Freund des Mutter
Die 13jährige Cathy wird vom Freund der Mutter über einen langen Zeitraum immer wieder vergewaltigt. Unter anderem reagiert sie mit zwanghaftem Waschen auf die Übergriffe. Immer wieder malt sie sich in Gedanken aus, wie es möglich sein könnte, über die erlebte Gewalt zu reden. Auch erhofft sie sich immer noch Hilfe von der Mutter, die diese jedoch nicht leistet.

Damm, Dörte (1998): Der Wolf ist tot. tabu - der taschenbuchverlag, München.
Vater-Tochter-Mißbrauch
Die 12-jährige Cordula lebt bei ihrem Vater, der nach außen den liebevollen alleinerziehenden Vater mimt. Doch das wirkliche Leben von Vater und Tochter ist eine Katastrophe: Der alkoholabhängige und arbeitslose Vater zieht mit seiner Tochter von Stadt zu Stadt, immer auf der Flucht vor den Gläubigern. Für die Tochter sorgt er so gut wie gar nicht, es fehlt ihr an dem Nötigsten, sie hat weder genügend zu essen noch intakte Kleidung. Viel schlimmer ist es jedoch für Cordula, wenn sich ihr Vater um sie „kümmern" möchte. Ständig ist sie vor seinen sexuellen Übergriffen auf der Flucht. Als der Vater auch eine Freundin von ihr sexuell belästigt, schlägt Cordula mit einer Flasche auf ihn ein. In dem Glauben, ihren Vater ermordet zu haben, flieht sie in den Wald. Aus Sorge um ihr Meerschweinchen kommt sie jedoch zurück in die Stadt und nimmt Kontakt zu ihrer Fürsorgerin auf. Diese teilt ihr mit, daß ihr Vater lebt.

DeClements, Barthe (1991): Riss in der Seele. Schneider, München.
Vater-Tochter-Mißbrauch
Freundschaft zweier 14jähriger Mädchen im Internat. Beide haben schwierige Familiensituationen. Mit der Zeit stellt sich heraus, daß Stacy von ihrem Vater sexuell mißbraucht wird. Durch die Unterstützung der Freundin bringt sie den Mißbrauch an die Öffentlichkeit, woraufhin der Vater festgenommen wird. - sehr oberflächlich -

Dierkes, Ulrike M. (1995): Melinas Magie. Bitter, Recklinghausen.
Vater-Tochter-Mißbrauch
Ein eng an autobiographischen Erlebnissen der Autorin orientierter Roman über ein Inzestkind. Melina ist das Kind der vom eigenen Vater jahrelang mißbrauchten Irina. Ihre Mutter ist also zugleich ihre Schwester, ihr Vater zugleich ihr Großvater. Aus eigener Betroffenheit heraus widmet sich die Autorin hier einem Thema, das in der bisherigen Diskussion zum Thema des sexuellen Mißbrauchs höchsten ganz am Rande Beachtung gefunden hat: Der Geschichte von Kindern, die aus Mißbrauchsbeziehungen stammen.

Feraud, Marie (1982): Wie Engel ohne Flügel. Sauerländer, Aarau/Frankfurt/M.
Vergewaltigung eines Mädchens durch Bekannten
Die 18jährige Annie, Tochter von Bistro-Besitzern im Pariser Vorortmilieu, ist von Mitgliedern einer Rockerbande, der sie v.a. aus Zuneigung zu einem der Anführer verbunden war, brutal vergewaltigt worden. Im Krankenhaus will sie niemanden sehen und mit niemandem reden, und erst langsam werden die Zusammenhänge deutlich.

Fülscher, Susanne (1991): Schattenmonster. Cornelia Riedel Verlag, Bad Homburg.
Vater-Tochter-Mißbrauch
Der Mißbrauch des Vaters an seiner 15jährigen Tochter Katharina wird in Tagebuchauszügen aus der

Sicht der Familienmitglieder und Personen aus dem sozialen Nahfeld beschrieben (vom Aufbau ähnlich wie: Nicht so nah, Vater).

Gemmel, Stefan (1997): Wirklich nichts passiert? Dürr und Kessler, Köln.
Mißbrauch zweier Mädchen durch Balletttrainer/Onkel
Anna macht sich Sorgen um ihre Freundin Christine. Diese wirkt ganz verändert, und zum Ballettunterricht kommt sie auch nicht mehr. Dort bekommt Anna nach dem Unterricht vom Ballettlehrer - ihrem Onkel Udo - die Hauptrolle für die nächste Ballettaufführung angeboten. Allerdings nur unter der Voraussetzung, daß Anna „ein bißchen nett" zu Udo ist. Anna entkommt dem sexuellen Übergriff, wird jedoch von dem Onkel eingeschüchtert und traut sich deshalb nicht, den Eltern etwas zu erzählen. Zusammen mit Christine, die ebenfalls Opfer von Udo geworden war, sucht sie eine Beratungsstelle auf, wo beide Informtationen und Hilfe bekommen.

Gerber-Hess, Maja (1995): Und konnte nicht schreien. Mit 18 vergewaltigt. Rex Verlag 2. Aufl., Luzern/Stuttgart.
Vergewaltigung durch Fremdtäter an einer 18jährigen
Die 18jährige Anna wird abends auf dem Heimweg von einem Unbekannten brutal vergewaltigt. Innerhalb weniger Minuten verändert sich ihr Leben radikal. Anna ist körperlich und seelisch verwundet, sie reagiert mit Depressionen, Brechreizgefühlen und dem Bedürfnis, sich immerfort waschen zu müssen. Hinzu kommt die Angst, ob sie schwanger ist oder ob sie der Vergewaltiger mit Aids infiziert hat. Anna kapselt sich im geschützten Raum ihrer Familie ab. Die Zärtlichkeiten ihres Freundes weist sie mit Ekel zurück. Als sie Wochen später mit ihrer Schwester Sara zum ersten Mal über die Ereignisse sprechen kann, kommt ein Prozess in Gang. Langsam lernt sie mit diesem Gewalterlebnis zu leben.

Hadley/Irwin (1993): Liebste Abby. Beltz&Gelberg, Weinheim/Basel.
Vater-Tochter-Mißbrauch
Der 13jährige Chip ist in Abby verliebt. An ihr fasziniert ihn, daß sie anders als andere Mädchen ist. Manchmal jedoch auch so sehr anders, daß er ihr Verhalten nicht einzuordnen weiß. Mit dem Wachsen ihrer Freundschaft entsteht eine tiefe Vertrauensebene, so daß Abby mehr und mehr von ihren Gefühlen preisgibt. Chip erfährt, daß Abby seit Jahren von ihrem Vater - einem angesehenen Zahnarzt - sexuell mißbraucht wird. Mit Hilfe seiner alleinerziehenden Mutter, zu der Chip ein sehr enges Verhältnis hat, sucht er verzweifelt nach Hilfsmöglichkeiten für seine Freundin. Doch alle Versuche schlagen fehl (auch nachdem Abbys Mutter informiert ist, ändert sich nichts an der Situation), bis Abby - auch durch die Unterstützung von Chip - den Mut findet, selbst zum Jugendamt zu gehen. Sie beginnt gemeinsam mit Mutter und Schwester eine Therapie, eine Zeit, in der die Freundschaft zwischen Abby und Chip viel Geduld braucht. Doch daß ihre Freundschaft auch diese Zeit der Trennung überdauert, wird am Ende des Buches deutlich.

Hassenmüller, Heidi (1998): Gute Nacht, Zuckerpüppchen. Rowohlt Taschenbuchverlag 6. Auflage, Reinbek.
Vater-Tochter-Mißbrauch
Eines der bekanntesten Jugendbücher zum Thema des sexuellen Mißbrauchs. Die Autorin schreibt aus eigener Betroffenheit, der Jugendroman weist starke autobiographische Züge auf.
Das Mädchen Gaby wird ab seinem sechsten Lebensjahr vom Stiefvater sexuell mißbraucht. Deutlich wird, wie sich der Täter durch die geschickte Strategie der Bevorzugung des Mädchens („mein Zuckerpüppchen", „meine Prinzessin") dessen Vertrauen erschwindelt und ihm dadurch eine Mitverantwortung an dem Mißbrauch auferlegt. Durch die Brutalität des Täters, die er auch gegen

seine Frau und Gabys Bruder richtet, findet niemand in der Familie den Mut, Gaby zu helfen. Trotz deutlicher Verhaltensauffälligkeiten und einem Hautausschlag reagiert auch die Umwelt nicht. Selbst als Gaby den Mut findet, sich ihrer Lehrerin anzuvertrauen, wird ihr nicht geglaubt. Gaby sieht keine andere Lösung, als sich mit dem Mißbrauch abzufinden und diesen durch ein Arrangement mit dem Stiefvater so erträglich wie möglich zu gestalten. Ansonsten sind alle ihre Hoffnungen auf den Zeitpunkt gerichtet, an dem sie volljährig ist und dem Stiefvater durch ihren Auszug entkommen kann.

Heyne, Isolde (1989): Funny Fanny oder: Die Angst vorm Schwarzen Mann. Rowohlt, Reinbek.
Vergewaltigung eines Mädchens durch einen Fremdtäter
Fanny, 16 Jahre alt, ist verliebt. Doch als es zu Intimitäten von Seiten des - recht unsensiblen - Freundes kommt, kommen plötzlich Erinnerungen wieder hoch, die sie jahrelang erfolgreich verdrängt hat: Als achtjähriges Mädchen war sie von einem jugendlichen Unbekannten vergewaltigt und schwer verletzt worden. In ihrer Familie war jedoch nie wieder über dieses Erlebnis gesprochen worden, so daß sie es bisher kein bißchen verarbeitet hat. Die Hoffnung der Eltern, daß Fanny mit der Zeit alles vergessen wird, erweist sich nun als verfehlt.
Durch die Probleme mit den Zärtlichkeiten ihres Freundes entsteht nun bei Fanny selbst der Wunsch, über das Erlebnis in ihrer Kindheit genau Bescheid zu wissen. Mehr noch, sie plant, sich an ihrem Mißbraucher (der gefaßt wurde und aufgrund seines Alters eine Jugendstrafe abgesessen hat) zu rächen. Sie stürzt sich in eine völlig planlose Suche nach dem Mann. Erst mit der Hilfe ihres Freundes und ihrer Schwester gelingt es ihr, in ihr derzeitiges Leben zurückzukehren, mit allen Erfahrungen ihrer Kindheit.
Das Buch zeigt eindringlich die Folgen der Verdrängung des Mißbrauchs auf, rutscht jedoch dann mit der Beschreibung des „Rachefeldzuges" in eine sehr unrealistische Ebene ab. Fanny ist letztendlich wieder die Hilflose, nur durch die Unterstützung der Schwester und des Freundes findet sie zu sich. Ihr (berechtigter!) Wunsch nach einer Konfrontation mit dem Täter wird als ein „Verrennen" charakterisiert.

Howard, Ellen (1988): Lilians Geheimnis. Ueberreuter Verlag, Wien.
Vater-Tochter-Mißbrauch
Die zehnjährige Lilian wird von ihrem Vater sexuell mißbraucht. Sie fühlt sich schuldig, verstummt und zieht sich in eine Phantasiewelt zurück. Erst als sie auch ihre kleine Schwester gefährdet sieht, vertraut sie sich ihrer Mutter an und erlebt, daß diese ihr glaubt und sie schützt. Deutlich werden jedoch auch die gleichzeitigen Gefühle von Haß und Liebe für den Vater dargestellt, mit denen Lilian kämpfen muß, als sie der Mutter von dem Mißbrauch erzählt, es zur Anzeige kommt und der Vater die Familie verlassen muß.

Klein, Norma (1989): Daddys Darling. Alibaba, Frankfurt/M.
Vorstufe eines Vater-Tochter-Mißbrauchs
Zwischen Vater und Tochter herrscht eine schon fast symbiotisch-enge Beziehung, die immer stärker auch eine sexuelle Färbung erhält.

Kluwe, Sigbert E. (1995): Milan und Rea. Bitter Verlag, Recklinghausen. (vergriffen)
Vater-Tochter-Mißbrauch (und körperliche Gewalt)
Reas Eltern sind geschieden. Wenn sie am Wochenende zum Vater muß, wird sie von ihm sexuell mißbraucht. Der Vater verlangt von ihr pornographische Darstellungen mit Stofftieren und filmt sie dabei. Milan kommt aus einer „beziehungslosen" Familie. Obwohl die Mutter schwanger ist, gibt es keine Nähe. Milan sucht diese nun bei Schlägertypen aus seiner Klasse. Durch Zufall gerät eine

Videokassette mit Aufnahmen von Rea in Milans Hände. Er erkennt ihre Situation und schafft es für Rea und auch für sich, Hilfe zu finden.

Kühn, Frauke (1989): Ein Mädchen verschwindet. Rowohlt, Reinbek.
Mädchen wird von einem Freund der Familie mißbraucht
Rückblickend erzählen verschiedene Personen von Karin, die als 17jährige überraschend für alle verschwindet. In detektivischer Kleinarbeit machen sich die Klassenkameraden und die Polizei auf die Suche, bis deutlich wird, daß Karin wie ein weiteres Mädchen aus der Schule auf den Straßenstrich geht. In dem Buch werden zwei Modelle geliefert, wie Mädchen zum Babystrich kommen: Karin hat sich bewußt dazu entschlossen, um schnell Geld zu verdienen und der häuslichen Spießbürgerlichkeit und Ärmlichkeit zu entkommen; Maja dagegen war als 12jährige von einem angetrunkenen Freund der Familie sexuell mißbraucht worden und danach dazu erpreßt worden, auf den Strich zu gehen.

Kühn, Frauke (1992): Es fing ganz harmlos an. Herder Verlag, Freiburg im Breisgau.
Onkel-Neffe-Mißbrauch
In diesem Buch wird der Mißbrauch an einem Jungen geschildert. Der 12jährige Christian wird von seinem Onkel Harry, den er als großen Freund bewundert, während einer Motorradtour mißbraucht. Christian traut sich nicht von dem Mißbrauch zu erzählen. Jedoch verändert sich sein Verhalten extrem, er wird aggressiv gegenüber seiner Umwelt, in der Schule und Zuhause. Er unternimmt sogar selbst einen sexuellen Übergriff auf eine Klassenkameradin. Zudem erfindet er eine Jungenfigur namens Heiko, die stellvertretend für ihn den Mißbrauch erleben muß. Die Ursache für sein Verhalten wird erst deutlich, als er das Motorrad seines Onkels anzündet, und seine Mutter daraufhin die Zusammenhänge durch die von ihm geschriebene Geschichte über Heikos Mißbrauch erfährt. Die Mutter glaubt ihrem Sohn und überlegt gemeinsam mit ihm, wie sein Leben nun weitergehen kann.

Lenain, Thierry (1999): Das Mädchen am Kanal. Fischer Verlag, Frankfurt a.M.
Zeichenlehrer mißbraucht Mädchen
Die elfjährige Sarah fällt ihrer Lehrerin durch äußere (abgeschnittene Haare) und innere (tiefe Traurigkeit) Veränderungen auf. Je stärker Srarahs Verhaltensauffälligkeiten in Richtung sexueller Mißbrauch deuten, umso stärker erinnert sich die Lehrerin an ihre eigenen Mißbrauchserfahrungen durch einen Onkel. Ein sensibles Buch, in dem sowohl die Gefühle des Kindes als auch die der Lehrerin beleuchtet werden.

Mazer, Norma (1995): Eigentlich ist gar nichts passiert. Verlag Sauerländer, Frankfurt a.M.
Mädchen wird von drei Schülern sexuell belästigt
Drei Jungen belästigen eine Schülerin. Später versuchen sie ihre Tat als kleinen Spaß herunterzuspielen, doch in Valerie, ihrem Opfer, ist zu vieles zerstört worden. Rollo ist der einzige der drei Täter, der beginnt, über sein Verhalten nachzudenken. Doch auch er muß ganz deutlich erkennen, daß sich das Geschehene nicht rückgängig machen läßt.

Miklowitz, Gloria D. (1993): Hast Du schon gehört, was mit Andrea passiert ist? Roman. Bastei Lübbe, Bergisch-Gladbach.
Vergewaltigung einer 15jährigen durch einen Fremdtäter
Andrea, fast 16, wird von einem Autofahrer, mit dem sie getrampt ist, vergewaltigt. Es werden ihre Gefühle und auch die hilflosen Reaktionen von Familie und Freunden aufgezeigt. Die Verhaftung des Täters bringt für Andrea nicht die erhoffte Ruhe, und erst durch eine Therapie beginnt sie das Erlebnis zu verarbeiten.

Millhagen, Susann (1986): Gefühle kann man nicht kaufen. Das Buch zum Thema Jugendprostitution. Rowohlt (panther), Reinbek.
Sachbuch für Jugendliche mit verschiedenen Interviews.

Mullins, Hilary (1995): Die Katze kam zurück. Alibaba, Frankfurt a.M.
Mißbrauch einer Schülerin durch einen Lehrer
In Tagebucheintragungen wird ein halbes Jahr im Leben der 17jährigen Stevie, Schülerin an eine Internatschule geschildert. In dem letzten halben Jahr vor Schulabschluß überschlagen sich für Stevie die Ereignisse. Sie freundet sich immer enger mit Andrea an und gibt ihre langjährige Beziehung zu dem Lehrer Rik mehr und mehr auf. Es dauert lange, bis sie erst sich und dann auch Andrea eingestehen kann, daß sie diese liebt. In einem schmerzhaften Prozeß erkennt sie, daß ihr Lehrer Rik sie mißbraucht hat.
Schöne Beschreibung der lesbischen Liebe. Jedoch könnte durch die Verknüpfung von sexuellem Mißbrauch und lesbischer Liebe bei manchen LeserInnen der Eindruck entstehen, daß diese durch den Mißbrauch bedingt ist.

Neumann, Heiko (1995): Schweigemund. Thienemann Verlag, Stuttgart/Wien.
Stiefvater-Stieftochter-Mißbrauch
Dieses Buch beginnt da, wo andere Bücher aufhören: Nadine kehrt nach einigen Jahren Therapie und Aufenthalt in einer Wohngruppe in die Wohnung zurück, in der sie als Kind von ihrem Stiefvater mißbraucht wurde. Nachdem sie fünf Jahre lang mit therapeutischer Betreuung in einer Wohngruppe gelebt hat, wagt sie nun den Schritt, ihr Leben wieder überwiegend selbst in die Hand zu nehmen. Dabei stößt sie durch viele Erinnerungen an den Mißbrauch immer wieder auf Schwierigkeiten, aber sie schafft es mehr und mehr, ihren Weg zu gehen, und auch vor ihrem Freund den Mißbrauch nicht länger verschweigen zu müssen.
Das Buch zeigt, daß mit der Aufdeckung des Mißbrauchs eben noch lange nicht alles wieder in Ordnung ist, sondern die Auswirkungen auch nach Jahren noch das Leben des Opfers beeinträchtigen können. Zugleich macht diese Geschichte Mut, die Mißbrauchserfahrungen nicht zu verdrängen, sondern sich ihnen zu stellen und sie als Teil des eigenen Lebens zu begreifen.

Pope, James (1997): Wildwassermädchen. Ravensburger, Ravensburg.
Vater-Tochter-Mißbrauch
Zoë (15 Jahre) entwickelt sich vom netten und witzigen Mädchen immer mehr zum Alptraum ihrer Lehrer. Ihre Klassenlehrerin macht ihr einen ungewöhnlichen Vorschlag: Per E-Mail soll Zoë der Lehrerin tagebuchähnlich ihre Gedanken und Sorgen mitteilen. Auf diese Art begegnen sich Schülerin und Lehrerin nun auf eine ganz neue Art, und mit Hilfe des zwischengeschalteten Mediums findet Zoë den Mut, von der Ursache ihrer Probleme zu berichten: Sie wird von ihrem Vater mißbraucht!

Provoost, Anne (1992): Tränen sind für die Augen, was der Regenbogen für den Himmel ist. Anrich Verlag, Kevelaer.
Vater-Tochter-Mißbrauch
Die Geschichte der Cousinen Tara und Anna. Tara wird von ihrem Vater sexuell mißbraucht. Niemand versteht ihr Verhalten als Signal, als Suche nach Hilfe. Anna und allen Erwachsenen erscheint Tara nur als sonderbares Kind. Über das berührende Erlebnis von gestrandeten Walen findet Tara langsam einen Weg, ihre Gefühle mitteilen zu können. Nachdem der Vater gestorben ist, findet sie in einer Walforscherin eine Vertrauensperson.

Reuter, Elisabeth (1996): Merle ohne Mund. Ellermann Verlag, Hamburg.
Vater-Tochter-Mißbrauch
Merle wird von ihrem Vater, einem angesehenen Lehrer mißbraucht. Die Mutter, die Merle selbst als „lächelnden Nebelschatten" beschreibt, verschließt ihre Augen vor dem Mißbrauch. Um seelisch überleben zu können, spaltet Merle sich in zwei Personen. Dann stirbt der Vater, und Merle schafft es in einem Schriftwechsel mit der Mutter, einer Freundin von dem Mißbrauch zu berichten. Gemeinsam mit der Mutter beginnt sie eine Therapie.

Riedel, Cornelia (Hrsg.) (1991): Macht den Mund auf! Ellermann Verlag, Hamburg.
11 Kurzgeschichten mit Bezug zum Thema „sexueller Mißbrauch" und Kontaktadressen.
Engagiert feministische, literarisch eher schwache Texte.

Schröder, Patricia (1999): Regenbogenfüße. Arena, Würzburg.
Stiefvater-Tochter-Mißbrauch
Pia verbringt die Osterferien bei ihrer Cousine Natte (14 Jahre), deren Mutter und Stiefvater. Die beiden Mädchen mögen sich nicht besonders, trotzdem macht sich Pia Gedanken darüber, warum Natte so extrem schweigsam und überängstlich ist. Durch Zufall entdeckt Pia dann, daß Natte von ihrem Stiefvater, der zuvor auch schon Pia sexuell bedrängt hat, mißbraucht wird. Pia redet mit Natte, aber die will nicht, daß jemand von dem Mißbrauch erfährt. Gemeinsam mit anderen jugendlichen Freunden lockt Pia den Stiefvater in eine Falle und beschimpft ihn als „Kinderficker". Eine völlig unrealistische „Lösung"!

Steenfatt, Margret (1986): Nele - Ein Mädchen ist nicht zu gebrauchen. Rowohlt Taschenbuchverlag, Reinbek.
Freund der Eltern mißbraucht Mädchen
Die zwölfjährige Nele lebt mit Mutter und Stiefvater zusammen, es fehlt jedoch in ihrer Familie an Liebe und Geborgenheit. Als sie Wolfgang, den Sportfreund ihres Vaters kennenlernt und er sich Zeit für sie nimmt und sie mit Aufmerksamkeit überschüttet, scheint sie einen „Ersatzvater" gefunden zu haben. Doch immer deutlicher wird, daß Wolfgangs Verhalten nicht uneigennützig ist, sondern er sexuelle Wünsche an Nele heranträgt. Nele schafft es jedoch mit eigener Kraft, sich aus der Abhängigkeit zu Wolfgang zu lösen und so dem beginnenden Mißbrauch zu entkommen.

Stein-Fischer, Evelyne (1996): Herzsprünge. Ueberreuter, Wien.
Vergewaltigung eines Mädchens durch ihren Freund.
Jenny ist mit ihrem Freund auf einer Party. Sie schmusen miteinander, aber Jenny sagt deutlich, daß sie nicht mit ihm schlafen will. Ihren Freund scheinen ihre Worte und ihre Abwehr nicht zu interessieren und er vergewaltigt sie. Jenny braucht lange, um sich selbst von Schuldgefühlen („Ich habe ihn dazu verführt.") zu befreien.

Talbert, Marc (1992): Das Messer aus Papier. Anrich Verlag, Kevelaer.
Freund der Mutter mißbraucht deren Sohn
Jeremy ist von George, dem Freund seiner Mutter, sexuell mißbraucht worden. Da er George aber auch sehr gerne hat, traut er sich nicht, jemandem davon zu erzählen. Um sich jedoch sicherer zu fühlen, trägt er ständig ein Messer bei sich. Als ihm dieses in der Schule abgenommen wird und er sich nun völlig hilflos fühlt, entdeckt er für sich eine neue Waffe: er schreibt den erlebten Mißbrauch auf und trägt nun dieses „Messer aus Papier" stetig bei sich. Durch einen Zufall kommt dieser Zettel eines Tages seiner Mutter in die Hände, die jedoch, da der Täter nicht namentlich genannt wird, fälschlicher

Weise zunächst Jeremys Lehrer, zu dem der Junge ein recht enges Verhältnis hat, für den Mißbraucher hält.

Verleyen, Karel (1994): Nicht so nah, Vater! Rex-Verlag, Luzern/Stuttgart.
Vater-Tochter-Mißbrauch
In Form von Protokollen, Tagebucheintragungen, Telefongesprächen etc. wird dargestellt, welche Gedanken sich verschiedene Personen über die Verhaltensauffälligkeiten der sechzehnjährigen Marjan machen. Anhand ihrer eigenen Gedanken und Mitteilungen wird deutlich, daß sie von ihrem Vater sexuell mißbraucht wird. Nachdem sie eine Fernsehsendung über sexuelle Gewalt gesehen hat, findet sie den Mut, in der Schule von dem Mißbrauch zu erzählen. Doch sie findet bei den Lehrerinnen keine Unterstützung. Auch die Mutter schweigt zu den Übergriffen. Schließlich findet sie einen Familientherapeuten, der ihr im Sinne seines Ansatzes Hilfe leistet und sie dazu bringt, auch den Vater von einer Therapie zu überzeugen.

Voigt, Cynthia (1997): Nein! Sauerländer, Frankfurt a.M.
Vater-Tochter-Mißbrauch
Niemand weiß, daß Tish von ihrem Stiefvater seit Jahren sexuell mißbraucht wird. Weder die Mutter noch LehrerInnen oder FreundInnen haben Tish Hilfe signalisiert. Und so entscheidet sich Tish eines Tages, selbst etwas gegen die Übergriffe zu unternehmen und sich gegen den Vater zu wehren.
„Nein!" schildert einen Tag im Leben einer mißbrauchten Jugendlichen, ihre Qualen, Ängste und Zweifel, ihren Kampf um Selbstachtung und ihren mutigen Entschluß, ihr Leben in die eigenen Hände zu nehmen.

Weinstein, Nina (1994): Keine Geheimnisse mehr. Donna Vita, Berlin/Ruhnmark.
Vergewaltigung eines Mädchens durch einen Bekannten der Mutter
Amanda ist als Achtjährige von einem Bekannten der Mutter vergewaltigt worden. Jetzt, als 16jährige, hat sie große Probleme. Ständiger Durchfall, Erbrechen, und ihre Periode bleibt auch aus. Nach und nach kommt sie dahinter, daß ihre Probleme mit Link zu tun haben. Link ist der Mann, der an jenem Abend in ihr Zimmer kam. Sie möchte nun genau wissen, was geschehen ist, und hat entschieden: Keine Geheimnisse mehr. (Ähnlichkeiten mit dem Buch: Fanny Funny)

Weiss, Ingeborg (1999): Ich bin doch dein Freund. Ein kleines Mädchen erfährt sexuelle Gewalt. Frieling, Berlin.
(noch nicht erschienen)

White, Ruth (1994): Das Lied in der Weide. Freies Geistesleben, Stuttgart.
Stiefvater-Tochter-Mißbrauch
Es wird das Leben der 14jährigen Tiny in West Virginia geschildert. Der Stiefvater kommt meist betrunken nach Hause. Die Mutter ist in ihrer Verzweiflung haltlos und vernachlässigt die Kinder. Mit dem Eintritt in die High-School scheint sich für Tiny ein neues Leben aufzutun. Doch dann mißbraucht sie ihr Stiefvater. Schamerfüllt traut sie sich niemandem davon zu erzählen. Sie bricht ihr Schweigen erst, als sie befürchtet, daß auch ihre kleine Schwester vom Vater mißbraucht wird.

Wildt, Doris (1995): Sei lieb zu Papa... Eine Erzählung zum Thema Kindesmißbrauch. Frieling, Berlin.

Vater-Tochter-Mißbrauch

Nach einem Streit der Eltern kommt der Vater der elfjährigen Sonja nachts zu ihr ins Bett und sagt, sie müsse ihn trösten. Es ensteht ein immer intensiver werdender Mißbrauch, über den die Mutter scheinbar Bescheid weiß, jedoch lange nicht interveniert. Trotzdem ist sie es, die letztendlich den Vater, ohne vorher mit der Tochter gesprochen zu haben, anzeigt. Dieses ist jedoch nur eine von zahllosen Ungereimtheiten in dem Buch, das die „Mißbrauchsfamilie" darüberhinaus auch noch klischeemäßig im Unterschichtsmilieu ansiedelt.

5.7 Präventionsreihen

Dohrmann-Burger, Annette (1993): Bedingungen und Durchführung eines Projektes zum sexuellen Mißbrauch als Möglichkeit der Prävention in der Schule. Hrsg. Landesinstitut für Schule und Weiterbildung, Heft 15, Soest.

Ebus, Birgit (1992): Sexueller Mißbrauch an Kindern, Prävention in der Primarstufe. Forum Materialien; Forum Eltern und Schule, Dortmund.

Eck, Michaela/Lohaus, Arnold (1993): Präventionsprogramm zum sexuellen Mißbrauch im Vorschulalter. Berichte aus dem Psychologischen Institut III der WWU Münster. Bericht 23.

Grube, Irmin/Wieneke, Hein (1991): Kinder sind Realisten. Präventive Arbeit zu sexuellem Mißbrauch. Praxisbericht über ein Modellprojekt in einer Hamburger Grundschulklasse. Hrsg. Deutscher Kinderschutzbund, Landesverband Hamburg e.V.

Knappe, Anne/Selg, Herbert (1993): Prävention von sexuellem Mißbrauch an Mädchen und Jungen. Forschungsbericht. [zu beziehen beim Bayrischen Staatsministerium für Arbeit und Sozialordnung, Familie, Frauen und Gesundheit, 80792 München] München.

Koch, Helmut H./Kruck, Marlene (1998): „Gefühle sind wie Farben". Prävention gegen sexuellen Mißbrauch. Zu Aspekten der Gefühlsdifferenzierung - Versprachlichung von Gefühlen - Ichstärkung. Ein Unterrichtsprojekt in der Grundschule. 2. Aufl. [Arbeitsstelle Randgruppenkultur/-literatur, Westfälische Wilhelms-Universität Münster, Philippistr. 17, 48149 Münster).

Neumann, Britta/Rother, Sabine (1994): Komm Paula, trau Dich! Ein Präventionsprojekt gegen sexuelle Gewalt. Hrsg. Beratungsstelle Zerrspiegel e.V. Braunschweig.

Pfeiffer, Jutta/Birnbaums, Heike, u.a. (1993): Prävention von Sexuellem Mißbrauch. Institut Klinische Psychologie, Heinrich- Heine- Universität Düsseldorf.

Pich, Heike (1993): „Hau ab, Du blöder Affe!". Prävention in der Grundschule. Eine Unterrichtseinheit zum Thema sexueller Mißbrauch an Mädchen und Jungen. Hrsg. Wildwasser Oldenburg e.V., Donna-Vita Verlag 3. überarbeitete Aufl., Berlin/Ruhnmark.

Strohhalm e.V. Berlin (Hrsg.) (1996): Auf dem Weg zur Prävention. Berlin. [Zu beziehen bei: STROHHALM e.V., Reichenberger Str. 184, 10999 Berlin].

Wack, Susanne (1996): Sexuelle Gewalt gegen Kinder. Selbstbehauptung, Stärkung und Sensibilisierung als Unterrichtsthema im Primarbereich (3. Schuljahr). In: Kluge, Norbert (Hrsg.): Sexualunterricht in der Grundschule. Lehraufgaben, Unterrichtsvorhaben, Erfahrungen. Klinkhardt Verlag, Bad Heilbrunn.

6. Verwendete und weiterführende Literatur

Adams, Caren/Fay, Jennifer (1989): Ohne falsche Scham. Wie Sie Ihr Kind vor sexuellem Mißbrauch schützen können. Rowohlt Taschenbuchverlag, Hamburg.

AJS (Arbeitsgemeinschaft Kinder- und Jugendschutz) (Hrsg.) (1995): Sexueller Mißbrauch an Mädchen und Jungen. Sichtweisen und Standpunkte zur Prävention. AJS Köln.

AJS (Arbeitsgemeinschaft Kinder- und Jugendschutz) (Hrsg.) (1995b): Gegen sexuellen Mißbrauch an Jungen und Mädchen. Ein Ratgeber für Mütter und Väter. AJS 4. Auflage, Köln.

Amann, Gabriele/Wipplinger, Rudolf (Hrsg.) (1997): Sexueller Mißbrauch. Überblick zu Forschung, Beratung und Therapie. Ein Handbuch. dgtv-Verlag, Tübingen.

Amann, Gabriele/Wipplinger, Rudolf (1997): Sexueller Mißbrauch in den Medien. In: Amann, Gabriele/ Wipplinger, Rudolf (Hrsg.): Sexueller Mißbrauch. Überblick zu Forschung, Beratung und Therapie. Ein Handbuch. dgtv-Verlag, Tübingen, S. 772-796.

Amelang, Manfred/Krüger, Claudia (1995): Misshandlung von Kindern. Gewalt in einem sensiblen Bereich. Wissenschaftliche Buchgesellschaft, Darmstadt.

Arnsmann, Gabriele (1994): Sexueller Mißbrauch von Kindern. Ein Problembereich mit wachsender Aktualität/Bedeutung in unseren Schulen; Interventionsmöglichkeiten durch Beratungslehrerinnen/lehrer am Beispiel Nadine. Landesinst. für Schule und Weiterbildung, Soest.

Bange, Dirk/Deegener, Günther (1996): Sexueller Mißbrauch an Kindern. Ausmaß, Hintergründe, Folgen. Psychologie Verlags Union, Weinheim.

Bange, Dirk (1995): Nein zu sexuellen Übergriffen - Ja zur selbstbestimmten Sexualität: Eine kritische Auseinandersetzung mit Präventionsansätzen. In: AJS (Hrsg.): Sexueller Mißbrauch an Mädchen und Jungen. Sichtweisen und Standpunkte zur Prävention. AJS, Köln, S. 19-49.

Bange, Dirk (1995): Sexueller Mißbrauch an Mädchen und Jungen. In: Marquardt-Mau, Brunhilde (Hrsg.): Schulische Prävention gegen sexuelle Kindesmißhandlung. Juventa; Weinheim/München, S.31-55.

Bange, Dirk/Enders, Ursula (1995): Auch Indianer kennen Schmerz. Sexuelle Gewalt gegen Jungen. Kiepenheuer&Witsch, Köln.

Bange, Dirk/Simone, Stephan/Enders, Ursula (1993): Nein ist Nein. Neue Ansätze in der Präventionsarbeit. Zartbitter e.V., Volksblatt Verlag, Köln.

Bange, Dirk (1992): Die dunkle Seite der Kindheit. Sexueller Mißbrauch an Mädchen und Jungen. Ausmaß - Hintergründe - Folgen. Volksblatt-Verlag, Köln.

Bartnitzky, Horst (1998): Das Geheimnis. In: „DIE KUNTERBUNTE FIBEL". Lesebuch für das 2. Schuljahr, Klett Verlag, Leipzig/Stuttgart, S. 4.

Bass, Ellen/Davis, Laura (1992): Trotz allem: Wege zur Selbstheilung für sexuell mißbrauchte Frauen. Orlanda Frauenverlag, 4. Auflage, Berlin.

Bauernfeind, Yasmina/Schäfer, Marlies (1992): Die gestohlene Seite der Kindheit. Sexueller Mißbrauch an Kindern. Die Tatsachen und Wege zur Bewältigung. Droemersche V. Th. Knaur, München.

Baumgärtner, Alfred Clemens (Hrsg.) (1968): Aspekte der gemalten Welt. Beltz, Weinheim.

Baumgärtner, Alfred Clemens u.a. (1991): Text und Illustration im Kinder- und Jugendbuch. Königshausen&Neumann, Würzburg.

Baumgardt, Ursula (1992): Kinderzeichnungen - Spiegel der Seele. Kinder zeichnen Konflikte ihrer Familie. Kreuz-Verlag 5. Aufl., Zürich.

Becker-Mrotzek, Michael/Hein, Jürgen/Koch, Helmut H. (Hrsg.) (1997): Werkstattbuch Deutsch. Texte für das Studium des Faches. LIT-Verlag, Münster.

„Beispiele"/Friedrich Verlag und Niedersächsisches Kultusministerium (Hrsg.) (1995): Sexualerziehung. Anregungen und Materialien. In Niedersachsen Schule machen. Heft 3, Seelze.

Berentzen, Detlef (1994): Erregte Öffentlichkeit: Sexueller Mißbrauch und die Rolle der Medien. In: Psychologie Heute. 21 Jahrgang, Heft 7, Beltz Verlag, Weinheim/Basel, S. 68-70.

Berrick, Jill Duerr/Gilbert, Neil (1995): Prävention gegen Kindesmißhandlung in amerikanischen Grundschulen. In: Marquardt-Mau, Brunhilde (Hrsg.): Schulische Prävention gegen sexuelle Kindesmißhandlung. Juventa, Weinheim/München, S. 71-86.

Besten, Beate (1991): Sexueller Mißbrauch und wie man Kinder davor schützt. Beck Verlag, München.

Betscher, Christine (1992): Beratungslehrer in der Praxis - eine narrative Befragung: Beratungslehrerinnen/ Beratungslehrer. Landesinst. für Schule und Weiterbildung, Soest. (Informationen zur Schulpraxis 11).

Bingel, Elisabeth et al. (1992): Sexueller Mißbrauch an Kindern und Jugendlichen. Informationsbroschüre im Auftrag der Senatsverwaltung für Jugend und Familie Berlin (Hrsg.) 2. überarbeitete Auflage, Berlin.

Böhm, Hartmut (1994): Kinderzeichnungen in der Diagnostik. In: Rutschky, Katharina/ Wolff, Reinhart (Hrsg.): Handbuch Sexueller Mißbrauch, Klein Verlag, Hamburg, S. 215-232.

Born, Monika (1994): Sexueller Mißbrauch - ein Thema für die Schule? Centaurus Verlagsgesellschaft, Pfaffenweiler.

Botens, Vienna (1991): Präventive Maßnahmen zur Vermeidung und Minimierung von Sekundärschädigungen. Ein Überblick über sekundärschädigendes Verhalten bei Aufdeckung von sexuellem Mißbrauch an Mädchen und Möglichkeiten zur Vermeidung und Minimierung. Grundwasser e.V., Wiesbaden.

Botens, Vienna/Stanzel, Gabriele (1991b): Das Schweigen brechen - Narben aus der Kindheit. Grundsätze zur parteilichen Beratungsarbeit mit Mädchen und Frauen gegen sexuelle Gewalt. Wildwasser, Wiesbaden.

Braecker, Solveig/ Wirtz-Weinrich, Wilma (1994): Sexueller Mißbrauch an Mädchen und Jungen. Handbuch für Interventions- und Präventionsmöglichkeiten. Beltz Verlag 4. Aufl., Weinheim und Basel.

Braun, Gisela (1995): Der Alltag ist sexueller Gewalt zuträglich. Prävention als Antwort auf „alltägliche" Gefährdungen von Mädchen und Jungen. In: AJS (Hrsg.): Sexueller Mißbrauch an Mädchen und Jungen. Sichtweisen und Standpunkte zur Prävention. AJS, Köln. S. 9-13.

Braun, Gisela (1995): Einige Bedingungen für Prävention am Beispiel der Schule. In: AJS (Hrsg.): Sexueller Mißbrauch an Mädchen und Jungen. Sichtweisen und Standpunkte zur Prävention. AJS, Köln. S. 15-17.

Braun, Gisela (1995): Mein Körper gehört mir! Präventionsarbeit in Kindergärten und Schulen. In: Enders, Ursula (Hrsg.): Zart war ich, bitter war's. Handbuch gegen sexuelle Gewalt an Mädchen und Jungen. Kiepenheuer&Witsch, überarbeitete und erweiterte Neuausgabe, Köln. S. 275-282.

Braun, Gisela/Enders, Ursula (1995): „Geh nie mit einem Fremden mit!" Wie Kindern Angst gemacht wird! In: Enders, Ursula (Hrsg.): Zart war ich, bitter war's. Handbuch gegen sexuelle Gewalt an Mädchen und Jungen. Kiepenheuer&Witsch überarbeitete und erweiterte Neuausgabe, Köln., S. 264-267.

Braun, Gisela (1992): Gegen sexuellen Mißbrauch an Mädchen und Jungen. Ein Ratgeber für Mütter und Väter. Für Aktion Jugendschutz, Landesarbeitsstelle Nordrhein-Westfalen, Köln.

Braun, Gisela (1991): Grundsatzfragen der Prävention von sexuellem Mißbrauch. In: Gieseke, Petra et al. (Hrsg.): Parteiliche Prävention von sexueller Gewalt gegen Mädchen. Dokumentation der Fachtagung vom 25./26. April 1991. Kiel, S. 19-24.

Braun, Gisela et al.(1991): Sexueller Mißbrauch von Kindern und Jugendlichen in der Familie. Psychologische, psychiatrische, juristische, sozialethische Aspekte. [Arbeitsgemeinschaft für Gefährdetenhilfe und Jugendschutz in der Erzdiözese Freiburg e.V. (AGJ) (Hrsg.)] Freiburg im Breisgau, Hamm.

Brockhaus, Ulrike/Kolshorn, Maren (1993): Sexuelle Gewalt gegen Mädchen und Jungen. Mythen, Fakten, Theorien. Campus Verlag, Frankfurt am Main/New York.

Burger, Edith/Reiter, Karoline (1993): Sexueller Mißbrauch von Kindern und Jugendlichen. Intervention und Prävention. Schriftenreihe des Bundesministeriums für Familie und Senioren, Band 19, Kohlhammer Verlag, Stuttgart/Berlin/Köln.

Bundesarbeitsgemeinschaft der Kinderschutz-Zentren/Kinderschutzzentrum Kiel (Hrsg.) (1995): Sexuelle Mißhandlung an geistig behinderten Kindern. Arbeitsbericht. Hundt Druck, Köln.

Bundesministerium für Familie und Senioren (Hrsg.) (1993): Kindesmißhandlung. Erkennen und Helfen. Eine praktische Anleitung. Bonn.

Bundesministerium für Frauen und Jugend (Hrsg.) (1994): Keine Gewalt gegen Kinder. Signale sehen - Hilferufe hören. 5. Auflage, Bonn.

Bundesministerum für Jugend, Familie, Frauen und Gesundheit (Hrsg.) (1993): Kindesmißhandlung. Erkennen und Helfen. Eine praktische Anleitung. Bonn.

Bundesverein zur Prävention von sexuellem Mißbrauch an Mädchen und Jungen Bielefeld e.V. (Hrsg.) (1993): Wüßten Sie davon, wenn ein Kind sexuell mißbraucht worden wäre? Bielefeld.

„BUNTE LESEFOLGEN" (1986): Lesebuch für das 2. Schuljahr. Cornelsen, Stuttgart.
„BUNTE LESEFOLGEN" (1983): Lehrerhandbuch zum Lesebuch für das 2. Schuljahr. Cornelsen, Stuttgart.

Büscher,Ulrich/Gegenfurtner, Margit u.a. (1991): Sexueller Mißbrauch von Kindern und Jugendlichen. Anlauf- und Beratungsstellen in NRW. Westcarp Wissenschaften, Essen.

Child Assault Prevention Project (o.J.): Strategies for Free Children. A Leader's Guide to Child Assault Prevention. Columbus, Ohio: Selbstverlag.

CVK- Arbeitsblätter zur Sexualerziehung für das 1./2. Schuljahr (1987). Cornelsen-Verlag.

CVK- Arbeitsblätter zur Sexualerziehung für das 3./4. Schuljahr (1988). Cornelsen-Verlag.

Dahrendorf, Malte/Zimmermann, Peter (1986): Sexueller Mißbrauch - Unterrichtsmaterialien zu „Nele". Reihe Rotfuchs Lehrerheft, Bd. 4, (Neuauflage 1995) Rowohlt, Reinbek.

Deegener, Günther (1997): Gesellschaft - Täter - Profile. Neuere Forschungsergebnisse zum sexuellen Mißbrauch. In: Ulonska, Herbert/Koch, Helmut H. (Hrsg.): Sexuelle Gewalt gegen Mädchen und Jungen. Ein Thema der Grundschule. Klinkhardt, Bad Heilbrunn, S. 41-71.

Deegener, Günther (1995): Sexueller Mißbrauch: Die Täter. Beltz-Psychologie-Verlags-Union, Weinheim.

Deutscher Kinderschutzbund e.V. (Hrsg.) (1989): Das ist unser Geheimnis. Sexuelle Ausbeutung von Kindern. Bedingungen - Familiendynamik - Handlungsfelder. Sonderdruck aus „Kinderschutz aktuell" 2/1989. Hannover.

Deutscher Kinderschutzbund e.V. (Hrsg.) (1987): Sexuelle Gewalt gegen Kinder. Ursachen - Vorurteile - Sichtweisen - Hilfsangebote. Hannover.

Deutscher Kinderschutzbund e.V. (Hrsg.) (o.J.): Gewalt gegen Kinder in Deutschland. Zusammenstellung von Statistiken. Hannover.

Dibbern, Angelika (1989): Finger weg von CAPP. In: Deutscher Kinderschutzbund e.V. (Hrsg.): Das ist unser Geheimnis. Sexuelle Ausbeutung von Kindern. Bedingungen - Familiendynamik - Handlungsfelder. Sonderdruck aus „Kinderschutz aktuell" 2/1989. Hannover. S. 17-18.

Die Grundschulzeitschrift (1993): Pädagogische Zeitschriften bei Friedrich in Velber in Zusammenarbeit mit Klett. Heft 65, Juni 1993. Seelze.

„DIE KUNTERBUNTE FIBEL" (1998): Lesebuch für das 2. Schuljahr, Klett Verlag, Leipzig/Stuttgart.

Drewes, Detlef (1995): Kinder im Datennetz. Pornographie und Prostitution in den neunen Medien. Eichborn Verlag, Frankfurt a.M.

Egle, Ulrich Tiber et. al. (Hrsg.) (1997): Sexueller Mißbrauch, Mißhandlung, Vernachlässigung. Erkennung und Behandlung psychischer und psychosomatischer Folgen früher Traumatisierungen. Schattauer, Stuttgart/New York.

Eichholz, Reinald [Kinderbeauftragter der Landesregierung beim Ministerium für Arbeit, Gesundheit und Soziales des Landes NRW (Hrsg.)] (1993): Die Rechte des Kindes. Recklinghausen.

Eichler, Ulrike/Müllner, Ilse (Hrsg.) (1999): Sexuelle Gewalt gegen Mädchen und Frauen als Thema der feministischen Theologie. Kaiser, Gütersloh.

Eichmanns, Claudia (1990): Sexualerziehung in Grundschule und Kindergarten. Freiarbeit-Kartei. Verlag an der Ruhr, Mülheim an der Ruhr.

Elliott, Michele (Hrsg. (1995): Frauen als Täterinnen. Sexueller Mißbrauch an Mädchen und Jungen. Donna Vita, Berlin/Ruhnmark.

Elliot, Michele (1991): So schütze ich mein Kind vor sexuellem Mißbrauch, Gewalt und Drogen. Kreuz Verlag, Stuttgart.

Enders, Ursula (Hrsg.) (1995): Zart war ich, bitter war's. Handbuch gegen sexuelle Gewalt an Mädchen und Jungen. Kiepenheuer & Witsch Verlag, Köln.

Enders, Ursula (1993): Der „siebte" Sinn ist Eigen-Sinn! Oder: Wie LiLoLe Eigensinn entsstand. In: Bange, Dirk/Simone, Stephan/Enders, Ursula: Nein ist Nein. Neue Ansätze in der Präventionsarbeit. Zartbitter e.V. Volksblatt Verlag, Köln. S. 65 - 70.

Enders, Ursula/Stumpf, Johanna (1991): Mütter melden sich zu Wort. Sexueller Mißbrauch an Mädchen und Jungen. Volksblatt, Köln.

Enders, Ursula (1988): „Aufklären - Stärken - Verhindern - Prävention in der Schule" aus: Pädagogik extra und demokratische Erziehung. Novemberheft1 1988. In: A. Dohrmann-Burger (1993): Bedingungen und Durchführung eines Projektes zum sexuellen Mißbrauch als Möglichkeit der Prävention in der Schule. Hrsg. Landesinstitut für Schule und Weiterbildung. Informationen zur Schulberatung Heft 15, Soest. S. 48.

Engfer, Anette (1993): Kindesmißhandlung und sexueller Mißbrauch. In: Marfeka, Manfred/Nauck, Bernhard (Hrsg.): Handbuch der Kindheitsforschung. Luchterhand, Berlin/Neuwied, S. 617-629.

Engfer, Anette (1986): Kindesmißhandlung. Ursachen - Auswirkungen - Hilfen. Ferdinand Enke Verlag, Stuttgart.

Fey, Elisabeth (1992): Von unabhängigen Müttern, starken Kindern, dem Sinn des Ungehorsams und sozialen Netzen. Prävention sexuellen Mißbrauchs an Mädchen und Jungen. In: Kazis, Cornelia (Hrsg.): Dem Schweigen ein Ende. Sexuelle Ausbeutung von Kindern in der Familie. Basel, S. 189-218.

Fey, Elisabeth (1991): Möglichkeiten und Grenzen von Prävention - Bedeutung und Hintergründe von sexuellem Mißbrauch. In: Büscher,Ulrich/ Gegenfurter, Margit u.a.: Sexueller Mißbrauch von Kindern und Jugendlichen. Westcarp Wissenschaften, Essen.

Fischer, Erika (1992): „Sexueller Mißbrauch"/ Sexuelle Gewalt - (k)ein Thema für die Schule und Familie. In: Unsere Jugend. 44. Jahrgang H. 9, Ernst-Reinhardt-Verlag, München, S. 507-511.

Finkelhor, David/Dziuba-Leatherman, Jennifer (1995): Präventionsprogramme in den USA. Evaluationsstudie zu den Erfahrungen und Reaktionen von Kindern. In: Marqauardt-Mau, Brunhilde (Hrsg.): Schulische Prävention gegen sexuelle Kindesmißhandlung. Grundlagen, Rahmenbedingungen, Bausteine und Methoden. Juventa, Weinheim/München, S. 87-112.

Frei, Karin (1993): Sexueller Mißbrauch. Schutz durch Aufklärung. Maier Verlag, Ravensburg.

Fürniss, Tilman (1989): Diagnostik und Folgen von sexueller Kindesmißhandlung. In: Retzlaff, Ingeborg (Hrsg.): Gewalt gegen Kinder - Mißhandlung und sexueller Mißbrauch Minderjähriger. Jungjohann, Neckarsulm, S. 68-80.

Gaenslen-Jordan, Christine/ Wehnert-Franke, Natascha/Richter-Appelt, Hertha (1994): Prävention von sexuellem Mißbrauch. Zwischen Ohnmacht und Handlungsdruck. In: Gegenfurtner, Margit/ Bartsch, Bernhard (Hrsg.): Sexueller Mißbrauch von Kindern und Jugendlichen. Hilfe für Kind und Täter. Westarp Wissenschaften, Magdeburg, S. 77-94.

Gallwitz, Adolf/ Paulus, Manfred (1997): Grünkram: Die Kinder-Sex-Mafia ein Deutschlan. Verlag Dt. Polizeiliteratur, Hilden.

Gamm, Hans-Jochen/Koch, Friedrich (Hrsg.) (1977): Bilanz der Sexualpädagogik. Campus Verlag Frankfurt/Main.

Garbe, Elke (1993): Martha. Psychotherapie eines Mädchen nach sexuellem Mißbrauch. Votum Verlag. 2. überarb. Aufl., Münster.

Gegenfurtner, Margit/Bartsch, Bernhard (Hrsg.) (1994): Sexueller Mißbrauch von Kindern und Jugendlichen. Hilfe für Kind und Täter. Westarp Wissenschaften, Magdeburg.

Gerhard, Maria et al. (1994): Sexueller Mißbrauch an Kindern und Jugendlichen. Leitfaden für alle, die beruflich mit sexuellem Mißbrauch befaßt sind.[Arbeitskreis Kinderschutz Hamburg und Aktion Jugendschutz (Hrsg.)] 4. überarbeitete Auflage, Hamburg.

Gekle, Hanna (1994): Warum hat Freud die Verführungstheorie aufgegeben? Eine Auseinandersetzung mit seinen Kritikern. In: Rutschky, Katharina/ Wolff, Reinhart (Hrsg.): Handbuch Sexueller Mißbrauch. Klein Verlag, Hamburg, S.157-172.

Gieseke, Petra et al. (Hrsg.) (1991): Parteiliche Prävention von sexueller Gewalt gegen Mädchen. Dokumentation der Fachtagung vom 25./26. April 1991. Kiel.

Gilbert, Neil (1994): Kinderschutz in den Vereinigten Staaten. Probleme der Praxis und Stand der Forschung. In: Rutschky, Katharina/ Wolff, Reinhart (Hrsg.): Handbuch Sexueller Mißbrauch. Klein Verlag, Hamburg. S. 63-76.

Glöer, Nele/Schmiedeskamp-Böhler, Irmgard (1990): Verlorene Kindheit. Jungen als Opfer sexueller Gewalt. Kunstmann 3. Auflage, München.

Gloor, Regula/Pfister, Thomas (1996): Kindheit im Schatten. Ausmaß, Hintergründe und Abgrenzung sexueller Ausbeutung. Peter Lang, Bern u.a.

Große-Oetringhaus, Hans-Martin (1995): Kinder haben Rechte - überall. Ein Aktions- und Informationsbuch. Elefanten Press 2. Auflage, Berlin.

Gründer, Mechthild/Kleiner, Rosa/Nagel, Hartmut (1994): Wie man mit Kindern darüber reden kann. Ein Leitfaden zur Aufdeckung sexueller Mißhandlung. Herder Verlag, Freiburg im Breisgau.

Gutjahr, Karin/Schrader, Anke (1990): Sexueller Mädchenmißbrauch. Papy Rossa Verlag 2. Auflage, Köln.

„HAB KEINE ANGST". Aufklärungsbroschüre des Innenministeriums Baden-Württemberg (Hrsg.) im Auftrage der Innenminister/-Senatoren des Bundes und der Länder (o.J.)

Hackl, Christiane et.al. (Hrsg.) (1996): Models und machos? Frauen- und Männerbilder in den Medien. UVK-Medien, Konstanz.

Hane, Willy (1996): Sexueller Mißbrauch von Kindern. Vorbeugen, erkennen, helfen. WEKA Fachverlag, Kissing u.a.

Hartwig, Luise/Weber, Monika (1991): Sexuelle Gewalt und Jugendhilfe. Bedarfssituation und Angebot der Jugendhilfe für Mädchen und Jungen mit sexuellen Gewalterfahrungen. Votum Verlag, Münster.

Hartwig, Luise (1990): Sexuelle Gewalterfahrungen von Mädchen. Konfliktlagen und Konzepte mädchenorientierter Heimerziehung. Juventa Verlag, Weinheim/München.

Hascher, Tina (1994): Emotionsbeschreibung und Emotionsverstehen. Zur Entwicklung des Emotionsvokabulars und des Ambivalenzverstehens im Kindesalter. Waxmann, Münster/New York.

Heller, Eva (1989): Wie Farben wirken. Farbpsychologie, Farbsymbolik, kreative Farbgestaltung. Rowohlt, Reinbek.

Hentschel, Gitti (Hrsg.) (1996): Skandal und Alltag. Sexueller Mißbrauch und Gegenstrategien. Orlanda Frauenverlag, Berlin.

Höfling, Siegfried/Drewes, Detlef, Epple-Waigel, Irene (Hrsg.) (1999): Auftrag Prävention. Offensive gegen sexuellen Kindesmißbrauch. [Sonderausgabe der Politischen Studien] Hans Seidel Stiftung, München.

Hoffmann-Volz, Ursula (1994): Behütete Verbrechen. Hinsehen - Erkennen- Helfen. Ein Reader gegen körperliche, sexuelle und psychische Mißhandlung von Kindern. [Hessisches Ministerium für Jugend, Familie und Gesundheit (Hrsg.)] 3. Auflage, Wiesbaden.

Hirsch, Mathias (1990): Realer Inzest. Psychodynamik des sexuellen Mißbrauchs in der Familie. Springer Verlag 2. Auflage, Berlin/Heidelberg.

Jackstell, Susanne/Orywahl, Marina (1993): Gruppenarbeit als Chance für Mädchen im Grundschulalter. Donna Vita Verlag, Berlin/Ruhnmark.

Jacobi, Jolande (1992): Vom Bilderreich der Seele. Wege und Umwege zu sich selbst. Walter Verlag 4. Auflage, Olten (Schweiz).

Johns, Irene/Marquardt-Mau, Brunhilde (1995): Sensibel sein für Kinder. Ausbildung von Lehrerinnen und Lehrern zum Thema sexuelle Kindesmißhandlung. In: Marquardt-Mau, Brunhilde (Hrsg.): Schulische Prävention gegen sexuelle Kindesmißhandlung. Grundlagen, Rahmenbedingungen, Bausteine und Modelle. Kiepenheuer&Witsch, Weinheim/München, S. 265-277.

Johns, Irene (1993): Zeit alleine heilt nicht. Sexuelle Kindesmißhandlung. Wie wir schützen und helfen können. Herder/ Spektrum, Freiburg im Breisgau.

Johns, Irene (1992): Sexuelle Mißhandlung an Kindern. Zahlen - Fakten - Hintergründe. In: Lauterbach, Roland et al. (Hrsg.): Brennpunkte des Sachunterrichts. Institut für Pädagogik der Naturwissenschaften/Gesellschaft für Didaktik des Sachunterrichts e.V., Kiel, S. 169 - 175.

Julius, Henri/Boehme, Ulfert (1997): Sexueller Mißbrauch an Jungen. Eine kritische Analyse des Forschungsstandes. Hogrefe Verlag, 2. überarb. u. erw. Auflage, Göttingen.

Kastner, Hannelore (1998): Sexueller Missbrauch. erkennen - helfen - vermeiden. Westermann, Braunschweig.

Kavemann, Barbara/Bundesverein zur Prävention von sexuellem Mißbrauch an Mädchen und Jungen (Hg) (1997): Prävention. Eine Investition mit Zukunft. Donna Vita, Berlin/Ruhnmark.

Kavemann, Barbara/Lohstöter, Ingrid (1991): Väter als Täter. Sexuelle Gewalt gegen Mädchen. Rowohlt Taschenbuch Verlag 2. Auflage, Reinbek.

Kazis, Cornelia (Hrsg.) (1992): Dem Schweigen ein Ende. Sexuelle Ausbeutung von Kindern in der Familie. Lenos Verlag, Basel.

Kiper, Hanna (1995): Intervenieren mit Bedacht und Verstand. Möglichkeiten und Grenzen pädagogischer Prävention von und Intervention bei sexuellem Mißbrauch. In: Pädagogik Extra. 1/1995, S. 32-39.

Kiper, Hanna (1994): Sexueller Mißbrauch im Diskurs. Eine Reflexion literarischer und pädagogischer Traditionen. Deutscher Studien Verlag, Weinheim.

Kiper, Hanna (1991): Sexueller Mißbrauch von Kindern - eine Herausforderung an die Schule? In: Grundschule 1/1991, S. 14-17.

Klees, Katharina/Friedebach, Wolfgang (Hrsg.) (1997): Hilfen für missbrauchte Kinder. Interventionsansätze im Überblick. Beltz, Weinheim/Basel.

Klees, Karin (1992): Sexuelle Gewalt gegen Kinder - (k)ein Thema in der Schule? Ein Beitrag zur feministischen Unterrichtsforschung. In: Grundschule 9/1992, S. 65-67 und 11/1992, S. 60-61.

Knappe, Anne (1995): Was wissen Eltern über Prävention gegen sexuellen Mißbrauch? In: Marquardt-Mau, Brunhilde (Hrsg.): Schulische Prävention gegen sexuelle Kindesmißhandlung. Grundlagen, Rahmenbedingungen, Bausteine und Modelle. Kiepenheuer&Witsch, Weinheim/München, S. 241-255.

Knappe, Anne (1993): Mit Kindern über sexuelle Mißhandlung reden. In: Johns, Irene (Hrsg.): Zeit alleine heilt nicht. Sexuelle Kindesmißhandlung - wie wir schützen und helfen können. Herder/Spektrum, Freiburg im Breisgau, S. 123-141.

Koch, Friedrich (1991): Sexueller Mißbrauch von Kindern und Jugendlichen: Die Bedeutung der Sexualerziehung im Rahmen der Prävention. In: Büscher, Ulrich et al. (Hrsg.): Sexueller Mißbrauch von Kindern und Jugendlichen. Beiträge zu Ursachen und Prävention. Dokumentation einer Ringvorlesung/ Universität - Gesamthochschule Essen, Fachbereich Erziehungswissenschaft. Essen, S. 71-112.

Koch, Helmut H. (1997): „Sexueller Mißbrauch" als Thema des problemorientierten Kinder- und Jugendbuchs. Was hat das Fach Deutsch mit dem Leben zu tun? In: Becker-Mrotzek, Michael et al. (Hrsg.): Werkstattbuch Deutsch. Texte für das Studium des Faches. LIT Verlag, Münster, S. 225 - 252.

Koch, Helmut H./Kruck, Marlene (1997): Prävention in der Grundschule. Elternarbeit, Planung, praktische Anregungen und Materialien für den Unterricht. In: Ulonska, Herbert/ Koch, Helmut H.(Hrsg.): Sexuelle Gewalt gegen Mädchen und Jungen. Ein Thema der Grundschule. Klinkhardt, Bad Heilbrunn, S. 141-179.

Kupffer, Heinrich (1994): Sehnsucht nach Prävention. In: Rutschky, Katharina/ Wolff, Reinhart (Hrsg.): Handbuch Sexueller Mißbrauch. Klein Verlag, Hamburg, S. 245-258.

Kutschinsky, Berl (1994): Mißbrauchspanik. Häufigkeit und Befund sexuellen Kindesmißbrauchs. In: Rutschky, Katharina/Wolff, Reinhart (Hrsg.): Handbuch Sexueller Mißbrauch. Klein Verlag, Hamburg S. 49-62.

Lamers-Winkelmann, Francien (1995): Plädoyer für eine sichere Schule. In: Marquardt-Mau, Brunhilde (Hrsg.): Schulische Prävention gegen sexuelle Kindesmißhandlung. Grundlagen, Rahmenbedingungen, Bausteine und Modelle. Juventa, Weinheim/München: S. 301-306.

Lange, Carmen (1998): Sexuelle Gewalt gegen Mädchen. Ergebnisse einer Studie zur Jugendsexualität. Enke Ferdinand Verlag, Stuttgart.

Lappe, Konrad/Schaffrin, Irmgard, u.a. (1993): Prävention von sexuellem Mißbrauch. Handbuch für die pädagogische Praxis, Donna-Vita Verlag, Berlin/Ruhnmark.

Lappe, Konrad (1993): Der „böse" Onkel hat - hoffentlich - ausgedient! Zur Entwicklung der Prävention von sexuellem Mißbrauch an deutschen Schulen. In: Lappe, Konrad et al. (Hrsg.): Prävention von sexuellem Mißbrauch. Handbuch für die pädagogische Praxis. Donna Vita, Berlin/Ruhnmark. S. 13-44.

Lauterbach, Roland et al. (Hrsg.) (1992): Brennpunkte des Sachunterrichts. Institut für Pädagogik der Naturwissenschaften/Gesellschaft für Didaktik des Sachunterrichts e.V., Kiel.

Lohaus, Arnold/Trautner, Hanns Martin (o.J.): Präventionsprogramme und ihre Wirksamkeit zur Verhinderung sexuellen Mißbrauchs. Psychologisches Institut III der Universität Münster.

Lercher, Lisa/Derler, Barbara/Höbel, Ulrike (1995): Mißbrauch verhindern. Handbuch zu präventivem Handeln in der Schule. Wiener Frauenverlag, Wien.

Leyrer, Katja (1992): Hilfe! Mein Sohn wird ein Macker. Fischer Taschenbuch Verlag, Frankfurt/Main.

Mader, Petra/Mebes, Marion (1993): *Vorwort* in: Lappe, Konrad et al. (Hrsg.): Prävention von sexuellem Mißbrauch. Handbuch für die pädagogische Praxis. Donna Vita, Berlin/Ruhnmark, S. 7-11.

Marneffe, Catherine (1994): Moderner Kinderschutz. Jenseits von Strafverfolgung und Skandal: Das Brüsseler Zentrum „Kind in Not". In: Rutschky, Katharina/ Wolff, Reinhart (Hrsg.): Handbuch Sexueller Mißbrauch. Klein Verlag, Hamburg. S. 279-290.

Marquardt-Mau, Brunhilde (1997): Schulische Prävention gegen sexuelle Kindesmißhandlung - Möglichkeiten und Grenzen. In: Ulonska, Herbert/Koch, Helmut H. (Hrsg.): Sexuelle Gewalt gegen Mädchen und Jungen. Ein Thema der Grundschule. Klinkhardt, Bad Heilbrunn, S. 89 - 112.

Marquardt-Mau (1995): Brunhilde (Hrsg.): Schulische Prävention gegen sexuelle Kindesmißhandlung. Grundlagen, Rahmenbedingungen, Bausteine und Modelle. Juventa, Weinheim/München.

Marquardt-Mau, Brunhilde (1993): Erste Schritte der Prävention in der Grundschule. In: Johns, Irene (Hrsg.): Zeit alleine heilt nicht. Sexuelle Kindesmißhandlung - wie wir schützen und helfen können. Herder/Spektrum, Freiburg im Breisgau. S. 143-155.

Marquardt-Mau, Brunhilde (1993): Sexuelle Kindesmißhandlung. Anmerkungen zur Prävention. In: Die Grundschulzeitschrift 65/1993.

Marquardt-Mau, Brunhilde (1992): Sexueller Mißbrauch von Kindern als Thema für den Sachunterricht. In: Lauterbach, Roland et al. (Hrsg.): Brennpunkte des Sachunterrichts. Kiel. S. 176-195.

Marquardt, Claudia/Lossen, Jutta (1999): Sexuell mißbrauchte Kinder in Gerichtsverfahren. Votum, Münster.

May, Angela (1995): Sexuelle Gewalt als Thema im Unterricht? In: Praxis Schule 5-10. Heft 2/1995, S. 37-42.

Mebes, Marion (Hrsg.) (1992): Mühsam - aber nicht unmöglich. Reader gegen sexuellen Mißbrauch. Berlin.

Mulack, Christa (1999): Etwas so Unvorstellbares: Sexueller Missbrauch und das Schweigen der Mütter. Kreuz Verlag, Stuttgart.

Neubauer, Georg (1993): Sexueller Mißbrauch - theoretische Aspekte des Themas. In: Klie, Thomas (Hrsg.): Sexueller Mißbrauch. Arbeitshilfen. Loccum, S. 3

Noack, Cornelia/Schmid, Hanna J. (1994): Sexuelle Gewalt gegen Menschen mit geistiger Behinderung. Eine verleugnete Realität. FH Sozialwesen Esslingen, Esslingen.

Notruf Lübeck [Notruf und Beratung für vergewaltigte Mädchen und Frauen, Frauen gegen Gewalt e.V.] (Hrsg.) (o.J.): Prävention von sexueller Gewalt an Mädchen und jungen Frauen. Informationsmappe.

Olbing, Herman et al. (Hrsg.) (1989): Kindesmißhandlung. Eine Orientierung für Ärzte, Juristen, Sozial- und Erzieherberufe. Köln.

Palmowski, Winfried (1994): Sexuelle Gewalt gegen Kinder. In: Zeitschrift für Heilpädagogik 4/1994, S. 243-249.

Peters, Ulla (1995): Prävention zwischen Programm und Prozeß - Anspruch und Wirklichkeit. In: Arbeitsgemeinschaft Kinder- und Jugendschutz (AJS) (Hrsg.): Sexueller Mißbrauch an Mädchen und Jungen. Sichtweisen und Standpunkte zur Prävention. AJS, Köln, S. 49-62.

Projektgruppe Münster/Koch, Helmut H. (1996): „Gefühle sind wie Farben". Ein Unterrichtsprojekt in zwei Jahrgangsklassen des 1. Schuljahres. Zusammenfassende Beobachtungen und resümierende Überlegungen eines Projektes. In: Ulonska, Herbert/ Kraschinski, Svea/Bartmann, Theodor (Hrsg.): Lernforschung in der Grundschule. Klinkhardt, Bad Heilbrunn, S. 86 - 111.

Pütter, Christiane (1996): Die Schöne und der Sex-Strolch. Wie berichten Medien über sexuelle Gewalt? In: Hackl, Christiane et.al. (Hrsg.): Models und Machos? Frauen - und Männerbilder in den Medien. UVK-Medien, Konstanz.

PUR (1998): Mächtig viel Theater. CD. Intercord Ton Gm.

Reichling, Ursula (1995): Erziehung zur sexuellen Selbstbestimmung - ein Thema im Unterricht?! Präventionsarbeit in der Grundschule. In: Enders, Ursula (Hrsg.): Zart war ich, bitter war's. Handbuch gegen sexuelle Gewalt an Mädchen und Jungen. Kiepenheuer&Witsch überarbeitete und erweiterte Neuausgabe, Köln, S. 283-295.

Reichling, Ursula (1995): Schritt für Schritt - Möglichkeiten geschlechtsspezifischer Präventionsarbeit in der Grundschule. In: Arbeitsgemeinschaft Kinder- und Jugendschutz (AJS) (Hrsg.): Sexueller Mißbrauch an Mädchen und Jungen. Sichtweisen und Standpunkte zur Prävention. AJS, Köln, S. 63-81.

Rensen, Ben (1992): Fürs Leben geschädigt. Sexueller Mißbrauch und seelische Verwahrlosung von Kindern. Thieme Verlag, Stuttgart.

Retzlaff, Ingeborg (Hrsg.) (1989): Gewalt gegen Kinder. Mißhandlung und sexueller Mißbrauch Minderjähriger. Jungjohann, Neckarsulm.

Rijnaarts, Josephine (1988): Lots Töchter. Über den Vater-Tochter-Inzest. Claassen, Düsseldorf.

Rutschky, Katharina (1992): Erregte Aufklärung. Klein Verlag, Hamburg.

Rutschky, Katharina/Wolff, Reinhart (1994): Handbuch Sexueller Mißbrauch, Klein Verlag, Hamburg.

Saller, Helga (1987): Sexuelle Ausbeutung von Kindern. In: Deutscher Kinderschutzbund e.V. (Hrsg.): Sexuelle Gewalt gegen Kinder. Ursachen - Vorurteile - Sichtweisen - Hilfsangebote. Hannover, S. 27-39.

Schmid, Käthe (1998): Die Bedeutung der Aufdeckung von sexuellem Mißbrauch für Mädchen und Frauen. (Internationale Hochschulschriften) Waxmann, Münster u.a.

Schnack, Dieter/Neutzling, Rainer (1993): Kleine Helden in Not. Jungen auf der Suche nach Männlichkeit. Rowohlt Verlag, Reinbek.

Sengebusch, Jürgen/Potrz, Veronika (1990): Körper, Seele, Du und Ich. Methoden für die Jugendarbeit. Burlage Verlag, Münster.

Stadt Osnabrück (Jugend- und Sozialdezernent) (Hrsg.) (o.J.): Arbeitshilfen gegen den sexuellen Mißbrauch von Kindern und Jugendlichen. Beiträge zur Sozial- und Jugendhilfe. Information. Dokumentation. Diskussion. Osnabrück.

Stanzel, Gabriele (1991): Begleitbuch zur präventiven Arbeit in Schulen. Sexueller Mißbrauch an Mädchen ist Gewalt. Wildwasser Wiesbaden e.V., Wiesbaden.

Stanzel, Gabriele (1991): „Mädchen und Jungen" - verändertes Rollenverhalten als gesellschaftspolitisches Lernziel in der Grundschule. Eine praktische Anleitung zur Durchführung eines rollenkritischen Unterrichts als präventive Maßnahme gegen Gewalt im Schulalltag. Wildwasser Wiesbaden e.V., Wiesbaden.

Stanzel, Gabriele (1991): Präventionsarbeit in der Geschlechterkontroverse. Eine feministische Betrachtung zu Notwendigkeiten geschlechtsdifferenter Präventionsarbeit gegen sexuelle Männergewalt. Wildwasser Wiesbaden e.V., Wiesbaden.

Stanzel, Gabriele (1991): Reden macht sehend - Schweigen hält blind. Eine Handreichung für Lehrerinnen zur präventiven Arbeit mit Mädchen gegen sexuelle Gewalt. Wildwasser Wiesbaden e.V., Wiesbaden.

Steinhage, Rosemarie (1992): Sexueller Mißbrauch - Kinderzeichnungen als Signal. Rowohlt Taschenbuch Verlag, Reinbek.

Steinhage, Rosemarie (1991): Sexueller Mißbrauch an Mädchen. Ein Handbuch für Beratung und Therapie. Rowohlt Taschenbuch Verlag, Reinbek.

Thurn, Claudia/Wils, Elisabeth (1998): Therapie sexuell mißbrauchter Kinder. Erfahrungen - Konzepte - Wege. Berlin Verlag, Berlin.

Trube-Becker, Elisabeth (1997): Rechte des Kindes gegen Gewalt. Historische und juristische Aspekte der Gewalt gegen Kinder. In: Ulonska, Herbert/Koch, Helmut H.(Hrsg.): Sexuelle Gewalt gegen Mädchen und Jungen. Ein Thema der Grundschule. Klinkhardt, Bad Heilbrunn, S. 26 - 39.

Trube-Becker, Elisabeth (1992): Mißbrauchte Kinder. Sexuelle Gewalt und wirtschaftliche Ausbeutung. Kriminalistik Verlag, Heidelberg.

Ulonska, Herbert/Koch, Helmut H.(Hrsg.) (1997): Sexuelle Gewalt gegen Mädchen und Jungen. Ein Thema der Grundschule. Klinkhardt, Bad Heilbrunn.

Ulonska, Herbert/ Kraschinski, Svea/Bartmann, Theodor (Hrsg.) (1996): Lernforschung in der Grundschule. Klinkhardt, Bad Heilbrunn.

Valtl, Karlheinz (1998): Sexualpädagogik in der Schule. Didaktische Analysen und Materialien für die Praxis. Primar- und Sekundarstufe. (Hrsg. Pro Familia Nürnberg) Beltz, Weinheim/Basel.

Violetta (o.J): Faß mich nicht an! Wie kann ich sexuellen Mißbrauch an Mädchen frühzeitig erkennen und vermeiden helfen? Violetta, Hannover.

Weber, Monika/Rohleder, Christiane (1995): Sexueller Mißbrauch - Jugendhilfe zwischen Aufbruch und Rückschritt. Votum Verlag, Münster.

Weber, Monika/Kippen, Stephan (1991): Was stimmt da nicht? Sexueller Mißbrauch: Wahrnehmen und Handeln. Informationen und Anregungen für Kindergarten, Schule und Jugendarbeit. [Ministerium für Arbeit, Gesundheit und Soziales des Landes NRW (Hrsg.)] Bonn.

Wehnert-Franke, Natascha/Richter-Appelt, Hertha/Gaenslen-Jordan, Christine(1992): Wie präventiv sind Präventionsprogramme zum sexuellen Mißbrauch von Kindern? Kritische Überlegungen zu schulischen Präventionsmodellen in den USA. In: Zeitschrift für Sexualforschung 5/1992, S. 41-55.

Weiss, Wilma (1995): Was tun? Möglichkeiten und Grenzen der Hilfestellung gegen sexuelle Gewalt. In: Kindergarten heute. Zeitschrift für Erziehung im Vorschulalter. Heft 7/8 1995, S. 26-34.

Wipplinger, Rudolf/Amann, Gabriele (1997): Zur Bedeutung der Bezeichnungen und Definitionen von sexuellem Mißbrauch. In: Amann, Gabriele/ Wipplinger, Rudolf (Hrsg.): Sexueller Mißbrauch. Überblick zu Forschung, Beratung und Therapie. Ein Handbuch. dgtv-Verlag, Tübingen, S. 13-38.

„WIR ENTDECKEN UNSERE WELT": Sachkundebuch für das 2. Schuljahr. (1982) Frankfurt /Main.

„WIR ENTDECKEN UNSERE WELT": Lehrerhandbuch zum Sachkundebuch für das 2. Schuljahr. (1983) Frankfurt/Main.

Wirtz, Ursula (1992): Seelenmord. Inzest und Therapie. Kreuz Verlag 5. Auflage, Zürich.

Wirtz-Weinrich, Wilma (1997): Interventionsmöglichkeiten bei Verdacht auf sexuellen Mißbrauch an Kindern in der Grundschule. In: Ulonska, Herbert/Koch, Helmut H. (Hrsg.): Sexuelle Gewalt gegen Mädchen und Jungen. Ein Thema der Grundschule. Klinkhardt, Bad Heilbrunn, S. 113-139.

Wolff, Reinhart (1994): Der Einbruch der Sexualmoral. In: Rutschky, Katharina/Wolff, Reinhart: Handbuch Sexueller Mißbrauch, Klein Verlag, Hamburg, S. 77 - 94.

Woltereck, Britta (1994): Ungelebtes lebbar machen. Sexuelle Gewalt an Mädchen im Zentrum von Therapie und Supervision. Donna Vita Verlag, Berlin/Ruhnmark.

Wyre, Ray/Swift, Anthony (1991): Und bist du nicht willig... Die Täter. Volksblatt, Köln.

Anlaufstellen - AnsprechpartnerInnen

Hilfe für sexuell mißbrauchte Kinder und Jugendliche[1]

Die Angebote der folgenden Einrichtungen reichen von Information/Fortbildung und Beratung/Therapie über Selbsthilfegruppen bis hin zu Wohnmöglichkeiten. Es gibt zunächst eine Reihe von Institutionen, die z.T. eigene Angebote machen, z.T. auf andere in ihrem Einzugsbereich verweisen. Deren Adressen sind per Telefonbuch oder Auskunft zu ermitteln:

Mädchentreffs/-wohnheime
Kinderschutzzentren
Deutscher Kinderschutzbund
Frauenzentren/-läden
Frauengesundheitsläden/
   -therapiezentren
Notrufe
Frauenberatungsstellen
Pro Familia
Frauenhäuser

Arbeiterwohlfahrt
Frauengleichstellungsstellen
Frauenreferate der Hochschulen
Jugendämter
Psychologische Beratungsstellen
der Kirchen/Verbände
Allgemeine soziale Dienste
Erziehungsberatungsstellen
Schulpsychologischer Dienst

Daneben gibt es spezialisierte Anlaufstellen für sexuell mißbrauchte Kinder und Jugendliche. Eine aktuelle Anschriftenliste kann bei
   Donna Vita
   Fachhandel für Materialien
   gegen sexuellen Mißbrauch
   Postfach 5 /Post Husby
   D - 24973 Ruhnmark
   Telefon: 04634 / 1717
   Telefax: 04634 / 1702
angefordert werden.

---

[1] vgl. Zusammenstellung in H. Hassenmüller (⁶1998): Gute Nacht, Zuckerpüppchen. Rowohlt, Reinbek.

Helga Klier u. a. (Hrsg.)
In erster Linie bin ich Mensch
Gedanken, Texte und Bilder von muskelkranken Kindern, Jugendlichen und Erwachsenen. Herausgegeben von der Deutschen Gesellschaft für Muskelkranke e. V.
Die Texte und Bilder dieses Buches stammen von Menschen, die zum Teil seit ihrer Geburt an einer schweren Muskelerkrankung leiden.
Diese Krankeheit fesselt die Betroffenen häufig für die Zeit ihres Lebens an den Rollstuhl. Nicht selten ist die Beatmungsmaschine ein lebensnotwendiger Begleiter. So wird ein komplettes Umdenken in Bezug auf die Organisation des täglichen Lebens und der Pflege sozialer Kontakte nötig.
Trotz aller Einschränkungen bringen alle eines zum Ausdruck: "In erster Linie bin ich Mensch"
1998, 192 S., 34,80 DM, br., ISBN 3-8258-3431-x

Frido Mann; Regina Meyer-Pachur; Christiane Schmand (Hrsg.)
Fliege nicht eher, als bis Dir Federn gewachsen sind ...
Gedanken, Texte und Bilder krebskranker Kinder
"Fliege nicht eher als bis Dir Federn gewachsen sind" ist ein ungewöhnliches Buch. Es stammt von Kindern, die plötzlich aus ihrer gewohnten Umgebung, aus ihrem gewohnten Leben herausgerissen wurden. Texte und Bilder vereinen direkte und verschlüsselte Botschaften von Kindern und Jugendlichen, deren Lebensperspektive unsicher geworden ist.
2. Aufl. 1994, 220 S., 34,80 DM, br., ISBN 3-89473-560-0

Christiane Herzog (Hrsg.)
Kraft zum Atmen
Gedanken, Texte und Bilder Mukoviszidose betroffener Kinder, Jugendlicher und Erwachsener
Kraft zum Atmen brauchen die Menschen, die dieses Buch geschaffen haben. Sie leben mit Mukoviszidose, einer vererbbaren Stoffwechselkrankheit. Mukoviszidose erschwert das Atmen, gefährdet das Leben. Die Texte und Bilder ermöglichen dem Leser eine intensive Begegnung mit dem täglichen Bemühen der Betroffenen, Kraft zum Atmen, Kraft zum Leben zu schöpfen.
Mit Taten helfen ist das Motto der Herausgeberin dieses Buches, Frau Christiane Herzog. Die Texte und Bilder sind ein Ausdruck ihres langjährigen Engagements. Als Vorsitzende der Mukoviszidose-Hilfe e. V. setzt Frau Herzog sich täglich für die Belange der von Mukoviszidose Betroffenen und ihrer Familien ein.
Mit Taten helfen ist auch das Motto der Mukoviszidose-Hilfe e. V. Dem Förderverein geht es um eine Verbesserung der medizinischen, sozialen und psychotherapeutischen Versorgung. Der Verein unterstützt die Suche nach besseren Heilungsmöglichkeiten.
Der Verkaufspreis enthält einen Spendenanteil von 5 DM.
2. Aufl. 1995, 200 S., 34,80 DM, br., ISBN 3-8258-2243-5

LIT Verlag Münster – Hamburg – London
Bestellungen über:
Grevener Str. 179 48159 Münster
Tel.: 0251 – 23 50 91 – Fax: 0251 – 23 19 72
e-Mail: lit@lit-verlag.de – http://www.lit-verlag.de
Preise: unverbindliche Preisempfehlung